MostUsedWords.com presents

Italian Frequency Dictionary

Essential Vocabulary

2500 Most Common Italian Words

Book 1

First Printing, 2017

Jolie Laide LTD
12/F, 67 Percival Street, Hong Kong

www.MostUsedWords.com

Contents

Why This Book?

Hello, dear reader.

Thank you for purchasing this book. We hope it serves you well on your language learning journey.

Not all words are created equal. The purpose of this frequency dictionary is to list the most used words in descending order, to enable you to learn a language as fast and efficiently as possible.

First, we would like to illustrate the value of a frequency dictionary. For the purpose of example, we have combined frequency data from various languages (mainly Romance, Slavic and Germanic languages) and made it into a single chart.

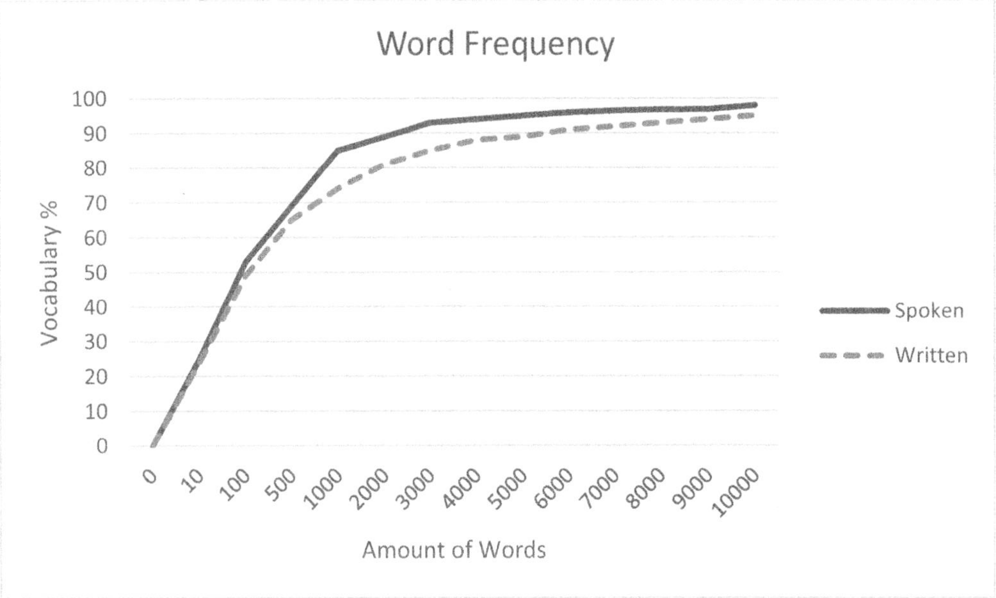

The sweet spots, according to the data seem to be:

Amount of Words	Spoken	Written
• 100	53%	49%
• 1.000	85%	74%
• 2.500	92%	82%
• 5.000	95%	89%
• 7.500	97%	93%
• 10.000	98%	95%

Above data corresponds with Zipfs law and Pareto´s law.

Zipf's law states that given some corpus of natural language utterances, the frequency of any word is inversely proportional to its rank in the frequency table. Thus the most frequent word will occur approximately twice as often as the second most frequent word, three times as often as the third most frequent word, etc.: the rank-frequency distribution is an inverse relation.

For example, in the Brown Corpus of American English text, the word "the" is the most frequently occurring word, and by itself accounts for nearly 7% of all word occurrences (69,971 out of slightly over 1 million). True to Zipf's Law, the second-place word "of" accounts for slightly over 3.5% of words (36,411 occurrences), followed by "and" (28,852). Only 135 vocabulary items are needed to account for half the Brown Corpus.

Pareto's law, also known as the 80/20 rule, states that, for many events, roughly 80% of the effects come from 20% of the causes.

In language learning, this principle seems to be on steroids. It seems that just 20% of the 20% of the most used words in a language account for roughly all vocabulary you need.

To put his further in perspective: The Concise Oxford Paravia Italian Dictionary has over 175.000 words in current use, while you will only need to know 2.9% (5000 words) to achieve 95% and 89% fluency in speaking and writing. Knowing the most common 10.000 words, or 5.6%, will net you 98% fluency in spoken language and 95% fluency in written texts.

Keeping this in mind, the value of a frequency dictionary is immense. At least, that is if you want to speak a language fast. Study the most frequent words, build your vocabulary and progress naturally. Sounds logical, right?

But how many words do you need to know for varying levels of fluency?

While it's important to note that it is impossible to pin down these numbers and statistics with 100% accuracy, these are a global average of multiple sources.

According to research, this is the amount of vocabulary needed for varying levels of fluency.

1. 250 words: the essential core of a language. Without these words, you cannot construct any sentence.
2. 750 words: those that are used every single day by every person who speaks the language.
3. 2500 words: those that should enable you to express everything you could possibly want to say, although some creativity might be required.
4. 5000 words: the active vocabulary of native speakers without higher education.
5. 10,000 words: the active vocabulary of native speakers with higher education.
6. 20,000 words: what you need to recognize passively to read, understand, and enjoy a work of literature such as a novel by a notable author.

Caveats & Limitations.

A frequency list is never "The Definite Frequency List."

Depending on what source material was analyzed, you may get different lists. A corpus on spoken word differs from source texts based on a written language.

That is why we chose subtitles as our source, because, according to science, they cover the best of both worlds: both spoken and written Italian.

The frequency list is based on analysis of roughly 20 gigabytes of Italian subtitles.

Visualize a book with almost 16 million pages, or 80.000 books of 200 pages each, to get an idea of the amount words that have been analyzed for this book. A large base text is vital in order to develop an accurate frequency list.

The raw data included over 1 million entries. The raw data has been lemmatized; words are given in their root form.

Some entries you might find odd, in their respective frequency rankings. We were surprised a couple of time ourselves. But the data does not lie. Keep in mind that this book is compiled from a large amount of subtitle data, and may include words you wouldn't use yourself.

You might find non-Italian loanwords in this dictionary. We decided to include them, because if they´re being used in subtitle translation, it is safe to assume the word has been integrated into the Italian general vocabulary.

We tried our best to keep out proper nouns, such as "James, Ryan, Alice as well as "Rome, Washington" or "the Louvre, the Capitol".

Some words have multiple meanings. For the ease of explanation, the examples are given in English.

"Jack" is a very common first name, but also a noun (a jack to lift up a vehicle) and a verb (to steal something). So is the word "can" It is a conjugation of the verb "to be able" as well as a noun (a tin can, or a can of soft drink).

This skews the frequency rankings slightly. With the current technology, it is unfortunately not possible to rightly identify the correct frequency placements of above words. Luckily, these words are very few, and thus negligible in the grand scheme of things.

If you encounter a word you think you won't need in your vocabulary, just skip learning it. The frequency list includes 25 extra words to compensate for any irregularities you might encounter.

The big secret to learning language is this: build your vocabulary, learn basic grammar and go out there and speak. Make mistakes, have a laugh and learn from them.

We hope you enjoy this frequency dictionary, and that it helps you in your quest of speaking Italian.

How To Use This Dictionary

abbreviation	*abr*
adjective	*adj*
adverb	*adv*
article	*art*
auxiliary verb	*av*
conjunction	*con*
interjection	*int*
noun	*gli, i, il, le, la, lo*
numeral	*num*
particle	*part*
phrase	*phr*
prefix	*pfx*
preposition	*prp*
pronoun	*prn*
suffix	*sfx*
verb	*vb*
singular	*sg*
plural	*pl*

Word Order

The most common translations are generally given first. This resets by every new respective part of speech. Different parts of speech are divided by ";".

Translations

We made the decision to give the most common translation(s) of a word, and respectively the most common part(s) of speech. It does, however, not mean that this is the only possible translations or the only part of speech the word can be used for.

Italian English Frequency Dictionary

Rank	Italian Part of Speech [IPA]	English Translation Italian Example Sentence -English Example Sentence
1	**non** adv [non]	**not, non** Naturalmente, la gente comune non vuole la guerra; né in Russia, né in Inghilterra, né in America, né del resto in Germania. Questo è comprensibile. -Naturally, the common people don't want war; neither in Russia nor in England nor in America, nor for that matter in Germany. This is understandable.
2	**che** con; prn; adj [ke]	**that; which, who; what** Lui che cosa vede? -What does he see?
3	**e, ed** con [e, ed]	**and** L'Unione contribuisce alla salvaguardia e allo sviluppo di questi valori comuni. -The Union contributes to the preservation and to the development of these common values.
4	**il, lo, l', la, i, gli, le*** art [il, lo, l', la, i, ʎi, le*]	**the** Ieri ho trascorso una serata fantastica con i miei fratelli e i miei amici, anche il barbecue era ottimo. -Yesterday we had a good evening with my brothers and friends, and a very nice barbecue.
5	**un, uno, una** art; prn [un, uno, una]	**a, an; one** Io sono un venditore, e come venditore so di non avere mai avuto davvero il controllo. Il tuo marchio è ciò che la gente dice su di te quando non sei presente nella stanza, come recita il detto. -I'm a marketer, and as a marketer, I know that I've never really been in control. Your brand is what other people say about you when you're not in the room, the saying goes.
6	**a** *al, allo, all', alla, ai, agli, alla prp [a]	**to, in, at** Ma se io non sono disposto a farlo, le dirò io o chiunque altro che, purtroppo, sono a corto di tempo, non ho il tempo. -But if I'm not willing to do it, I'll tell myself or anyone else that unfortunately I'm short of time, I don't have the time.
7	**essere** vb; gli [ˈɛssere]	**be; being** È vero che il comportamento non può essere legiferato, e la legislazione non può fare in modo che mi amiate, però la legislazione può frenarvi dal mio linciaggio, e penso che sia abbastanza importante. -It is true that behavior cannot be legislated, and legislation cannot make you love me, but legislation can restrain you from lynching me, and I think that is kind of important.
8	**per** prp; adv[per]	**for, to, by, in** Non ha molto senso per me che io debba pagare più tasse di te anche se tu fai più soldi di me. -It doesn't make much sense to me that I have to pay more income tax than you even though you make more money than I do.

9 **in** **in, into**
*nel, nello, nell', nella, nei, negli, nelle
prp
[in]

Lui è un ragazzo tenace che riesce sempre a uscire in cima. È il tipo di ragazzo che riesce a volgere ogni situazione a suo vantaggio.
-He's a tenacious guy who always manages to come out on top. He's the kind of guy who can turn any situation to his advantage.

10 **sì** **yes, yeah**
int
[s'i]

"Conosci Brian?" "Sì, lo conosco bene." "Davvero? Da quanto tempo lo conosci?" "Da sei anni."
-"Do you know Brian?" "Yes, I know him well." "Really? Since when do you know him?" "I've known him for six years."

11 **mi** **me**
prn
[mi]

La capacità inesauribile dell'uomo di credere a ciò che preferisce essere vero piuttosto che ciò che l'evidenza dimostra di essere probabile e possibile mi ha sempre stupito.
-Man's unfailing capacity to believe what he prefers to be true rather than what the evidence shows to be likely and possible has always astounded me.

12 **avere** **have**
vb
[avere]

La situazione economica prevista ed il conseguente calo dei consumi potrà avere degli effetti negativi sui ricavi nel mercato dell'Editoria
-The economic forecasts and the consequent fall in consumer spending could have a negative impact on the revenues in the publishing sector

13 **si** **one-, its-, thems-, him-, her-, yourself**
prn
[si]

Quello che è importante non è a quale università ci si è laureati, ma quello che si ha imparato mentre la si frequentava.
-What's important isn't which university you've graduated from, but what you learned while you were there.

14 **ma** **but**
con
[ma]

Ma, dopo tutto, è il leader del paese che determina la politica ed è sempre una cosa facile trascinarvi le persone, se si tratta di una democrazia o una dittatura fascista o di un Parlamento o di una dittatura comunista.
-But, after all, it is the leaders of the country who determine the policy and it is always a simple matter to drag the people along, whether it is a democracy or a fascist dictatorship or a Parliament or a Communist dictatorship.

15 **ti** **you**
prn
[ti]

Questo corso ti offre l'opportunità di studiare questi settori strettamente connessi in un ambiente stimolante e dinamico.
-This course offers you the opportunity to study these closely related fields in an exciting and dynamic environment.

16 **cosa** **what; thing**
prn; la
[k'ɔza]

Cosa può fare?
-What can it do?

17 **con** **with, by**
prp; con
[kon]

State qui con lei.
-Stay here with her.

18 **no** **no, not; no**
adv; il
[n'ɔ]

Non sono sicuro se dovrei andare a studiare o no all'estero in Australia o in Canada.
-I'm not sure whether I should go study abroad in Australia or Canada.

19	**da** *dal, dallo, dall', dalla, dai, dagli, dalle prp [da]	**from** I rifiuti prodotti dall'attività, costituiti da residui degli imballaggi, sono smaltiti in conformità alle disposizioni di Legge. -The waste produced by our activities, constituted by leftover packaging, is disposed of in compliance with the dispositions of the Law
20	**se** con [se]	**if** If Jesus Christ was the being which those mythologists tell us he was, and that he came into this world to suffer, which is a word they sometimes use instead of 'to die,' the only real suffering he could have endured would have been 'to live.' -Se Gesù Cristo è l'essere che i mitologi ci dicono che era e che è venuto in questo mondo per soffrire, che è una parola che a volte usano invece di 'morire', l'unica vera sofferenza avrebbe potuto sopportare sarebbe stato 'vivere'.
21	**come** adv; prn; prp; con [kome]	**as, how** Come l'hai trovato? -How did you find it?
22	**io** prn; gli [ˈio]	**I** Io ritengo che la politica del Mediterraneo dev'essere rilanciata per gli aspetti politici, culturali ed economici. -I feel that a boost needs to be given to the political, cultural and economic aspects of the Mediterranean policy.
23	**ci** adv; prn [tʃi]	**ourselves, us** Noi ci siamo seduti. -We sat down.
24	**questo** adj; prn [kwesto]	**this; such, this one** È la prima volta che fai questo tipo di lavoro: dovresti seguire esattamente il manuale finché non prendi più esperienza. -It's your first time doing this kind of work. You should follow the manual exactly until you get more experience.
25	**qui** adv; con [kwi]	**here; where** Voglio che tu scopra se John sta progettando di venire qui da solo o meno. -I want you to find out if John is planning to come here by himself.
26	**bene** adv; il; adj [bˈɛne]	**very; well, good; good, asset** Qualcosa ovviamente non va bene. -Something's obviously wrong.
27	**tu** prn [tu]	**you** Tu mi sembri il tipo di uomo che non fa mai quello che non vuole. -You strike me as the kind of man who never does anything he doesn't want to do.
28	**di** *del, dello, dell', della, dei, degli, delle prp [di]	**of, to; than, and** Penso di essere innamorata di te. -I think I'm in love with you.
29	**me (stesso)** prn [me (stesso)]	**me (myself)** Il cuore dell'uomo è il luogo dove vive il diavolo; sento a volte un inferno dentro di me.

-The heart of man is the place the devil dwells in; I feel sometimes a hell within myself.

30	**mio**	**my**
	prn [m'io]	Il mio invito al pubblico è di entrare in contatto con la loro creatività e spontaneità interiore per massimizzare il potenziale di questo incontro durate il convegno. -My invitation to the audience is to get in contact with inner creativity and spontaneity to maximize the potential of encounters during the Conference.
31	**solo**	**only**
	adj; adv [solo]	uesta vittoria da sola non è il cambiamento che cerchiamo. È solo la possibilità per noi di procedere al cambiamento. -This victory alone is not the change we seek. It is only the chance for us to make that change. And that cannot happen if we go back to the way things were.
32	**tutto**	**all**
	adj; il [tutto]	Tutto a un tratto vidi una forma umana in lontananza, e, con mia sorpresa, ben presto riconobbi che il viaggiatore era una donna. -All at once I saw a human form in the distance, and, to my surprise, soon recognized that the traveler was a woman.
33	**te**	**you**
	prn| [te]	A me non piace il teatro, ma ci vado comunque perché piace a te. -I don't like the theater, but I go nevertheless because you like it.
34	**più**	**more, most**
	adj; i; adv; con [pju]	Per me non c'è niente di più tenero di una coppia di anziani che va per strada mano nella mano. -Nothing seems so tender to me as an old couple walking down the street holding hands.
35	**lei**	**she, her**
	prn [l'ɛi]	A causa di aver bevuto un po' di caffè forte, lei non è stata in grado di dormire per tutta la notte. -On account of having drunk some strong coffee, she wasn't able to sleep all night long.
36	**ne**	**any; of it, of them**
	adj; prn [ne]	John mi ha offerto una birra, però gli ho detto che io non ne volevo. -John offered me a beer, but I told him I didn't want one.
37	**fare**	**do**
	vb [fare]	Questo modulo vuole offrire preziosi consigli su cosa fare prima, durante e dopo un colloquio telefonico. -This module provides valuable hints on what to do before, during and after a telephone interview.
38	**quando**	**when**
	adv; con [kwando]	Negli Stati Uniti si ha la scelta, quando si entra in un ristorante, di sedersi nella sezione per fumatori o nella sezione per non fumatori. -In the U.S., you have the option, when you enter a restaurant, to sit in the smoking or non-smoking section.
39	**fatto**	**fact, event; made, done**
	il; adj [fatto]	Il fatto che ciò non si verifichi è un fatto negativo specie per le realtà inserite a Firenze e a Roma -The fact that this opportunity should be thwarted is a negative one
40	**perché**	**because, why; why**

con; adv; prp
[perk'e]

Gli esperti dicono che i prezzi del caffè stanno salendo principalmente perché la gente è disposta a pagare di più.
-Experts say coffee prices are rising mainly because people are willing to pay more.

41 **sapere** **know**
vb
[sapere]
Senza sapere che cosa sia la forma, non si può accertare se essa sia distintiva, né se sia comune o funzionale.
-Without knowing what the shape is, it cannot be ascertained whether it will be distinctive, nor can it be ascertained whether it is common or functional.

42 **ora** **now; now; now, time, hour**
adv; con; la
[ora]
Quando ho visto John per la prima volta, ho saputo che era diverso da tutti gli altri uomini che avevo incontrato fino ad ora.
-When I first laid eyes on John, I knew he was different from any other man I'd ever met.

43 **o** **or**
con
['ɔ]
Come gli scenziati continuano a ripetere, non c'è necessariamente qualcosa di buono o di cattivo in ogni scoperta scientifica.
-As scientists keep insisting, there is neither good nor bad in any scientific discovery.

44 **andare** **go, move, proceed, run**
vb
[andare]
Penso che dovreste andare adesso.
-I think you should go now.

45 **mai** **never**
adv
[mai]
Tu dirai e farai delle cose che i tuoi genitori hanno detto e fatto, anche se avevi giurato di non farlo mai.
-You will say and do things your parents said and did, even if you swore you would never do them.

46 **chi** **who**
prn
[ki]
Chi è il tuo avvocato?
-Who is your lawyer?

47 **dire** **say**
vb
[dire]
Io non potevo proprio dire di no.
-I just couldn't say no.

48 **così** **so, thus; that**
adv; con
[koz'i]
Solo così supereremo ogni sorta di afflizioni, di ingiustizie e di terrorismo.
-Only then shall we overcome all manner of afflictions, injustices, and terrorism.

49 **quello** **one**
adj; prn
[kwello]
Il pilaf con carne costa otto yuan. Il pilaf vegetariano costa solo quattro yuan.
-The pilaf with meat is eight yuan. The vegetarian pilaf is only four yuan.

50 **oh** **oh**
int
[o]
Oh no! Non stavo prestando attenzione e ho lasciato il mio cellulare al ristorante!
-Oh no! I wasn't paying attention and left my cell phone in the restaurant!

51 **anche** **also, even; anchor**
adv
[aŋke]
Anche tu puoi facilmente diventare un miliardario... se sei un milionario.
-You too can easily become a millionaire... if you are a billionaire.

52 **molto** **very, much**
adj; adv; gli
[molto]
La tua vita andrà molto più liscia se solo rinunci e accetti la verità.
-Your life will go much smoother if you just give up and accept that truth.

53 **lui** **him, he**

	prn [l'ui]	Tra i pasti, di solito lui riesce a mettere da parte un'abbondante riserva di dolci, gelati, popcorn e frutta. -Between meals, he usually manages to stow away a generous supply of candy, ice cream, popcorn and fruit.
54	**volere**	**want**
	vb [volere]	Un vecchio uomo con una cuffia da notte aprì la finestra e guardò fuori. Rimproverò con rabbia: "Che cosa volete a quest'ora della notte?" -An old man in a nightcap opened the window and looked out. He called down angrily: "What do you want at this hour of night?"
55	**niente**	**nothing, anything; any, none**
	lo; prn [nj'ɛnte]	Dopo una pedalata non c'è niente di meglio che una confortevole pausa in questo centro benessere. -After a bicycle ride there is nothing better than a relaxing break at this wellness centre.
56	**grazie**	**thank you**
	int [grattsje]	Grazie per il cioccolato! Spero che le frittelle ti siano piaciute, e spero che abbia passato una bella giornata pure tu. -Thanks for the chocolate! I hope you enjoyed the pancakes, and I hope you had a great day as well.
57	**dove**	**where; where**
	adv; con [dove]	Ne Medio Oriente, abbiamo esposto il mio lavoro in posti dove ci sono pochi musei. -In the Middle East, I experienced my work in places without [many] museums.
58	**tuo**	**your**
	adj [t'uo]	Non vedo l'ora di vederti con il tuo cappello e il tuo vestito. -I'm looking forward to seeing you in your cap and gown.
59	**allora**	**then**
	adv [allora]	Se i soldi non fanno la felicità, allora li dia a me. Io sarò felice. -If the money doesn't make you happy, then give it to me. I will be happy.
60	**stare**	**stay**
	vb [stare]	Fuori fa così caldo che voglio stare tutto il giorno in casa con l'aria condizionata. -It's so hot outside that I want to spend all day in my air conditioned house.
61	**potere**	**be able; power**
	vb; il [potere]	Mi ha sempre stupito constatare, nell'animo umano, la coesistenza tra il potere di governare e quello di perdonare. -It has always astonished me to see in the human soul the co-existence of the power to rule and the potential to forgive.
62	**prima**	**first, before; before**
	adv; art [prima]	Prima di alzarmi dal letto, passo un po' di tempo a pensare a cosa farò per il resto della giornata. -Before I get out of bed, I spend a little time thinking about what I'll be doing the rest of the day.
63	**noi**	**we**
	prn [noi]	I nostri clienti possono aspettarsi da noi anche tutto questo, al pari di una produzione accompagnata passo a passo. -Our customers can also expect all those from us! Also comprehensive accompanied manufacturing.
64	**primo**	**first**

num; adj
[primo]

La linea è il primo passo verso avanti della linea di masse della politica dell'avanguardia.
-The Line is the first step forward for the mass line of the politics of the vanguard.

65 **suo (-a)** **his (her)**

prn
[s'uo (s'ua)]

Il più grande problema dell'immigrazione è il suo carattere multiculturale. Il problema non è che i lavoratori migrano quando è necessario, ma il gap culturale insormontabile che li separa dalle società ospitanti. Senza andare oltre, l'immigrazione musulmana in Europa è un buon esempio.
-The biggest problem of immigration is its multicultural character. The trouble is not that workers migrate when necessary, but the insurmountable cultural gap that separates them from the host societies. Without going any further, Muslim immigration in Europe is a good example.

66 **due** **two**

I; num
[d'ue]

Ha dato due lezioni durante questa sessione con un approccio pratico
-he gave two lectures during this session with a practical approach

67 **ancora** **yet, still, more; more**

adv; con; le
[aŋkora]

Il vento soffia ancora forte.
-The wind still blows hard.

68 **casa** **house, home**

la
[kaza]

In questa situazione di incertezza e di rischio la Casa Editrice ha continuato ad investire per migliorare quantità e qualità
-In this situation of uncertainly and risk, the publishing house continued to invest in improving the quality and quality

69 **fa** **ago**

adv
[fa]

Quattro giorni fa sono stato testimone e parte di un avvenimento davvero straordinario.
-Four days ago I witnessed and participated in a truly extraordinary event.

70 **qualcosa** **something, anything**

le
[kwalk'ɔza]

Quando parli, tu stai solo ripetendo quello che sai già. Ma se tu ascolti, puoi imparare qualcosa di nuovo.
-When you talk, you are only repeating what you already know. But if you listen, you may learn something new.

71 **vero** **true**

adj
[vero]

È un altare dedicato non al Dio Uno e Trino, ed a Suo Figlio Gesù Cristo, Nostro Redentore, ma è rivolto ad un "Dio" che ha ben 72 nomi e che si nasconde sotto i simboli di tutti questi Nomi perché il suo vero nome è Lucifero!
-It is an altar dedicated not to the God One and Trine, and to His Son Jesus Christ, Our Redeemer, but it is dedicated to a "God" who has 72 names and who is hiding under the symbols of all of these Names because his real name is Lucifer!

72 **su *sul, sullo, sulll', sulla, sui, sugli, sulle** **on,up; on, about**

adv; prep
[su *sul, sullo, sulll', sulla, s'ui, suʎʎi, sulle]

Chiederò in giro e vedrò se riesco a scoprire se qualcuno ha idee su come risolvere il problema.
-I'll ask around and see if I can find out if anyone has ideas on how to solve the problem.

73 **saio** **habit**

il
[sajo]

Parrà strano, ma possiamo indossare il saio, molto simile al vestito degli sceicchi.

-It seems strange that we are allowed to wear the habit, which is very similar to that of the sheiks.

74 **sempre** — **always**
adv
[s'ɛmpre]
Inoltre, ci sono sempre ingorghi sulle strade di Reggio Emilia, per cui si spreca un sacco di tempo mentre si è bloccati in un ingorgo.
-Furthermore, there are always traffic jams on Reggio Emilia's roads, so you'll waste lots of time while stuck in a traffic jam.

75 **loro** — **their**
prn
[loro]
Dopo di che me ne sono andato ma poi mi sono accorto di aver lasciato la mia borsa a casa loro.
-After that, I left, but then I realized that I forgot my backpack at their house.

76 **vi** — **you; there**
prn; adv
[vi]
Vi è un numero crescente di persone che preferiscono una vita virtuale online che una vera vita offline. -There is a growing number of people who prefer a virtual life online than a real life offline.

77 **ehi** — **Hey**
int
[ei]
Ehi! La vostra palla ha appena rotto la mia finestra!
-Hey! Your ball just broke my window!

78 **dovere** — **have to, must; duty**
il; vb; av
[dovere]
La preghiera è in se stessa un particolare dovere per un Vescovo
-Prayer is itself a particular duty for a Bishop

79 **signore** — **Mr. / Mrs.**
il/la; abr
[siɲɲore]
Questo è il libro più recente del signor Miller, e noi speriamo che non sia l'ultimo.
-This is Mr Miller's latest book, and we hope it will not be his last.

80 **tempo** — **time, weather**
il
[t'ɛmpo]
Il vostro tempo è limitato, per cui non lo sprecate vivendo la vita di qualcun altro. Non fatevi intrappolare dai dogmi, che vuol dire vivere seguendo i risultati del pensiero di altre persone.
-Your time is limited, so don't waste it living someone else's life. Don't be trapped by dogma - which is living with the results of other people's thinking.

81 **certo** — **certain; of course**
adj; adv
[tʃ'ɛrto]
Ho trovato che la voce fosse vera fino a un certo punto.
-I found the rumor to be true to a certain extent.

82 **voi** — **you**
prn
[voi]
Aspettate qui con gli asini per un po'. Io e il bambino andremo a pregare e torneremo da voi immediatamente.'
-You wait here with the donkeys for a while. I and the child will go to pray and we will come again immediately to you.'

83 **vita** — **life, waist**
la
[vita]
Non aver nessuna paura di fronte alla vita. Credi che la vita sia degna di essere vissuta e che il tuo credere contribuisca a che sia così.
-Be not afraid of life. Believe that life is worth living, and your belief will help create the fact.

84 **forse** — **perhaps**
adv
[forse]
Forse stasera non ci vedremo ma in ogni caso ci sentiamo per telefono, d'accordo?
-Maybe tonight we won't see each other but, in any case, one of us will ring the other, is that ok?

85 **adesso** — **now**

adv
[ad'ɛsso]

La porta adesso è chiusa.
-The door is now closed.

86 **fuori**
out, outside
adv
[fw'ɔri]

Se vuoi sapere che cosa sono gli Stati Uniti, vai fuori nella natura, dove si trova la bellezza.
-If you want to know what beauty is, go out into the wild; there you will find beauty.

87 **li**
them
prn[li]

Ciò dimostra che la gestione dei soggiorni degli immigrati non è solo una questione giuridica o di ordine pubblico ma anche di normale convivenza tra i nuovi venuti e le strutture della società che li accoglie. -This shows that the management of immigrants' stays is not only a matter of law or public order but also a matter of normal coexistence between the newcomers and the structures of society that receive them.

88 **davvero**
really
adv
[davvero]

Salve a tutti, sono davvero felice di annunciare la prossima straordinaria novità in arrivo per SingStar nell'aggiornamento di giugno.
-Hi everyone, I'm really pleased to be able to let you know about a great new gameplay feature coming soon to SingStar in the June update.

89 **anno**
year
gli
[anno]

Il padre di Roger Miller è morto quando aveva solamente un anno e sua madre si è ammalata appena dopo, quindi è stato mandato a vivere con suo zio a Erick, Oklahoma.
-Roger Miller's father died when he was only one year old and his mother became sick soon after, so he was sent to live with his uncle in Erick, Oklahoma.

90 **poi**
then
adv; con
[p'ɔi]

Il tizio sta rovistando in un cassetto, poi alza lo sguardo, sorride in modo sinistro.
-The guy is fiddling with a drawer, then he looks at me, smiles in a sinister fashion.

91 **altro**
other, more
adj; prn; adv; gli
[altro]

Ho ricevuto la sua lettera l'altro giorno.
-I received her letter the other day.

92 **dio**
God
il
[d'io]

Chi ha l'amore è in Dio e Dio è in lui, poiché Dio è amore.
-He who has love, is in God, and God is in him, for God is love.

93 **via**
via, by; away; street
prp; adv; la
[v'ia]

Se dovessi perdere la tua via, questa è la tua bussola, la tua guida per ritornare al percorso che seguirai.
-Should you lose your way, this is your compass, your guide back to the path you will follow.

94 **vedere**
see
vb
[vedere]

Come è possibile credere senza vedere? È che il vero non è forse quello che si vede.
-How is it possible to believe without seeing? Perhaps the real is not what one sees.

95 **proprio**
one's own; own; its; just, exactly
adj; il; prn; adv
[pr'ɔprjo]

Chi ascolta per la prima volta la propria voce registrata ha l'impressione di ascoltare un estraneo.
-One who listens to their recorded voice has the sensation of listening to a stranger.

96 **parte** | **part**
la
[parte]
Gli piaceva attribuire la maggior parte dei suoi errori e delle sfortune della sua vita a un padre tirannico.
-He liked to blame most of his faults and misfortunes of his life on a tyrannical father.

97 **ok** | **ok**
Int
[ok'ɛi]
"Io voglio che il mio elfo scuro sia blu." "OK... Quello è viola. Sarai viola per questa settimana." -"I want my dark elf to be blue." "OK... That one's purple. You'll be purple for this week."

98 **beh, be** | **well!**
int
[b'ɛ, be]
Funziona allo stesso modo in tutti i paesi. Beh, quasi.
-It works the same way in every country. Well, almost.

99 **credo** | **creed, credo**
lo
[kredo]
È evidente come il credo aziendale sia ormai orientato alla lavorazione del tubo di medio/grandi dimensioni
-It is evident how the corporate belief has turned to processing medium/large tubes

100 **ciao** | **hello, bye**
int
[tʃao]
È inutile che tu mi dica "Ciao, come stai?" se poi non hai altro da dirmi.
-There's no point telling me "Hi, how are you?" if you have nothing else to say.

101 **volta** | **time, turn**
la
[v'ɔlta]
La probabilità di questa catena di eventi che accadono tutti in una volta è uno ogni due milioni di voli - circa una volta ogni due mesi ai livelli attuali di traffico aereo.
-The probability of this chain of events all happening at once is one in 2 million flights - about once every two months at current levels of air traffic.

102 **quanto** | **as, how much; than**
adv; con; il
[kwanto]
Le ho solo chiesto quanto ha pagato per quel vestito dall'aspetto banale e lei si infuriò con me.
-I only asked her what she paid for that dull-looking dress and she flew off the handle at me.

103 **uomo** | **man**
lo
[w'ɔmo]
John conosceva un uomo il cui padre era un pilota di elicotteri durante la guerra del Vietnam.
-John knew a man whose father was a helicopter pilot during the Vietnam War.

104 **nessuno** | **no; nobody, anyone**
adj; prn
[nessuno]
Nessuno deve preoccuparsi delle proprie opinioni, anche religiose, a patto che la loro espressione non turbi l'ordine pubblico stabilito dalla legge.
-No one may be questioned about his opinions, and the same for religious opinions, provided that their manifestation does not trouble the public order established by the law.

105 **padre** | **father**
il
[padre]
John fece l'impossibile per cercare di convincere sua madre a trasferisrsi in una casa più piccola dopo la la morte del padre.
-John did his darndest to try and convince his mother to downsize into a smaller house after his father died.

106 **dopo** | **after**
adv; prp
[dopo]
John è venuto a Boston dopo aver preso il diploma di scuola superiore.
-John came to Boston after graduating from high school.

107 **amico** | **friend**
lo
[amiko]
A me serve un amico.
-I need a friend.

108 **porre** | **put, place**
vb
[porre]
La legge ha lo scopo di porre rimedio a decenni di discriminazione nei confronti delle minoranze etniche del paese.
-The law is meant to redress decades of discrimination against the country's ethnic minorities.

109 **lavoro** | **work, job**
il
[lavoro]
Fortuna e duro lavoro sono necessari se vuoi avere successo nella vita.
-Luck and hard work are necessary if you want to advance in life.

110 **qualcuno** | **someone**
il
[kwalkuno]
Ho bisogno di qualcuno che mi stringa tra le sue braccia e mi dica che andrà tutto bene.
-I need someone to hold me and tell me everything will be alright.

111 **già** | **already**
adv
[dʒ'a]
Per i restanti ordini le negoziazioni sono in corso e molte raccomandazioni per l'acquisto sono gia' state inoltrate al Cliente.
-For the residual orders negotiations are in progress and many recommendations forpurchasing have been already sent to Client.

112 **meglio** | **better, best**
adv
[m'ɛʎʎo]
Meglio essere odiati per quello che si è che essere amati per quello che non si è.
-Better to be hated for who you are than loved for who you're not.

113 **giorno** | **day**
il
[dʒorno]
Lei beve della birra analcolica quasi ogni giorno perché la birra è la sua bevanda preferita, però non vuole bere alcol ogni giorno.
-She drinks non-alcoholic beer almost every day because beer is her favorite drink, but she doesn't want to drink alcohol every day.

114 **cazzo** | **dick; fuck**
il
[kattso]
Che piacere vedere un ragazzino della sua età che sa cosa cazzo è la vera musica.
-What a pleasure to see a kid his age who knows what the fuck real music is.

115 **cui** | **which**
prn; con
[k'ui]
Il venerdì è il giorno in cui sono meno occupata.
-Friday is when I am least busy.

116 **bisogno** | **need**
il
[bizoɲɲo]
Cosa siamo diventati come società quando abbiamo bisogno dell'alcol per divertirci. È diventato un pretesto per il comportamento bizzarro e la cara vecchia dissolutezza.
-What have we become as a society when we need alcohol to enjoy ourselves. It has become a pretext for outlandish behaviour and just plain old debauchery.

117 **ogni** | **every**
adj
[oɲɲi]
Better don't venture here. I'm serious, any of you would regret. Better close the topic and forget everything written here.
-È meglio non introdursi qui. Sul serio, ogni di voi si pentirà. È meglio terminare questo colloquio e dimenticare ogni cosa che è stata discussa.

118 **venire** | **come**

vb
[venire]
Domani non voglio venire con te a vedere la partita di calcio, voglio andare con Paolo a vedere un film. -Tomorrow I don't want to come with you to see the soccer game, I want to go with Paolo to see a movie.

119 **ecco** **here**
adv
[ˈɛkko]
Ecco la buona notizia: si lavora. Ed ecco la cattiva notizia: si lavora sempre più spesso in nero.
-Here's the good news: there's work. And here comes the bad news: there's work, but it's ever more often under the table.

120 **senza** **without**
prp
[sˈɛntsa]
La mia esperienza del mondo sarebbe molto più superficiale senza la capacità di comunicare in molte lingue.
-My experience of the world would be much shallower without the ability to communicate in lots of languages.

121 **ce** **us**
prn
[tʃe]
Non ho molti soldi, ma in un modo o nell'altro, ce la farò.
-I don't have a lot of money, but I get along somehow.

122 **male** **bad, evil**
adv; il
[male]
Se non volete entrare in un pasticcio, non dite nulla di male su Tim e Jane.
-If you don't want to get into a mess, don't say anything bad about Tim and Jane.

123 **troppo** **too much**
adv; con; adj
[trˈɔppo]
Il rapporto tra la Chiesa cattolica e gli ebrei non è sempre stato, nella storia, felice o facile. Troppo spesso è stato scritto in mezzo alle lacrime.
-The history of the relationship between the Catholic Church and the Jews was not always a happy or an easy one. Too often it was written in tears.

124 **qualche** **some, few, any; a few**
adj; prn
[kwalke]
"A che ora ritorna tua sorella dal lavoro?" "Non lo so, ma penso che lei arrivi a casa qualche minuto prima di me."
-"When does your sister come back from work?" "I don't know, but I think she'll arrive at home a few minutes before me."

125 **mamma** **mom**
la
[mamma]
Avevo nove anni quando ho chiesto a mia mamma se Babbo Natale esisteva davvero.
-I was nine years old when I asked my mom if Santa Claus really existed.

126 **tanto** **much, so**
adv; adj
[tanto]
Nell'era della posta elettronica sono tanto felice quando un amico mi spedisce una vera lettera.
-In the era of email, I'm so happy when a friend sends me a real letter.

127 **prego** **please, you're welcome**
int
[prˈɛgo]
Ti prego, per l'amore degli uomini, impara la tua lingua!
-Please, for the love of mankind, learn your language.

128 **modo** **way, manner**
il
[mˈɔdo]
A Singapore, un modo di punire i criminali è di frustarli o di colpirli più volte con un bastone sulla schiena.
-In Singapore, one method to punish criminals is to whip or beat them multiple times on their back with a cane.

129 **grande** **great, great**
adj
[grande]
La discrepanza tra le storie delle due parti coinvolte nell'incidente era così grande che le autorità hanno fatto fatica a decidere chi dicesse la verità. -The discrepancy between the stories of the two parties involved in the accident

was so great that the authorities had a hard time deciding which side was telling the truth.

130 **tra** — **between, among**
prp; adv
[tra]
Spesso la differenza tra quello che si è e quello che si vuole essere causa malumori e insicurezza.
-Often, the difference between what you are and what you want to be causes bad mood and insecurity.

131 **guardare** — **look, watch**
vb
[gwardare]
Il conducente non deve guardare il monitor mentre è alla guida.
-The driver must not watch the monitor while driving.

132 **favore** — **favor**
il
[favore]
Potresti chiudere la finestra, per favore?
-Could you close the window, please?

133 **quindi** — **then**
adv
[kwindi]
Non ho dormito granché la notte scorsa quindi ho avuto la testa ciondolante dal sonno durante tutta la giornata lavorativa.
-I didn't get much sleep last night so I was nodding off all day at work.

134 **sembrare** — **seem, look, sound**
vb
[sembrare]
A me non piace sembrare pessimista, però John è un caso totalmente disperato. Non è neppure disperato. Ha perso la testa!
-I don't like seeming pessimistic, but John's a total basket case. He's not just useless either. He's lost his mind!

135 **soldo** — **money**
il
[soldo]
Se avessi ricevuto un soldo per ogni volta che una donna mi ha respinto, sarei un uomo ricco!
-If I had a nickel for everytime a woman has turned me down, I'd be a rich man!

136 **parlare** — **speak, talk**
vb
[parlare]
Mi ha detto che non gli dirà cosa mi è successo il giorno che mi ha visto parlare della storia della ragazza che è stata uccisa.
-He told me that she will not tell him what happened to me on the day he saw me talking about the story about the girl who got killed.

137 **dispiacere** — **dislike, be sorry**
il; vb
[dispjatʃere]
Mi dispiace di non essere stato in grado di darti informazioni sui contatti di mio cugino.
-I'm sorry I haven't been able to give you my cousin's contact info.

138 **gente** — **people**
la
[dʒ'ɛnte]
In Inghilterra, i parchi che scelgono razze rare di animali come loro tema stanno diventando sempre più popolari tra la gente.
-In England, parks taking rare breeds of animals as their theme are becoming increasingly popular with people.

139 **tre** — **three**
I; num
[tre]
Se ci sono due persone in una stanza e tre escono, uno deve entrare, in modo che nessuno si trovi nella stanza.
-If there are two in a room and three go out, one must go in, so that none is in the room.

140 **madre** — **mother**
la
[madre]
Quando si scrive in una lingua diversa dalla nostra lingua madre, è molto facile da produrre frasi che suonano strane. -When we write in a language other than our mother tongue, it is very easy to produce sentences that sound strange.

141 **momento** il [momento]
moment
Non c'è nulla di più fastidioso di un gruppo di giovani ragazze che provano a parlare tutte nello stesso momento.
-There's nothing more annoying than a group of young girls all trying to talk at the same time.

142 **aspettare** vb [aspettare]
wait
In altri tempi, la gente non avrebbe esitato ad accendersi una sigaretta nelle stazioni, nei ristoranti o nelle sale d'aspetto degli ospedali.
-At one time, people would not have hesitated to light up a cigarette in stations, restaurants, or hospital waiting rooms.

143 **nuovo** adj [nw'ɔvo]
new
Il problema di molti insegnanti di lingua è che sottovalutano le nuove tecnologie nei loro metodi di insegnamento.
-The problem of many language teachers is that they underrate new technologies in their teaching methods.

144 **successo** il [suttʃ'ɛsso]
success
L'unica colpa di Pinocchio era che aveva troppi amici. Tra questi c'erano molti mascalzoni ben noti, che non si curavano di un accidente per lo studio o per il successo.
-Pinocchio's only fault was that he had too many friends. Among these were many well-known rascals, who cared not a jot for study or for success.

145 **mondo** il; adj [mondo]
world
L'obesità è considerata di gran lunga il problema di salute più grave che deve affrontare il mondo sviluppato.
-Obesity is considered by far the most serious health issue facing the developed world.

146 **piacere** vb [pjatʃere]
pleasure; like
Nella cittadina di Tolmezzo, invece, si scopre il piacere di passeggiare sotto i portici del centro storico tra i negozi
-In the town of Tolmezzo, on the other hand, you will discover the pleasure of walking under the arcades of the old town.

147 **nostro** prn [n'ɔstro]
our
Sono rimasta sorpresa quando John ha detto che stava facendo domanda per un posto di lavoro presso la nostra azienda.
-I was surprised when John said he was applying for a job at our company.

148 **forza** la [f'ɔrtsa]
power
Le tue belle parole sono una fonte di forza per me durante questo brutto periodo.
-Your kind words are a source of strength for me at this difficult time.

149 **oggi** adv; il ['ɔddʒi]
today
La nostra cena di oggi sarà molto semplice: pane, formaggio di capra, fichi e vino.
-Our dinner today will be very simple: bread, goat cheese, figs and wine.

150 **ah** int [a]
ha
Ah! Se fossi ricca, mi comprerei una casa in Spagna.
-Ah! If I were rich, I'd buy myself a house in Spain.

151 **figlio** il [fiʎʎo]
son
La data di effetto per il figlio neonato di un assicurato corrisponde al giorno della nascita.
-The effective date for a newborn child of an insured person is the day of birth.

152 **dentro** — **in, inside**
adv; prp
[dentro]
Questa pasta è molto salutare, dentro ci si possono trovare molte verdure!
-This pasta is very healthy, in it you can find lots of vegetables!

153 **ragazzo** — **boy(friend)/girl(friend)**
il
[ragattso]
Tim era sempre geloso del fratello più giovane perché sapeva che Jack era il ragazzo dagli occhi azzurri della madre.
-Tim was always jealous of his younger brother because he knew Jack was their mother's blue-eyed boy.

154 **pensare** — **think**
vb
[pensare]
Soltanto le persone poco informate pensano che una lingua serva unicamente a comunicare. Una lingua costituisce anche un modo di pensare, una maniera di vedere il mondo, una cultura.
-Only uninformed people think that language is used only to communicate. Language is also a way of thinking, a way of seeing the world, a culture.

155 **accordo** — **agreement, deal**
i
[akk'ɔrdo]
Che tu sia d'accordo o no non importa, io lo faccio comunque.
-Whether you agree or not, I'm going to do it.

156 **fossa** — **pit, dich, gravel**
la
[fossa]
L'acqua di raffreddamento viene scaricata in una fossa di gocciolamento.
-Cooling water is discharged into a seepage ditch.

157 **donna** — **woman**
la
[d'ɔnna]
La traduzione è come una donna. Se è bella non sarà fedele; se è fedele non sarà certamente bella.
-Translation is like a woman. If it is beautiful, it is not faithful. If it is faithful, it is most certainly not beautiful.

158 **giusto** — **right, just, fair; correctly**
adj; adv
[dʒusto]
Vedrai due edifici giusto di fronte al museo, e il ristorante è nel più alto fra i due.
-You'll see two buildings right opposite the museum, and the restaurant is in the taller of the two.

159 **nome** — **name**
il
[nome]
Almeno in inglese, il nome di tutti i continenti finisce con la stessa lettera con cui comincia.
-In English at least, the name of all the continents end with the same letter that they start with.

160 **avanti** — **forward, ahead, on**
adv
[avanti]
Il coraggioso cavaliere fa un passo in avanti e bacia la dama sulla mano.
-The brave knight steps forward and kisses the lady on the hand.

161 **eh** — **huh**
int
['ɛ]
"Dormire in un cassonetto, eh?", chiese Al-Sayib. "Deve essere stata una esperienza puzzolente."
-"Sleeping in a dumpster, huh?" Al-Sayib asked. "That must have been a smelly experience."

162 **subito** — **immediately, at once**
adv
[subito]
Siccome ne ho abbastanza di questo inverno, vorrei che arrivasse subito la primavera!
-I'm fed up with this winter, I want spring right now!

163 **signora** — **lady, Mrs.**
la; abr
[siɲɲora]
La signora Brown mise in guardia Beth sul fatto che, se non avesse mangiato correttamente, sarebbe rimasta sempre grassa.

-Mrs. Brown warned Beth that if she didn't eat properly she would be permanently overweight.

164 **bastare** — **suffice**

vb
[bastare]

I soldi che ho ora non bastano per i miei bisogni.
-The money I have now falls short of what I need.

165 **notte** — **night**

la
[n'ɔtte]

In ogni caso, è la verità che in questa notte di neve una vecchia donna sola era seduto sul lato della strada.
-Anyhow, it's the truth that on this snowy night a lone old woman was sitting on the side of the road.

166 **bello (bel)** — **nice, beautiful; handsome**

adj; il/la
[b'ɛllo (b'ɛl)]

Infine da non perdere l'enorme e magnifico luogo di Spagna, il posto più bello a Siviglia.
-Finally do not miss the huge and magnificent Place of Spain, the most beautiful place in Seville.

167 **lì** — **there**

adv
[l'i]

Per fortuna, mia madre era ancora lì, a parlare con un genitore di un altro bambino, quindi è venuta da me e mi ha portato a casa.
-Fortunately, my mother was still there, talking with a parent of another kid, so she came to me and took me home.

168 **portare** — **bring**

vb
[portare]

La cosa migliore è portare un cappellino in testa durante i freddi inverni di Mosca.
-It's best to wear a cap on your head during the cold Moscow winters.

169 **sicuro** — **sure, safe, secure**

adj; lo
[sikuro]

Mi dispiace, e sono sicuro che ho abbastanza ferito i tuoi sentimenti. Vorrei scusarmi per questo.
-I am sorry, and I'm sure I hurt your feelings quite a bit. I would like to apologize for this.

170 **testa** — **head**

la
[t'ɛsta]

In Medicina Classica Cinese l'insonnia rappresenta uno squilibrio energetico concentrato nella testa e causato da diversi fattori quali l'eccesso di preoccupazione, lo stress, l'età, traumatismi fisici e psicologici etc.
-In Classical Chinese Medicine, insomnia is an imbalance of energy concentrated in the head, which is caused by different factors such as anxiety, stress, age, physical and psychological traumas, etc

171 **faccia** — **face**

la
[fattʃa]

Per ciascuna superficie selezionata, inverte la direzione del vettore normale , e scambia il ruolo delle facce.
-For each selected surface, it inverts the normal vector's direction.

172 **sentire** — **feel, hear**

vb
[sentire]

I bambini hanno bisogno di uno spazio adeguato in cui vivere, di luoghi in cui giocare e di quartieri in cui potersi sentire al sicuro.
-Children need a decent place to live, places to play and neighbourhoods in which they can feel safe.

173 **persona** — **person**

la
[persona]

Non ci si sposa con qualcuno con cui si può vivere - ci si sposa con la persona senza di cui non si può vivere.
-You don't marry someone you can live with — you marry the person whom you cannot live without.

174 **appena** — **just, (as) soon (as)**

	adv; adj [appena]	Sto ascoltando un audiolibro di Harry Potter con il Walkman che ho appena comprato. -I'm listening to a Harry Potter audio book with the Walkman I just bought.
175	**sotto**	**under, below; under**
	adv; prp; adj [sotto]	Vivere non vuol dire aspettare che passi la tempesta, vuol dire imparare a danzare sotto la pioggia. -Life isn't about waiting for the storm to pass, it's about learning to dance in the rain.
176	**prendere**	**take**
	vb [pr'ɛndere]	Tim pensava di avere un sacco di tempo per prendere il suo aereo, però ce l'ha fatta solo per il rotto della cuffia. -Tim thought he had plenty of time to catch his plane, but he only just made it by the skin of his teeth.
177	**merda**	**shit**
	la [m'ɛrda]	Ah, merda. Ho fatto cadere il mio aggeggio nel lavello. -Ah, crap. I dropped my doohickey into the sink.
178	**tipo**	**type, kind**
	il [tipo]	Che tipo di comportamento considerate in generale come tipicamente maschile? -What kind of behavior would you generally consider as typically male?
179	**morto**	**dead, died**
	adj; il [m'ɔrto]	Un uomo scendeva da Gerusalemme a Gerico e incappò nei briganti che lo spogliarono, lo percossero e poi se ne andarono, lasciandolo mezzo morto. -A certain man was going down from Jerusalem to Jericho, and he fell among robbers, who both stripped him and beat him, and departed, leaving him half dead.
180	**paura**	**fear**
	la [paura]	Quello di cui aveva più paura John era il pensiero di potere non essere in grado di camminare di nuovo. -What scared John the most was the thought that he might not be able to walk again.
181	**pronto**	**ready**
	adj; adv [pronto]	Il professore mi chiese se ero pronto e aggiunse che tutti mi attendevano al portone della scuola. -The teacher asked me if I was ready, adding that everybody was waiting for me at the school gate.
182	**buono**	**good; voucher, coupon**
	adj; il [bw'ɔno]	Sono buono con voi questa mattina. -I'm being good to you this morning.
183	**presto**	**soon, early**
	adv [pr'ɛsto]	Anche se vengono pubblicati molti libri, la cosa che sarà presto di valore è proprio poco. -Though many books are published, hardly a few of them are of value.
184	**moglie**	**wife**
	la [moʎʎe]	Se alcuno viene a me, e non odia suo padre, e sua madre, e la moglie, e i figliuoli, e i fratelli, e le sorelle, anzi ancora la sua propria vita, non può esser mio discepolo. -If any man come to me, and hate not his father, and mother, and wife, and children, and brethren, and sisters, yea, and his own life also, he cannot be my disciple.
185	**ideare**	**design**

vb
[ideare]
Ogni scuola potrà ideare un progetto simile scegliendo le ricette della tradizione dei bambini coinvolti.
-Every school could design a similar project, choosing recipes from the traditions of the participating children.

186 **capire** **understand**
vb
[kapire]
Conoscere e capire il mondo e le persone che hanno creato l'età moderna è un viaggio alla scoperta di sé stessi.
-To know and understand the world and the people who created the modern age is a trip at the discovery of themselve.

187 **stesso** **same; itself**
adj; prn; lo
[stesso]
Tim non si fida di nessuno: né degli amici, né della moglie, né dei figli, e perfino neanche di se stesso.
-Tim doesn't trust anyone: neither his friends, nor his wife, nor his children, nor even himself.

188 **problema** **problem**
il
[probl'ɛma]
Ci sono stati molti colpi di scena nella storia, ma finalmente abbiamo risolto il problema.
-There were a lot of twists and turns to the story, but we finally solved the problem.

189 **amore** **(my) love**
il
[amore]
Mettimi come un sigillo sul tuo cuore, come un sigillo sul tuo braccio; perché l'amore è forte come la morte.
-Set me as a seal upon thine heart, as a seal upon thine arm: for love is strong as death.

190 **insieme** **together; set, whole**
adv; il/la
[insj'ɛme]
Non è solo andare al cinema a vedere i film. Piuttosto, si va al cinema per ridere e piangere insieme a duecento persone.
-You don't just go to the cinema to watch films. Rather, you go to the cinema in order to laugh and cry together with two hundred people.

191 **papà** **dad, daddy**
il
[pap'a]
Il papà di Tim è morto di stress per troppo lavoro 5 anni fa.
-Tim's father died from karoshi five years ago.

192 **succedere** **happen, occur, succeed**
vb
[suttʃedere]
Non importa cosa succede, tenete la porta chiusa a chiave e non venite fuori.
-No matter what happens, keep the door locked and don't come outside.

193 **volgere** **turn**
vb
[voldʒere]
I lavori di costruzione stanno volgendo al termine..
-The construction work is coming to an end.

194 **domani** **tomorrow**
adv; gli
[domani]
Io ne ho bisogno entro domani.
-I need it by tomorrow.

195 **tesoro** **treasure**
il
[tez'ɔro]
Il tesoro supremo è la conoscenza, il tesoro centrale sono i bambini e il tesoro più basso è la ricchezza materiale.
-The supreme treasure is knowledge, the middle treasure is children, and the lowest treasure is material wealth.

196 **caso** **case**
il
[kazo]
L'Espositore si impegna a indennizzare, su richiesta, e tenere indenne l'Organizzatore nel caso di eventuali reclami, responsabilità, perdite, cause, procedimenti legali, danni, sentenze, spese, costi (incluse spese legali) e oneri di qualsiasi tipo.

-The Exhibitor agrees to attend a pre-registration inspection prior to the commencement of the Exhibition, where requested by the Organiser and in accordance with the Organiser's instructions from time to time. 16.4 The Exhibitor agrees to on demand indemnify and keep indemnified the Organiser against all claims, liabilities, losses, suits, proceedings, damages, judgments, expenses, costs (including legal fees) and charges of any kind.

197	**ragione** la; adj [radʒone]	**reason** Per una qualche ragione, il microfono non ha funzionato prima. -For some reason the microphone didn't work earlier.
198	**storia** la [stˈɔrja]	**history, story** L'audacia di Cesare fu l'inizio di una carriera militare e politica molto distinta. Con il tempo, come Alessandro Magno e Napoleone Bonaparte, divenne una delle figure più famose nella storia del mondo. -Caesar's audacity was the beginning of a very distinguished military and political career. In time, like Alexander the Great and Napoleon Bonapart, he became one of the most famous figures in world history.
199	**okay** int [okˈɛi]	**okay** Doveva venir fuori qualcosa di particolare", racconta Claus Staniek, architetto del 54F, "altrimenti i Beni culturali non avrebbero dato l'okay. -We had to come up with a very special design, otherwise the office for the preservation of historical monuments wouldn't have given its approval," says 54F architect Claus Staniek.
200	**qua** adv [kwa]	**here** Qua sotto puoi leggere le istruzioni che ti saranno date durante l'esame finale. -Below, you can read the instructions you will be given during the final exam.
201	**fino** prp; adv; adj [fino]	**till; even; fine, subtle** Tutta la gente lodò l'abito dell'imperatore senza vederlo per non sembrare stupida, fino a quando un bambino disse: "Ma il re è nudo!" -The people all praised the emperor's clothes without telling him the truth so as not to seem stupid, until a little boy said, "The emperor is naked!"
202	**nulla** il; prn [nulla]	**nothing; nothing, anything** Io sono abbastanza sicura che John non farà nulla di folle. -I'm pretty sure John won't do anything crazy.
203	**trovare** vb [trovare]	**find** Al fine di far emergere il tuo talento al massimo hai bisogno di una professione più adatto a te, di trovare un nuovo posto di lavoro. -In order to bring out your talents to the full you need to a profession more suited to you, to find a new work place.
204	**dare** vb [dare]	**give** Tim potrebbe prendere in considerazione di dare a Jane il prestito ha chiesto. -Tim might want to consider giving Jane the loan she asked for.
205	**mano** la [mano]	**hand** Meno dell'uno per cento della popolazione è veramente ambidestra, ossia, non hanno una mano dominante. -Less than one percent of the population is truly ambidextrous, that is, they have no dominant hand.
206	**servire** vb [servire]	**serve** S'accorse che le cose che aveva studiato a scuola non servivano nel mondo degli affari. -He found that the things he had studied in school were not useful in the business world.

207 **famiglia** — **family**

la
[famiʎʎa]

La nostra famiglia ha una tradizione centenaria di produzione di questi dolci ad Amara, il luogo in cui sono nato, tra i fiumi Tigri ed Eufrate: la biblica Babele.
-Our family has a long tradition of hundreds of years of making these sweets in my birthplace in Amara, between the rivers Tigris and Euphrates in Iraq, the biblical Babel.

208 **terra** — **land, earth**

la
[tˈɛrra]

La foresta amazzonica è la più grande foresta tropicale sulla Terra.
-The Amazonian forest is the largest tropical forest on Earth.

209 **fratello** — **brother**

il
[fratˈɛllo]

Ma suo fratello, quello più agile e più mobile, escogitò un tipo di abitazione più adattabile, meno rigido - la tenda pieghevole… Era l'Avventuriero.
-But his brother, more agile and mobile, thought up a more adaptable, less rigid habitation - the folding tent …he was the Adventurer.

210 **leggere** — **read**

vb
[leddʒere]

Per me, leggere a casa è preferibile a leggere seduti accanto a gente sconosciuta in una biblioteca.
-Read the list we sent you and check that all the sentences sound natural to you.

211 **scusare** — **excuse**

vb
[skuzare]

John pensa che Jane dovrebbe scusarsi con John per non aver fatto quello che diceva avrebbe fatto.
-John thinks Jane should apologize to John for not doing what she said she'd do.

212 **fine** — **purpose; end; fine**

la; adj
[fine]

All'inizio hanno cercato di ignorarti, poi hanno cominciato a ridere di te, e dopo a lottare con te. Alla fine vinci tu.
-At first they try to ignore you, then they start to laugh at you, then they fight you. In the end you win.

213 **secondo** — **according to; second**

adj; adv; num; prp; con
[sekondo]

Il Rio delle Amazzoni è il secondo fiume più lungo del mondo dopo il Nilo.
-The Amazon is the second longest river in the world after the Nile.

214 **ciò** — **that, it**

prn
[tʃˈɔ]

Nessuno sembrava aver fatto attenzione a ciò che aveva detto.
-Nobody seems to have paid attention to what he said.

215 **aiuto** — **help**

il; adj
[ajuto]

Con l'aiuto della più moderna tecnica di ricerca vengono trovate, nell'estesa banca dati, aziende produttrici adeguate.
-With the assistance of most modern search technology, the suitable production companies and their appropriate contact information.

216 **polizia** — **police**

la
[politts'ia]

Tra altri vent'anni, gli Stati Uniti non saranno più in grado di essere la polizia per il mondo.
-In another twenty years, the United States will no longer be able to be the police for the world.

217 **piano** — **plan, floor, piano; plane, flat**

il; adj; adv
[pjano]

Dopo aver chiesto la mia chiave alla reception, ho preso l'ascensore per andare al mio piano.
-After asking for my key at the front desk, I took the elevator to my floor.

218 **diavolo** **Devil**
il
[djavolo]
Gli angeli hanno due ali, il Diavolo ha una coda.
-Angels have two wings, the Devil has a tail.

219 **meno** **less; less; unless; no so (much as)**
adj; adv; prp; lo; con
[meno]
Accetto di cuore la massima: "Il governo migliore è quello che governa di meno".
-I heartily accept the motto, "That government is best which governs least".

220 **morire** **die**
vb; phr
[morire]
Morire non è il contrario di vivere: si passa la propria vita a vivere, ma non si passa la propria morte a morire.
-Dying is not the opposite of living: we spend our life living while we don't spend our death dying.

221 **neanche** **not even, neither; not even**
adv; con
[neaŋke]
Tim non mi darebbe neanche la possibilità di spiegare perché ho fatto quello che ho fatto.
-Tim wouldn't even give me a chance to explain why I did what I did.

222 **quale** **what, which; which; as**
adj; prn; con
[kwale]
Che la donna sia per natura destinata ad obbedire è dimostrato dal fatto che ogni donna posta nella posizione innaturale di assoluta indipendenza contemporaneamente si attacchi a un qualche tipo di uomo, dal quale è controllata e dominata.
-That woman is by nature intended to obey is shown by the fact that every woman who is placed in the unnatural position of absolute independence at once attaches herself to some kind of man, by which she is controlled and governed.

223 **vostro** **your (pl)**
adj
[vˈɔstro]
Ancora una volta vi ringrazio molto per il vostro aiuto e servizio rapido!
-Again thank you very much for all your help and prompt service!

224 **là** **there**
adv
[lˈa]
I miei capelli sono scompigliati stamani. Almeno passami uno specchietto - dovrebbe essere in quel cassetto là.
-My hair's messed up this morning. At least lend me a hand mirror - it should be shut in the drawer there.

225 **strada** **(large) street, road**
la
[strada]
Gli pneumatici si sono deteriorati a causa dell'attrito tra la gomma e la superficie della strada.
-Tires wear down because of friction between the rubber and the road surface.

226 **occhio** **eye**
il
[ˈɔkkjo]
Gli occhi di Virginia si riempirono di lacrime e lei si nascose il viso con le mani.
-Virginia's eyes grew dim with tears, and she hid her face in her hands.

227 **giro** **tour**
il
[dʒiro]
Durante il suo giro in Italia, visitò diverse città famose per la loro bellezza scenica, per esempio Napoli e Firenze.
-During his tour of Italy, he visited several cities which are famous for their scenic beauty, for instance, Naples and Florence.

228 **quasi** **almost, nearly**
adv; pfx
[kwazi]
Non subiscono quasi mai violenze fisiche.
-They are almost never physically abused.

229 **salvo** **save, but; safe**

prp; adj
[salvo]
Sono solito alzarmi alle sette e andare a letto alle undici, salvo la domenica.
-I usually get up at seven and go to bed at eleven except on Sundays.

230 **credere** **believe**
vb
[kr'edere]
Non credi che dovresti aiutare Jim?
-Don't you think you should help Jim?

231 **mentre** **while, as, whereas**
con; adv; gli
[mentre]
E mentre lei non è più con noi, so che mia nonna sta osservando, insieme alla famiglia che mi ha reso quello che sono.
-And while she's no longer with us, I know my grandmother's watching, along with the family that made me who I am.

232 **bambino** **child, baby, boy/girl**
il
[bambino]
Lei era una bambina, però non aveva paura.
-She was a child, but she wasn't afraid.

233 **sera** **evening**
la
[sera]
Ieri sera non avevo voglia di uscire e sono rimasto a casa a guardare un film.
-Last night I did not feel like going out and I stayed home watching a movie.

234 **film** **movie**
il
[film]
Il problema di questo film è che le scene violente e le scene divertenti sono mescolate assieme.
-The problem with this movie is that the violent scenes and the funny scenes are mixed together.

235 **uccidere** **kill**
vb
[uttʃ'idere]
I patrioti dicono sempre di morire per il loro paese e mai di uccidere per il loro paese.
-Patriots always talk of dying for their country, and never of killing for their country.

236 **indietro** **back**
adv
[indj'ɛtro]
Il mio orologio va indietro di tre minuti al giorno.
-My watch loses three minutes a day.

237 **contro** **against, counter; against, versus**
adv; prp; il
[kontro]
Tim era alla guida della macchina che si è schiantata contro il supermercato a Park Street.
-Tim was the driver of the car that crashed into the supermarket on Park Street.

238 **tornare** **return**
vb
[tornare]
Per tornare alla mappa normale, toccare l'icona del traffico, quindi toccare Mappa normale.
-To return to the normal map, tap the traffic icon, and then tap Show Normal Map.

239 **acqua** **water**
le
[akkwa]
I rimedi omeopatici non contengono altro che acqua, in quanto la sostanza originale è stata diluita al punto che non ne rimane alcuna molecola.
-Homeopathic remedies contain nothing but water since the original substance has been diluted to the point where not a single molecule remains.

240 **nessun** **no**
adj
[nessun]
Questi diritti e queste libertà non possono in nessun caso essere esercitati in contrasto con i fini e i principi delle Nazioni Unite.
-These rights and freedoms may in no case be exercised contrary to the purposes and principles of the United Nations.

241 **abbastanza** **enough**

adv; adj
[abbastantsa]

La mia fidanzata ha perso l'ultimo treno per la fine del mondo, e ciò è abbastanza problematico.
-My girlfriend missed the last train to the world's end, and that's enough of a problem.

242 **minuto** **minute**
adj; il
[minuto]

In termini di tempi medi si è registrato un aumento di circa un minuto per la riconsegna del primo bagaglio e di circa due minuti per l'ultimo rispetto alle prestazioni erogate nel 2008.
-On average, an increase of one minute in baggage reclaim times was registered for the first bag and approximately two minutes for the last bag compared with the service provided in 2008.

243 **finito** **finished, over**
adj; adv
[finito]

Io non ho mai finito di leggere i libri che non mi piacciono.
-I've never finished reading the books that I don't like.

244 **cercare** **search**
vb
[tʃerkare]

Oltre a Macchine per imballaggio a vuoto è possibile cercare anche altri prodotti e servizi.
-You can also search here with Vacuum packaging machines for further products and services.

245 **tardi** **late**
adv
[tardi]

Probabilmente farà tardi quindi faresti meglio a dirgli un'altra volta che l'incontro è alle sette per sicurezza.
-He's likely to be late so you'd better tell him again that the meeting time is seven to make double sure.

246 **veramente** **really**
adv
[veramente]

Penso che sia un metodo che non posso veramente consigliare, a meno che voi non siate pronti ad incorrere in un fallimento.
-I think this not a method that I can really recommend unless you are willing to risk failure.

247 **chiamare** **call**
vb
[kjamare]

Utilizzare i tasti NUMERO per inserire il numero di telefono che si desidera chiamare.
-Use the NUMBER keys to enter the telephone number you want to call.

248 **guerra** **war**
la
[gw'ɛrra]

C'è una regola che funziona in ogni calamità. Che si tratti di peste, guerra, o carestia, i ricchi diventano più ricchi e i poveri sempre più poveri. I poveri aiutano persino ad organizzarla.
-There is one rule that works in every calamity. Be it pestilence, war, or famine, the rich get richer and poor get poorer. The poor even help arrange it.

249 **piccolo** **little, small**
adj; il
[pikkolo]

C'era un piccolo numero di stranieri fra i visitatori del museo.
-There was a sprinkling of foreigners among the visitors in the museum.

250 **cuore** **heart, core**
il
[kw'ɔre]

È quello che si ottiene a dare il proprio cuore a qualcuno che non lo meritava.
-That's what you get for giving your heart to someone who never deserved it.

251 **nemmeno** **not even, neither**
adv; con
[nemmeno]

Rincresce rilevare che fra i tanti musei della provincia nessuno, nemmeno quelli che si occupano del mare prenda in considerazione il fenomeno che negli ultimi due secoli ha maggiormente segnato la storia.
-Sad to say, none of the museums in the territory - not even those most

concerned with the sea have taken into consideration the event which during the last two centuries has had the greatest impact on the history.

252 **forte** — **strong; forte; loudly**
adj; il; adv
[f'ɔrte]
Il cielo diventava sempre più scuro e il vento soffiava sempre più forte.
-The sky grew darker and darker, and the wind blew harder and harder.

253 **bravo** — **good, fine, clever; bravo**
adj; il
[bravo]
È vero che Wendy è cresciuta in una località di mare, però non è una brava nuotatrice.
-It is true Wendy grew up at the seaside, but she isn't a good swimmer.

254 **giù** — **down**
adv
[dʒu]
Sono successe tante cose. È come se il mondo intero si sia capovolto a testa in giù.
-So much has happened. It's as if the whole world is flipped upside down.

255 **stasera** — **tonight, this evening**
le
[stazera]
I miei genitori vanno spesso al cinema con i loro amici, ma stasera stanno guardando un film in televisione.
-My parents often go to the cinema with their friends, but this evening they're watching a film on TV.

256 **comunque** — **anyway; though**
adv; con
[komuŋkwe]
Comunque tu la veda, le probabilità sono contro di noi.
-No matter how you look at it, the odds are stacked against us.

257 **numero** — **number**
il
[numero]
Il numero di studenti che erano in ritardo per la scuola era molto più piccolo di quanto mi aspettassi.
-The number of students who were late for school was much smaller than I had expected.

258 **punto** — **point**
il
[punto]
È incline a guardare tutto dal punto di vista della sua praticità e non è né avaro né stravagante.
-He is inclined to look at everything from the standpoint of its practicality and is neither stingy nor extravagant.

259 **roba** — **stuff, things**
la
[r'ɔba]
Non riesci a chiudere la valigia per quanta roba ci hai infilato.
-You can't get the suitcase closed because you've stuffed too much into it.

260 **scuola** — **school**
la
[skw'ɔla]
Non voleva fare il compito oggi, quindi ha fatto finta di star male e non è andato a scuola
-He didn't want to take today's test, so he made believe that he was sick, and didn't go to school.

261 **felice** — **happy**
adj
[felitʃe]
Per di più, il sorriso del nostro personale dell 'hotel sarà felice di aiutarvi con qualsiasi richiesta.
-On top of that, the friendly staff of the hotel will be happy to help you with any enquiry.

262 **vecchio** — **old; old (wo)man**
adj; il
[v'ɛkkjo]
Se non è possibile smaltire correttamente il vecchio apparecchio, rivolgersi a Vega per l'eventuale restituzione e il riciclaggio.
-If you have no way to dispose of the old instrument properly, please contact us concerning return and disposal.

263 **perdere** — **lose**

	vb [p'ɛrdere]	Se le leggi sono i loro nemici, essi saranno i nemici delle leggi; e coloro che hanno molto da sperare e nulla da perdere saranno sempre pericolosi. - If laws are their enemies, they will be enemies to laws; and those who have much to hope and nothing to lose, will always be dangerous.
264	**uscire**	**go out, leave**
	vb [uʃʃire]	È possibile scegliere il volume d'aria che si desidera far uscire dalla parte superiore e dalla parte posteriore della stufa in maniera indipendente, regolando la potenza di ventilazione direttamente con il telecomando. -The air volume that you wish to exit from the upper and rear parts of the stove can be set separately by adjusting the ventilation power directly with the remote control.
265	**città**	**city**
	la [tʃitt'a]	Tim è nato in una piccola città non troppo lontana da Boston. -Tim was born in a small town not too far from Boston.
266	**importare**	**import**
	vb [importare]	Questo messaggio viene visualizzato se si tenta di importare un file stereo quando tutte le tracce stereo sono già registrate -This message appears if you try to import a stereo file when all the stereo tracks in the song already have recordings
267	**dietro**	**behind; back, rear; after; after**
	prp; il; adj; adv [dj'ɛtro]	Per un momento ha avuto sul viso uno strano sorriso. Che cosa pensi, che cosa si nasconde dietro quel sorriso? -That person has had an odd grin on his face for a while. What do you suppose is behind it?
268	**invece**	**instead**
	adv [invetʃe]	Adesso che sei giovane dovresti viaggiare invece di passare il tempo davanti al computer. -You should travel while you're young instead of spending time in front of the computer.
269	**lasciare**	**leave**
	vb [laʃʃare]	Ogni individuo ha diritto di lasciare qualsiasi paese, incluso il proprio, e di ritornare nel proprio paese. -Everyone has the right to leave any country, including his own, and to return to his country.
270	**importante**	**important**
	adj [importante]	Ciò che è importante non è l'università in cui ci si è laureati, ma ciò che si ha imparato all'università. -What is important is not which university you've graduated from but what you've learned in the university.
271	**figlia**	**daughter**
	la [fiʎʎa]	Sbarzaglia ha deciso di investire di pieni poteri la giovanissima figlia Simona, a cui ha ceduto in toto la gestione dell'impresa. -Gianni Sbarzaglia decided to invest his young daughter Simona with full powers and entrusted her with the company management.
272	**sperare**	**hope**
	vb [sperare]	Prendo lezioni di danza da quando ho tre anni e spero di diventare una ballerina. -I have been taking ballet lessons since I was three and hope to be a ballerina.
273	**chiedere**	**ask (for), enquire**
	vb [kj'ɛdere]	Mi chiedevo, vorresti venire al cinema con me stasera? -I was wondering, would you like to go to a movie with me tonight?

274 **poco** — **little; a litte, not much; bit**
adj; adv; gli
[p'ɔko]
Non voglio rinunciare alle mie idee, anche se alcune di queste sono un poco estreme.
-I don't want to lose my ideas, even though some of them are a bit extreme.

275 **verso** — **to, towards; direction, way**
prp; il
[v'ɛrso]
Compio serenamente il mio primo passo verso l'eternità, lascio la vita per entrare nella storia.
-Serenely I take my first step towards eternity and leave life to enter history.

276 **marito** — **husband**
il
[marito]
Una donna ha portato al fotografo una foto del suo defunto marito che indossa un cappello.
-A woman brought an old picture of her dead husband, wearing a hat, to the photographer.

277 **migliore** — **best**
adj; il
[miʎʎore]
E io non sarei qui questa sera senza il sostegno continuo della mia migliore amica degli ultimi 16 anni, la roccia della nostra famiglia, l'amore della mia vita, la prossima first lady della nazione, Michelle Obama.
-And I would not be standing here tonight without the unyielding support of my best friend for the last 16 years, the rock of our family, the love of my life, the nation's next first lady, Michelle Obama.

278 **quattro** — **four**
num
[kwattro]
Ci sono molti tipi strani in palestra alle quattro di mattina. E con fierezza io sono uno di essi.
-There are a lot of weirdos at the gym at 4 in the morning. And proudly, I'm one of them.

279 **puttana** — **whore**
la
[puttana]
Io mi chiedo se mia madre mi sta nascondendo qualcosa. Mi ha chiamato "figlio di puttana" oggi.
-I wonder if my mother is hiding something from me. She called me a "son of a bitch" today.

280 **cinque** — **five**
num
[tʃiŋkwe]
Ho cinque figli. Due di loro sono ingegneri, un altro è un insegnante e gli altri sono studenti.
-TI have five sons. Two of them are engineers, another is a teacher and the others are students.

281 **almeno** — **at least**
adv
[almeno]
Tim crede che sia assolutamente necessario bere almeno un litro d'acqua ogni giorno.
-Tim believes it's absolutely necessary to drink at least a liter of water every day.

282 **ricordo** — **memory**
lo
[rik'ɔrdo]
Hanno aperto il loro album fotografico del matrimonio e hanno fatto una passeggiatina lungo il viale dei ricordi.
-They opened up their wedding album and had a little stroll down memory lane.

283 **però** — **but, yet; however**
con; adv
[per'ɔ]
Stabilità, rigore e completamento del mercato non sono però sufficienti se non riparte una strategia di investimenti
-Stability, rigour and completion of the single market are however not sufficient if we don't adopt a new strategy of investment.

284 **sangue** — **blood**

	il [saŋgwe]	Il dottore ha analizzato il campione di sangue per verificare la presenza di anemia. -The doctor analyzed the blood sample for anemia.
285	**settimana**	**week**
	la [settimana]	Sono convinto che qualche settimana in un centro estivo ben organizzato possa essere più educativo di un intero anno di scuola. -I have the conviction that a few weeks in a well-organized summer camp may be of more value educationally than a whole year of formal school work.
286	**entrare**	**enter**
	vb [entrare]	Avevo addosso le mie cuffie, così non ho sentito John entrare nella stanza. -I had my headphones on so I didn't hear John enter the room.
287	**fata**	**fairy, femme fatale**
	la [fata]	Fortunatamente, la fata getta su di lui un sortilegio: sarà afflitto da un terribile attacco di bulimia il giorno delle nozze. -Fortunately, the fairy casts a spell on him: he will fall victim to a terrible bout of bulimia on the day of his wedding.
288	**colpa**	**fault, guilt; blame**
	la [kolpa]	Non sarà colpa tua se tuo figlio fa qualcosa che non va: ha venticinque ora, non è vero? -It won't be your fault if your son does anything wrong: he is twenty-five now, isn't he?
289	**dottore**	**doctor, Dr.**
	il [dottore]	Biancaneve era così pallida che il dottore le consigliò di uscire a prendere il sole. -Snow White was so pale that the doctor suggested she go out in the sunshine.
290	**possibile**	**possible**
	adj [possibile]	Ho corso il più velocemente possibile, ma non sono riuscito a prendere l'ultimo treno. -I ran as fast as possible, but I was not in time for the last train.
291	**piede**	**foot**
	il [pjˈɛde]	Durante le vacanze io e mia sorella siamo stati in un piccolo paese ai piedi del Monte Fuji. -During the vacation my sister and I stayed at a small village at the foot of Mt. Fuji.
292	**vicino**	**close, near**
	adj; adv; il [vitʃino]	Se si registrano delle immagini vicino a trasmettitori radio o linee ad alta tensione, immagini e/o suoni potrebbero risultare disturbati. -If you record near radio transmitters or high-voltage lines, the recorded pictures and/or sound may be adversely affected.
293	**amo**	**hook, bait**
	lo [amo]	Noi dobbiamo ancora cercare l'amo. -We still have to look for the hook.
294	**passare**	**pass, spend, switch**
	vb [passare]	Il mio interesse è riguardo al futuro perché è là che passerò il resto della mia vita. -My interest is in the future because I'm going to spend the rest of my life there.
295	**media**	**media, average**
	la [medja]	Anche se tutti i paesi del mondo e tutti i media riconoscono la legittimità di quel regime razzista, rimarrà sempre razzista sul piano morale.

-Even if all countries of the world and all the news media were to recognize the legitimacy of this racist regime, on the moral level it would always remain racist.

296 **capitare** — **happen, occur**
vb
[kapitare]
Tu sei la cosa migliore che mi sia mai capitata.
-You're the best thing that's ever happened to me.

297 **ultimo** — **last, latest**
adj
[ˈultimo]
La mia ragazza ha perso l'ultimo treno per la fine del mondo, e ciò è abbastanza problematico.
-My girlfriend missed the last train to the world's end, and that's quite a problem.

298 **qual** — **everytime, whenever; what, which**
adv; prn
[kwal]
Chi sono io? Da dove vengo? C'è vita dopo la morte? Qual è il significato della vita sulla terra?
-Who am I? Where do I come from? Is there life after death? What is the meaning of life on earth?

299 **andata** — **going**
la
[andata]
Tranne che nei casi di "forza maggiore" (3), il rimborso delle spese di viaggio e di soggiorno è strettamente limitato ad un viaggio di andata e ritorno per riunione, a partire dal luogo di origine e per le date concordate nella lettera di nomina.
-Except in the case of "force majeure" (3), the reimbursement of travel and subsistence expenses will be strictly limited to one return travel per meeting from the point of origin and for the dates agreed in the appointment letter.

300 **vivere** — **live**
vb
[vivere]
È l'ansia del possesso che, più di ogni altra cosa, impedisce alle persone di vivere con libertà e nobiltà.
-It is preoccupation with possession, more than anything else, that prevents men from living freely and nobly.

301 **riuscire** — **succeed, able**
vb
[rjuʃʃire]
È bastato un attimo della mia vita per riuscire a conoscerti e amarti, ma non basterebbe tutta la mia vita per riuscire a dimenticarti.
-Only one moment of my life was enough to manage to know and love you, but my entire life would not be enough to manage to forget you.

302 **pure** — **also**
adv
[pure]
Le donne più felici, come pure le nazioni più felici, non hanno una storia.
-The happiest women, like the happiest nations, have no history.

303 **stanza** — **room**
la
[stantsa]
Quell'uomo in piedi accanto alla porta e quella donna vicino alla finestra dall'altro lato della stanza hanno memoria fotografica.
-That man standing near the door and that woman on the opposite side of the room next to the window have photographic memories.

304 **telefono** — **phone, telephone**
il
[telˈɛfono]
Durante la vita di mia nonna, sia i telefoni che che i computer sono diventati all'ordine del giorno.
-In my grandmother's lifetime, both telephones and computers have become commonplace.

305 **ascoltare** — **listen**
vb
[askoltare]
Non credo che ci sia alcuna giustificazione per il suo comportamento. Allo stesso tempo, dobbiamo ascoltare quello che ha da dire.
-I don't think there is any excuse for his behavior. At the same time, we should listen to what he has to say.

306 **buongiorno** **good morning**
int
[bwondʒorno]
Buongiorno. Mi chiamo John Reindle. Lavoro all'ambasciata americana a Praga.
-Hello. My name is John Reindle. I work at the American Embassy in Prague.

307 **conoscere** **know**
vb
[konoʃʃere]
Grazie ad Apollo, è possibile conoscere con certezza le entrate e pianificare con facilità qualsiasi investimento a breve e medio termine.
-Thanks to Apollo, it is possible to predict the revenue with certainty and easily plan all short and medium term investments.

308 **significare** **mean**
vb
[siɲɲifikare]
Collaborazione scuola-museo significa, o dovrebbe significare, lavorare sulla base di un progetto educativo.
-Collaboration means, or should mean, work on the basis of an educational project.

309 **musica** **music**
la
[muzika]
Questo video interesserà a chiunque piaccia la musica classica, specialmente a coloro i quali piace il violoncello.
-This video will interest everyone who likes classical music, especially those who like the cello.

310 **conto** **bill**
il
[konto]
I passeggeri non meritano un trattamento simile, poiché saranno loro alla fine a pagare il conto.
-Passengers do not deserve that - as it is they that will ultimately foot the bill.

311 **corpo** **body**
il
[kˈɔrpo]
La usi come crema per il corpo quando esce dalla doccia.
-Use it as a body cream when you get out of the shower.

312 **culo** **ass**
il
[kulo]
Mi hai detto di avere un bel culo. Lo hai fatto per ingannarmi, o cosa?
-You told me you had a nice ass. Was that a misleading statement then?

313 **serio** **serious**
adj
[sˈɛrjo]
Le banche e i gestori patrimoniali di tutto il mondo sono obbligati a prendere sul serio il trasferimento di ricchezza dall'Occidente all'Asia.
-The world's banks and investment managers are forced to take the wealth transfer from the western world to Asia seriously.

314 **mezzo** **half, middle, means; half, middle**
il; adj
[mˈɛddzo]
Era nel mezzo di una storia divertente quando si è interrotto per rispondere al telefono.
-He was in the middle of a funny story when he stopped to answer the telephone.

315 **visitare** **visit, see**
vb
[vizitare]
Lei è una ragazza inglese di origine indiana che va a visitare l'India.
-She's an English girl of Indian origin who goes to visit India.

316 **difficile** **difficult**
adj
[diffˈitʃile]
Posso tradurre dal tedesco all'inglese abbastanza bene, ma nell'altra direzione è più difficile.
-I can translate from German to English pretty well, but the other way around is more difficult.

317 **sopra** **above, on**
adv; prp; le
[sopra]
Le dinamiche macroeconomiche e finanziarie sopra descritte non sono governabili dal management, che ha individuato alcuni fattori di rischio che

potrebbero avere impatti sullo scenario di base.
-The macroeconomic and financial trends described above cannot be controlled by management, which has identified certain risk factors that could affect the base scenario.

318 **mangiare** vb; il [mandʒare]
eat
Tim ha perso la lista della spesa che sua madre gli aveva dato e ha comprato solo cose che voleva mangiare.
-Tim lost the shopping list his mother had given him and just bought things he wanted to eat.

319 **provare** vb [provare]
try
Preferirei non perdere tempo a provare a imparare una lingua che non ho bisogno di sapere.
-I'd rather not waste my time trying to learn a language that I don't need to know.

320 **ieri** adv; lo [j'ɛri]
yesterday
Quando ho finito di lavorare ieri sera ho notato che uno dei miei colleghi aveva lasciato dati di vendite e marketing nella sala riunioni.
-When I left work last night, I noticed that one of my colleagues had left marketing and sales data in a conference room.

321 **genere** il [dʒ'ɛnere]
gender, kind, genre
Tale funzione consente di impostare il sintonizzatore sulla ricerca automatica delle stazioni che stanno trasmettendo il tipo di programma (genere) che si desidera ascoltare.
-This function lets you set the tuner to automatically search for stations which are currently broadcasting the type of program (genre) you want to listen to.

322 **fuoco** il [fw'ɔko]
fire
Ha perso la ragione quando ha visto la sua casa distrutta dal fuoco.
-He lost his reason when he saw his house burn down.

323 **strano** adj [strano]
strange
Noi ci aspettavamo che Takahashi si ubriacasse e dicesse alcune cose strane, ma ha finito per non bere troppo, quindi non era interessante.
-We expected Takahashi to get drunk and say some weird stuff, but he ended up not drinking too much, so it wasn't interesting.

324 **paese** il [paeze]
country, village
Le imposte sul reddito (correnti e differite) sono determinate in ciascun Paese in cui il Gruppo opera secondo una prudente interpretazione delle normative fiscali vigenti.
-Income taxes (both current and deferred) are calculated in each country where the Group operates and are based on prudent interpretations of current fiscal laws.

325 **signorina** la; abr [siɲɲorina]
young lady
Essendo stata in America per molti anni, la signorina Tanaka è un'ottima oratrice della lingua inglese.
-Having been in America for many years, Miss Tanaka is a very good speaker of English.

326 **parola** la [par'ɔla]
word
Lui non sa dire una parola di francese, però in compenso parla l'inglese come un nativo.
-He can't say one word of French, but then again he speaks English like a native

327 **magari**
maybe, perhaps, even

adv Magari non ti piace leggere certe cose.
[magari] -Maybe you don't like reading certain things.

328 **fortuna** **luck**
la
[fortuna]
Tutto ciò che io ho realizzato deriva da un duro lavoro. Tutte le brutte cose che mi accadono sono dovute alla cattiva sorte. Tutto ciò che tu hai realizzato deriva dalla buona fortuna. Tutte le brutte cose che ti succedono sono dovute alla tua mancanza di etica del lavoro.
-Everything I accomplished came from hard work. All bad things that happen to me are due to bad luck. All things you accomplish come from good luck. All bad things that happen to you are due to your lack of work ethic.

329 **mese** **month**
il
[meze]
Quello che è cominciato 21 mesi fa nel cuore dell'inverno non può finire in questa notte autunnale.
-What began 21 months ago in the depths of winter cannot end on this autumn night.

330 **gioco** **game**
il
[dʒ'ɔko]
Spiegazione del gioco: ogni gruppo tira il dado gigante e si dirige nella casella corrispondente, dove troverà una relativa domanda a cui dovrà rispondere.
-Explanation of the game: each group throws the giant die and moves to the corresponding square, where they will find a question they must answer.

331 **qualsiasi** **any**
adj
[kwals'iazi]
Alcune persone non hanno un insieme coerente di principi, ma adottano qualsiasi principio sia loro di utilità immediata.
-Some people do not have a consistent set of principles; they just adopt whatever principles benefit them at the moment.

332 **resto** **rest**
il
[r'ɛsto]
Eseguire il resto dei passi seguendo le istruzioni visualizzate sullo schermo del computer.
-Perform the rest of the steps in accordance with the instructions displayed on the computer screen.

333 **sorella** **sister**
la
[sor'ɛlla]
La visita ha dato slancio e vigore agli sforzi di collaboratori e volontari, per dare rapidamente una nuova casa alla nostra sorella africana.
-The visit gave momentum and vigour to the efforts of colleagues and volunteers to quickly create a new home for our African sister.

334 **davanti** **front; in front**
adj; adv; prp; gli
[davanti]
Ha preso la mia bicicletta davanti ai miei occhi; non me l'ha nemmeno chiesta!
-She took my bicycle before my eyes; she didn't even ask me for it!

335 **re** **king**
il
[re]
Una repubblica è una nazione il cui capo non è un re o una regina, ma un presidente.
-A republic is a nation whose head is not a king or queen, but a president.

336 **foto** **photo**
gli
[f'ɔto]
Lei mi ha fatto vedere una foto di sua madre quando era studentessa.
-She showed me a picture of her mother as a schoolgirl.

337 **domanda** **demand, question**
la
[domanda]
John ha chiesto a diverse persone la stessa domanda.
-John asked several people the same question.

338 **parere** **think, seem; opinion**

	vb [parere]	La moglie di John era palesemente assente dalla sua festa di compleanno, quindi pare che le voci del loro allontanamento siano probabilmente vere. -John's wife was notably absent from his birthday party, so it seems rumors of their estrangement are likely true.
339	**pace**	**peace**
	la [patʃe]	Ogni persona che cerca di controllare il suo destino non troverà mai la pace. -He who seeks to control fate shall never find peace.
340	**tenere**	**hold, keep**
	vb [tenere]	Tu sei la donna più bella che io abbia mai tenuto tra le mie braccia. -You're the most beautiful woman I've ever held in my arms.
341	**mente**	**mind**
	la [mente]	Guardare o leggere della fantascienza è un'esperienza liberatoria e di espansione per la mente. -Watching or reading sci-fi is a liberating and expanding experience for the mind.
342	**sacco**	**bag, sack; a lot**
	il; adv [sakko]	Fece un sacco di soldi a New York e tornò alla piccola città dove nacque. -He made a lot of money in New York and went back to the small town where he was born.
343	**auto**	**car**
	gli [auto]	Molte persone pensano che le auto d'epoca abbiano un prezzo superiore al loro valore effettivo. -Many people think that antique cars are overpriced.
344	**finire**	**end, finish**
	vb [finire]	Ho seguito lezioni di project management e sto per finire un corso di laurea in risorse umane, che è quello di cui mi voglio occupare nella vita. -I have taken courses in project management and am now on my way to finishing a degree in human resources, which is what I want to do for a living.
345	**verità**	**truth**
	la [verit'a]	Quel che fa più male è che tu non hai sentito di potermi dire la verità. -What hurts the most is that you didn't feel you could tell me the truth.
346	**paio**	**pair**
	il [pajo]	Tim ha comprato una macchina fotografica un paio di giorni fa, però l'ha già persa. -Tim bought a camera just a couple of days ago, but he's already lost it.
347	**cane**	**dog**
	il [kane]	Il dog trekking consiste in un'escursione a piedi con un cane assicurato alla persona mediante un'imbragatura. -Dog trekking consists of an excursion on foot with a dog attached to the person with a harness.
348	**attimo**	**moment, instant**
	lo ['attimo]	Io ho pensato per un attimo che noi avessimo un problema. -I thought for a minute we had a problem.
349	**senso**	**direction, sense, meaning**
	il [s'ɛnso]	Ogni pistola che è prodotta, ogni nave da guerra varata, ogni razzo sparato significa, nel senso finale, un furto ai danni di coloro che hanno fame e non sono nutriti, quelli che hanno freddo e non sono vestiti. -Every gun that is made, every warship launched, every rocket fired signifies, in the final sense, a theft from those who hunger and are not fed, those who are cold and not clothed.
350	**lavorare**	**work**

vb [lavorare] — Vai a lavorare, manda i tuoi figli a scuola. Segui la moda, agisci normalmentee, cammina sui marciapiedi, guarda la TV. Tieniti bene per la vecchiaia. Obbedisci alla legge. Ripeti con me: io sono libero.
-Go to work, send your kids to school. Follow fashion, act normal, walk on the pavements, watch TV. Save for your old age. Obey the law. Repeat with me: I am free.

351 **vivo** — **alive, live**
adj; lo [vivo] — In questo modo, è stata garantita la presenza dell'Unione europea, che è viva, nonostante la crisi che stiamo attraversando.
-This has ensured the presence of the European Union, which is alive, despite the crisis we are experiencing .

352 **andato** — **gone**
adj [andato] — Sono andato a riaccompagnarla alla stazione.
-I have been to the station to see him off.

353 **attenzione** — **caution**
le [attentsjone] — Ho letto con attenzione la tua lettera, e la tua situazione mi è parsa molto tipica e prevedibile in una relazione di coppia.
-I have read your letter closely, and your situation seems very typical and foreseeable in a relationship.

354 **fra** — **between, among**
prp; adv [fra] — Una correlazione fra la personalità e il gruppo sanguigno non è mai stata scientificamente provata.
-A connection between personality and blood type has not been scientifically proven.

355 **pistola** — **gun**
la [pist'ɔla] — Voglio sapere cos'è successo alla pistola che hai ricevuto da Tim.
-I want to know what happened to the gun you received from Tim.

356 **festa** — **party**
la [f'ɛsta] — Jane pensava che John non fosse alla festa di Halloween, però in realtà lui la stava osservando da dietro la sua maschera da lupo mannaro.
-Jane thought that John wasn't at the Halloween party, but in fact he was secretly observing her from behind his werewolf mask.

357 **presidente** — **president**
il [prezid'ɛnte] — Ho passato tanti anni in qualità di presidente che sento che è giunto il momento di dimettermi.
-I've spent so many years as chairman that I feel it's time I stepped down.

358 **unico** — **alone, single, unique**
adj ['uniko] — Perché qualche poveraccio in una fattoria vuole rischiare la sua vita in una guerra quando il meglio che può uscirne è tornare alla sua fattoria in un unico pezzo.
-Why would some poor slob on a farm want to risk his life in a war when the best that he can get out of it is to come back to his farm in one piece.

359 **bere** — **drinking**
vb; il [bere] — I cammelli possono percorrere centinaia di chilometri, durante diversi giorni, senza bere una goccia d'acqua.
-Camels can travel over hundreds of kilometers during several days without drinking a drop of water.

360 **fantastico** — **fantastic**
adj [fantastiko] — Sei la persona più fantastica della mia vita.
-You're the most fantastic person of my life.

361 **affare** — **deal, business, affair**

il | Si trasferì a Madrid per prendere le redini degli affari di suo padre.
[affare] | -He moved to Madrid to take the reins of his father's business.

362 **cielo** | **sky**
il | Visto lo stato del cielo, domani a quest'ora il tifone si sarà scatenato completamente.
[tʃ'ɛlo] | -From the look of the sky, the typhoon will probably be raging in all its fury about this time tomorrow.

363 **coraggio** | **courage**
il | Dubito che Tim abbia il coraggio di lottare per quello in cui crede.
[koraddʒo] | -I doubt that Tim has the courage to stand up for what he believes in.

364 **spiacere** | **be sorry**
vb | Ci spiace, ma la persona che stai cercando di contattare non è disponibile.
[spjatʃere] | -We are sorry, the person you are trying to contact is not available.

365 **ufficio** | **office**
lo | Il sostegno operativo può essere esteso anche agli Stati membri, con l'invio dell'ufficio mobile di Europol, unitamente ad analisti ed esperti dedicati [...] in grado di fornire assistenza in loco.
[uffitʃo] | -Operational support can also be extended to Member States by sending the Europol mobile office, with dedicated analysts and experts, to provide on-the-spot assistance in the Member States.

366 **caro** | **dear, expensive; dear**
adj | Il mio caro amico John mi ha convinto ad andare a Boston.
[karo] | -My good friend, John, convinced me to go to Boston.

367 **agire** | **act**
vb | Questo balsamo agirà come una pellicola protettiva sopra l'ustione.
[adʒire] | -This salve will act as a protective film over the burn.

368 **smettere** | **stop**
vb | Gli è stato detto dal medico di smettere di fumare, ma non sembra riuscire a rinunciare.
[smettere] | -He has been told by the doctor to give up smoking, but he cannot seem to give it up.

369 **dormire** | **sleep**
vb | Per una qualche ragione, non riusciva a dormire.
[dormire] | -For some reason, she couldn't sleep.

370 **facile** | **easy**
adj; adv | Tutti sono capaci di imparare una lingua straniera, però è tutto più facile per coloro che hanno talento.
[f'atʃile] | -Everyone is capable of learning a foreign language, but it's all much easier for those with talent.

371 **giovane** | **young**
adj; il/la | Giovanni, che è il più giovane in una famiglia di sette, è il pupillo dei suoi genitori.
[dʒ'ovane] | -John, who is the youngest in a family of seven, is the apple of his parents' eyes.

372 **divertente** | **funny, humorous**
adj | Tim raccontò una battuta a Jane, però lei non pensava che fosse divertente.
[divertente] | -Tim told Jane a joke, but she didn't think it was funny.

373 **generale** | **general**
adj; il | Il generale americano Custer fu sconfitto nella battaglia di Little Bighorn dai nativi americani il 25 giugno 1876.
[dʒenerale]

-The U.S. General Custer was defeated at the Battle of the Little Bighorn by Native Americans on June 25, 1876.

374 **controllo** — **control**
il
[kontr'ɔllo]
Rischiamo di perdere il controllo della situazione se non agiamo in fretta.
-We risk losing control of the situation if we don't act quickly.

375 **voce** — **entry, voice, item**
la
[votʃe]
Lei gli parla sempre ad alta voce, poiché lui è duro di orecchie.
-She always speaks to him in a loud voice because he's hard of hearing.

376 **lungo** — **long; along; length**
adj; prp; il
[luŋgo]
Anche se i suoi genitori le avevano detto di no per lungo tempo, l'hanno finalmente lasciata andare in Europa da sola.
-Although her parents had said no for a long time, they finally let her go to Europe alone.

377 **gran** — **great**
adj
[gran]
Nel senso stretto del termine, una vera democrazia non è mai esistita e mai esisterà. È contro l'ordine naturale che il gran numero dovrebbe governare e che i pochi debbano essere governati.
-In the strict sense of the term, a true democracy has never existed, and never will exist. It is against natural order that the great number should govern and that the few should be governed.

378 **esatto** — **exact**
adj; adv
[ezatto]
"Aspetta, non eravamo in questo posto un momento fa?" "Esatto. Siamo tornati indietro. Che strano."
-" Wait, isn't this the place we were at a moment ago? " " That's right. We came back. That's strange."

379 **probabilmente** — **probably**
adv
[probabilmente]
Probabilmente intendeva che la gente va alle dimostrazioni solo per farsi vedere invece di protestare per davvero.
-He probably meant that people go to demonstrations just to show up instead of actually protesting.

380 **cenare** — **have dinner**
vb
[tʃenare]
Non ho bisogno di cenare. Dopo la riunione ho intenzione di andare a bere qualcosa.
-I don't need dinner. After the meeting I'm going out for drinks.

381 **libro** — **book**
il
[libro]
Quando si sta leggendo un libro in inglese, non è una grande idea cercare ogni parola che non si conosce.
-When you're reading an English book, it isn't a great idea to look up every word you don't know.

382 **arrivare** — **arrive**
vb
[arrivare]
Devo andarmene prima che arrivi John.
-I need to leave before John arrives.

383 **squadra** — **team**
la
[skwadra]
La squadra di calcio di tuo fratello ha vinto la partita e sta festeggiando la vittoria.
-Your brother's soccer team won the game and is celebrating right now.

384 **scritto** — **written**
adj; lo[skritto]
La lettera che avete scritto deve essere corretta e ricopiata anche se l'avete già rifatta più volte. -The letter you wrote must be corrected and transcribed, even if you already rewrote it many times.

385 **cristo** — **Christ**

il
[kristo]
La messa è una cerimonia cattolica per ricordare Gesù Cristo mangiando e bevendo.
-Mass is a Catholic ceremony of remembering Jesus Christ by eating and drinking.

386 **cerca** **search**
la
[tʃerka]
Ci sono molte opzioni che è possibile usufruire quando siete in cerca di trasporto, ma questo è un aspetto che molte persone non hanno capito.
-There are many options that you can avail when you are seeking transportation but this is an aspect that many people have not realized.

387 **attento** **careful**
adj
[att'ɛnto]
Si dovrebbe essere più attenti rispetto a come si parla con quelle persone.
-You should be more careful with respect to how you talk to those people.

388 **voglia** **desire**
la
[v'ɔʎʎa]
Per quanto io abbia molta voglia di sapere il suo nome, sono troppo timido per andare a domandarglielo.
-Even though I really want to know his name, I don't have enough courage, and I'm afraid to go ask.

389 **esattamente** **exactly**
adv
[ezattamente]
John e Jane hanno dato esattamente le stesse risposte all'esame, il che ha fatto insospettire l'insegnante.
-John and Jane gave exactly the same answers on the test which made the teacher suspicious.

390 **cura** **care**
la
[kura]
La madre di Lucy le dice di prendersi cura della sua sorella più giovane.
-Lucy's mother told her to take care of her younger sister.

391 **chiaro** **clear; light**
adj; adv
[kjaro]
Questo libro vi darà una chiara idea dello stile di vita americano.
-This book will give you a clear idea of the American way of life.

392 **lontano** **far**
adv; adj; prp
[lontano]
Tim vive in una fattoria con sua moglie, Jane, non troppo lontano da Boston.
-Tim lives on a farm with his wife, Jane, not too far from Boston.

393 **tratta** **section, trade, bill, draft**
la
[tratta]
Nessun individuo potrà essere tenuto in schiavitù o in servitù; la schiavitù e la tratta degli schiavi saranno proibite sotto qualsiasi forma.
-No one shall be held in slavery or servitude; slavery and the slave trade shall be prohibited in all their forms.

394 **pazzo** **crazy**
adj; il; phr
[pattso]
L'unica differenza tra me e un pazzo è che io non sono pazzo.
-The only difference between me and a madman is that I'm not mad.

395 **stronzo** **shit, asshole**
il
[strontso]
Con tutto il dovuto rispetto, signor Presidente, lei è uno stronzo!
-With all due respect, Mr. President, you are an asshole!

396 **ordine** **order**
gli
['ordine]
Ha messo in ordine la sua stanza prima che i suoi ospiti arrivassero.
-She put her room in order before her guests arrived.

397 **perfetto** **perfect**
adj; il
[perf'ɛtto]
John era in prigione quella sera, quindi ha l'alibi perfetto.
-John was in jail that night so he has the perfect alibi.

398 **sbagliato** **mistaken, incorrect, wrong**

adj
[zbaʎʎato]
Mio fratello è un buon cittadino. Era solo nel posto sbagliato al momento sbagliato.
-My brother is a well doer. He was just at the wrong place at the wrong time.

399 **dieci** **ten**
num
[dj'ɛtʃi]
Mi ci sono voluti dieci minuti per andare a piedi fino alla stazione della metro.
-It took me ten minutes to walk to the metro station.

400 **restare** **stay, remain, maintain**
vb
[restare]
Restare zitta, ridotta al silenzio durante l'infanzia del Bambino Gesù, Jane si immerge in un nuovo silenzio ed in silenzio si trasforma seguendo l'esempio del Verbo fatto carne, che è suo figlio, il suo Dio, il suo unico amore.
-She remains silent, reduced to silence during the childhood of the Infant Jesus, Jane immerses herself in a new silence and she transforms herself into silence, following the example of the Word made flesh, which is her Son, her God, her only love.

401 **stupido** **stupid**
adj; lo
[st'upido]
No, ho l'impressione che quel tipo sia più uno stupido che un ingenuo.
-No, I feel like he's not "pure", but rather "dull"

402 **aria** **air, song**
la
[arja]
Quando ti trovi in un gruppo indeciso, proponi, con aria sicura, qualcosa che nessuno accetterebbe.
-When you are with an indecisive group, confidently propose something that no one would agree to.

403 **passo** **passage, step, pace, stride**
il
[passo]
È stato un passo per nulla rapido e semplice, che ha richiesto la creazione di nuovi centri di ricerca e sviluppo
-This step has been neither fast nor simple. It has required the creation of new Research and Development centers

404 **motivo** **reason**
i
[motivo]
Il motivo di questo risultato è essenzialmente dovuto al fatto che il protocollo ha consentito di ridurre i livelli di perdite sia attraverso la regolazione della pressione, ma soprattutto con l'individuazione di 246 perdite.
-The reason of this result is essentially caused by the fact that the protocol has allowed to reduce the losses levels both through the pressure regulation and especially with the individualization of 246 hidden losses.

405 **prossimo** **next**
adj; il; adv
[pr'ɔssimo]
A quest'ora il prossimo anno, avrai visitato quasi tutte le località importanti del Giappone.
-By this time next year, you will have visited almost all the famous places in Japan.

406 **alcuni** **some, several; few, any**
prn; adj
[alkuni]
Alcuni dottori dicono qualcosa per far piacere ai propri pazienti.
-Some doctors say something to please their patients.

407 **fermo** **still, firm; stop, arrest**
adj; il
[fermo]
Da quando sto provando a fare delle foto a quel bambino che non mi sta fermo un attimo.
-The baby never kept still while I was taking his picture.

408 **viaggio** **travel, trip, journey**
il
[vjaddʒo]
Se nella domanda viene incluso il viaggio internazionale, il club o distretto ospite dovrà confermare che ha provveduto ad estendere l'invito a recarsi sul posto, sostiene e approva in pieno i viaggiatori e verifica che il viaggio è necessario per attuare il progetto.

-If international travel is included in the application, the host club or district must confirm that it has extended a travel invitation, fully supports and approves Rotarian travelers, and verifies that international travel to the club or district is needed to implement the project.

409 **finché** — **until, till**
con; adj
[fiŋk'e]
Finché non provi non saprai mai se sei in grado di farlo o meno.
-You'll never know whether or not you can do it until you try.

410 **mettere** — **put**
vb
[m'ettere]
"Lo metterai su Kongregate?" "Sì, c'è un periodo di due settimane in cui il gioco sarà disponibile soltanto su Armor Games, visto che lo sponsorizzano, ma subito dopo lo caricherò su Kongregate".
-"Are you going to put this on Kongregate?" "Yes, there is a two-week period where the game will only be available on Armor Games since they're sponsoring it, but I will upload it to Kongregate after that."

411 **aspetto** — **appearance, look, aspect**
lo
[asp'ɛtto]
In alcune situazioni, non riceveremmo mai critiche sul nostro aspetto, come l'abbigliamento o l'acconciatura dei capelli.
-In some situations, we would never receive criticism about our appearance, such as clothing or hair.

412 **campo** — **field**
il
[kampo]
La casa di campagna era completa, con una piscina, una griglia, un campo da calcio e un tavolo da biliardo.
-The country house was complete, with a swimming pool, a barbecue, a soccer field and a pool table.

413 **papa** — **Pope**
il
[papa]
Anche le persone che non credono nella Chiesa cattolica venerano il papa come leader simbolico.
-Even people who don't believe in the Catholic church venerate the Pope as a symbolic leader.

414 **arrivo** — **arrival**
lo
[arrivo]
Quello che viviamo non è un punto di arrivo, ma un punto di partenza.
-This is not the end of our journey but rather a beginning.

415 **camera** — **room**
la
[k'amera]
Nella mia nuova casa il salotto è al pianterreno e la camera da letto al primo piano.
-In my new house, the living room is on the ground floor and the bedroom is on the first floor.

416 **benissimo** — **very well, fine**
adv
[benissimo]
Puoi lasciare benissimo questa decisione a tua figlia.
-You may as well leave such a decision to your daughter.

417 **milione** — **million**
num
[miljone]
Il carbone, il metano e il petrolio sono i resti di piante e animali vissuti milioni di anni fa.
-Coal, natural gas and oil are the remains of plants and animals that lived millions of years ago.

418 **diventare** — **become**
vb
[diventare]
Io penso che Tim non diventerà mai famoso.
-I think Tim will never become famous.

419 **ospedale** — **hospital**
lo
[ospedale]
test campione di sangue del soggetto in un centro medico o in ospedale.
-Test the subject's blood sample at a medical center or hospital.

420 **zio** **uncle**

lo

[dz'io]

Ci sono voluti solamente circa cinque minuti per arrivare a casa di mio zio dalla stazione in auto.

-It took only about five minutes to get to my uncle's house from the station by car.

421 **soltanto** **only, solely**

adv

[soltanto]

L'integrazione dell'economo ella dinamica del Consiglio Generale non è stata soltanto una strategia di lavoro, ma una visione della vita consacrata.

-The integration of the treasurer into the workings of the General Council was not just a work strategy, but a vision of consecrated life.

422 **bocca** **mouth**

la

[bokka]

Sadako voleva dire di più, ma bocca e lingua non volevano saperne di muoversi.

-Sadako wanted to say more, but her mouth and tongue wouldn't move.

423 **né** **neither, nor**

con

[n'e]

Né lui, né lei volevano lavare i piatti e così loro due hanno deciso di mangiar fuori.

-Neither he nor she wants to do the dishes, and so the two of them decided to eat out.

424 **zitto** **silent, quiet**

adj

[dzitto]

Il fatto che lui sia rimasto zitto l'ha fatta imbestialire.

-He said nothing, which made her angry.

425 **continuare** **continue**

vb

[kontinware]

Se continui a bere così tanto potresti ritrovarti facilmente a diventare un alcolizzato.

-If you go on drinking so much, you may well end up an alcoholic.

426 **bagno** **bathroom**

il

[baɲɲo]

Ci sono tre camere da letto, una cucina, una sala da pranzo, un salotto e un bagno.

-There are three bedrooms, a kitchen, a dining room, a living room, and a bathroom.

427 **durante** **during, in, over; while**

prp

[durante]

Quando ero giovane, ero un po' trasandato e ci sono stati momenti in cui non mi sono fatto il bagno per due settimane durante l'estate.

-When I was young, I was a bit scruffy and there were times when I didn't take a bath for up to two weeks during the summer.

428 **ricevere** **receive**

vb

[ritʃevere]

Non c'è bisogno di andare a un'università della Ivy League per ricevere una buona istruzione.

-You don't have to go to an Ivy League college to get a good education.

429 **idiota** **idiotic, stupid; idiot**

adj; il, la

[idj'ɔta]

Dobbiamo imparare a vivere insieme come dei fratelli, altrimenti moriremo tutti insieme come degli idioti.

-We must learn to live together as brothers or perish together as fools.

430 **colpo** **hit**

il

[kolpo]

Un esame più attento rivelò che il teschio era stato schiacciato da qualche duro colpo.

-Closer examination revealed that the skull had been crushed by some heavy blow.

431 **fretta** **hurry**

	la [fretta]	Alla fine di una giornata di lavoro, tutti hanno fretta di tornare a casa. -At the end of a working day, everybody is in a hurry to get home
432	**causa**	**cause**
	la [k'auza]	Fino a quando non si indagherà sulle reali cause del bullismo, questo probabilmente non finirà mai. -If we don't thoroughly examine the cause of bullying, bullying will probably never go away.
433	**iniziare**	**start**
	vb [inittsjare]	Per iniziare, rivolgetevi alla persona che meglio conosce la vostra area di responsabilità: il vostro supervisore. -You should begin by consulting the person who best understands your area of responsibility: your supervisor.
434	**giocare**	**play**
	vb [dʒokare]	La cosa che non capisco è perché in una giornata così bella non venga permesso ai bambini di giocare fuori. -What I don't understand is why the children aren't being allowed to play outside on such a nice day.
435	**permettere**	**allow**
	vb [permettere]	Un passaporto vi identifica come cittadini di un Paese e vi permette di viaggiare all'estero. -A passport identifies you as a citizen of a country and allows you to travel to foreign countries.
436	**arma**	**weapon**
	le [arma]	Pensavo che avesse un'arma e allora gli ho sparato. -I thought that guy had a weapon, so I shot him.
437	**bastardo**	**bastard**
	adj; il [bastardo]	Perdona il tuo nemico, ma ricordati il nome di quel bastardo. -Forgive your enemy, but remember the name of that bastard.
438	**gruppo**	**group, band**
	il [gruppo]	Il gruppo continuerà a monitorare la normativa del settore delle energie rinnovabili, con particolare riferimento alla politica di incentivazione, soprattutto in Italia. -The Group will continue to monitor regulations in the renewables sector, with particular focus on incentives policies, aboveall in Italy.
439	**genitore**	**parent**
	il [dʒenitore]	Entrambi i miei genitori erano disoccupati, ma non lasciò che ciò impedisse loro di accudire adeguatamente me e i miei ventitré fratelli e sorelle. -Both of my parents were unemployed, but they didn't let that stop them from properly looking after me and my 23 brothers and sisters.
440	**situazione**	**situation**
	la [sitwattsjone]	La situazione degli abitanti del villaggio è meglio di dieci anni fa in molti modi. -The situation of the villagers is better than ten years ago in many ways.
441	**denaro**	**money**
	il [denaro]	Tim non aveva abbastanza denaro per comprare tutto quello di cui aveva bisogno. -Tim didn't have enough money to buy everything he needed.
442	**alto**	**high, tall**
	adj; lo [alto]	Il consumo di alcol è più alto nell'Europa dell'est che nell'Europa dell'ovest. -Alcohol consumption is higher in Eastern Europe than in Western Europe.
443	**preoccupare**	**worry**

vb
[preokkupare]
Verso la fine della sua vita, ha iniziato a preoccuparsi molto su quale sarebbe la sua eredità.
-Near the end of his life, he started to worry a lot about what his legacy would be.

444 **onore** **honor**
il
[onore]
Alla cerimonia di inaugurazione fu scoperta una targa in onore del fondatore.
-At the inauguration ceremony a plaque was unveiled in honor of the founder.

445 **sogno** **dream**
il
[soɲɲo]
Il musicista sente la matematica, il matematico pensa alla musica: la musica il sogno, la matematica la vita lavorativa.
-The musician feels mathematics, the mathematician thinks music: music the dream, mathematics the working life.

446 **giornata** **day**
la
[dʒornata]
In nessun paese diverso dall'Inghilterra, è stato detto, si può fare un'esperienza di quattro stagioni nel corso di una sola giornata.
-In no country other than England, it has been said, can one experience four seasons in the course of a single day.

447 **deciso** **decided**
adj
[detʃizo]
Non importa quali sarebbero state le difficoltà, ero deciso a fare di questa donna una attrice.
-No matter what the difficulties, I was resolved to make an actress out of this woman.

448 **capello** **hair**
il
[kapello]
Qualcuno mi ha detto di recente che lo spray per capelli va bene per uccidere i ragni.
-Someone told me recently that hairspray is good for killing spiders.

449 **pezzo** **piece**
il
[p'ɛttso]
Un enorme pezzo di ghiaccio è scivolato giù dal tetto e ha colpito il terreno con un tonfo.
-A large piece of ice slid from the roof and hit the ground with a loud thud.

450 **addio** **goodbye, farewell**
il
[add'io]
Il discorso di addio di Jane ci ha reso molto tristi.
-Jane's farewell speech made us very sad.

451 **fondo** **background, bottom, fund; deep**
il; adj
[fondo]
La musica che non trasmette sentimenti, immagini, pensieri, ricordi, è unicamente rumore di fondo.
-Music that doesn't transmit feelings, images, thoughts, or memories is just background noise.

452 **traduzione** **translation**
la
[traduttsjone]
Una traduzione è come una donna. Se è bella, non è fedele. Se è fedele, quasi certamente non è bella.
-Translation is like a woman. If it is beautiful, it is not faithful. If it is faithful, it is most certainly not beautiful.

453 **mandare** **send**
vb
[mandare]
A me piacerebbe mandare una cartolina di congratulazioni a Madonna per la nascita di sua figlia.
-I'd like to send a congratulations card to Madonna for the birth of her baby girl.

454 **ormai** **by now, almost, by then**

adv
[ormai]
Non serve a nulla strillare adesso, ormai è troppo tardi. La festa è finita.
-Yelling about it won't help now. You should have done that when it counted.

455 **piuttosto** **rather, quite, pretty**
adv
[pjutt'ɔsto]
Preferirei rimanere a casa piuttosto che uscire in una giornata così fredda.
-I would rather stay at home than go out on such a cold day.

456 **oltre** **over; over, more than, beyond**
adv; prp
[oltre]
L'ultima volta che ho fumato è stata ben oltre un anno fa.
-The last time I smoked was well over a year ago.

457 **matrimonio** **marriage, wedding**
il
[matrim'ɔnjo]
Il terzo matrimonio di John era infelice, e stava considerando di divorziare un'altra volta ancora.
-John's third marriage was unhappy and he was considering yet another divorce.

458 **circa** **about**
adv; prp
[tʃirka]
La popolazione della sua città è circa cinque volte maggiore di quella della mia.
-The population of your city is about five times as large as that of my town.

459 **qualunque** **any**
adj
[kwaluŋkwe]
Il libro è pieno di teorie tirate per i capelli prive di qualunque fondamento scientifico.
-The book is full of far-flung theories without any basis in scientific fact.

460 **futuro** **future**
adj; il
[futuro]
La mia opinione su questo governo è che abbia bisogno di una politica economica più forte, altrimenti in futuro si andrà incontro a grossi problemi.
-My impression of this government is that they need a more forceful economic policy, otherwise they'll encounter large problems in the future.

461 **sicurezza** **safety, security**
la
[sikurettsa]
I tre fattori fondamentali per la felicità sono: la sicurezza economica, percepire uno scopo nella propria vita, e buone relazioni personali.
-The three fundamental factors for happiness are: financial security, a sense of purpose in one's life, and good personal relationships.

462 **scelta** **choice**
la
[ʃelta]
Le persone più ragionevoli avrebbero capito che il governo non aveva altra scelta che prendere la decisione che ha preso.
-Most reasonable people would understand that the government had no choice but to make the decision that it did.

463 **odio** **hatred**
lo
['ɔdjo]
Loro sono unanimi nel loro odio per me - e io accolgo con favore il loro odio.
-They are unanimous in their hate for me—and I welcome their hatred.

464 **cibo** **food**
il
[tʃibo]
Il cibo è da sempre un protagonista del nostro cinema e sono molti i registi italiani che hanno fatto proprio del cibo un attore indiscusso dei loro film, raccontando attraverso la tavola anche le nostre tradizioni enogastronomiche.
-Food has always played a leading role in our cinema, and many Italian directors have made food one of the stars of their films, in classic scenes that speak volumes about our food and wine traditions.

465 **fame** **hunger**
la
[fame]
Tim non aveva mangiato nulla in tutta la giornata e aveva molta fame.
-Tim hadn't eaten anything the whole day and was very hungry.

466 **prigione** **prison**

la
[pridʒone]
L'uomo chiese clemenza, ma fu condannato a venti anni di prigione per il suo crimine.
-The man pleaded for mercy, but he was sentenced to twenty years in prison for his crime.

467 **guaio** **trouble**
il
[gwajo]
Ed il guaio peggiore è che il potere sfidato finisce per convincersene diventando la prima vittima della sua stessa propaganda.
-And the worst trouble is that the challenged power finishes up by convincing itself, thus becoming the first victim of its own propaganda.

468 **mattina** **morning**
la
[mattina]
All'alba del mattino vi era la povera piccina, con le guance pallide e la bocca sorridente, appoggiata al muro. Era stata congelata a morte l'ultima sera dell'anno; e il sole di Capodanno salì e brillo su di un piccolo cadavere!
-In the dawn of morning there lay the poor little one, with pale cheeks and smiling mouth, leaning against the wall. She had been frozen to death on the last evening of the year; and the New Year's sun rose and shone upon a little corpse!

469 **semplice** **simple**
adj
[sˈemplitʃe]
Anche se non è facile mettersi a studiare il cinese, però è più semplice di quello che pensi.
-Although it seems very difficult to study Chinese, it's not as hard as you think.

470 **chiunque** **anyone**
prn
[kjuŋkwe]
Ma se io non sono disposto a farlo, vi dirò io o chiunque altro che, purtroppo, sono a corto di tempo, non ho il tempo.
-But if I'm not willing to do it, I'll tell myself or anyone else that unfortunately I'm short of time, I don't have the time.

471 **brutto** **ugly, bad; bad, ugliness**
adj; il
[brutto]
Abbiamo sentito che il tempo era brutto, quindi abbiamo deciso di annullare il viaggio.
-We heard it was bad weather, so we decided to cancel the trip.

472 **usare** **use**
vb
[uzare]
Esistono due modi per specificare quali sono lingua, nazione e locale da usare per l'installazione e sul sistema installato.
-There are two ways to specify the language, country and locale to use for the installation and the installed system.

473 **speciale** **special**
adj
[spetʃale]
La maternità e l'infanzia hanno diritto a speciale protezione ed assistenza. Tutti i bambini nati nel matrimonio o fuori di esso, devono godere della stessa protezione sociale.
-Motherhood and childhood are entitled to special care and assistance. All children, whether born in or out of wedlock, shall enjoy the same social protection.

474 **cambiare** **change**
vb
[kambjare]
Il prezzo dell'oro cambia da giorno a giorno.
-The price of gold varies from day to day.

475 **funzionare** **function**
vb
[funtsjonare]
John non starà qui abbastanza a lungo per imparare davvero come funzionano le cose.
-John won't be here long enough to really learn how things work.

476 **sistema** **system**

il
[sist'ɛma]
Il sistema di scrittura giapponese è molto complicato, ha tre alfabeti con più di duemila caratteri.
-The Japanese writing system is very complicated, it has three alphabets with more than two thousand characters.

477 **natale** **Christmas**
adj; il
[natale]
"Me ne sono andato alle sei ieri." "Per prendere il treno?" "No, per comprare alcuni regali di Natale."
-"I left at six yesterday." "To take the train?" "No, to buy some Christmas presents."

478 **messaggio** **message**
il
[messaddʒo]
John e Jane si scambiano più di 200 messaggi di testo ogni giorno.
-John and Jane exchange more than 200 text messages every day.

479 **incidente** **accident, incident; incident**
il; adj
[intʃid'ɛnte]
Sono stupita di sentire che il mio migliore amico è morto la notte scorsa in un incidente d'auto.
-I'm flabbergasted to hear that my best friend died last night in a car accident.

480 **radio** **radio**
adj; lo
[radjo]
Roger Miller ha iniziato a scrivere canzoni perché amava la musica che sentiva alla radio.
-Roger Miller began writing songs because he loved the music he heard on the radio.

481 **aereo** **air, aerial; plane, airplane**
adj; lo
[a'ɛreo]
Si dice che la maggior parte degli incidenti aerei avviene nelle fasi di atterraggio o di decollo.
-They say most airplane accidents occur at landing or takeoff stages.

482 **buonanotte** **good night**
int
[bwonan'ɔtte]
Diede a sua madre il bacio della buonanotte.
-She kissed her mother good night.

483 **finalmente** **finally**
adv
[finalmente]
Anche se i suoi genitori le avevano detto di no per lungo tempo, l'hanno finalmente lasciata andare in Europa da sola.
-Although her parents had said no for a long time, they finally let her go to Europe alone.

484 **assolutamente** **absolutely**
adv
[assolutamente]
Non abbiamo molti soldi, ma ne abbiamo abbastanza per comprare quello di cui abbiamo assolutamente bisogno.
-We don't have to have a lot money, but we have enough to buy what we absolutely need.

485 **ottimo** **excellent**
adj
['ɔttimo]
Il nuovo nastro è versatile, a parte l'efficacia della pulizia ha un ottimo livello di resistenza all'idrolisi ed ha un colore contrastante.
-The new, versatile belt type stands apart for its good cleaning capabilities, high level of resistance to hydrolysis and contrasting blue colour.

486 **solito** **usual**
adj; il
[s'ɔlito]
è necessario uno sforzo che vada ben oltre il solito bilancio europeo.
-A budget effort is required that is far removed from the usual European budget.

487 **avvocato** **lawyer**
i
[avvokato]
Lo stipendio di un insegnante è minore di quello di un avvocato.
-The salary of a teacher is lower than that of a lawyer.

488 **compagnia** **company**

	la [kompaɲɲ'ia]	Gli studenti spesso studiano con la musica in sottofondo e la gente al lavoro per casa di solito accende la televisione o la radio per tenersi compagnia. -Students often study with music playing in the background, and people working around the house will usually turn on the television or radio to keep them company.
489	**ve**	**you**
	prn [ve]	Io ve l'avevo detto che noi avevamo molto in comune. -I told you we had a lot in common.
490	**nave**	**ship**
	la [nave]	I passeggeri dormivano nelle loro cabine quando la nave ha colpito un iceberg enorme. -The passengers were asleep in their cabins when the ship hit a huge iceberg.
491	**gentile**	**kind, gentle**
	adj [dʒentile]	Le persone di questa città, in generale, sono gentili con i visitatori. -The people in this town, generally speaking, are kind to visitors.
492	**peccare**	**sin**
	vb [pekkare]	Una persona che non ha commesso un peccato semplicemente perché non ne è tentato non può essere accusata di peccare. -A person who did not commit a sin simply because he or she was not tempted to do so cannot be accused of sinning.
493	**servizio**	**service, report**
	il [servittsjo]	Colui che ha reso un servizio deve tacere; tocca a chi l'ha ricevuto di parlare. -The one who has rendered a service should hold his tongue; it is up to the one who has received it to speak.
494	**scena**	**scene**
	la [ʃ'ɛna]	La bellezza della scena andava al di là di ogni possibilità di descrizione. -The beauty of the scene was beyond description.
495	**incredibile**	**unbelievable**
	adj [iŋkredibile]	Fare delle immersioni alle Filippine è stato incredibile, però sono emozionata di tornare a Sydney adesso! -Diving in the Philippines was incredible, but I'm excited to be heading back to Sydney now!
496	**tv**	**TV**
	abr [tivv'u]	Non c'è niente da fare; tanto vale che guardi la TV. -There's nothing to do, so I may as well watch television.
497	**specie**	**species, kind**
	le [sp'ɛtʃe]	John voleva dare qualcosa di speciale a Jane per il suo compleanno. -John wanted to give Jane something special for her birthday.
498	**spesso**	**often; thick**
	adv; adj [spesso]	Vivo vicino al mare, quindi ho spesso l'occasione di andare in spiaggia. -I live near the sea so I often get to go to the beach.
499	**entrambi**	**both, either**
	adj [entrambi]	Un'organizzazione ed i suoi fornitori sono interdipendenti ed un rapporto di reciproco beneficio migliora la capacità di entrambi di creare valore. -An organization and its suppliers are interdependent and a mutually beneficial relationship enhances the ability of both to create value.
500	**veloce**	**fast, quick**
	adj [velotʃe]	Il motto di Twitter è "Il modo più semplice e veloce per avere a portata di mano tutto ciò che ti interessa." -The motto of Twitter is "The best way to discover what’s new in your world".

501 **intorno** **around, round**
adv [intorno]
Se mi comporto in modo strano intorno a voi, vuole dire che mi sento a mio agio con voi.
-If I act weird around you, it means I'm comfortable with you.

502 **addossare** **lean**
vb [addossare]
Non puoi addossare a me tutta la colpa!
-You cannot put the entire blame on me!

503 **parto** **birth, childbirth**
il [parto]
Nella stanza d'ospedale, l'infermiera che indossava abiti bianchi e l'ostetrica si stavano preparando per il parto.
-In the hospital room, the nurse wearing white clothes and the midwife were preparing for the delivery.

504 **provato** **tried**
adj [provato]
Ho provato ogni dieta che sia stata pubblicata e ancora non ho perso peso.
-I have tried every diet that has ever been published and I still haven't lost weight.

505 **pagare** **pay**
vb [pagare]
Bilancio: La Fondazione e il partner strategico devono pagare tutti i costi associati con la formazione.
-Budget: The Foundation and the strategic partner pay all costs associated with the training.

506 **calma** **calm**
la[kalma]
Non ho bisogno della tua risposta ora, pensaci con calma e rispondi tra qualche giorno. -I don't need your answer now, you can sleep on it and come back in a few days.

507 **tizio** **someone, person, guy, chap**
il [tittsjo]
Anna non era poi così male, e capiva bene perché il tizio che la affiancava fosse cotto di lei.
-Anna wasn't bad at all, and he could well understand why the guy working with her had a crush on her.

508 **sette** **seven**
i [sˈɛtte]
Le coste del Golfo e quelle atlantiche sono le principali produttrici di frutti di mare e sede di sette porti importanti.
-The Gulf and Atlantic coasts are major producers of seafood and home to seven major ports.

509 **segreto** **secret**
adj; il [segreto]
Aveva un sorriso imbarazzato sul suo volto quando lei gli disse che aveva scoperto il suo segreto.
-He had a sheepish grin on his face when she told him that she had found out his secret.

510 **pieno** **full**
adj; il [pjˈɛno]
Venuta la sera, dato che era un po' stanco, volle sedersi di fronte a una nuova caffetteria situata all'angolo di un nuovo boulevard, ancora pieno di ghiaia e già mostrante i suoi splendori incompiuti.
-Evening come, since you were slightly tired, you wished to sit in front of a new Café located on the corner of a new boulevard, still full of gravel and already showing its unfinished splendors.

511 **cariare** **rot**
vb [karjare]
Esistono diversi tipi di disturbo: la tosse, il mal di gola, il raffreddore, il dente cariato, i disturbi dell'attenzione e dell'iperattività.

-There are different kinds of illnesses and disorders: a cough, a sore throat, a cold, tooth decay, attention disorders and hyperactivity.

512 **arrivederci** **goodbye**
int
[arrivedertʃi]
Io non ho mai avuto l'occasione di dire arrivederci a John.
-I never got a chance to say goodbye to John.

513 **ritardo** **delay, retardation**
il
[ritardo]
Mi rammarico per il ritardo nella scrittura a lei per ringraziarla per la sua ospitalità durante la mia visita nel suo paese.
-I regret the delay in writing to you to thank you for your hospitality on my visit to your country.

514 **grosso** **big, thick**
adj
[grˈɔsso]
Quando lo incontrai, mi ricordai improvvisamente che gli avevo prestato una grossa somma di denaro il mese prima.
-When I met him, I suddenly remembered lending him a large sum of money the previous month.

515 **esercito** **army**
il
[ezˈɛrtʃito]
John ha abbandonato sua moglie e si è arruolato nell'esercito.
-John abandoned his wife and joined the army.

516 **freddo** **cold**
adj; il
[freddo]
Ogni pistola che è prodotta, ogni nave da guerra varata, ogni razzo sparato significa, nel senso finale, un furto ai danni di coloro che hanno fame e non sono nutriti, quelli che hanno freddo e non sono vestiti. Questo mondo di armi non sta spendendo solo i soldi. Sta spendendo il sudore dei suoi operai, il genio dei suoi scienziati, le speranze dei suoi figli.
-Every gun that is made, every warship launched, every rocket fired signifies, in the final sense, a theft from those who hunger and are not fed, those who are cold and not clothed. This world in arms is not spending money alone. It is spending the sweat of its laborers, the genius of its scientists, the hopes of its children.

517 **vestito** **dress, dressed**
il; adj
[vestito]
Prendere i medicinali sempre subito dopo essermi vestito: questo rituale è importante per me, per non dimenticare nulla.
-Always take the medication immediately after getting dressed: This ritual is important for me so I do not forget anything.

518 **santo** **holy; saint**
adj; il
[santo]
Questa fortezza spagnola è stata trasformata in un bel tempio santo.
-This Spanish fortress was converted into a beautiful holy shrine.

519 **libero** **free**
adj
[lˈibero]
Ogni individuo ha doveri verso la comunità, nella quale soltanto è possibile il libero e pieno sviluppo della sua personalità.
-Everyone has duties to the community in which alone the free and full development of his personality is possible.

520 **centro** **center**
il
[tʃˈɛntro]
Tim vive in un appartamento di tre camere al centro di Boston.
-Tim lives in a three-bedroom apartment in downtown Boston.

521 **dimenticare** **forget**
vb
[dimentikare]
Non dimenticare di fare una prova preliminare su una piccola superficie in modo da verificare che non si provochino deteriorazioni del supporto.
-Do not forget to carry out a preliminary test in a small inconspicuous area to check that the substrate does not deteriorate.

522 **lettera** **letter**

la
[l'ettera]
Io sono il Prodigioso Spaghetto Volante. Non devi avere altri mostri prima di Me. (Dopo va bene, semplicemente usa le protezioni.) Il solo Mostro che merita la lettera maiuscola sono Io!
-I am the Flying Spaghetti Monster. Thou shalt have no other monsters before Me. (Afterwards is OK; just use protection.) The only Monster who a capitalized letter is Me!

523 **cavallo** **horse**
il
[kavallo]
È passato un po' di tempo dall'ultima volta che sono andata a cavallo.
-It's been a while since I rode a horse.

524 **grado** **degree**
il
[grado]
Gli astronomi stimano la temperatura interna di Giove a 20.000 gradi Celsius, circa tre volte superiore alla temperatura del nucleo terrestre.
-Astronomers estimate Jupiter's core temperature at 20,000 degrees Celsius, approximately three times greater than the temperature of the Earth's core.

525 **chiave** **key**
la
[kjave]
Non importa cosa succede, tenga la porta chiusa a chiave e non venga fuori.
-No matter what happens, keep the door locked and don't come outside.

526 **fallo** **foul**
il
[fallo]
Lui commette un fallo tattico, e dovrebbe essere felice che riceve solo un cartellino giallo.
-He makes a tactical foul, and should be happy he receives only a yellow card.

527 **mare** **sea, seaside**
il
[mare]
L'azzurro è il colore del cielo, e di conseguenza anche del mare, dei laghi e dei fiumi.
-Light blue is the color of the sky and, consequently, is also the color of the sea, lakes, and rivers.

528 **treno** **train**
il
[tr'ɛno]
Pertanto è necessario se si sta spostando dall'aeroporto alla città con il treno di ricambio circa 30 minuti.
-Therefore you would need to spare about 30 minutes if you are moving from the airport to the city by train.

529 **sinistro** **left**
adj
[sinistro]
John si fece male al ginocchio sinistro durante l'allenamento, così John dovette giocare al posto suo.
-John hurt his left knee during practice, so John had to play the game in his place.

530 **completamente** **completely**
adv
[kompletamente]
Grazie a Facebook, lo stalking non è più il bastione di pochi appassionati devoti, ma un compito altamente automatizzato abbastanza comodo anche per la casalinga impegnata.
-Thanks to Facebook, stalking is no longer the bastion of a few devoted enthusiasts, but a highly automated task convenient enough even for the busy housewife.

531 **scoperto** **uncovered, open, bare; overdraft**
adj; lo
[skop'ɛrto]
I fisici hanno scoperto che gli atomi sono costituiti da vortici di energia che si avvitano su se stessi e vibrano costantemente.
-Physicists discovered that atoms are made up of vortices of energy that are constantly spinning and vibrating.

532 **caffè** **coffee, café**
il
[kaff'ɛ]
Lui non le ha regalato un ramo di rose però l'ha invitata a prendere un caffè e ha parlato con lei.

-He didn't give her a bucket of roses, but he took her out for a coffee and talked to her.

533 **rumore** **noise**
il
[rumore]
Ci sono state molte lamentele negli ultimi giorni circa la quantità di rumore proveniente dal tuo appartamento.
-There have been a lot of complaints in the last few days about the amount of noise coming from your apartment.

534 **sesso** **sex**
il
[sˈɛsso]
Se io voglio fare sesso nella mia settantina, ho il diritto all'esistenza di un luogo che mi fornisca quel piacere.
-If I want to have sex in my seventies, I have the right that a place exists to provide me that pleasure.

535 **silenziare** **mute**
vb
[silentsjare]
Per silenziare o riattivare i microfoni della videocamera durante una chiamata, premere il pulsante del telecomando.
-To mute or unmute the camera microphones during a call, press the mute button on the LifeSize remote control.

536 **uh** **uh**
int
[u]
Uh... Come funziona questo?
-Uh... How's that working?

537 **intenzione** **intention**
le
[intentsjone]
Mia cara, se il cibo non è pronto alle sette, ho intenzione di andare al ristorante.
-My love, if the food isn't ready by seven o'clock, I'm going to go to the restaurant.

538 **laggiù** **over there, down there**
adv
[laddʒu]
Quella donna in piedi laggiù è la donna più bella che abbia mai visto.
-That woman standing over there is the most beautiful woman I've ever seen.

539 **rapporto** **relationship**
il
[rappˈɔrto]
I rapporti fondati sul denaro terminano quando il denaro non c'è più.
-Relationships built on money will end when the money runs out.

540 **ricordare** **remember**
vb
[rikordare]
Lui ricorderebbe ancora una volta alla gente che questa non era solo la sua decisione personale, ma molte decisioni altrui.
-He would remind people again that it was decided not only by him but by many others.

541 **maestro** **master, teacher, meastro**
il; adj
[maˈɛstro]
Il mio maestro di inglese mi ha raccomandato di leggere questi libri.
-My English teacher recommended that I read these books.

542 **terribile** **terrible**
adj
[terribile]
Il vento e la pioggia si sono combinati per formare una terribile tempesta.
-The wind and rain combined to make a terrible storm.

543 **fronte** **front, forehead**
la
[fronte]
Il professore mi ha chiesto di leggere il mio compito di fronte a tutta la classe.
-The teacher asked me to read my paper in front of the class.

544 **otto** **eight**
num
[ˈɔtto]
Niente agisce come antidoto migliore per il romanticismo che giovani uomini e giovani donne che fanno geometria insieme alle otto ogni mattina.
-Nothing acts as a better antidote for romance than young men and women doing geometry together at eight o'clock every morning.

545 **pubblico** **public**

adj; il
[p'ubbliko]
Ho bisogno di fare una chiamata urgente. C'è un telefono pubblico qui vicino?
-I need to make an urgent call. Is there a public phone near here?

546 **cervello** **brain**
il
[tʃerv'ɛllo]
Ci sono dei giorni in cui sento che il mio cervello vuole abbandonarmi.
-There are days where I feel like my brain wants to abandon me.

547 **interessare** **affect**
vb
[interessare]
Solo perché un certo libro non interessa ai lettori, non vuol dire che la colpa sia del libro.
-Just because a certain book does not interest readers does not mean that the fault lies in the book.

548 **tranquillo** **quiet**
adj
[traŋkwillo]
Io penso che sia ora di un fine settimana tranquillo.
-I think it's time for a quiet weekend.

549 **rispetto** **respect**
il
[risp'ɛtto]
La ragione per cui molti studenti di lingue non diventano fluenti è che pensano in quantità maggiore rispetto all'agire.
-The reason why many language learners never become fluent is that they talk the walk more than they walk the talk.

550 **destro** **right**
adj; il
[destro]
Tim è ambidestro e può usare la mano destra ugualmente come la sua sinistra.
-Tim is ambidextrous and can use his right hand equally as well as his left.

551 **aiutare** **help**
vb
[ajutare]
Loro ci hanno aiutati.
-They helped us.

552 **nero** **black**
adj
[nero]
Il passaporto del presidente degli Stati Uniti è nero, non blu come quello di un cittadino comune.
-The U.S. president's passport is black, not blue like an average citizen's.

553 **mille** **one thousand**
i; adj
[mille]
L'asteroide ha ferito più di mille persone e ha rotto molte finestre
-The asteroid injured over a thousand people and broke many windows.

554 **diritto** **right, law; straight; straight**
il; adj; adv
[diritto]
Tutti hanno il diritto di essere di cattivo umore una volta ogni tanto.
-Everyone is entitled to be moody once in a while.

555 **accidente** **accident, fit, incident, damn**
il
[attʃid'ɛnte]
Non m'importa un accidente di quel che la gente pensa di me.
-I don't care a damn what people think of me.

556 **peggio** **worse**
adj; il; adv
[p'ɛddʒo]
Da ieri sera ho un mal di testa palpitante, mi sento male e ora è anche peggio.
-I've been having a terrible headache since last night, I feel horrible, it's the worst feeling.

557 **realtà** **reality**
la
[realt'a]
L'amore è l'unica realtà e non è un semplice sentimento. È la verità ultima che sta alla base della creazione.
-Love is the only reality and it is not a mere sentiment. It is the ultimate truth that lies at the heart of creation.

558 **consiglio** **advice, council, board**
il
[konsiʎʎo]
Io non posso dare consigli a John. Lui non mi ascolta mai.
-I cannot advise John. He never listens to me.

559 **stanotte** **tonight**

adv
[stanotte]
Sarà un piacere per noi tornare a distruggere stanotte uno dei nostri posti preferiti di tutto il mondo.
-It will be a pleasure for us to destroy one of our favorite places in the whole world again tonight.

560 **diverso** **different**
adj
[div'ɛrso]
Io ho diversi amici che parlano il francese discretamente bene.
-I have several friends who speak French fairly well.

561 **dolore** **ache, pain**
il
[dolore]
Perdonami per il dolore che ho causato a te e alla tua famiglia.
-I'm sorry for the pain I caused you and your family.

562 **impossibile** **impossible**
adj
[impossibile]
Che Tim in anno abbia risparmiato una cifra da poter comprarsi quasi una casa, è impossibile.
-There's no way Tim can save up enough money in one year to buy a house.

563 **anima** **soul**
le
['anima]
Sul mio letto, durante la notte, ho cercato colui che l'anima mia ama.
-In my bed by night I sought him whom my soul loveth.

564 **prova** **test**
la
[pr'ɔva]
Spesso la gente è abbastanza scettica riguardo alle cose finché non viene fornita una prova credibile.
-People are often quite skeptical about things unless given believable proof.

565 **omicidio** **murder**
il
[omitʃidjo]
Tim ha dichiarato che non aveva niente a che fare con l'omicidio di Jane.
-Tim claimed he had nothing to do with Jane's murder.

566 **alcune** **several, some**
prn
[alkune]
Ci sono alcune regole che si devono tenere in mente quando si scrive un file di preconfigurazione.
-There are a few rules to keep in mind when writing a preconfiguration file.

567 **vestire** **dress**
vb
[vestire]
Dopo che Marco si è riposato un po', si alza, si lava, si veste e si prepara per uscire.
-After Mark has had a bit of a rest he gets up, has a wash, gets dressed and gets ready to go out.

568 **rispondere** **answer**
vb
[rispondere]
La grande domanda che non ha mai avuto risposta, e alla quale non sono ancora stato in grado di rispondere, malgrado i miei trent'anni di ricerca sull'anima femminile è: che cosa vuole una donna?
-The great question that has never been answered, and which I have not yet been able to answer, despite my thirty years of research into the feminine soul, is "What does a woman want?"

569 **sedere** **sit down**
vb
[sedere]
Tim era seduto sulla veranda con un caffè e una sigaretta a guardare il mondo passare.
-Tim sat on the porch having a coffee and a cigarette and watched the world go by.

570 **governo** **government; governmental**
il; adj
[gov'ɛrno]
Oggi è il 4 giugno — un giorno in cui il governo cinese ha ucciso centinaia di persone a una manifestazione pacifica in piazza Tienanmen.
-Today is the 4th of June — a day when the Chinese government killed hundreds of people on a peaceful demonstration on the Tiananmen square.

571 **linea** **line, figure**

la
[l'inea]

L'equatore è una linea immaginaria che divide il globo terrestre in due parti uguali.
-The equator is an imaginary line which divides the globe into two equal parts.

572 **normale** **normal, regular**
adj
[normale]

L'apparecchio, usato in modo appropriato durante il normale funzionamento, non richiede una particolare manutenzione.
-If the instrument is used properly, no special maintenance is required in normal operation.

573 **tenente** **lieutenant**
il
[ten'ɛnte]

Il tenente Dan Anderson non riusciva a collegare Linda al crimine.
-Lieutenant Dan Anderson couldn't link Linda to the crime.

574 **sorpreso** **surprised**
adj
[sorprezo]

Rettich non è sorpreso del fatto che Wenders abbia adottato il 3D, che finora era una prerogativa dei film mainstream.
-Rettich is not surprised that Wenders has embraced 3D, which until now has been very much the preserve of mainstream movies.

575 **colonnello** **colonel**
il
[kolonn'ɛllo]

Ma quando il Colonnello Arnauld ritornò in Isvezia, l'arcivescovo di Uppsala gli ribadì ancora il contrario, pregandolo di ripassare da lui, dopo aver terminato quella sua nuova missione
-But when Colonel Arnauld returned to Sweden, the Archbishop of Uppsala reiterated to him what he had said before, begging him to get back to him as soon as he completed his new mission

576 **partire** **leave**
vb
[partire]

Non restano che cinque minuti prima che il treno parta, e lei non si è ancora fatta vedere.
-There are only five minutes left till the train leaves and she hasn't appeared.

577 **guardia** **guard**
la
[gwardja]

Nell'antica Roma, le guardie del corpo che circondavano i ricchi e potenti, erano chiamate satelliti.
-In ancient Rome, the bodyguards who surrounded the wealthy and powerful to protect them, were called satellites.

578 **chiuso** **closed**
adj; lo
[kjuzo]

Proprio in quel momento la porta si aprì e una creatura con un lungo becco infilò la testa e disse. "Nessuno entri fino alla prossima settimana." E la porta si chiuse con un botto.
-Just then the door opened a little way, and a creature with a long beak put its head out for a moment and said: "No admittance till the week after next!" and shut the door again with a bang.

579 **manco** **even, not even (with negative verb form)**
adv
[maŋko]

Alessandro, il solito divo, non si degna manco di guardarmi
-Alessandro, the same star ever, doesn't even deign to gimme a look

580 **cavolo** **cabbage, kale**
il
[k'avolo]

Marinare il pane tostato con olio d'oliva, sale e pepe e distribuire anch'esso sul cavolo cappuccio.
-Soak the cubes of white bread in a mixture of olive oil, salt and pepper and put them on top of the cabbage too.

581 **base** **basis**
la
[baze]

Anche se l'astrologia non ha basi scientifiche, è molto popolare e sembra che molte persone ci credano.

-Although astrology has no scientific basis, it's very popular and it seems that many people believe in it.

582 **san** | **St., saint**
adj
[san]
I contemporanei di San Francesco riconobbero in lui il Vangelo realizzato pienamente, nel suo anelare di seguire il Cristo.
-St. Francis' contemporaries recognized in him the Gospel fully restored, when he yearned to follow Christ

583 **valere** | **be worth**
vb
[valere]
Un libro che non vale la pena leggere, non vale neanche la pena di essere comprato.
-A book not worth reading is not worth buying in the first place.

584 **duro** | **hard**
adj; il
[duro]
Un esame più attento rivelò che il teschio era stato schiacciato da qualche duro colpo.
-Closer examination revealed that the skull had been crushed by some heavy blow.

585 **chiamata** | **(telephone) call**
la
[kjamata]
Per avviare la conferenza quando sono in linea due o più chiamanti, premere e tenere premuto il pulsante Chiamata per 3 secondi.
-Begin conferencing while two or more callers are on the line by pressing and holding the Call button for 3 seconds.

586 **ordinare** | **order**
vb
[ordinare]
Tim è entrato nel pub e ha ordinato una pinta di birra.
-Tim walked into the pub and ordered a pint of beer.

587 **riguardo** | **regard, respect**
lo
[rigwardo]
Essi hanno eguali diritti riguardo al matrimonio, durante il matrimonio e all'atto del suo scioglimento.
-They are entitled to equal rights in the respect of marriage, during marriage and at its dissolution.

588 **luogo** | **place**
il
[lwogo]
Le opere d'arte create da Irma Paulon contengono la percezione di meraviglia assoluta, di silenzi e suoni, di forme e luoghi che si traducono in forme e materiali diversi.
-The art created by Irma Paulon contains the perception of absolute wonder, silences and sounds, forms and places that are translated into various shapes using various materials

589 **personale** | **staff**
il; adj
[personale]
Inoltre, il personale impiegato dalle imprese sociali rientra spesso nelle categorie svantaggiate dal mercato del lavoro
-Moreover, people they employ are often disadvantaged by the labour market

590 **incontro** | **meeting, encounter**
lo; prp
[iŋkontro]
Il Competence Center serve come luogo di incontro tra problemi e soluzioni.
-The Competence Center serves as a meeting place of problems and solutions.

591 **vincere** | **win**
vb
[vintʃere]
Se un giorno dovessi vincere un milione di euro, probabilmente mi trasferirei in un altro stato portando con me mia madre.
-If I won a million euros, I'd probably move to another country with my mother.

592 **interessante** | **interesting**

adj [interessante] La posizione panoramica e I dintorni rendono il castello interessante da visitare anche solo esternamente.
-The panoramic position and the surroundings make the visit to the castle interesting even from outside only.

593 **sergente** **sergeant**
il [serdʒente] Il sergente Okada era in fin di vita, per le ustioni su tutto il corpo, ma respirava ancora.
-Sergeant Okada was on the brink of death, suffering burns all over his body, but still breathing.

594 **altrimenti** **otherwise**
adv [altrimenti] Dobbiamo lasciare l'hotel prima delle dieci, altrimenti perdiamo il treno per Miami.
-We must leave the hotel before 10 a.m., otherwise we will miss the train for Miami.

595 **posizione** **position**
la [pozittsjone] Ho imparato la posizione del loto al corso di yoga.
-I learned the lotus position in yoga class.

596 **caldo** **hot; heat**
adj; il [kaldo] I muscoli di John erano affaticati e lui voleva andare a casa ed immergersi in un bagno caldo per un po'.
-John's muscles were tired and he wanted to get home and soak in a hot bath for a while.

597 **nonno** **grandfather**
il [nonno] Il nonno è andato in pensione perché sta diventando vecchio.
-Grandfather has retired because he is getting old.

598 **immaginare** **imagine**
vb [immadʒinare] Da quello che hai scritto, la sua reazione non è giustificata in nessuna maniera e immagino che possa renderti la vita impossibile.
-For what you have written, your reaction is not justified in any manner, and I imagine it can make your life impossible.

599 **inferno** **hell**
il [inferno] Pregate, pregate molto, e fate sacrifici per i peccatori; molte anime vanno all'inferno, perché non c'è chi si sacrifichi e preghi per loro.
-Pray, pray very much, and make sacrifices for sinners; for many souls go to hell, because there are none to sacrifice themselves and to pray for them.

600 **nonna** **grandmother**
la [nonna] Compro dei fiori perché andrò a trovare mia nonna questa sera.
-I buy the flowers because I will pay visit to my grandmother this evening.

601 **dolce** **sweet, fresh; sweet, dessert**
adj; il [doltʃe] Quando si tratta di dolci, non riesco proprio a controllarmi.
-When it comes to sweets, I just can't control myself.

602 **notizia** **news**
la [notittsja] I genitori di John sembravano sollevati alla notizia che il suo aereo era in orario.
-John's parents seemed relieved to hear that his plane was on time.

603 **lunare** **lunar, moon**
adj [lunare] Questo permette la determinazione della fase lunare corrente in relazione a qualsiasi località nel mondo.
-This permits the determination of the current moon phase in relation to any location in the world.

604 **semplicemente** **simply**

adv Tutti erano semplicemente stupiti che lei fosse stata in grado di rimanere incinta a 48 anni.
[semplitʃemente] -Everyone was just flabbergasted that she was able to get pregnant at 48.

605 **medico** **(medical) doctor**
il; adj; abr Il mio desiderio di diventare un medico è nato dall'esigenza di badare al mio fratello malato.
[mediko] -My desire to become a doctor grew out of looking after my sickly brother.

606 **esistere** **exist**
vb Quando ero un ragazzino, pensavo che se io fossi morto il mondo sarebbe solo scomparso. Che delusione infantile! Semplicemente non potevo accettare che il mondo avrebbe potuto continuare ad esistere senza di me.
[ezistere] -When I was a kid, I thought that if I died the world would just disappear. What a childish delusion! I just couldn't accept that the world could continue to exist without me.

607 **esempio** **example**
gli In questo paese c'è solo qualche esempio del fatto che l'ideologia e la religione sono utili nella formazione del carattere delle persone.
[ezempjo] -In this country there are only few examples that ideology and religion are helpful in character building for people.

608 **zona** **area**
la La casa rappresenta una divisione tra due zone opposte di Londra.
[dzona] -The house represents a division between two opposite zones of London.

609 **proposito** **purpose, intention**
il Si è dato il proposito di scrivere sul suo diario ogni giorno.
[propozito] -He made a resolution to write in his diary every day.

610 **unire** **unite**
vb Io e i miei amici andiamo fuori stasera. Ti vorresti unire a noi?
[unire] -My friends and I are hanging out tonight. Would you like to join us?

611 **inglese** **English; English(wo)man**
adj; lo La Summer School realizzata in lingua inglese in occasione del 50° Anniversario dei Trattati di Roma.
[inʎʎeze] -The Summer School organized in English on the occasion of the 50th Anniversary of the Treaties of Rome.

612 **errore** **error**
lo Ho dovuto impedire a Tim di commettere l'errore più grande della sua vita.
[errore] -I had to stop Tim from making the biggest mistake in his life.

613 **scappare** **escape**
vb Un incendio si può propagare molto più velocemente di quanto uno possa scappare.
[skappare] -A fire can spread faster than you can run.

614 **attraverso** **through, across**
adv; prp; adj La psicologia, che studia la mente umana e il comportamento umano, costruisce la conoscenza attraverso l'osservazione e la sperimentazione
[attraverso] -Psychology, which studies the human mind and human behavior, builds knowledge by observation and experiments.

615 **programma** **program**
il Se si sviluppa un nuovo programma e lo si vuole rendere della maggiore utilità possibile per il pubblico, la cosa migliore da fare è rendere tale programma libero, cosicché ciascuno possa ridistribuirlo e modificarlo sotto questi termini.
[programma] -If you develop a new program, and you want it to be of the greatest possible

use to the public, the best way to achieve this is to make it free software which everyone can redistribute and change under these terms.

616 **perciò** **therefore; accordingly**

con; adv [pertʃ'ɔ]

Questo quadriennio costituirà, perciò, un itinerario fatto di "memoria", di riflessione e di preghiera

-This quadrennium will constitute, moreover, a journey of "memory," of reflection, and of prayer

617 **chiudere** **close**

vb [kjudere]

Non dimenticate di chiudere la cerniera della tenda una volta entrate.

-Don't forget to close the fly of the tent after you enter.

618 **gamba** **leg**

la [gamba]

Riposiamoci qui per un po'. Le mie gambe sono stanche e non posso proseguire oltre.

-Let's take a short rest here. My legs are tired and I can't walk any more.

619 **salute** **health; cheers, bless you**

la [salute]

Dal punto di vista della salute, Tokyo non è un posto così buono in cui vivere.

-From the viewpoint of health, Tokyo is not such a good place to live.

620 **birra** **beer**

la [birra]

Ho bevuto circa 20 birre, ma il poliziotto non si è accorto che ero ubriaco e mi ha lasciato andare.

-I drank about 20 beers but the cop couldn't tell I was drunk and let me go.

621 **comandante** **commander**

il; adj [komandante]

Loro avevano qualche dubbio sul loro comandante.

-They had some doubts about their commander.

622 **assassino** **killer, murderer**

il; adj [assassino]

Tim trovò le prove di cui avevamo bisogno per imprigionare l'assassino di Jane.

-Tim found the evidence we needed to convict Jane's killer.

623 **simile** **similar, alike**

adj [simile]

Per quanto riguarda la scrittura moderna, è raramente gratificante tradurla, anche se potrebbe essere facile. La traduzione è molto simile al copiare i quadri.

-As far as modern writing is concerned, it is rarely rewarding to translate it, although it might be easy. Translation is very much similar to copying paintings.

624 **possibilità** **possibility**

la [possibilit'a]

Non vi è alcuna possibilità che quello che dice può avere alcuna verità in esso.

-There is no possibility that what he says may have any truth in it.

625 **rimanere** **stay**

vb [rimanere]

Sono venuto in Giappone quattro anni fa con l'intenzione di rimanere per un anno.

-I came to Japan four years ago intending to stay for one year.

626 **cacciare** **hunt, throw out**

vb[kattʃare]

I miei genitori mi hanno cacciata di casa quando avevo 16 anni. -My parents threw me out of the house when I was 16.

627 **poliziotto** **policeman**

il [polittsjotto]

L'Inghilterra è un paese in cui i poliziotti non hanno armi.

-England is a land where the policemen carry no revolvers.

628 **questione** **question**

la
[kwestjone]
È il luogo dove non c'è persona in questione, e non si deve dire di abuso.
-It is the place where there is no person in question, and you shouldn't say abuse.

629 **carta** **paper, card, map**
la
[karta]
John non riusciva a capire quello che era scritto sul pezzo di carta.
-John couldn't make out what was written on the piece of paper.

630 **controllare** **check**
vb
[kontrollare]
Non riesco a controllare la mia e-mail. Il server non funziona.
-I can't check my mail. The server is down.

631 **spettacolo** **show, spectacle, performance**
lo
[spettakolo]
Lo spettacolo era così noioso che io e Ann ci siamo addormentati.
-The show was so boring that Ann and I fell asleep.

632 **naturalmente** **naturally**
adv
[naturalmente]
Il libro più importante per imparare una lingua è, naturalmente, un dizionario.
-The most important book to learn a foreign language is, naturally, a dictionary.

633 **scrivere** **write**
vb
[skrivere]
L'ascolto di una lingua parlata è molto diverso dal leggere o scrivere la stessa lingua.
-Listening to a language being spoken is very different from reading or writing the same language.

634 **contento** **happy**
adj
[kontento]
Sono contento che ci siamo lasciati alle nostre spalle tutto questo.
-I'm glad we put all that behind us.

635 **volare** **fly**
vb
[volare]
Abbiamo imparato a volare come gli uccelli, a nuotare come i pesci, ma abbiamo dimenticato come vivere da esseri umani.
-We learned to fly like birds and swim like fishes, but we forgot how to live like humans.

636 **promettere** **promise**
vb
[promettere]
John mi ha fatto promettere che non l'avrei detto a Jane.
-John made me promise not to tell Jane.

637 **insomma** **in short**
adv
[insomma]
Non ho mangiato niente in tutto il giorno, insomma ho una fame da lupi.
-I didn't eat anything all day, in short, I'm starving.

638 **chiesa** **church**
la
[kjeza]
Il rapporto tra la Chiesa cattolica e gli ebrei non è sempre stato, nella storia, felice o facile.
-The history of the relationship between the Catholic Church and the Jews was not always a happy or an easy one.

639 **oppure** **or, or else**
con
[oppure]
Potresti essere forzato a combattere, sia che tu lo voglia oppure no.
-You may be forced to fight, whether you want to or not.

640 **carne** **meat**
la
[karne]
Non mangio né carne, né pesce, niente frutti di mare, né brodo di origine animale.
-I do not eat meat, fish, shellfish, poultry or broth.

641 **pranzo** **lunch**
il
[prantso]
Io ho mangiato della pizza per pranzo, per cui non voglio della pizza per cena.
-I had pizza for lunch, so I don't want pizza for dinner.

642 **studio** **office, study**
lo
[studjo]
Se ha bisogno di un po' più di pratica, il nostro studio ha bisogno di una bella ripulita!
-If you need some more practice, our study needs a good clean out!

643 **entro** **within, by**
prp
[entro]
Tali eventi saranno tempestivamente notificati per iscritto entro 7 giorni dall'inizio dell'evento stesso.
-The occurrence of the force majeure is to be promptly notified in writing within 7 days from the beginning of the force majeure.

644 **appuntamento** **appointment**
lo
[appuntamento]
Mi fanno male i denti. Devo prendere un appuntamento col mio dentista.
-My teeth ache. I need to make an appointment with my dentist.

645 **pena** **penalty**
la
[pena]
In alcuni paesi, la pena per il tradimento può essere il carcere a vita.
-In some countries, the punishment for treason can be life in prison.

646 **bianco** **white**
adj; il
[bjaŋko]
Quando le persone sono venute fuori dalla fabbrica alla sera le loro facce sembravano bianche e malate.
-When people came out of the factory in the evening, their faces looked white and ill.

647 **missione** **mission**
la
[missjone]
Tim è stato forzato ad abbandonare la missione.
-Tim was forced to abandon the mission.

648 **uso** **use, usage**
lo
[uzo]
Il museo racconta la scienza e la tecnologia attraverso l'uso di impostazioni interattive.
-The museum focuses on science and technology by using interactive settings.

649 **fermare** **stop**
vb
[fermare]
Loro hanno iniziato a bere della vodka. E non sono sicuro su quando si sono fermati.
-They started drinking vodka. And I'm not sure when they stopped.

650 **calmare** **calm**
vb
[kalmare]
Validare i sentimenti di un cliente arrabbiato è un modo efficace di calmare la situazione.
-Validating an angry client's feelings is an effective way of defusing the situation.

651 **forma** **form**
la
[forma]
La più alta forma di ignoranza è respingere qualcosa di cui non si sa nulla.
-The highest form of ignorance is to reject something you know nothing about.

652 **compleanno** **birthday**
il
[kompleanno]
John comprò una macchina fotografica da dare a Jane per il suo compleanno.
-John bought a camera to give to Jane on her birthday.

653 **palla** **ball**
la
[palla]
Quando il portiere ha toccato la palla, l'arbitro ha assegnato un calcio d'angolo all'altra squadra.
-When the goalkeeper touched the ball, the referee awarded the other team a corner kick.

654 **barca** **boat**

la | Io voglio una barca che mi porterà molto lontano da qui.
[barka] | -I want a boat that will take me far away from here.

655 **nord** **north**
il
[nord]
Il Regno Unito è composto da Inghilterra, Scozia, Galles e Irlanda del Nord.
-The United Kingdom is comprised of England, Scotland, Wales, and Northern Ireland.

656 **leggero** **light**
adj
[leddʒero]
Lui è un po' leggero per essere un lottatore di sumo.
-He is a little light for a sumo wrestler.

657 **cioè** **i.e., that is, namely**
adv; abr
[tʃo'ɛ]
Incontrai tuo padre la settimana scorsa cioè l'ultima settimana di giugno.
-I met your father last week, so in the last week of June.

658 **braccio** **arm**
il
[brattʃo]
Il ragazzino si sentiva al sicuro tra le braccia di suo padre.
-The little boy felt secure in his father's arms.

659 **informazione** **information**
le
[informattsjone]
Quando si perde una lingua si perdono informazioni sulla cultura, società e storia.
-When we lose a language we lose information about culture, society and history.

660 **certamente** **of course**
adv
[tʃertamente]
I computer stanno certamente giocando un ruolo importante nella nostra vita, che ci piaccia o no.
-Computers are certainly playing an important role in our life, whether we like it or not.

661 **direttore** **director, (senior) manager**
il
[direttore]
Qual è la marca e il colore dell'auto del direttore?
-What brand and what color is the director's car?

662 **canzone** **song**
la
[kantsone]
Continuo a sentire la canzone da quello spot più e più volte nella mia testa.
-I keep hearing the song from that commercial over and over in my head.

663 **maledizione** **curse; damn**
la
[maledittsjone]
La famiglia sembrava essere sotto l'effetto di una maledizione.
-The family seemed to be under a curse.

664 **scarpa** **shoe**
la
[skarpa]
Le scarpe erano fatte di un qualche materiale morbido che sembrava pelle.
-The shoes were made of some soft stuff that looked like leather.

665 **colpire** **hit**
vb
[kolpire]
La boxe è stata definita come l'arte di colpire senza essere colpiti.
-Boxing has been defined as the art of hitting without being hit.

666 **schifo** **disgust**
lo
[skifo]
E poi, nel bel mezzo di un magnifico pasto, ha iniziato a ruttare! Che schifo!
-And then, in the middle of a magnificent meal, he started belching! How disgusting!

667 **necessario** **necessary**
adj
[netʃessarjo]
Perché non mi hai detto che c'era? Era necessario che io lo sapessi il prima possibile!
-Why didn't you tell me he was here? I had to know as soon as possible!

668 **umano** **human**
adj
[umano]
Il senso dell'olfatto di un cane è molto più acuto di quello di un essere umano.
-A dog's sense of smell is much keener than a human's.

669 **rosso** **red**
adj; il
[r'ɔsso]
A Tim non piaceva il vino rosso, però ora lo beve quasi ogni giorno.
-Tim didn't use to like red wine, but now he drinks it almost every day.

670 **soldato** **soldier**
il
[soldato]
La presidenza francese si è inoltre mobilitata per la lotta contro il dramma dei bambini soldato e della pena di morte
-The French Presidency has also continued to mobilise efforts against the scourge of child soldiers and the death penalty.

671 **don** **Don (title of respect/religious title)**
lo
[don]
I galeotti liberati da don Chisciotte sono più forti di lui e lo malmenano brutalmente.
-The galley-slaves freed by Don Quixote are stronger than him and beat him up mercilessly.

672 **correre** **run**
vb
[korrere]
In estate mi piace andare a correre all'aperto in campagna.
-In summer, I like to go out for a run in the countryside.

673 **regalo** **gift, present**
il
[regalo]
Il tuo regalo è stato come la scoperta di un'oasi nel mezzo di un deserto.
-Your gift was like discovery of an oasis in the midst of a desert.

674 **rubato** **stolen**
adj
[rubato]
È possibile utilizzare questo sistema per scattare l'allarme di un'auto rubata.
-You can use this system to set off the alarm of a stolen car.

675 **carino** **cute, nice, pretty**
adj
[karino]
Tu non hai idea di quanto siano carine le ragazze da queste parti!
-You have no idea how pretty the girls are around here!

676 **dunque** **therefore**
adv
[duŋkwe]
Tutte le cose dunque che voi volete che gli uomini vi facciano, fatele anche voi a loro.
-So in everything, do to others what you would have them do to you.

677 **bar** **bar, caffé**
il
[bar]
John ha gestito un piccolo bar vicino a Boston per un po' di anni.
-John managed a small bar near Boston for quite a few years

678 **figliolo** **son, boy (affectuos or patronizing)**
il
[fiʎʎolo]
Può ben essere fiero del suo brillante figliolo.
-He may well be proud of his bright son.

679 **classe** **class, classroom**
la
[klasse]
Tim è l'unico studente della nostra classe che sa parlare in francese.
-Tim is the only student in our class that can speak French.

680 **stronzata** **bullshit**
la
[strontsata]
Con tutto il rispetto, penso che sia una stronzata.
-With all due respect, I think it's bullshit.

681 **scherzare** **joke**
vb
[skertsare]
La guardia pensò che stessero scherzando finché non vide le loro pistole.
-The guard thought they were joking until he saw their guns.

682 **vaffanculo** **fuck off**
int
[vaffaŋkulo]
Quando stavo quindi per sussurrare un vaffanculo vero e proprio mi sono bloccato, pentito della mia antipatica irritazione.
-I held my tongue, regretting my disagreeable irritation.

683 **benvenuto** **welcome**
adj; int; il
[benvenuto]
Lui si è alzato dalla sedia per darmi il benvenuto.
-He rose from his chair to welcome me.

684 **banca** **bank**
la
[baŋka]
Tu pensi che i tuoi soldi siano al sicuro in una banca?
-Do you think your money is safe in a bank?

685 **negozio** **shop, store**
il
[negottsjo]
Tim non ha comprato nulla in quel negozio perché pensava che i prezzi fossero troppo alti.
-Tim didn't buy anything at that store because he thought the prices were too high.

686 **sud** **south**
adj; il
[sud]
Quegli uccelli costruiscono il loro nido d'estate e volano verso sud d'inverno.
-Those birds build their nests in the summer and fly to the south in the winter.

687 **spalla** **shoulder**
la
[spalla]
Jane è molto perfida e volta le spalle a John per giorni dopo il minimo disaccordo tra di loro.
-Jane is very spiteful and gives John the cold shoulder for days after the slightest disagreement between them.

688 **mostro** **monster**
il
[mostro]
Il nome Mozilla venne creato adattando il nome Godzilla, il mostro che scatenava disordini nei film horror giapponesi
-The Mozilla name came from adapting the name Godzilla, the monster that caused mayhem in Japanese horror films

689 **intendere** **hear, mean, intend**
vb
[intendere]
Brian è infuriato perché è evidente che Chris non intende restituire il denaro.
-Brian is mad because Chris obviously does not intend to return the money.

690 **triste** **sad**
adj
[triste]
Mi sento triste quando penso a tutta la gente che muore nelle guerre.
-I feel sad when I think about all the people who die in wars.

691 **buonasera** **good evening**
int
[bwonazera]
Bene, buonasera, e gente, questa sera vedremo un grande spettacolo!
-Well, good evening, and boy, are you folks in for a great night of top-class sporting entertainment!

692 **attacco** **attack**
lo
[attakko]
Zelda, tutti sono sotto attacco da parte delle forze del male degli uccelli! Io vado a Gamelon per attaccare. Se non si hanno notizie da parte mia in un mese, manda Link.
-Zelda, everyone is under attack by the evil forces of the birds! I'm going to Gamelon to attack. If you don't hear from me in a month, send Link.

693 **toccare** **touch**
vb
[tokkare]
John si è piegato in avanti e si è toccato le dita dei piedi.
-John leaned forward and touched his toes.

694 **muovere** **move**
vb
[mwovere]
Londra è una città così grande che i visitatori devono usare bus e metropolitana per muoversi.
-London is such a large city that visitors must use buses and the underground railway to get about.

695 **affatto** **at all, quite**
adv
[affatto]
Tim non era affatto soddisfatto del modo in cui la sua casa era stata pitturata.
-Tim wasn't at all satisfied with the way his house had been painted.

696 **salare** **salt**

vb [salare] Salare e pepare i filetti di merluzzo, quindi versare il succo 1 di limone.
-Season the cod fillets with salt and pepper and drizzle with 1 lemon juice.

697 **comprare** **buy**
vb [komprare] Lui ha deciso di non comprare la casa, in primo luogo perché era troppo costosa, e in secondo luogo perché era troppo lontana dal suo ufficio.
-He decided not to buy the house, because in the first place it was too expensive, and in the second place it was too far from his office.

698 **qualcun** **someone**
pron [kwalkun] Se i genitori non riescono a gestirlo, allora deve essere qualcun altro a farlo, purtroppo.
-If the parents can not handle that, then it must be someone else to do, unfortunately.

699 **metro(politana)** **meter; tape measure; (underground, metro)**
il; (la) [metropolitana)] Ci si aspetta che si abbatta uno tsunami fino a 10 metri di altezza.
-It is expected that the tsunami surge will be ten meters or less.

700 **scegliere** **choose**
vb [ʃeʎʎere] È un compito difficile scegliere tra cos'è "bene" o "male", ma bisogna farlo.
-It is a difficult task, choosing what is "right" or "wrong", but you have to do it.

701 **professore** **teacher, professor**
il [professore] Gli studenti hanno riso sotto i baffi quando hanno visto che il professore si era messo il maglione al contrario.
-The students laughed under their breath when they saw that the teacher had put on his sweater backwards.

702 **sbrigare** **hurry up**
vb [zbrigare] Faresti meglio a sbrigarti se vuoi tornare a casa prima che faccia buio.
-You'd better hurry up if you want to get home before dark.

703 **adorare** **worship, adore, love**
vb [adorare] Adoro la cucina cinese, soprattutto i ravioli e il riso.
-I love Chinese food, especially pot stickers and rice.

704 **comando** **command**
il [komando] Quando bisogna trasmettere più comandi, aspettare prima la risposta al primo comando da quest'unità e poi mandare un comando successivo.
-If multiple commands are transmitted, be sure to wait for the response for the first command to come from this unit before sending the next command.

705 **pericoloso** **dangerous**
adj [perikolozo] Usare l'inglese per comunicare tra giapponesi e cinesi non è solo ridicolo e inefficace, ma può rivelarsi molto pericoloso.
-Using English to communicate between Japanese and Chinese is not only ridiculous and ineffective but can prove very hazardous.

706 **dannazione** **damn**
la [dannattsjone] "Dannazione! Ho dimenticato l'ombrello sul treno." "Sbadato!"
-"Damn it! I forget my umbrella on the train." "Scatterbrain!"

707 **scommettere** **bet**
vb [skommettere] Tim ha scommesso cinquanta dollari che riusciva a mangiare più hot dog di me.
-Tim bet me fifty dollars that he could eat more hot dogs than I could.

708 **occasione** **opportunity**

le
[okkazjone]
Bevo quando ho un'occasione per farlo e qualche volta anche quando non ce l'ho.
-I drink when I have an occasion, and sometimes when I have no occasion.

709 **metà**
half
la
[met'a]
Circa la metà delle distese di ghiaccio del Canada sono scomparse negli ultimi sei anni.
-About half of Canada's ice shelves have disappeared in the last six years.

710 **spazio**
space
lo
[spattsjo]
Siamo fatti della materia di cui son fatti i sogni; e nello spazio e nel tempo d'un sogno è racchiusa la nostra breve vita.
-We are such stuff as dreams are made on, and our little life is rounded with a sleep.

711 **regola**
rule
la
[regola]
Mi sono messo la regola di studiare inglese per tre ore ogni giorno.
-I make it a rule to study English for 3 hours every day.

712 **contatto**
contact
il
[kontatto]
Si assicuri di mettersi in contatto con me, se c'è qualcosa che posso fare per lei.
-Be sure to get in touch with me, if there is anything I can do for you.

713 **spirito**
spirit
lo
[spirito]
Non sono un artista. Non ho mai avuto lo spirito per queste cose.
-I am not an artist. I never had the knack for it.

714 **povero**
poor; the poor
adj; il
[povero]
La democrazia esiste laddove non c'è nessuno così ricco da comprare un altro e nessuno così povero da vendersi.
-Democracy exists where there is nobody so rich to buy another and nobody so poor to be supplied.

715 **appartamento**
flat, apartment
lo
[appartamento]
Lui era molto in ritardo con il suo affitto. Come risultato, è stato sfrattato dal suo appartamento.
-He was way behind on his rent. As a result, he was evicted from his apartment.

716 **pelle**
skin
la
[pelle]
Kate ha la pelle chiara, a differenza degli altri membri della sua famiglia.
-Kate has white skin, unlike the others in her family.

717 **cucina**
kitchen
la
[kutʃina]
Tim è andato in cucina e si è versato una tazza di caffè.
-Tim went into the kitchen and poured himself a cup of coffee.

718 **fottere**
fuck
vb
[fottere]
Ho intenzione di fumare e me ne fotto di quello che dici.
-I will smoke and I don't give a fuck about what you say.

719 **combattere**
fight
vb
[kombattere]
Ogni persona deve dare un mano a combattere il problema della povertà.
-Each person must give a hand to combat the problem of poverty.

720 **pomeriggio**
afternoon
il
[pomeriddʒo]
Il primo parte alle cinque e mezza del pomeriggio e arriva alle otto e venticinque di sera.
-The first one leaves at 17.30 and arrives at 20.25.

721 **pianeta**
planet
il
[pjaneta]
Loro sono entrambi riusciti a trovare il problema più grave che abbia mai affrontato il nostro pianeta.

-They have both failed to find the most serious problem that has ever faced our planet.

722 **ehm** — **hum**
int
[em]
Bravi, col vostro ineccepibile comportamento avete meritato la Medaglia Salvagente, a forma di... ehm... Ciambella
-Good, with your flawless behavior you deserve the Lifesaving Medal, shaped like a – well, like a Lifesaver.

723 **sposare** — **marry**
vb
[spozare]
Dopo molti anni di sforzi per trovare l'uomo dei suoi sogni, Barbara ha abbandonato ogni speranza ed ha deciso di sposare Luciano.
-After many years trying to get the man of her dreams, Barbara decided to give up all hope and to accept marrying Lucian.

724 **ovunque** — **everywhere, whereever**
adv
[ovuŋkwe]
Carol ha fiuto per trovare ovunque la migliore cucina Thailandese della zona.
-Carol has a nose for the best Thai cooking anywhere in town.

725 **amare** — **love**
vb
[amare]
Non riesco a fare a meno di amare il mio paese.
-I can't help loving my country.

726 **rompere** — **break**
vb
[rompere]
Tra i 2 alberi appeso un grande ramo quasi a terra e la creazione di tenda Sher difficile, soprattutto perché è stato molto burrascoso e che avevano paura che la succursale potrebbe rompere.
-Between the 2 trees hung up a large branch nearly to the ground and setting up the tent sher difficult, especially since it was very stormy and we were afraid that the branch might break

727 **tale** — **such; such; a, an**
adj; prn; art; phr
[tale]
Come tale è il caso, mi dispiace di non potere accettare il suo gentile invito.
-As such is the case, I am sorry I can't accept your kind invitation.

728 **fiume** — **river**
il
[fjume]
Bill si è tuffato nel fiume per salvare il bambino che stava annegando.
-Bill dived into the river to save the drowning child.

729 **nemico** — **enemy**
adj; il
[nemiko]
La posizione occupata dal nemico è così importante che lotteranno fino alla fine per occuparla.
-The position held by the enemy is so important they will fight to the bitter end to hold it.

730 **ovviamente** — **obviously**
adv
[ovvjamente]
Ovviamente quando non riesco a dormire la sera, il ticchettio dell'orologio mi mette l'ansia.
-It's only when I can't sleep at night that the ticking of the clock becomes loud enough to bother me.

731 **armare** — **arm**
vb
[armare]
Hanno chiesto il permesso di armare le loro barche.
-They asked for permission to arm their ships.

732 **lingua** — **tongue, language**
la
[liŋgwa]
La Conferenza prende atto che la Svezia e la Finlandia si sono prefisse di preservare e sviluppare i mezzi di sussistenza, la lingua, la cultura e lo stile di vita della popolazione Sami.
-The Conference notes that Sweden and Finland are committed to preserving and developing the means of livelihood, language, culture and way of life of the Sami people

733 **borsa** | **bag**

la
[borsa]

Hanno rubato la borsa a mia sorella mentre tornava a casa la scorsa notte.
-My sister was robbed of her bag on her way home last night.

734 **vino** | **wine**

il
[vino]

Data l'importanza del vino in questa regione, l'amministrazione del Land ha alcuni anni fa deciso di supportare un coordinamento delle ben otto aree vinicole distinte nella regione, ed ha favorito la sua stretta collaborazione con la Società di promozione regionale di proprietà del Land, ove il coordinamento delle strade del vino è diventato l'ufficio di gestione e promozione dei prodotti enoturistici.
-In view of the importance of wine in this region, the Land administration decided some years ago to offer its support to a consortium of no less than eight distinct wine-producing areas in the region, and it favoured its close collaboration with the regional promotion society owned by the Land, where coordination of the wine routes has become manifest in the management and promotion office for wine and tourist products.

735 **destino** | **destiny**

il
[destino]

Io credo nel destino, ma so anche che il destino può essere cambiato.
-I believe in fate, but I also know that fate can be changed.

736 **sicuramente** | **certainly**

adv
[sikuramente]

Sicuramente il lavoro del Sinodo avrà un'ampia scia nella vita delle Chiese locali.
-The work of the Synod may definitely have an ample wake in the life of the local Churches.

737 **piangere** | **cry**

vb
[pjandʒere]

Mi scusi, signora, mi vergogno di piangere così di fronte a lei, ma non riesco a trattenere le lacrime.
-Pardon me, madam, I'm ashamed to be crying like this in front of you, but I can't hold my tears.

738 **reale** | **real, actual**

adj
[reale]

Io sembro più grande in televisione di quanto non sia nella vita reale.
-I look bigger on television than I do in real life.

739 **ballare** | **dance**

vb
[ballare]

Sono l'unico brasiliano a non sapere il portoghese e a non saper ballare la samba.
-I'm the only Brazilian who can't speak Portuguese and dance samba.

740 **urlo** | **yell, cry, shout**

gli
[urlo]

Ma con un urlo violento riuscì a sottrarsi all'incanto di quello sguardo e corse via in paese più veloce che poté.
-But with a wild cry, he tore himself away from those enchanted eyes and raced back to Noville.

741 **nascere** | **be born**

vb
[naʃʃere]

Non è possibile sviluppare il senso dell'umorismo; bisogna nascerci per averlo.
-It's not possible to develop a sense of humour; you've got to be born with one.

742 **alzare** | **raise**

vb
[altsare]

Queste tasse hanno fatto alzare i prezzi di tutti i beni.
-These taxes raised the prices on all goods.

743 **aperto** | **open**

adj; i
[aperto]
Il nostro negozio è aperto ventiquattr'ore su ventiquattro e sette giorni su sette.
-Our store is open 24/7.

744 **ritorno** **return**
il
[ritorno]
Ci vogliono otto ore per un volo da Zurigo a Boston, ma solo sei per il ritorno.
-It takes eight hours to fly from Zurich to Boston, but only six for the return trip.

745 **nove** **nine**
num
[n'ɔve]
Il mio treno è partito da Kyoto alle sei ed è arrivato a Tokyo alle nove.
-My train left Kyoto at six, and arrived in Tokyo at nine.

746 **salvare** **save**
vb
[salvare]
Non c'è niente che possiamo fare per salvare John a questo punto. Tutto ciò che possiamo fare è pregare.
-There's nothing we can do to save John at this point. All we can do is pray.

747 **principe** **prince**
il
[printʃipe]
Il Principe è il capo dello Stato, ed è dotato di ampi diritti .
-The Head of State is the Prince, who has extensive rights.

748 **lista** **list**
la
[lista]
Alla fine, la coscienziosa ragazza lasciò perdere i suoi compiti di inglese, e cominciò a ripassare la sua lista di parole in Ainu.
-At the end, the conscientious girl gave up with her English homework, and started to revise her list of Ainu words.

749 **intero** **entire, full, whole; whole**
adj; i
[intero]
Sono successe tante cose. È come se il mondo intero si sia capovolto a testa in giù.
-So much has happened. It's as if the whole world is flipped upside down.

750 **popolo** **people**
il
[popolo]
Il popolo di Medjugorje (ormai 20 milioni di pellegrini) non vuole privilegi, ma vuole gli stessi diritti degli altri fedeli.
-The people of Medjugorje (now 20 million pilgrims) do not want any privileges.

751 **passaggio** **passage**
il
[passaddʒo]
Non posso dare un passaggio a Taninna a scuola in macchina. La mia macchina è rotta.
-I cannot drive Taninna to school. My car is broken down.

752 **finestra** **window**
la
[finestra]
John aprì la finestra anche se sua madre gli disse di non farlo.
-John opened the window even though his mother told him not to.

753 **ricerca** **search, research**
la
[ritʃerka]
Più del 90 % delle visite ad una pagina web provengono da motori di ricerca.
-More than 90 percent of visits to a web page are from search engines.

754 **differenza** **difference**
la
[differentsa]
Considero i testimoni di Geova che bussano sempre alla mia porta non essere differenti dai fanatici religiosi che provano a impormi le loro credenze.
-I consider the Jehovah's witnesses who knock on my door all the time to be no different from religious zealots trying to force their beliefs on me.

755 **saltare** **skip, jump**
vb
[saltare]
Per tre anni ha frequentato la scuola superiore, senza saltare un giorno o arrivare in ritardo una volta.

-He attended the high school for three years without missing a single day or being late.

756 **tornio** — **lathe**

il
[tornjo]

Il pezzo viene caricato automaticamente sul mandrino del tornio utilizzando un nastro trasportatore in entrata, ed espulso dopo la lavorazione.
-Using an inlet conveyor belt, the part is automatically loaded into the lathe chuck and ejected after machining.

757 **tavolo** — **table**

il
[tavolo]

La casa di campagna era completa, con una piscina, una griglia, un campo da calcio e un tavolo da biliardo.
-The country house was complete, with a swimming pool, a barbecue, a soccer field and a pool table.

758 **ridere** — **laugh**

vb
[ridere]

Nonostante le barriere della lingua, riusciamo a comunicare e a ridere della vita – la vita è più forte della morte!
-Despite language barriers, we manage to communicate and to laugh about life – life is stronger than death!

759 **codice** — **code, codex**

il
[koditʃe]

Se vuoi mettere il tuo banner sul mio sito, basta che mi mandi il codice.
-If you want to put your banner on my site, just send me the code.

760 **vento** — **wind**

il
[vento]

Io gli sono grato per aver afferrato il mio cappello che ho perso per strada per un colpo di vento.
-I'm grateful to him for catching my hat that I lost on the windy street.

761 **speranza** — **hope**

la
[sperantsa]

John ha contrattato con il venditore nella speranza di ottenere un prezzo più basso.
-John bargained with the salesman hoping to get a lower price.

762 **posto** — **place, spot, location**

il
[posto]

L'elicottero è così utile che un giorno potrebbe prendere il posto delle automobili e dei treni.
-The helicopter is so useful that someday it may take the place of cars and trains.

763 **ufficiale** — **official**

adj; il
[uffitʃale]

Certi creoli ottengono uno stato ufficiale, per esempio come in Malesia.
-Certain creoles obtain an official status, for example like in Malaysia.

764 **fregare** — **rub, care**

vb
[fregare]

Io me ne frego di quello che fai del tuo denaro.
-I don't care what you do with your money.

765 **sparare** — **shoot**

vb
[sparare]

In molte parti del mondo è illegale sparare a della selvaggina come cervi, alci o fagiani.
-In many parts of the world it is illegal to shoot wild game such as deer, moose or pheasant.

766 **animale** — **animal**

adj; il
[animale]

La civiltà di un popolo si misura dal modo in cui tratta gli animali.
-The greatness of a nation and its moral progress can be judged by the way its animals are treated.

767 **libertà** — **freedom**

la
[libert'a]

Ogni individuo ha diritto alla libertà di movimento e di residenza entro i confini di ogni Stato.

-Everyone has the right to freedom of movement and residence within the borders of each State.

768 **incontrare** **meet**
vb
[iŋkontrare]
Le ragazze volevano incontrare ragazzi bianchi perché quelli asiatici stavano uscendo con ragazze bianche.
-The girls wanted to meet white boys because the Asian ones were going out with white girls.

769 **pesce** **fish**
il
[peʃʃe]
John mangia più pesce in una settimana di quanto ne mangi io in un anno.
-John eats more fish in a week than I eat in a year.

770 **serata** **evening**
la
[serata]
Nel corso della serata sono stati serviti prodotti dell'eccellenza enogastronomica italiana .
-During the evening Italian food and wine excellences were served.

771 **società** **society**
la
[sotʃet'a]
Vestire un completo a giacca non fa di te un membro responsabile e maturo della società.
-Wearing a suit doesn't turn you into a mature, responsible member of society.

772 **francese** **French**
adj; il
[frantʃeze]
Il francese è parlato in Francia e in qualche zona in Italia.
-French is spoken in France and in some parts of Italy.

773 **temere** **fear, be afraid**
vb
[temere]
John voleva invitare Jane ad un appuntamento, ma temeva che lei gli dicesse di no.
-John wanted to ask Jane out, but he was afraid she would say no.

774 **livello** **level**
il
[livello]
Il mio livello di conoscenza del giapponese è debole, quindi non so scrivere bene.
-My level of Japanese is weak, so I can't write well.

775 **stazione** **station**
la
[stattsjone]
Questa pizzeria con terrazza soleggiata presso la stazione a valle Diavolezza è ideale per una tappa prima della prossima discesa.
-The pizzeria with the sun terrace at the Diavolezza valley station is ideal for the in-between stop before the next downhill run.

776 **americano** **American; American**
adj; lo
[amerikano]
Il sindaco di Napoli si è scusato con un turista americano picchiato da residenti locali appena dopo essere stato rapinato.
-The mayor of Naples has apologised to a US tourist who was beaten up by local residents shortly after he was mugged.

777 **computer** **computer**
i
[komputer]
Io non ho la più pallida idea di come funzioni il mio computer.
-I don't have the slightest idea how my computer works.

778 **drogare** **drug**
vb
[drogare]
È nostra responsabilità, in quanto medici, trovare le vere cause invece che drogare i bambini con psicofarmaci.
-As doctors, we need to find the real problems instead of drugging children.

779 **detective** **detective**
il, la
[detektive]
Il detective della polizia non ha creduto alla storia di John.
-The police detective didn't believe John's story.

780 **lato** **side**

il; adj
[lato]

Per caso un sacerdote scendeva per quella stessa strada, ma quando lo vide, passò oltre dal lato opposto.
-By chance a certain priest was going down that way, but when he saw him, he passed by on the other side.

781 **hotel** **hotel**
nm
[otel]
L'hotel è troppo lontano per andarci a piedi. È meglio prendere un taxi.
-It is too far to go on foot from here to the hotel. It is better to take a taxi.

782 **sezione** **section, department**
la
[settsjone]
Potremmo avere un tavolo nella sezione per non fumatori?
-Could we have a table in the non-smoking section?

783 **imparare** **learn**
vb
[imparare]
A sei anni aveva imparato a usare la macchina da scrivere e disse al maestro che non aveva bisogno di imparare a scrivere a mano.
-At the age of six he had learned to use the typewriter and told the teacher that he did not need to learn to write by hand.

784 **regina** **queen**
la
[redʒina]
La Regina di Gran Bretagna è il apo del governo.
-The head of the state is the Queen of the Great Britain.

785 **cominciare** **begin**
vb; lo
[komintʃare]
Tim ha tolto il libro dallo zaino e ha cominciato a leggere.
-Tim took a book out of his knapsack and started reading.

786 **scorso** **last**
adj
[skorso]
Sono stupito di sentire che il mio migliore amico è morto la scorsa notte in un incidente d'auto.
-I'm flabbergasted to hear that my best friend died last night in a car accident.

787 **riguardare** **concern**
vb
[rigwardare]
I Reclami sulla qualità di un prodotto possono riguardare le modifiche nell'aspetto di un prodotto.
-Product Quality Complaints may include changes in product appearance.

788 **naso** **nose**
il
[nazo]
Questa è la prima volta in assoluto che mi è sanguinato il naso d'inverno.
-This is the first time I've ever had a nosebleed in winter.

789 **padrone** **boss, master, owner, host/mistress, hostess**
il, la
[padrone]
Siamo rimasti scioccati quando il padrone di casa ci ha alzato l'affitto di 200,00 dollari al mese.
-We were shocked when the landlord raised our rent by $200.00 a month.

790 **seguire** **follow**
vb
[segwire]
Lei mi seguì in cucina e prese un coltello. Iniziò poi a tagliare le verdure.
-She followed me into the kitchen and picked up a knife. She then started cutting vegetables.

791 **aprire** **open**
vb
[aprire]
Come fai ad avere dei voti così alti a scuola? Non ti ho mai visto aprire un libro per studiare.
-How do you always get such good marks in school? I never see you even crack a book.

792 **alcun** **any**
adj
[alkun]
So leggere e scrivere in inglese senza alcun problema.
-I can read and write English without any problems.

793 **fiore** **flower**
il
[fjore]
La rosa è un fiore e la colomba è un uccello.
-The rose is a flower and the dove is a bird.

794 **inutile** **useless, unnecessary**
adj
[inutile]
John dichiarò che il venditore disonesto lo aveva indotto con l'inganno a comprare un inutile pezzo di ferro.
-John claimed that the dishonest salesman had tricked him into buying a useless piece of machinery.

795 **danno** **damage**
lo
[danno]
Se volete fare delle feste in casa mia, pulite tutto dopo e non rompete nulla, oppure pagate i danni.
-If you want to have parties in my house, clean up everything afterwards, and don't break anything, or else pay for the damage.

796 **casino (casinò)** **mess (casino)**
nm
[kazino (kazin'ɔ)]
Dopo tre ore al casinò, lui è sotto di 2.000 dollari. Tim non aveva niente a che fare con quel casino.
-After three hours in the casino, he's $2,000 in the hole. Tim had nothing to do with that mess.

797 **tornire** **throw**
vb
[tornire]
A dodici anni sembra sapesse gia' tornire il legno del clarinetto e lavorare tutte le sue chiavi.
-To twelve years he seems already knew to tornire the wood of the clarinet and to work all its keys.

798 **natura** **nature**
la
[natura]
Ho sempre pensato che un infarto fosse il modo in cui la natura ti dicesse di morire.
-I always thought that having a heart attack was the way nature told you to die.

799 **cliente** **customer**
il/la[kljente]
Lavorando part-time, ho trovato che alcuni clienti erano educati, mentre altri non lo erano. -Working part-time, I found that some customers were polite, whereas others were not.

800 **rendere** **make**
vb
[rendere]
Quando ti sposerai e avrai bambini ti renderai conto che le azioni parlano più forte delle parole.
-When you get married and have kids, you'll realize that actions speak louder than words.

801 **immediatamente** **immediately**
adv
[immedjatamente]
Tim è entrato nella stanza vuota e ha notato immediatamente una sigaretta accesa nel posacenere.
-Tim entered the empty room and immediately noticed a lit cigarette in the ashtray.

802 **guida** **guide, driving**
la
[gwida]
Tim è stato accusato di guida in stato di ebbrezza dopo essere stato coinvolto in un incidente stradale a Boston.
-Tim was charged with drunken driving after he was involved in a car accident in Boston.

803 **biglietto** **ticket**
il
[biʎʎetto]
Se mio marito troverà i biglietti per il concerto ne comprerà due anche per voi.
-If my husband will find tickets for the concert, he will buy two also for you.

804 **zia** **race, breed, stingray**
la
[dzja]
Ho chiesto a mia zia di raccontare le storie dei suoi viaggi.
-I asked my aunt to tell the stories of her travels.

805 **razza** **race, breed, stingray**
la
[rattsa]
Se nessuno parlasse a meno che avesse qualcosa da dire, la razza umana perderebbe ben presto l'uso della parola.
-If nobody spoke unless he had something to say, the human race would very soon lose the use of speech.

806 **stamattina** **this morning**
le
[stamattina]
Nonostante fossi tornato tardi dalla festa la scorsa notte, ero fresco come una rosa stamattina.
-Although I came back late from the party last night, I was as fresh as a daisy in the morning.

807 **intelligente** **intelligent, clever, smart**
adj
[intellidʒente]
Utilizzando le Regole per selezionare o ignorare alcuni file e cartelle in modo intelligente, è possibile limitare il tempo e i supporti richiesti per un'operazione.
-Using Rules to intelligently select or ignore certain files and folders, you can limit the amount of time and media required for an operation.

808 **blu** **blue**
adj
[blu]
Lo sapevi che se si mischia il rosso con il blu si ottiene il lilla?
-Did you know that if you mixed red and blue paint you obtained purple?

809 **effetto** **effect**
il
[effetto]
Io preferisco non prendere medicine, perché ho paura degli effetti collaterali del farmaco.
-I prefer not to take medicine, because I am afraid of drug side effect.

810 **cambio** **change**
il
[kambjo]
Le operazioni a termine in valuta non ancora regolate sono convertite in euro ai tassi di cambio a termine per il periodo residuo dalla data di fine esercizio alla scadenza.
-Forward currency transactions not yet closed out are converted into the currency of the capital at the forward rate for the term still to run on the closing date of the balance sheet.

811 **taxi** **taxi**
i
[taksi]
Tim, quando va al bar la sera, mette nel calzino un po' di soldi per taxi per tornare a casa.
-Tim keeps enough money for a taxi fare home tucked in his sock when he goes out drinking.

812 **fortunato** **lucky**
adj
[fortunato]
Sono così fortunato ad avere qualcuno che tiene a me.
-I'm so lucky to have someone who cares.

813 **corso** **course**
il
[korso]
Il comitato di pianificazione si è riunito sei volte nel corso di dieci mesi.
-The planning committee met six times over the course of ten months.

814 **giudice** **judge**
il
[dʒuditʃe]
L'avvocato chiese al giudice di prendere in considerazione l'età dell'accusato.
-The lawyer asked the judge to make allowance for the age of the accused.

815 **accanto** **next**
adv
[akkanto]
Dalla casa accanto viene un rumore come di persone che chiacchierano. Mi chiedo se c'è una festa.
-The house next door is a bit loud. I wonder if they're throwing a party.

816 **villaggio** **village**
il
[villaddʒo]
Se si insegna a un uomo, si educa una persona. Se si insegna a una donna, si educa un intero villaggio.

-If you teach a man, you educate one person. If you teach a woman, you educate a whole village.

817 **cinema** **cinema, movie theater**
il
[tʃinema]
I cinema stanno perdendo sempre più entrate per via della pirateria informatica.
-Movie theaters are losing more and more revenue due to internet piracy.

818 **stanco** **tired**
adj
[staŋko]
Mi stanco di scammed e ricevendo poo prodotti di qualità da un certo sito asta ben noto.
-I get tired of getting scammed and receiving poor quality products from a certain well known auction site.

819 **lezione** **lesson**
la
[lettsjone]
Prende lezioni di canto e di danza, per non parlare di lezioni di nuoto e tennis.
-She takes singing and dancing lessons, not to mention swimming and tennis lessons.

820 **decisione** **decision**
la
[detʃizjone]
Ha preso la decisione di tenere un diario di ogni giorno.
-He made up his mind to keep a diary every day.

821 **bordo** **edge**
il
[bordo]
Tim ha quasi avuto un attacco di cuore quando ha visto Jane in piedi sul bordo del tetto.
-Tim nearly had a heart attack when he saw Jane standing on the edge of the roof.

822 **segno** **sign**
il
[seɲɲo]
Un segno di una celebrità è spesso che il suo nome vale più dei suoi servizi.
-A sign of a celebrity is often that his name is worth more than his services.

823 **ponte** **bridge**
il
[ponte]
A solo 15 minuti a piedi dal Ponte Carlo, questo hotel a 4 stelle sorge nel centro di Praga, in un palazzo neo-rinascimentale risalente al 1884.
-Just a 15-minute walk from Charles Bridge, this 4-star hotel in the centre of Prague is located in a Neo-Renaissance palace dating from 1884.

824 **club** **club**
il
[klub]
L'anno scorso mia sorella faceva parte del club di pallacanestro.
-My sister belonged to the basketball club last year.

825 **muro** **wall**
il
[muro]
Cosa dovremmo fare con questo elefante bianco che ci ha dato tua zia? È troppo brutto per appenderlo al muro.
-What should we do with this white elephant your aunt gave us? It's way too ugly to go on the wall.

826 **interno** **internal; interior, inside**
adj; il
[interno]
La polizia trovò delle scatole che contenevano marijuana e altre droghe all'interno del bagagliaio della vettura.
-The police found boxes that contained marijuana and other drugs inside the trunk of the car.

827 **energia** **energy**
le
[enerdʒa]
C'è una nuova energia da sfruttare, nuovi lavori da creare, nuove scuole da costruire, e nuove minacce da affrontare, alleanze da riparare.
-There's new energy to harness, new jobs to be created, new schools to build, and threats to meet, alliances to repair.

828 **spada** **sword**

la
[spada]
Se le azioni sono più forti delle parole, perché è più potente la penna della spada?
-If actions are stronger than words, why is the pen mightier than the sword?

829 **presentire** **foresee**
vb
[prezentire]
Il contesto in cui tali proposte verranno presentate non lascia presentire nulla di buono
-The context in which these are to be tabled does not bode well.

830 **processo** **process**
il
[protʃesso]
Il serial killer era freddo e distante durante il suo processo, ed è apparso non influenzato dal fatto che aveva ucciso così tante persone.
-The serial killer was cold and distant during his trial, and appeared unaffected by the fact that he had murdered so many people.

831 **scoprire** **discover**
vb
[skoprire]
Oltre 500 anni fa, il re di Spagna fece partire Cristoforo Colombo verso occidente per scoprire un nuovo itinerario verso l'Asia con il risultato che sappiamo.
-More than 500 years ago, Spain's monarchs sent Christopher Columbus westwards to discover a new way to Asia – with the known result.

832 **segnale** **signal, sign**
il
[seɲɲale]
Questa è una segreteria telefonica, dopo il segnale acustico lasciate un messaggio oppure inviate un fax, grazie.
-This is an answering machine, after the beep leave a message or send a fax, thank you.

833 **ferire** **hurt**
vb
[ferire]
Il peso della macchina può ferire una persona o causare gravi schiacciamenti!
-The weight of the machine may injure a person and cause serious bruising!

834 **battaglia** **battle**
la
[battaʎʎa]
Si possono vincere tutte le battaglie ma perdere comunque la guerra.
-You can win all the battles yet lose the war.

835 **meraviglioso** **wonderful**
adj
[meraviʎʎozo]
Da quando sono guarito dalla mia grave malattia tutto della creazione è meraviglioso per me.
-Since I recovered from my serious illness, all of creation is beautiful to me.

836 **pago** **content, statisfied**
adj
[pago]
Non pago di ciò, il relatore promuove anche la liberalizzazione dei servizi e dell'energia
-Not satisfied with this, the rapporteur also promotes the liberalisation of services and energy

837 **porco** **pig**
il
[porko]
Prendi da bere, poi sgomiti verso il buffet e mangi come un porco!
-You take a drink, then you elbow to the buffet and eat like a pig!

838 **ascolto** **listening**
lo
[askolto]
Una ricerca limitata suggerisce che l'ascolto di musica può beneficiare le persone che hanno la malattia di Alzheimer in vari modi.
-Limited research suggests that listening to music can benefit people who have Alzheimer's disease in various ways.

839 **ringraziare** **thank**
vb
[riŋgrattsjare]
Posso cominciare col ringraziare ognuno di voi per la vostra calorosa accoglienza?
-May I begin by thanking every one for your warm welcome?

840 **prezzo** **price**

	il [prettso]	Io non riesco a credere che voi abbiate veramente venduto quella spazzatura a un prezzo così alto. -I can't believe that you really sold that junk for such a high price.
841	**grave**	**serious, severe**
	adj [grave]	In tutti i casi, la Banca non è responsabile per i danni di qualsiasi [...] natura causati all'interno dei rapporti di business con il Cliente, salvo in caso di sua grave colpa debitamente comprovata. -In all cases, the Bank is not liable for the damage of any kind [...] caused during the business relationship with the Client, except for the cases when its severe fault has been properly proven.
842	**infatti**	**indeed**
	adv [infatti]	Lui ha detto che sarebbe venuto e infatti è venuto. -He said he would come and he did come.
843	**eroe**	**hero**
	il [eroe]	Forse non sapremo mai con certezza se Robin Hood era un vero eroe o un personaggio romanzesco, una cosa è certa – la sua leggenda è ancora viva! -Perhaps we will never know for sure whether Robin Hood was a real hero or a fictional character, but one thing is certain - his legend lives on!
844	**suonare**	**play (music or instrument), sound, ring**
	vb [swonare]	John voleva scoprire chi era l'artista che stava suonando il violino in una tale maniera in una foresta dell'Arkansas. -John wanted to find out who was the artist who was playing violin in such a manner in an Arkansas forest.
845	**documento**	**document**
	il [dokumento]	L'unico problema qui, è che non c'è nessuno che traduca questi documenti. -The only problem here is that there isn't anybody to translate these documents.
846	**comune**	**common; community, town**
	adj; il [komune]	Gli sport più comuni del mondo sono: calcio, basket, football, rugby, baseball, cricket, hockey su ghiaccio, pallavolo, beach volley, ping-pong, golf, boxe, wrestling, badminton e bowling. -The most common sports games around the world are: Soccer, Basketball, Football, Rugby, Baseball, Cricket, Ice hockey, Volleyball, Beach volleyball, Tennis, Table tennis, Golf, Boxing, Wrestling, Badminton and Bowling.
847	**dente**	**tooth**
	il [d'ɛnte]	Mi fanno male i denti. Devo prendere un appuntamento con il mio dentista. -My teeth ache. I need to make an appointment with my dentist.
848	**pensata**	**thought**
	la [pensata]	La sua struttura, pensata per la creazione e la gestione di portafogli dinamici, lo rende un sistema ideale per l'acquisizione di dati da sistemi esterni. -Its structure, devised for the creation and management of dynamic portfolios, makes it an ideal system for the acquisition of data from external systems.
849	**memoria**	**storage**
	la [memorja]	Guglielmo è lo studente migliore che io conosca. Impara immediatamente e ha una memoria fenomenale. -Guglielmo is the best student I know. He learns instantly and has a phenomenal memory.
850	**data**	**date**
	la [data]	In che data è scoppiata la guerra dello Yom Kippur? -What date did the Yom Kippur War break out?

851 **terzo** **third**
adj; il
[tertso]
Così, il terzo motivo per cui ho voluto essere qui è strettamente legato al secondo.
-So, the third reason that I wanted to be here relates closely to the second .

852 **massimo** **maximum**
adj; il
[massimo]
Quello studente in realtà ha ottenuto il massimo dei voti in inglese.
-That student actually got full marks in English.

853 **miglior** **best**
adj
[miʎʎor]
Se è infelice della sua vita privata, le suggerisco di registrarsi su Facebook. È il miglior modo per sbarazzarsene.
-If you're unhappy with your private life, I suggest you register on Facebook. It's the best way to get rid of it.

854 **buio** **dark; dark**
adj; il
[bwjo]
La stanza era talmente buia che abbiamo dovuto trovare la porta a tastoni.
-The room was so dark that we had to feel our way to the door.

855 **colore** **color**
il
[kolore]
In campagna, i colori del cielo e del fogliame sono completamente differenti da quelli visti in città.
-In the country, the colors of the sky and of the foliage are entirely different from those seen in the city.

856 **matto** **crazy; madman**
adj; il
[matto]
Il buon giovane uomo, per evitare domande imbarazzanti, presentò la matta come sua sorella.
-The nice young man, in order to avoid embarrassing questions, presented the crazy woman as his sister.

857 **cerchio** **circle; rim**
il
[tʃerkjo]
Un cerchio in cattivo stato o rotto deve essere cambiato in quanto può provocare delle perdite e può essere pericoloso per l'utilizzatore.
-A rim in poor condition, i.e. broken or cracked, must be changed since it may cause leaks and place the user in danger.

858 **cellulare** **cell phone**
adj; il
[tʃellulare]
Ho sempre detto che il tuo cellulare non ha mai funzionato bene.
-I always said that your mobile never worked well.

859 **soprattutto** **mostly**
adv
[soprattutto]
Ascensore, parcheggio privato: un insieme di servizi particolarmente apprezzati dai nostri clienti per i quali le vacanze sono, sopratutto, sinonimo di sole e di tranquillitá.
-Elevator, private parking: a range of services that are particularly appreciated by our customers for whom the holidays are, above all, synonymous with sunshine and peace.

860 **difendere** **defend**
vb
[difendere]
Noi dobbiamo difendere la nostra libertà a tutti i costi.
-We must defend our freedom at all cost.

861 **corto** **short**
adj
[korto]
Delle frasi corte sono più facili da leggere rispetto a delle frasi lunghe.
-Short sentences are easier to read than long sentences.

862 **supporre** **suppose**
vb
[supporre]
E l'influsso che esercita sull'agenda globale è più grande di quanto lasci supporre il suo impegno finanziario.
-Its influence on the global agenda is greater than its financial commitment would let us assume.

863 **maledetto** **accursed, damn**
adj
[maledetto]
Non credo che queste dannate batterie siano in questo maledetto cassetto.
-I don't think that those damn batteries are in this damn drawer.

864 **opera** **opera**
le
[ˈɔpera]
Ritengo che realizzare un'opera del genere in questo particolare sia più un danno che un vantaggio!
-I think that creating a work of this kind in this particular way will cause more harm than benefit!

865 **partito** **party**
il
[partito]
La follia è qualcosa di raro fra gli individui, ma nei gruppi, nei partiti, nei popoli, nelle ere, è la norma.
-Madness is something rare in individuals — but in groups, parties, peoples, ages it is the rule.

866 **attentare** **attempt**
vb
[attentare]
In Miller nasce il sospetto che Rodolfo non sia sincero e voglia in realtà attentare all'onore di Luisa.
-Miller begins to suspect that Rodolfo is not sincere and that he wishes in reality to dishonour Luisa.

867 **persino** **even**
adv
[persino]
Da classica città dormitorio che è, l'area pedonale è semideserta persino di giorno.
-It's a classic commuter town, even during the day there are few people around.

868 **scendere** **get off**
vb
[ʃendere]
L'uomo sul quale vedrete lo Spirito scendere e fermarsi, è colui che battezzerà con lo Spirito Santo.
-The man on whom you see the Spirit come down and remain is he who will baptize with the Holy Spirit.

869 **fede** **faith, wedding ring**
la
[fede]
Mentre Jane si lavava le mani, la fede nuziale le scivolò nello scarico del lavandino.
-Jane's wedding ring was swept down the drain while she was washing her hands.

870 **esperienza** **experience**
le
[esperjentsa]
Visto che ora sei maggiorenne, quel tipo di esperienze non le devi fare per forza.
-Now that you are 18 years old, you should not do such a thing.

871 **baciare** **kiss**
vb
[batʃare]
Baciare il proprio coniuge davanti a tutti è considerato un comportamento normale in alcuni paesi.
-Kissing one's spouse in public is considered acceptable behavior in some countries.

872 **responsabile** **responsible; person in charge**
adj; il/la
[responsabile]
Sarà responsabile delle donne che lavorano in questa fabbrica.
-You will be in charge of the women working in this factory.

873 **enorme** **huge**
adj
[enorme]
Un piccolo fuoco nella foresta può diffondersi facilmente e diventare velocemente un enorme incendio.
-A small forest fire can easily spread and quickly become a great conflagration.

874 **ex** **former; ex**

adj
[eks]
Ho sentito dire che Tim è tornato con la sua ex.
-I heard Tim is back with his ex.

875 **fiducia** **confidence**
la
[fidutʃa]
Il coraggio fa gli eroi, ma la fiducia costruisce l'amicizia.
-Courage makes heroes, but trust builds friendship.

876 **ognuno** **each**
adj; prn
[oɲɲuno]
In Francia al ristorante ognuno ha la sua tecnica per non pagare, in Cina è il contrario.
-In France every restaurant has some method by which you don't have to pay, in China it is the opposite.

877 **periodo** **period**
il
[perjodo]
Per quanto fosse occupato, nel periodo in cui visse fuori non dimenticò mai di scrivere a casa dei propri genitori tutte le settimane.
-No matter how busy he was while living abroad, he never failed to write home to his parents at least once a week.

878 **albero** **tree**
il
[albero]
Tim chiese a Jane di aiutare a decorare il suo albero di Natale.
-Tim asked Jane to help decorate his Christmas tree.

879 **verde** **green**
adj; il
[verde]
Io ho sentito dire che in Inghilterra l'erba è verde anche d'inverno.
-I hear the grass in England is green even in the winter.

880 **azione** **action**
le
[attsjone]
La tua motivazione era ammirevole, ma la tua azione non lo era.
-Your motive was admirable, but your action was not.

881 **odore** **smell**
il
[odore]
I maiali hanno un cattivo odore, però hanno un senso dell'olfatto molto buono.
-Pigs smell bad, but they have a very good sense of smell.

882 **locale** **local; club**
adj; il
[lokale]
Tim non può prendere da bere in questo locale notturno perché è minorenne.
-Tim can't get a drink in this club because he's underage.

883 **latte** **milk**
nm
[latte]
Mi stavo giusto chiedendo se forse ci fosse ancora un po' di latte nel frigorifero.
-I was just wondering if maybe there was some more milk in the refrigerator.

884 **bellezza** **beauty**
la
[bellettsa]
Non è necessario essere un artista al fine di sperimentare la bellezza ogni giorno
-You don't need to be an artist in order to experience beauty every day.

885 **vittima** **victim**
la
[vittima]
Si pensa che la vittima abbia ingerito una grande quantità di veleno per errore.
-The victim is thought to have taken a large quantity of poison by mistake.

886 **congratulazione** **congratulation**
le
[koŋgratulattsjone]
Congratulazioni per essere stato accettato nella scuola in cui sei sempre voluto andare.
-Congratulations on being accepted to the school you've always wanted to go to.

887 **tirare** **pull**
vb
[tirare]
Quando cerchiamo di scoprire il meglio degli altri, tiriamo fuori in qualche modo il meglio di noi stessi.

-When we seek to discover the best in others, we somehow bring out the best in ourselves.

888 **colazione** **breakfast, lunch**
la
[kolattsjone]
Tim fa una breve corsetta intorno all'isolato ogni mattina prima di colazione.
-Tim takes a quick jog around the block every morning before breakfast.

889 **isola** **island**
le
[izola]
L'isola vista dall'alto assomiglia a una pera come forma.
-The island as seen from above resembles a pear in shape.

890 **filare** **spin**
vb
[filare]
Quando ero bambino, pensavo che lo zucchero filato e le nuvole fossero simili.
-When I was a kid, I used to think that fairy floss and clouds were alike.

891 **contrario** **contrary**
adj; il
[kontrarjo]
Io voglio studiare all'estero, anche se i miei genitori ne sono contrari.
-I want to study abroad, even if my parents are against it.

892 **svegliare** **wake**
vb
[zveʎʎare]
Anche se ci troviamo qui stasera, sappiamo che ci sono americani coraggiosi che si svegliano nei deserti dell'Iraq e nelle montagne dell'Afghanistan per rischiare la vita per noi.
-Even as we stand here tonight, we know there are brave Americans waking up in the deserts of Iraq and the mountains of Afghanistan, to risk their lives for us.

893 **legge** **law**
la
[leddʒe]
I sostenitori della salute hanno spinto per le leggi che limitano il fumo sul posto di lavoro.
-Health advocates have pushed for laws restricting work-place smoking.

894 **chissà** **who knows!; perhaps**
adj
[kiss'a]
Chissà perché quando sono presissimo il telefono non smette mai di suonare. Così quando mai finirò il mio lavoro?
-Why does the phone have to ring all the time only when I'm busy? I can't get any work done because of it.

895 **dubbio** **doubtful; doubt**
il; adj
[dubbjo]
Nessuno ha mai messo in dubbio la mia lealtà in passato.
-No one's ever questioned my loyalty before.

896 **camion** **truck**
i
[kamjon]
Ho evitato per un pelo di essere investito da un camion.
-I narrowly escaped being run over by a truck.

897 **sissignore** **Yes sir**
int
[sissiɲɲore]
Sissignore, e il suo paese è ora nell'Unione europea grazie alla forza dell'Europa!
-Yes Sir, and your country is now in the European Union thanks to the strength of Europe!

898 **stella** **star**
la
[stella]
Le stelle cadenti riescono ad attraversare il cielo in meno di un secondo.
-Shooting stars can fly across the sky in less than a second.

899 **malato** **ill, sick**
adj; il
[malato]
Visto che sono stato malato per una settimana, sto facendo tutto il possibile per recuperare.
-Since I was sick for a week, I am making every possible effort to catch up.

900 **nascondere** **hide**

vb
[naskondere]

Tim ha tenuto addosso il suo cappello per nascondere la sua calvizie.
-Tim kept his hat on to hide his baldness.

901 **rischiare** **risk**
vb
[riskjare]

Se una donna non vuole rischiare non deve bere più di una unità alcolica prima di mettersi alla guida e un uomo non più di due.
-In order not to run risks, a woman must not drink more than one alcohol unit before driving and a man no more than two.

902 **pressione** **pressure**
la
[pressjone]

La stessa forza applicata ad una superficie più piccola produrrà una maggior pressione.
-The same force spread over a smaller area will produce more pressure.

903 **orribile** **horrible**
adj
[orribile]

Vorrei solo che potessimo andar via da questo posto orribile.
-I just wish we could leave this horrible place.

904 **edificio** **building**
lo
[edifitʃo]

Tim morì mentre provava a salvare un bambino da un edificio in fiamme.
-Tim died trying to save a child from a burning building.

905 **progetto** **project**
il
[prodʒetto]

I leader politici europei si riuniscono per cercare di salvare l'euro, e con esso lo stesso progetto di Unione europea.
-The political leaders of Europe come together to try to save the euro, and with it the very project of European Union.

906 **portato** **brought**
adj
[portato]

La crisi dei missili di Cuba ha portato il mondo sull'orlo della guerra nucleare.
-The Cuban Missile Crisis brought the world to the brink of nuclear war

907 **età** **age**
le
[et'a]

Un uomo che lavora dovrebbe essere pagato in base alle sue capacità, non alla sua età.
-A working man should be paid in proportion to his skill, not his age.

908 **divergere** **diverge**
vb
[diverdʒere]

Se si ordinano azionamenti che divergono da quelli standard, anche le condizioni menzionate possono divergere.
-The conditions might be different when you order drives other than the standard.

909 **camminare** **walk**
vb
[kamminare]

Camminava lentamente attraverso il parco per mostrare il suo nuovo taglio di capelli.
-She walked slowly through the park to show off her new hairstyle.

910 **capace** **capable, able**
adj
[kapatʃe]

La salvezza di questo mondo umano risiede solo nel cuore umano, nell'umana capacità di riflettere, nella mitezza umana e nell'umana responsabilità.
-This Salvation of this human world resides only in the heart of the human being, in the human capability to reflect, in humility and responsibility.

911 **calmo** **calm**
adj
[kalmo]

I miei amici dicono sempre che io sono troppo calmo, però la mia famiglia dice sempre che sono troppo fastidioso.
-My friends always say I'm too calm, but my family always says I'm too annoying.

912 **principessa** **princess**

la
[printʃipessa]
Loro hanno sventolato delle bandiere per dare il benvenuto alla principessa.
-They waved flags to welcome the princess.

913 **sale** **salt**
il
[sale]
Mescolare fino a diventare schiuma il burro con i tuorli e l'uovo, lo zucchero a velo e le scorze di limone, il sale e la noce moscata.
-Stir together the egg yolks and the egg, the icing sugar and the lemon zest, the salt and the nutmeg to make a frothy mix.

914 **scopo** **purpose**
lo
[skopo]
Lei è andata a Los Angeles con lo scopo di studiare danza.
-She went to Los Angeles for the purpose of studying dancing.

915 **dipendere** **depend**
vb
[dipendere]
La maggior parte delle grandi aziende giapponesi dipendono dalle esportazioni.
-Most big Japanese companies depend on exports.

916 **gridare** **shout**
vb
[gridare]
Quando la BBC si degna di graziare i propri ascoltatori con un segnale di buona qualità, delle ben definite differenze nelle performance dei tre sintonizzatori si fanno sentire.
-When the BBC choose to favour us with good quality signals definite identifiable performance differences emerge.

917 **stampa** **press, printing**
la
[stampa]
Come si vive in un paese dove non c'è libertà di stampa?
-How does one live in a country where there is no freedom of the press?

918 **viso** **face**
il
[vizo]
Purtroppo, molta gente crede a cose lette su una e-mail che troverebbe implausibili se dette viso a viso.
-Sadly many people will believe things told to them via an email which they would find implausible face-to-face.

919 **ottenere** **get, obtain**
vb
[ottenere]
È illegale negli Stati Uniti per le forze dell'ordine usare la tortura per ottenere informazioni.
-It is illegal in the United States for law enforcement to use torture to get information.

920 **rodere** **gnaw, fret, prey on**
vb
[rodere]
E così in quattro mesi trascorsi su di un letto d'ospedale, il tarlo aveva appena cominciato a rodere .
-So with four months in a hospital bed the bug had just started to bite .

921 **salire** **go up, climb, rise**
vb
[salire]
Salire su una delle barche in processione nella laguna regala un'esperienza di particolare suggestione.
-Boarding on one of the boats in the procession on the lagoon is a highly evocative experience.

922 **pensiero** **thought**
il
[pensjero]
Il solo pensiero di un serpente mi fa venire i brividi.
-The mere thought of a snake makes me shiver.

923 **dappertutto** **everywhere**
adv
[dappertutto]
Gli ospiti erano molti, c'erano insegnanti e amici dappertutto.
-There were many guests - most of them were our teacher's classmates and friends.

924 **ristorante** **restaurant**

il
[ristorante]
Ho conosciuto un anziano che dice di non aver mai mangiato in un ristorante in tutta la sua vita.
-I met an old man who says that he's never eaten at a restaurant in his whole life.

925 **giornale** **newspaper, journal**
il
[dʒornale]
Quando il Signor Hilton voleva vendere la sua casa, l'ha fatta pubblicare sul giornale.
-When Mr. Hilton wanted to sell his house, he advertised it in the newspaper.

926 **test** **test**
i
[test]
Eseguire il test della conduttività in un'area priva di carburante o vapori infiammabili.
-Always perform the conductivity test in an area free from flammable liquids or vapors.

927 **gatto** **cat**
il
[gatto]
Io ho un gatto e un cane. Il gatto è nero e il cane è bianco.
-I have a cat and a dog. The cat is black and the dog is white.

928 **giustizia** **justice**
la
[dʒustittsja]
L'avvocato si è appellato al senso di giustizia della giuria.
-The lawyer appealed to the jury's sense of justice.

929 **tranne** **except**
prp; adv; con
[tranne]
A questo mondo, nulla può essere considerato come certo, tranne la morte e le tasse.
-In this world nothing can be said to be certain, except death and taxes.

930 **albergo** **hotel**
lo
[albergo]
Io ho una collezione di asciugamani che ho rubato da molti alberghi diversi in cui ho soggiornato.
-I have a collection of towels I've stolen from many different hotels I've stayed at.

931 **tiro** **shot, shooting, throw**
il
[tiro]
Dal fischio dell'arbitro l'attaccante ha a disposizione 5 secondi per effettuare il tiro.
-At the referee's whistle, the offensive player will have 5 seconds to take a shot on goal.

932 **relazione** **report**
la
[relattsjone]
Ho letto con attenzione la sua lettera, e la sua situazione mi è parsa molto tipica e prevedibile in una relazione di coppia.
-I have read your letter closely, and your situation seems very typical and foreseeable in a relationship.

933 **basso** **low, bottom, lower; bass**
adj; il
[basso]
Lui ha due anni in più di me, però è più basso di me.
-He's two years older than I am, but he's shorter than I am.

934 **compagno** **companion, mate**
il
[kompaɲɲo]
Ho un compagno di classe che dice di sapere parlare il francese fluentemente.
-I have a classmate who says he can speak French fluently.

935 **stavolta** **this time**
la[stavolta]
Tim è preparato meglio stavolta, quindi dovrebbe essere in grado di farcela. -Tim is better prepared this time, so he should be able to do it.

936 **crimine** **crime**
il
[krimine]
A volte la povertà spinge la gente a commettere crimini.
-Poverty sometimes drives people to commit crimes.

937 **angolo** **angle, corner**

lo [aŋgolo]
Quando il portiere ha toccato la palla, l'arbitro ha assegnato un calcio d'angolo all'altra squadra.
-When the goalkeeper touched the ball, the referee awarded the other team a corner kick.

938 **cappello** **hat**
il [kappello]
Io gli sono grato per aver afferrato il mio cappello che ho perso per strada per un colpo di vento.
-I'm grateful to him for catching my hat that I lost on the windy street.

939 **operazione** **operation**
le [operattsjone]
Mi fa piacere sentire che tua sorella è fuori pericolo dopo l'operazione.
-I'm glad to hear that your sister is out of danger after her operation.

940 **estate** **summer**
le [estate]
Ci sono persone a cui piace l'estate e persone a cui piace l'inverno.
-There are people who like the summer and people who like the winter.

941 **desiderio** **desire**
il [deziderjo]
Vedrò se sarà possibile fare qualche cosa per soddisfare i suoi desideri.
-I'll see if there's anything I can do to satisfy your desires.

942 **mercato** **market**
il [merkato]
Nel lungo periodo, l'aumento del livello del mare, eventi di ondate di tempesta estreme e alte maree interesseranno i servizi costieri e le infrastrutture da cui dipendono molti sistemi energetici, i mercati e i consumatori.
-In the longer term, sea level rise, extreme storm surge events, and high tides will affect coastal facilities and infrastructure on which many energy systems, markets, and consumers depend.

943 **incinta** **pregnant**
adj [intʃinta]
All'inizio del film, la ragazza scopre di essere incinta del suo fidanzato nero.
-At the beginning of the film, the girl discovers that she's pregnant from her black boyfriend.

944 **rilassare** **relax**
vb [rilassare]
La capacità di lavorare duro è una caratteristica ammirevole, ma la capacità di rilassarsi non è meno importante.
-The ability to work hard is an admirable quality, but the ability to relax is equally important.

945 **arte** **art**
le [arte]
La musica può essere definita come l'arte di produrre emozioni attraverso la combinazione di suoni.
-Music can be defined as the art of producing emotion by the combination of sounds.

946 **coltello** **knife**
il [koltello]
Questa è la prima volta che mi sono tagliata un dito con un coltello.
-This is the first time I've cut my finger with a knife.

947 **continuo** **continuous**
adj [kontinwo]
Il risultato è una continua ricerca di cibo in un ambiente che cambia.
-The result is a continual search for food in a changing environment.

948 **mosso** **blurred, rough, wavy, moved**
adj [mosso]
Se la messa a fuoco della fotocamera non è impostata correttamente o la foto è un po' mossa, il risultato è un'immagine sfocata.
-If the focus on the camera is not set perfectly, or the camera is moving when the picture is taken, the result is a blurred image.

949 **macchina** **machine**

la
[makkina]

I miei amici erano così sbronzi, che non ho potuto far altro che accompagnarli a casa io in macchina.
-My friends were so boozed up that I had to drive them home.

950 **preferire**
vb
[preferire]

prefer
Al mio amico piace vivere in città, ma sua moglie preferisce vivere nel loro piccolo cottage in campagna.
-My friend likes to live in the city, but his wife prefers to live in their little cottage in the country.

951 **vite**
le
[vite]

screw, grapevine, vine
Per configurare il sistema, utilizzare lo strumento di sicurezza fornito per allentare la vite della porta di configurazione.
-To begin system configuration, use the security tool provided to loosen the screw in the configuration door.

952 **buco**
il
[buko]

hole
Mi sono fatto un buco nei jeans quando sono caduto dalla bici.
-I tore a hole in my jeans when I fell off my bike.

953 **centrale**
adj
[tʃentrale]

central; main office, (nuclear) power station
La paura dell'inquinamento ha scoraggiato la gente nel costruire case vicino alle centrali energetiche.
-Fear of pollution discouraged people from building homes near power plants.

954 **lassù**
adv
[lassu]

up there, above, yonder
„Ecco, uno scoiattolo!“ – „Cosa? Dove?“ – „Lassù sull'albero. Lo vedi?“ – „Sì, lo vedo!“
-"There, a squirrel" "What? Where?" "Up there on the tree. Do you see it?" "Yes, I see it!"

955 **carriera**
la
[karrjera]

career
Quando era all'apice della sua carriera, uno scandalo ne provocò la caduta.
-When he was at the height of his career, a scandal brought about his downfall.

956 **anello**
il
[anello]

ring
Lei ha un anello del valore di più di quanto possa immaginare.
-She has a ring worth more than she can imagine.

957 **video**
adj
[video]

video
Selezionare le varie modalità audio predefinite per personalizzare la riproduzione di video o musica.
-Select predefined sound modes to suit your video or music.

958 **stile**
lo
[stile]

style
Il termine 'tango stile milonguero' fu coniato nei primi anni '90 per descrivere il modo di ballare il tango che era prevalente nelle milonghe del centro di Buenos Aires negli anni '50.
-The term ‘milonguero style tango’ was coined in the early 1990s to describe the style of dancing tango that was prevalent in the milongas of downtown Buenos Aires in the 1950s.

959 **contratto**
il
[kontratto]

contract
Invece di aspettare un contratto, possiamo gestire la cosa al telefono.
-Instead of waiting for a contract, we can handle it over the phone.

960 **compito**
il
[kompito]

task
L'altra notte, Mizuki era completamente ubriaca e stava camminando lungo il lago, quando è caduta nell'acqua.

-Last night, Mizuki was completely drunk and she was walking along the lake, and then she fell in the water.

961 **paradiso** — **paradise**
il
[paradizo]
Un piatto di pilaf con un po' di kebab è il paradiso in terra.
-A plate of pilaf with some kebabs is heaven on earth.

962 **indirizzare** — **address**
vb
[indiriddzare]
Il Consiglio di Amministrazione ha quindi adottato un Codice Etico che ha come obiettivo quello di indirizzare i comportamenti aziendali.
-The Board of Directors thus adopted a Code of Ethics whose objective is to guide company behaviour

963 **domattina** — **tomorrow morning**
la
[domattina]
Quando mi alzerò domattina, il sole brillerà e gli uccelli staranno cantando.
-When I get up tomorrow morning, the sun will be shining and the birds will be singing.

964 **anzi** — **rather**
adv; con
[antsi]
"Io sono l'albero più bello del giardino", gridò il pesco, "anzi, di tutto il mondo."
-"I am the most beautiful tree in the garden," exclaimed the peach tree, "or even in the whole world!"

965 **fingere** — **pretend**
vb
[findʒere]
Puoi fingere di essere serio ma non puoi fingere di essere divertente.
-You can pretend to be serious, but you can't pretend to be funny.

966 **riunione** — **meeting, reunion, assembly**
la
[rjunjone]
Quella sera, l'università tenne una riunione per gli studenti stranieri e gli studenti cinesi che studiavano le lingue straniere.
-That evening, the university held a meeting for foreign students and Chinese students studying foreign languages.

967 **torto** — **injustice**
il
[torto]
La collettività si schiera con chi ha subíto il torto e per ciò stesso condanna l'offesa e l'offensore.
-The Community take the side of the party who has suffered the wrong and that the Community therefore condemns the offence and the offender.

968 **troia** — **slut**
la
[troja]
È facile per una troia passare da ragazzo a un altro.
-It's easy for a slut to go from guy to another.

969 **faccenda** — **affair**
la
[fattʃenda]
In ogni caso, la faccenda è ora approdata davanti al tribunale.
-In any event, the case has now been taken up by the court.

970 **notare** — **note**
vb
[notare]
Credo di essere stata troppo impegnata per notare che Tim stava avendo dei problemi.
-I guess I was too busy to notice that Tim was having problems.

971 **particolare** — **particular**
adj; lo
[partikolare]
Per il momento, non c'è niente di particolare che abbia bisogno di fare.
-For the moment there's nothing in particular I need to be doing.

972 **inoltre** — **also, besides**
adv
[inoltre]
Il suo cottage è ordinato e confortevole; inoltre, può contenere fino a dieci persone.
-His cottage is neat and comfortable; moreover, it can accommodate as many as ten people.

973 **campione** — **sample, champion; champion**

il; adj; abr
[kampjone]
Il dottore ha analizzato il campione di sangue per verificare la presenza di anemia.
-The doctor analyzed the blood sample for anemia.

974 **agente** **agent**
il/la
[adʒ'ɛnte]
Gli agenti di polizia non sono autorizzati a bere alcolici mentre sono in servizio.
-Policemen aren't permitted to drink on duty.

975 **politico** **political; politician**
adj; il
[politiko]
Lui non ha mai dimenticato la sua ambizione di diventare un uomo politico di primo piano
-He never forgot his ambition to become a leading politician.

976 **colpevole** **guilty**
adj; il/la
[kolpevole]
Tim si rifiutò di credere che Jane fosse colpevole.
-Tim refused to believe that Jane was guilty.

977 **ghiaccio** **ice**
il; adj
[gjattʃo]
La gente tende a dimenticare che l'acqua si ghiaccia effettivamente a zero gradi.
-People tend to forget that water really freezes at zero degrees.

978 **fucile** **rifle, gun**
il
[futʃile]
Tim era impaurito dal fatto che Jane potesse spararglі con il fucile di suo padre.
-Tim was scared Jane would shoot him with her father's rifle.

979 **utile** **helpful, useful; profit**
adj; il
[utile]
Il judo è un bene non solo per la salute dei giovani, ma è anche molto utile nella formazione della loro personalità.
-Judo is not only good for young people's health but also very useful in forming their personalities.

980 **ispettore** **inspector**
il
[ispettore]
Un ispettore professionista si cala nel ruolo del cliente e redige rapporti secondo un set di criteri concordati.
-A professional auditor plays the role of a customer and reports on an agreed set of criteria.

981 **autobus** **bus**
gli
[autobus]
Potresti dirmi quale autobus o treno devo prendere per raggiungere il centro città?
-Can you tell me which bus or train I can take to get to the town centre?

982 **dato** **given; fact, datum**
adj; il
[dato]
Questo si riferisce alla quantità di energia fornita in un dato momento.
-This refers to the amount of electricity delivered at any given moment.

983 **ridicolo** **ridiculous**
adj; il
[ridikolo]
Ma ricordate che anche il Salvatore fu tormentato, messo in ridicolo e alla fine, crocifisso perché non volle allontanarsi dalle proprie convinzioni.
-But remember that the Savior himself was tormented, ridiculed, spat upon, and finally crucified because he would not waver in his conviction.

984 **altezza** **height**
le
[altettsa]
Il nuovo arrivato è stato all'altezza delle nostre aspettative.
-The newcomer fell short of our expectation.

985 **guidare** **lead**
vb
[gwidare]
A dire il vero, io ho guidato la macchina di mio padre senza il suo permesso.
-To tell the truth, I drove my father's car without his permission.

986 **decidere** **decide**

vb
[detʃidere]

Secondo te quante volte dovrò chiedere a John di pulire la sua stanza prima che si decida a farlo?
-How many times do you think I'm going to have to ask John to clean his room before he cleans it?

987 **sottofondo** — **background**
il
[sottofondo]

Gli studenti spesso studiano con la musica in sottofondo e la gente al lavoro per casa di solito accende la televisione o la radio per tenersi compagnia.
-Students often study with music playing in the background, and people working around the house will usually turn on the television or radio to keep them company.

988 **valore** — **value**
il
[valore]

Molte persone pensano che le automobili d'epoca abbiano un prezzo superiore al loro valore effettivo.
-Many people think that antique cars are overpriced.

989 **campagna** — **countryside, country**
la
[kampaɲɲa]

Le strade di campagna non sono affollate come le strade urbane.
-Country roads aren't as crowded as city roads.

990 **tè** — **tea**
il
[tˈɛ]

Adesso prendiamo una grossa porzione di spaghetti e una tazza di tè, miei cari signori e signore.
-Now let's have a big portion of spaghetti and a cup of tea, my dear lords and ladies.

991 **vendere** — **sell**
vb
[vendere]

Se mi ricordo correttamente, John ha venduto la sua macchina a Jane per appena 500 dollari.
-If I remember correctly, John sold his car to Jane for just 500 dollars.

992 **cadere** — **fall**
vb
[kadere]

Se il mio aereo non cade, e se non vengo rapito dai ladri di organi, ti scriverò due righe all'inizio della settimana.
-If my plane doesn't crash, and if I do not get kidnapped by organ thieves, I will drop you a line at the beginning of the week.

993 **scatola** — **box**
la
[skatola]

Questa scatola è così grande che non è in grado di entrare nella mia borsa.
-This box is so large that it cannot go into my bag.

994 **peso** — **weight**
il
[pezo]

Il ghiaccio sul lago s'è fatto troppo sottile e non può reggere il tuo peso.
-The ice on the lake is too thin to bear your weight.

995 **magnifico** — **magnificent**
adj
[maɲɲifiko]

Quel libro, che ho letto la settimana scorsa, è magnifico.
-That book, which I read last week, is great.

996 **ragazzino** — **little boy, sonny (condenscending)**
il
[ragattsino]

Lui è venuto in Giappone quand'era un ragazzino di dieci anni.
-He came to Japan when he was a boy of ten.

997 **ubriaco** — **drunk**
adj
[ubrjako]

Tim voleva guidare, ma dal momento che era ubriaco Jane non glielo avrebbe lasciato fare.
-Tim wanted to drive, but since he was drunk, Jane wouldn't let him.

998 **mentito** — **false, deceptive**
adj
[mentito]

Nel corso degli anni mia madre mi ha mentito riguardo a così tante cose.
-Over the years my mother lied to me about so many things.

999 **egli** — **he**

prn
[eʎʎi]
Egli aprì la bocca come per parlare, ma non disse nulla.
-He opened his mouth as if to speak, but didn't say anything.

1000 **sensazione** **sensation**
la
[sensattsjone]
Tornare a provare di nuovo esattamente quella sensazione, quell'ispirazione di un momento unico, mentre nel 'qui ora' tutto cambia continuamente.
-To go back and re-experience exactly that feeling, that inspiration, of one unique moment, while in the here and now, everything keeps changing.

1001 **principale** **main**
adj; il
[printʃipale]
Fino a un periodo recente, la funzione principale della donna era sposarsi e dare alla luce i bambini.
-Until recently, the main function of women was to marry and give birth to children.

1002 **schiena** **back**
la
[skjena]
Se il rivelatore di placca si libra in un angolo, non si ottiene la capacità ottimale di rilevazione, e visualizzare i pannelli che l'inclinazione ad angoli insoliti rendono difficile la lettura del display e mette pressione sul collo e sulla schiena.
-If the detector plate hovers at an angle, you do not get the optimum detection capability, and view panels that tilt at odd angles make reading the display difficult and puts strain on your neck and back.

1003 **girare** **turn**
vb
[dʒirare]
Ma di colpo gli incominciò a girare la testa e si risedette sulla sua vecchia sedia.
-But he suddenly felt dizzy and he sat down again in his old chair.

1004 **orologio** **clock, watch**
il
[orolodʒo]
Prima di impostare il timer, assicurarsi che l'orologio sia impostato correttamente.
-Before setting the timer, ensure that the clock is set correctly.

1005 **insegnare** **teach**
vb
[inseɲɲare]
Le scuole sono il luogo fondamentale in cui insegnare un consumismo alternativo.
-Schools are the fundamental place in which to teach an alternative consumerism.

1006 **sbaglio** **mistake**
lo
[zbaʎʎo]
Un uomo che non fa mai sbagli è un uomo che non fa niente.
-He who makes no mistakes makes nothing.

1007 **porgere** **extend**
vb
[pordʒere]
Cogliamo l'occasione per porgere a tutti voi i nostri più sinceri auguri di Buon Natale e Felice Anno Nuovo.
-May we take this opportunity of wishing you all our very best wishes for a Merry Christmas and a Happy New Year.

1008 **maestà** **majesty**
la
[maest'a]
Maestà, vogliamo una stretta cooperazione col suo paese e lei è una delle poche personalità che hanno visitato il Parlamento europeo più di una volta.
-Your Majesty, we want close cooperation with your country and you are one of the very few who have visited the European Parliament more than once.

1009 **contare** **count**
vb
[kontare]
Se sei arrabbiato conta fino a dieci; se sei molto arrabbiato, conta fino a cento.
-When angry, count ten; when very angry, a hundred.

1010 **cantare** — **sing**
vb
[kantare]
Tim ha scritto la canzone che ha cantato Jane la scorsa notte al pub.
-Tim wrote the song that Jane sang last night at the pub.

1011 **angelo** — **angel**
il
[andʒelo]
Le sue parole erano come quelle di un angelo.
-Her words were like those of an angel.

1012 **creare** — **create**
vb
[kreare]
Il preside della scuola vuole chiudere la mensa e creare una nuova sala ricreativa per gli studenti.
-The director of the school wants to close the canteen and create a new recreation room for the students.

1013 **naturale** — **natural**
adj
[naturale]
La famiglia è il nucleo naturale e fondamentale della società e ha diritto ad essere protetta dalla società e dallo Stato.
-The family is the natural and fundamental group unit of society and is entitled to protection by society and the State.

1014 **importanza** — **importance**
la
[importantsa]
Questa è l'era dell'informazione e i computer hanno sempre maggiore importanza nella nostra vita quotidiana.
-This is the age of information, and computers are having more and more importance in our everyday life.

1015 **baby** — **baby**
nmf
[bab]
Io sono la baby sitter di Tim.
-I'm Tim's baby sitter.

1016 **fumo** — **smoke**
il
[fumo]
Se il dispositivo non si avvia, se viene rilevato fumo oppure odori insoliti, o se non è possibile identificare i componenti danneggiati, rivolgersi alla Mr. Delli
-If the device does not start, or if and smoke or unusual odors are detected, or if you cannot identify the damaged components, contact Mr. Delli

1017 **domenica** — **Sunday**
la
[domenika]
La mia famiglia è andata allo zoo a vedere i panda la scorsa domenica.
-My family went to the zoo to see pandas last Sunday.

1018 **ucciso** — **(murder) victim; killed**
il, la; adj
[uttʃizo]
Le amiche di Sadako volevano costruire un monumento per lei e tutti i bambini che sono stati uccisi dalla bomba atomica.
-Sadako's friends wanted to build a monument to her and all children who were killed by the atomic bomb.

1019 **cento** — **hundred**
num
[tʃ'ɛnto]
Se si è pazienti in un attimo di rabbia, si fuggiranno cento giorni di dolore.
-If you are patient in one moment of anger, you will escape a hundred days of sorrow.

1020 **rotta** — **route**
la
[rotta]
Si può prendere uno dei tanti autobus navetta che operano all'interno la rotta o meglio optare per i taxi.
-You can take one of the many shuttle buses that operate within the route or rather opt for taxis.

1021 **nipote** — **grandson, granddaughter, nephew, niece**
il/la
[nipote]
Le immagini furono probabilmente collezionate dalla nipote di Elisabetta, l'arciduchessa Elisabetta Jane.
-The pictures were probably collected by her granddaughter Elisabeth Marie.

1022 **teatro** | **theater**
il
[teatro]
Il teatro è destinato ad ospitare anche presentazioni di progetti di urbanistica ed architettura.
-The theatre will also host presentations of urban and architectural, environmental and transportation projects.

1023 **militare** | **military; soldier**
adj; il; vb
[militare]
I jihadisti sono in grado di decapitare i civili, uccidere i bambini e violentare le donne indifese, ma quando si tratta di combattere una forza militare non vogliono saperne a che fare e tornano qui nelle loro comode case con la coda fra le gambe.
-Jihadis are capable of beheading civilians, murdering children and raping defenceless women, but when it comes to fighting a military force they don't want to know, and they come back here to their comfortable homes with their tails between their legs.

1024 **palazzo** | **palace**
il
[palattso]
"E cosa c'è nel palazzo sul lato opposto del cortile?" "Ci sono delle stalle al piano terra e dei fienili sopra di esse."
-"And what's in the building on the other side of the yard?" "There are stables on the ground floor and haylofts above them."

1025 **convinto** | **convinced**
adj
[konvinto]
Jane soffre di anoressia ed è convinta di essere grassa, ma la realtà è che lei è pericolosamente magra.
-Jane suffers from anorexia and is convinced that she's fat but the reality is that she is dangerously thin.

1026 **innocente** | **innocent**
adj
[innotʃente]
Tutte le vostre accuse sono infondate. Lei è innocente, e noi lo proveremo.
-All of your accusations are baseless. She is innocent, and we will prove that.

1027 **finale** | **final; final, ending, finish/final (sports)**
adj; il; pfx
[finale]
La partita è finita in pareggio, e il risultato finale è stato di due a due.
-The game ended in a draw, and the final score was 2-2.

1028 **purtroppo** | **unfortunately**
adv
[purtroppo]
Il fatto che sia stato provato concretamente che queste dichiarazioni sono senza fondamento purtroppo non impedisce che vengano ripetute.
-The fact that these assertions have consistently proved to be without foundation unfortunately does not prevent their repetition.

1029 **innamorato** | **in love; lover**
adj; il
[innamorato]
"Da quanto tempo Tim è innamorato di te?" "Tim non è innamorato di me. È un mio amico."
-"How long has Tim been in love with you?" "Tim is not in love with me. He's my friend."

1030 **breve** | **short**
adj; la
[breve]
La componente dell'indebitamento a breve termine aumenta complessivamente di 9,5 milioni di euro in relazione all'incremento dei "debiti finanziari" di 8,6 milioni di euro derivante dalla citata riclassifica delle quote a breve dei debiti a medio/lungo termine.
-The short-term debt component rose by 9.5 million euros overall, due to an increase of 8.6 million euros in borrowings deriving from the above-mentioned reclassification of short-term portions of medium- and long-term loans.

1031 **turno** | **round, shift**

il
[turno]
I nostri genitori si sono presi cura di noi e ora è il nostro turno per prendersi cura di loro.
-Our parents took care of us and now it's our turn to take care of them.

1032 **emergenza** **emergency**
le
[emerdʒentsa]
Mia madre mi ha sempre detto che dovrei mettere i soldi in banca ogni mese, così da avere abbastanza soldi in caso di emergenza.
-My mother always told me that I should put money in the bank every month so I'd have enough money in case of an emergency.

1033 **improvviso** **sudden**
adj; adv
[improvvizo]
Non so quale sia il motivo del suo improvviso successo.
-I don't know what the reason is for his sudden success.

1034 **fanculo** **fuck**
int
[faŋkulo]
Fanculo vostra madre.
-Fuck your mom.

1035 **tetto** **roof**
il
[tetto]
L'edificio di cui si riesce a vedere il tetto laggiù è la nostra chiesa.
-The building whose roof you can see over there is our church.

1036 **montagna** **mountain**
la
[montaɲɲa]
Io e i miei colleghi abbiamo vissuto in una piccola cabina da due camere costruita sul bordo di una scogliera sulla montagna.
-Me and my colleagues lived in a small 2 room cabin built on the edge of a cliff on the mountain.

1037 **bottiglia** **bottle**
la
[bottiʎʎa]
John ha comprato una bottiglia di vodka e un po' di profumo al duty-free.
-John bought a bottle of vodka and some perfume at the duty-free shop.

1038 **pane** **bread**
il
[pane]
La prima colazione viene servita ogni mattina e comprende unassortimento di frutta fresca, pane e salumi, mentre presso il ristorante dell'albergo potrete gustare specialità regionali e varie bevande.
-Breakfast is served each morning and includes a variety of fresh fruits, breads and cold meats. Regional specialties, as well as a selection of drinks are available in the hotel's restaurant.

1039 **preoccupato** **worried**
adj
[preokkupato]
Sono stato licenziato e poiché ho dei risparmi, per il momento, non sono preoccupato.
-I got the sack but I've a little saved up, so for the time being I won't be troubled by living expenses.

1040 **ricco** **rich**
adj; il
[rikko]
Una serie di seminari tematici ed un ricco e vario programma per il tempo libero consentiranno infine di approfondire la conoscenza ed avere esperienza diretta della realtà italiana.
-A series of seminars and a rich and varied programme of free time will help you to deepen your knowledge and further your experience of the Italian reality.

1041 **discorso** **speech**
il
[diskorso]
Io ho davvero una brutta ansia da prestazione prima di dare un discorso.
-I get really bad performance anxiety before I give a speech.

1042 **evitare** **avoid**
vb; il
[evitare]
Noi abbiamo imboccato una strada secondaria per evitare il traffico pesante.
-We took a secondary road to avoid the heavy traffic.

1043 **accettare** **accept**

vb Tim mi ha detto di non vedere il motivo per cui dovrebbe accettare l'offerta di Jane.
[attʃettare] -Tim told me that he could see no reason why he shouldn't accept Jane's offer.

1044 **immagine** **image**
le Qualsiasi opera di un uomo, sia letteratura o musica o immagine o architettura o qualsiasi altra cosa, è sempre un ritratto di se stesso.
[immadʒine] -Every man's work, whether it be literature or music or a picture or architecture or anything else, is always a portrait of himself.

1045 **ministro** **minister**
il Il ministro ha nominato uno dei suoi amici intimi in una posizione chiave.
[ministro] -The minister appointed one of his cronies to a key position.

1046 **mantenere** **keep, maintain**
vb La vita è come guidare una bicicletta. Per mantenere l'equilibrio si deve restare in movimento.
[mantenere] -Life is like riding a bicycle. To keep your balance you must keep moving.

1047 **giardino** **garden**
il Tim voleva che Jane innaffiasse i fiori del suo giardino mentre lui era via.
[dʒardino] -Tim asked Jane to water the flowers in his garden while he was gone.

1048 **lottare** **fight**
vb All'inizio hanno cercato di ignorarti, poi hanno cominciato a ridere di te, e dopo a lottare con te. Alla fine vinci tu.
[lottare] -At first they try to ignore you, then they start to laugh at you, then they fight you, then you win.

1049 **distruggere** **destroy**
vb Ai bambini non piacciono le persone che distruggono la natura.
[distruddʒere] -Children don't like people who destroy nature.

1050 **po' (pò)** **bit**
adv Tim si sentì un po' a disagio mentre camminava lungo la strada deserta nel bel mezzo della notte.
[po' (pˈɔ)] -Tim felt a little uneasy as he walked down the deserted street in the middle of the night.

1051 **retro** **back, rear**
il Tim aprì la porta sul retro per far uscire il cane.
[retro] -Tim opened the back door to let the dog out.

1052 **bicchiere** **(drinking) glass**
il Tim versò del vino in un bicchiere di plastica e lo porse a Jane.
[bikkjere] -Tim poured wine into a plastic cup and handed it to Jane.

1053 **pantaloni** **trousers**
i Può trattarsi di un pantalone e di una camicia senza cuciture realizzata in un tessuto resistente, da abbinare con scarpe a mocassin.
[pantalone] -It may consist of trousers and a seamless shirt made of a hard-wearing fabric, worn with moccasins.

1054 **tribunale** **court**
il I risultati del test della macchina della verità sono inammissibili in tribunale.
[tribunale] -The results of a lie detector test are inadmissible in court.

1055 **gioia** **joy**
la Pianse di gioia quando seppe che suo figlio era sopravvissuto all'incidente aereo.
[dʒoja] -She cried for joy when she heard that her son had survived the plane crash.

1056 **paziente** **patient**

adj; il/la [pattsjente] Il tessuto del polmone del paziente è stato danneggiato da anni di lavoro in una miniera di carbone.
-The patient's lung tissue was damaged from years of working in a coal mine.

1057 **arrabbiare** **get angry, get mad**
vb [arrabbjare] Mi sono arrabbiato così tanto che non ero in grado di parlare.
-I got so mad I wasn't able to speak.

1058 **genio** **genius**
il [dʒenjo] Il talento artistico e la creatività di Giorgio Moroder non sono limitati al suo genio musicale.
-Giorgio Moroder's artistic talent and creative genius are not restricted to the field of music.

1059 **debole** **weak**
adj; il/la [debole] Lei è stata malata per molto tempo ed è ancora troppo debole per muoversi.
-She has been ill for a long time and she is still too weak to get about.

1060 **coppia** **couple**
la [koppja] La coppia si è seduta per un'affascinante cena all'aperto in giardino.
-The couple sat down for a charming alfresco dinner in the garden.

1061 **arrestare** **stop**
vb [arrestare] Tim non è stato in grado di fornire un alibi, quindi la polizia lo ha arrestato.
-Tim wasn't able to provide an alibi so the police arrested him.

1062 **allarme** **alarm**
lo [allarme] Io stavo ascoltando il mio iPod, così non ho sentito l'allarme antincendio.
-I was listening to my iPod, so I didn't hear the fire alarm.

1063 **est** **East**
lo [est] Ci sono molte spiagge nudiste nella Germania dell'Est.
-There are many nudist beaches in East Germany.

1064 **vissuto** **lived**
adj [vissuto] Mia nonna era solita dire che sarebbe vissuta fino a cent'anni, ma morì quando ne aveva 85.
-My grandmother used to say that she would live to be a hundred, but she died at the age of 85.

1065 **condizione** **condition**
la [kondittsjone] Significa un enorme aumento dell'utilizzo dell'aria condizionata, che utilizza energia, costa soldi e crea inquinamento.
-It means a huge increase in the use of air conditioning which uses energy, which costs money and creates pollution.

1066 **cattivo** **bad; baddie, bad person**
adj [kattivo] Ecco la buona notizia: si lavora. Ed ecco la cattiva notizia: si lavora sempre più spesso in nero.
-Here's the good news: there's work. And here comes the bad news: there's work, but it's ever more often under the table.

1067 **cinese** **Chinese**
adj; il/la/i [tʃineze] Siccome nei blog cinesi si usa spesso lo slang, frequentemente non li capisco del tutto, ma credo che questo esercizio abbia una buona influenza nei confronti del mio livello di cinese.
-Because Chinese blogs use a lot of slang, I usually don't understand them that well, but I still think it's good for my Chinese.

1068 **malattia** **disease, illness**
la [malattja] Se avessi saputo della tua malattia, ti sarei venuto a trovare in ospedale.
-If I had known about your illness, I would have visited you in the hospital.

1069 **dito** **finger**

il | Questa è la prima volta che mi sono tagliato un dito con un coltello.
[dito] | -This is the first time I've cut my finger with a knife.

1070 **laboratorio** | **laboratory**
il; abr | Io ho passato tre ore in laboratorio con John questo pomeriggio.
[laboratorjo] | -I spent three hours in the lab with John this afternoon.

1071 **preferito** | **favorite**
adj | Con mio rammarico, il mio programma televisivo preferito è andato fuori onda il mese scorso.
[preferito] | -To my regret, my favorite TV show went off the air last month.

1072 **vittoria** | **victory**
la | Loro hanno detto le loro preghiere per la vittoria.
[vittorja] | -They said their prayers for victory.

1073 **dritto** | **straight, upright; right**
adj; adv | È difficile per un sacco vuoto stare dritto. Vai dritto e troverai la stazione.
[dritto] | -It is hard for an empty sack to stand straight. Go straight, and you will find the station.

1074 **ferito** | **injured**
adj; il | Sua moglie è all'ospedale, è stata ferita in un incidente d'auto.
[ferito] | -His wife is in the hospital because she was injured in a car crash.

1075 **unità** | **unit**
le | L'Unità per la legge e l'ambiente fa avanzare la protezione ambientale dalle vie legislative e politiche.
[unit'a] | -The Unit for Law and the Environment advances environmental protection through legislation and policy avenues.

1076 **direzione** | **direction, management**
la | Mentre quel'auto andava dove io stavo andando, capii che stavamo andando esattamente nella stessa direzione.
[direttsjone] | -The car proved to be a slave, so I will not be a master.

1077 **sposato** | **married**
adj | Mentre era in Svezia, ha avuto una fidanzata svedese che gli ha insegnato lo svedese, poi l'ha sposata.
[spozato] | -While in Sweden, he had a Swedish girlfriend who taught him Swedish, then he married her.

1078 **migliaio** | **thousand**
adj; num | Il criminale derubò il padrone di casa di un centinaio di migliaia di dollari e corse via.
[miʎʎajo] | -The criminal robbed the landlord of a hundred thousand dollars and ran away.

1079 **occupare** | **occupy**
vb | Questa casa occupa una posizione conveniente, ma il guaio è che è troppo piccola per la mia famiglia numerosa.
[okkupare] | -This house is conveniently situated but the trouble is that it is too small for my large family.

1080 **sabato** | **Saturday**
il | In realtà volevamo andare al cinema sabato, ma poi abbiamo cambiato idea e siamo rimasti a casa.
[sabato] | -Actually we wanted to go to the movies on Saturday, but we changed our mind and stayed at home.

1081 **mattino** | **morning**
il/la | È difficile credere che nessuno sia stato ricoperto dai detriti dell'edificio nel terremoto di questa mattina.
[mattino, mattina]

-It's hard to believe that no one was covered by the building's debris in the earthquake this morning.

1082 **sentimento** **feeling**
il
[sentimento]
La rabbia, sentimento che esprime una volontà di opposizione e di reazione è, in generale, poco percepita e poco espressa dai bambini.
-In general, anger (a feeling that expresses a will of reaction and opposition) is little perceived and little expressed by the children.

1083 **vuoto** **empty**
adj; il
[vwoto]
La casa era vuota, tranne che per la presenza di un gatto.
-The house was empty except for a cat.

1084 **spiaggia** **beach**
la
[spjaddʒa]
Il porto a nord della spiaggia adiacente, è durante il giorno ritrovo di un rivenditore di escatori locali e la sera con i suoi molti caffè e ristoranti che attrae turisti.
-The Harbour to the North of the town's Beach adjacent, is during the day meeting place of local fishermen dealer and in the evening with its many cafes and restaurants attracting tourists.

1085 **testimone** **witness**
il/la
[testimone]
La nostra coscienza è il testimone dei nostri crimini più segreti.
-Our conscience is the witness to our most secret crimes.

1086 **gas** **gas**
il
[gas]
Come tutti sanno, l'atmosfera è un miscuglio di molti gas.
-As everyone knows, air is a mixture of gases.

1087 **dipartimento** **department**
il
[dipartimento]
Diventò la direttrice del dipartimento di cardiologia nell'ospedale della città.
-She became the director of the cardiology department at the city hospital.

1088 **miglio** **mile**
il
[miʎʎo]
C'è un ponte due miglia più su lungo il corso del fiume.
-There is a bridge two miles upstream.

1089 **smesso** **stopped**
adj
[smesso]
Loro hanno aspettato sotto il portico fino a quando non ha smesso di piovere.
-They waited on the porch until it stopped raining.

1090 **sedia** **chair**
la
[sedja]
Nella stanza di sinistra, in cui si trova un elegante camino, sono esposti un busto e un ritratto ottocenteschi del poeta e alcuni mobili, fra cui una sedia che gli appartenne.
-In the room on the left, with its elegant chimneypiece, are a nineteenth century bust and portrait of the poet and some furniture, including a chair that belonged to him.

1091 **cadavere** **dead body**
il
[kadavere]
La polizia ha trovato un cadavere in una macchina abbandonata vicino al parco.
-The police found a dead body in an abandoned car near the park.

1092 **obiettivo** **target, objective**
adj; i
[objettivo]
L'obiettivo è quello di portare insieme le persone per rendere questo progetto un successo.
-Their common aim was to make the project successful.

1093 **fianco** **side**
il
[fjaŋko]
È successo che mi sono seduto di fianco a lei a una riunione.
-It happened that I sat next to her at a meeting.

1094 **entrata** **entrance**

la
[entrata]
L'entrata in vigore del trattato di Lisbona ha confermato il diritto di petizione dinanzi al Parlamento europeo
-The entry into force of the Treaty of Lisbon confirmed the right to petition the European Parliament

1095 **furgone** **van, pick-up truck**
il
[furgone]
C'è un furgone rosso parcheggiato davanti a casa tua.
-There's a red van parked in front of your house.

1096 **amato** **beloved**
adj; i
[amato]
Sei l'unica donna che io abbia mai amato davvero.
-You're the only woman I've ever really loved.

1097 **motore** **motor; enginge, motor**
il; adj
[motore]
John ha detto che non era mai stato su una barca a motore.
-John said he'd never been in a motorboat.

1098 **presentare** **present, submit**
vb
[prezentare]
Nella stessa risoluzione il Parlamento europeo ha chiesto al Consiglio e alla Commissione di presentare proposte per ridurre il volume dei rifiuti.
-The European Parliament, in the same Resolution, requests the Council and the Commission to put forward proposals for cutting the volume of waste.

1099 **ladro** **thief**
il; adj
[ladro]
Sono entrati dei ladri nel nostro appartamento e hanno rubato la pelliccia di mia moglie.
-Burglars broke into our apartment and stole my wife's fur coat.

1100 **soluzione** **solution**
la
[soluttsjone]
Non aveva altra soluzione; non ha potuto far altro che abbandonare i suoi piani.
-He could do nothing but give up his plan against his will.

1101 **sguardo** **look**
lo
[zgwardo]
Un semplice sguardo non è sufficiente per noi a distinguere l'uno dall'altro.
-A mere glance is not enough for us to tell one from the other.

1102 **fantasma** **ghost**
il; adj
[fantasma]
Poi il fantasma riprese a parlare, e la sua voce assomigliava al sospiro del vento.
-Then the ghost spoke again, and his voice sounded like the sighing of the wind.

1103 **spiegare** **explain**
vb
[spjegare]
Venne dagli irlandesi con tutti i segni di un apostolo, e quando la gente gli chiese di spiegare la Santissima Trinità, si chinò a terra e prese un trifoglio.
-He came to the Irish with all the signs of an apostle, and when the people asked him to explain the Blessed Trinity, he reached down to the ground and picked up a shamrock.

1104 **pioggia** **rain**
la
[pjoddʒa]
Dato che c'è nuvolo con possibilità di pioggia oggi, non dovremmo andare a fare surf.
-Since it's cloudy with a chance of rain today, we shouldn't go surfing.

1105 **zero** **zero**
lo
[dzero]
Il termometro ha registrato dieci gradi sotto zero la scorsa notte.
-The thermometer registered ten degrees below zero last night.

1106 **eppure** **and yet**
con
[eppure]
"Una volta è come mai", sottintese la giovane donna. Eppure il ginecologo sottintese: "gemelli".

-"Once is like never," implied the young lady. Yet the gynecologist implied: "twins."

1107 **potente** **powerful**
adj
[potente]
L'America è il paese più ricco e più potente.
-America is the richest and most powerful country.

1108 **sé** **himself, herself**
prn
[sˈe]
L'illuminismo è l'uscita dell'uomo dallo stato di minorità che egli deve imputare a sé stesso.
-Enlightenment is man's leaving his self-imposed immaturity.

1109 **famoso** **famous**
adj
[famozo]
Il nome Campoformido è diventato famoso nel mondo per il trattato di pace tra Napoleone e l'Austria, ma la storia della località è molto più antica.
-The name Campoformido is famous all over the world because of the peace treaty between Napoleon and Austria, but the history of this town is much older.

1110 **uccello** **bird**
il
[uttʃello]
Sai che la gru è un uccello migratore capace di sollevare fino a cento chili?
-Did you know that the crane is a migratory bird and that it can lift up to one hundred kilograms?

1111 **accadere** **happen**
vb
[akkadere]
Povero ragazzo! Se solo avesse saputo allora le cose terribili che dovevano accadergli a causa della sua disobbedienza!
-Poor boy! If he had only known then the dreadful things that were to happen to him on account of his disobedience!

1112 **giacca** **jacket**
la
[dʒakka]
Ha notato un buco nella sua giacca, ma ha provato a ignorarlo.
-He noticed a hole in his jacket, but he tried to ignore it.

1113 **sbagliare** **make a mistake**
vb
[zbaʎʎare]
A lezione James era terrorizzato di sbagliare e di ricevere una nota.
-James had a great fear of making mistakes in class and being reprimanded.

1114 **polvere** **dust**
la
[polvere]
Sopra i dizionari non c'è che della polvere, almeno sopra i miei.
-On the dictionaries there's nothing but dust, at least on mine.

1115 **faro** **lighthouse, beacon, headlight**
lo
[faro]
l secondo fattore decisivo è la creazione di un'università europea multiconfessionale a Sarajevo, che costituirà un faro di tolleranza e reciproca comprensione in Europa
-The second decisive factor is the establishment of a European multi-faith university in Sarajevo, which will act as a European centre of tolerance and mutual understanding

1116 **università** **university**
le
[universitˈa]
Questo non è molto logico per me, ma Tim ha deciso di non andare all'università.
-It doesn't make much sense to me, but Tim has decided not to go to college.

1117 **pollo** **chicken**
il
[pollo]
Quando ha iniziato a mangiare il suo pollo, aveva un sapore un po' strano.
-When he started to eat his chicken, it tasted a little funny.

1118 **gloria** **glory**
la
[glorja]
Giusta è la gloria, che è frutto del valore.
-Just is the glory that is the fruit of bravery.

1119 **ovest** **West**

adj; il Il consumo di alcol è più alto nell'Europa dell'est che nell'Europa dell'ovest.
[ovest] -Alcohol consumption is higher in Eastern Europe than in Western Europe.

1120 **attendere** **wait for**
vb Mi perdoni se l'ho lasciata attendere così a lungo.
[attendere] -I am sorry to have kept you waiting so long.

1121 **tedesco** **German; German**
adj; il La nipote del pittore tedesco Otto Dix ha accusato la Germania di non avere realmente affrontato la questione delle opere d'arte sequestrate dai nazisti.
[tedesko] -The granddaughter of German painter Otto Dix accused Germany of never really having addressed the issue of works of art seized by the Nazis.

1122 **doppio** **double**
adj; il Per questo lavoro ci vorrà il doppio di quello che mi aspettavo.
[doppjo] -This job will take twice as long as I expected

1123 **coglione** **balls, nuts, asshole**
i Il tuo ex-fidanzato è un coglione.
[koʎʎone] -Your ex-boyfriend is a jerk.

1124 **sei** **six**
num Le ci sono voluti sei anni per trovare il coraggio di dirgli che non le piaceva più.
[sˈɛi] -It took her six years to get up the courage to tell him that she didn't like him anymore.

1125 **maiale** **pig, pork**
il Chi vuole essere felice per un giorno, deve ubriacarsi. Chi vuole essere felice per un mese, deve uccidere un maiale.
[majale] -Those who want to be happy for a day should get drunk. Those who want to be happy for a month, should slaughter a pig.

1126 **conoscenza** **knowledge**
la Devi acquisire al più presto una buona conoscenza dell'inglese commerciale.
[konoʃʃentsa] -You have to acquire as soon as possible a good knowledge of business English.

1127 **telefonata** **phone call**
la Dovresti essere abbastanza intelligente da sapere che non è il caso di fare telefonate nel cuore della notte.
[telefonata] -You should know better than to call at midnight.

1128 **ammazzare** **kill**
vb Gli atleti erano seduti ad ammazzare il tempo, aspettando che la loro partita iniziasse.
[ammattsare] -The athletes sat around killing time, waiting for their game to start.

1129 **vacanza** **holiday, vacation**
la L'anno scorso hanno comprato una casa nel posto dove noi stiamo andando in vacanza.
[vakantsa] -They bought a house last year in the place where we're going on vacation.

1130 **medio** **average, medium, middle**
adj La promozione dalla scuola elementare alla scuola media è vista da alcuni come il primo passo verso la maturità.
[medjo] -The graduation from elementary school to middle school is regarded by some as the first step towards adulthood.

1131 **grandioso** **great**
adj Dalla via ferrata del Monte San Salvatore, un percorso di scalata artificiale su rocce verticali, si gode un panorama grandioso.
[grandjozo]

-A splendid panoramic view can be enjoyed from the Monte San Salvatore via ferrata route, an artificial climbing route on vertical rocks.

1132 **atto** — **act**
gli; adj
[atto]
Non mi è mai passato per la mente che lui avrebbe veramente messo in atto la sua minaccia.
-It never crossed my mind that he would actually carry out his threat.

1133 **nazionale** — **national**
adj
[nattsjonale]
Ci siamo alzati dai nostri posti quando è stato suonato l'inno nazionale.
-We rose from our seats when the national anthem was played.

1134 **aeroporto** — **airport**
gli
[aeroporto]
Quanto tempo ci vuole ad arrivare all'aeroporto con l'autobus aeroportuale?
-How long does it take to get to the airport with the airport bus?

1135 **proteggere** — **protect**
vb
[proteddʒere]
L'intero paese sta favorendo importanti tagli del bilancio che permetterebbero di proteggere l'educazione.
-The whole county is favoring critical budget revisions which promise to protect education.

1136 **neppure** — **not even, neither**
adv; con
[neppure]
"Tim da dove ottiene la sua capacità in francese? Non ha mai messo piede in un paese di lingua francese, e non ha neppure amici di lingua francese."
-"Where does Tim get his French from? He's never set foot in a French-speaking country, and he has no French-speaking friends, either."

1137 **movimento** — **movement**
il
[movimento]
Le conseguenze del movimento femminista hanno colpito sia gli uomini che le donne.
-The changes resulting from the women's movement have affected both women and men.

1138 **pesante** — **heavy**
adj
[pezante]
Ho trasportato oggetti di ferro, ma non ho trovato niente di più pesante di un debito.
-I carried iron, but didn't find anything heavier than debt.

1139 **quarto** — **fourth; quarter**
num; il
[kwarto]
Gennaio è il primo mese dell'anno, aprile è il quarto, novembre è l'undicesimo, dicembre è il dodicesimo.
-January is the first month of the year, April is the fourth, November is the eleventh, and December is the twelfth.

1140 **taglio** — **cut, cutting**
il
[taʎʎo]
I parametri di taglio opzionali sono determinati da un insieme di fattori, quali ad esempio la durezza del materiale, il feed rate, la velocità di rotazione del mandrino, la profondità di taglio e la capacità di taglio dell'utensile.
-The optimal cutting parameters are determined by a balance of such factors as the hardness of the material, the feed rate, the spindle rotating speed, the cutting-in depth, and the capacity of the cutter.

1141 **assistente** — **assistant; assistant**
adj; il/la
[assistente]
Noi vogliamo un assistente, preferibilmente qualcuno con dell'esperienza.
-We want an assistant, preferably someone with experience.

1142 **scemo** — **fool**
adj; lo
[ʃemo]
Ed eccomi qui, con tutta la mia tradizione, povero scemo, non più saggio di prima.
-And here I stand, with all my lore, poor fool, no wiser than before.

1143 **puzza** — **stink**

la
[puttsa]
Questo tizio seduto di fianco a me sul treno puzza!
-This guy sitting next to me on the train stinks!

1144 **interesse** **interest**
lo
[interesse]
Tenendo conto del suo interesse per i bambini, sono certo che l'insegnamento sia la carriera migliore per lei.
-Given her interest in children, I am sure teaching is the right career for her.

1145 **orecchio** **ear**
il
[orekkjo]
Avete mai notato che l'orecchio destro di John è molto più grande di quello sinistro?
-Have you ever noticed that John's right ear is much larger than his left ear?

1146 **regno** **kingdom**
il
[reɲɲo]
Se uno non è nato di nuovo, non può vedere il regno di Dio.
-No one can see the kingdom of God unless he is born again.

1147 **passato** **past**
adj; il
[passato]
Fece una smorfia come se i ricordi del suo passato amaro si schiantassero come le onde dentro la sua testa.
-He grimaced as if memories of his bitter past were crashing like waves inside his head.

1148 **uovo** **egg**
lo
[wovo]
Fa così caldo che si potrebbe cuocere un uovo sul cofano di una macchina.
-It's so hot that you could cook an egg on the hood of a car.

1149 **affrontare** **face**
vb
[affrontare]
Loro sono entrambi riusciti a trovare il problema più grave che abbia mai affrontato il nostro pianeta.
-They have both failed to find the most serious problem that has ever faced our planet.

1150 **neve** **snow**
la
[neve]
Il Canada, un paese coperto di neve e ghiacci otto mesi all'anno, abitata da barbari, orsi e castori.
-Canada, a country covered with snows and ices eight months of the year, inhabited by barbarians, bears and beavers.

1151 **legale** **legal; lawyer**
adj; il
[legale]
Un matrimonio non è legale finché non vengono fatte certe dichiarazioni.
-A marriage is not legal unless certain declarations are made.

1152 **sveglio** **awake**
adj
[zveʎʎo]
Riesco a riaddormentarmi facilmente una volta che mi sono svegliato o poi sto sveglio a lungo senza prendere sonno?
-Do I find it easy to get to sleep again after I have been woken, or do I then stay lying awake for long periods?

1153 **nervoso** **nervous**
adj
[nervozo]
Questa è la mia prima confessione e ho ogni ragione di essere nervoso.
-This is my first confession and I have every reason to be nervous.

1154 **richiesta** **request**
la
[rikjesta]
Se la leggi fra le righe, questa lettera è una richiesta di denaro.
-If you read between the lines, this letter is a request for money.

1155 **preso** **took**
adj
[prezo]
La mia gola fa male e il mio corpo sembra pesante. Sembra che abbia preso un raffreddore in qualche modo.
-My throat hurts and my body feels heavy. It looks like I've caught a cold somehow.

1156 **lago** **lake**

il
[lago]
Sono appena arrivato in cima a una montagna. Questo è molto sorprendente, perché secondo la mia mappa qui deve essere un lago.
-I've just arrived at the top of a mountain. That's really surprising, because according to my map, there should be a lake here.

1157 **teoria** **theory**
la
[teorja]
Vorrei fare alcune osservazioni prima di dedicarmi a un attento esame della teoria.
-I would like to make a few remarks before turning to a close examination of the theory.

1158 **desiderare** **wish**
vb
[deziderare]
A causa dell'aggravarsi delle condizioni di salute, desidera dare le dimissioni.
-He wishes to resign on the grounds that his health is failing.

1159 **distanza** **distance**
la
[distantsa]
L'apprendimento delle lingue non è una gara a breve distanza; è una maratona.
-Language learning isn't a short distance race; it's a marathon.

1160 **pista** **track**
la
[pista]
Le condizioni della pista di prova o quelle dell'utente finale possono essere una vera sfida.
-Conditions on the test track or in the hands of the end user can be very challenging.

1161 **solamente** **only**
adv
[solamente]
La sorgente di radiazioni può essere trasportata solamente con una pinza o un utensile prensile e va tenuta il più lontano possibile dal corpo.
-The source must only be transported with pliers or a gripper and the distance to the body must be kept as large as possible.

1162 **nonostante** **despite; altough; nevertheless**
prp; con; adv
[nonostante]
Nonostante ciò la società è riuscita, come appena accennato e meglio descritto di seguito, a proseguire in tutte le attività.
-Despite this, as has just been mentioned and as will be better described below, the company has managed to continue with all its activities.

1163 **dettaglio** **detail**
il
[dettaʎʎo]
Tim rivelò i dettagli più intimi della sua relazione con Jane.
-Tim revealed the most intimate details of his relationship with Jane..

1164 **dannare** **damn**
vb
[dannare]
Ecco, finalmente un produttore che non ti fa dannare con un cavo del calibro di un doppino telefonico solo perchè hai comprato il suo prodotto più economico!
-Lo and behold, finally a manufacturer emerges who does not damn you to telephone line caliber cable just beacuse you're buying their cheapest speaker!

1165 **moto** **motion, motorbike**
il
[moto]
se i componenti elettronici della moto non funzionassero, nemmeno la moto potrebbe gareggiare!
-if the electronic components of the motorbike don't work, then neither does the motorbike!

1166 **prete** **priest**
il
[prete]
Non serve a nulla confessare i suoi peccati al prete se non pensa due volte prima di ripeterli.
-It's no use confessing your sins to the priest if you don't think twice before repeating them.

1167 **ospite** **guest, host**

il/la [ospite] Quell'hotel fa ogni sforzo possibile, affinchè i suoi ospiti si sentano a casa.
-That hotel really goes the extra mile to make sure their guests feel at home.

1168 **direttamente** **directly**
adv [direttamente] Ho fatto il check-in in un motel e sono andata direttamente a dormire.
-I checked into a motel and went right to sleep.

1169 **risolvere** **solve**
vb [rizolvere] Questo problema è difficile da risolvere. Quindi avresti fatto meglio a iniziare con quello.
-This problem is hard to solve. So you had better begin with that one.

1170 **diretto** **direct**
adj; adv; il [diretto] È salito a bordo di un aereo diretto a Los Angeles.
-He boarded a plane bound for Los Angeles.

1171 **sigaretta** **cigarette**
la [sigaretta] Quel tizio in piedi in un angolo laggiù riesce a finire una sigaretta in meno di un minuto.
-That guy standing in the corner over there can finish a smoke in less than a minute.

1172 **pilotare** **pilot, fly**
vb [pilotare] Il timoniere è così in grado di pilotare tranquillamente il rimorchiatore.
-The steersman can concentrate all his attention to pilot the tug.

1173 **presenza** **presence**
la [prezentsa] Ti avrei chiesto almeno il nome, ma la presenza di mio padre è stata un impedimento.
-I would have at least asked you for the name, but my father's presence has been an impediment.

1174 **raggiungere** **reach**
vb [raddʒundʒere] Riuscirono a raggiungere la vetta della montagna, ma ebbero un incidente mentre stavano scendendo.
-They succeeded in reaching the mountain summit, but had an accident when coming back down.

1175 **trappola** **trap**
la [trappola] Il topo è stato attirato nella trappola da un grosso pezzo di formaggio.
-The mouse was lured into the trap by a big piece of cheese.

1176 **premio** **prize**
il [prˈɛmjo] Madre Teresa usò i soldi del premio per il suo lavoro in India e in giro per il mondo.
-Mother Teresa used the prize money for her work in India and around the world.

1177 **pietra** **stone**
la [pjetra] Una casa in legno brucia più facilmente di una casa di pietra.
-A house built of wood is more easily burnt than a house of stone.

1178 **pulito** **clean, clean**
adj [pulito] Se si verifica il contatto, pulire la superficie con un panno morbido e pulito appena possibile.
-If contact occurs, wipe the surface with a clean, soft cloth as soon as possible.

1179 **pausa** **break**
la [pauza] Ha lavorato senza pausa per mantenere i suoi figli fino a che si sono sposati.
-She worked without a break to feed her children until they got married.

1180 **fastidio** **bother, annoyance, nuisance**

il
[fastidjo]
Va bene se lei ride alle sue proprie battute. Mi dà fastidio quando lo fa Tim, ma è perché lui non è molto divertente.
-It's okay if you laugh at your own jokes. It annoys me when Tim does, but that's because he isn't very funny.

1181 **gola** **throat**
la
[gola]
Un esame completo orecchio-naso-gola dev'essere effettuato per il rilascio iniziale di un certificato medico di classe 1 e in seguito periodicamente, quando indicato clinicamente.
-A comprehensive ear, nose and throat examination shall be undertaken for the initial issue of a class 1 medical certificate and periodically thereafter when clinically indicated.

1182 **tavola** **table**
la
[tavola]
Sedersi a tavola a Trieste diventa un vero e proprio viaggio tra sapori, odori e colori appartenenti a culture e modi di vivere diversi.
-Sitting down to eat in Trieste becomes a real and proper journey on tastes, smells and colours belonging to different cultures and ways of living.

1183 **discutere** **discuss**
vb
[diskutere]
Le persone che introducono dati personali nelle discussioni non sanno come si discute.
-People who bring personal details into arguments don't know how to argue.

1184 **perdono** **pardon, forgiveness**
il
[perdono]
Il perdono è una cosa tra loro e Dio, il mio compito è di organizzare l'incontro.
-Forgiveness is between them and God, it's my job to arrange the meeting.

1185 **quartiere** **district, neighbourhood, quarter**
il
[kwartjere]
Se ti mostrassi la mia casa, il mio quartiere di allora, tu comprenderesti da dove vengo?
-If I showed you my house, my neighborhood back then, would you understand where I am from?

1186 **venti** **twenty**
i
[venti]
Le licenze, concessioni, marchi e diritti simili sono ammortizzate in un periodo che varia da cinque a venti anni o, relativamente ad alcuni diritti, in base alla durata del contratto cui si riferiscono.

-Licences, concessions, brand names and similar rights are amortized over periods varying from five to twenty years or, in some cases, over the duration of the relevant contract.

1187 **augurio** **wish, greeting, omen**
il
[augurjo]
La prossima volta che la vedi, falle i migliori auguri da parte mia.
-Next time you see her, give her my best wishes.

1188 **lupo** **wolf**
il
[lupo]
Il ragazzo urlò: "Al lupo, al lupo!" e tutto il villaggio corse in suo aiuto.
-The boy cried "Wolf, wolf!" and the villagers came out to help him.

1189 **carico** **load, freight**
il; adj
[kariko]
Il morso di un serpente a sonagli è carico di veleno.
-A rattlesnake's bite is filled with poison.

1190 **cugino** **cousin**
il
[kudʒino]
George ha due cugini; uno vive in Germania e l'altro in Svizzera.
-George has two cousins; one lives in Germany and the other in Switzerland.

1191 **galera** **jail**

	la [galera]	Sono passati 10 giorni da quando il mio fidanzato è andato in galera. -It's been 10 days since my boyfriend went to jail.
1192	**ragazzina**	**little girl**
	la [ragattsina]	Le fotografie e le lettere ci mostrano una ragazzina vivace e curiosa che inizialmente ha una vita normale. -Photos and letters in the exhibition reveal a vivacious and curious girl who lives a normal life
1193	**medicina**	**medicine**
	la [meditʃina]	I recenti progressi della medicina daranno inizio a una nuova era nel campo delle cure mediche. -Recent advances in medicine will usher in a new age in medical care.
1194	**violenza**	**violence**
	la [vjolentsa]	Si possono insegnare le buone maniere ai bambini senza ricorrere alla violenza. -You can teach good manners to children without resorting to punishment.
1195	**spaventare**	**scare, frighten**
	vb [spaventare]	Questa è la cosa che mi ha fatto spaventare di più. -This is the thing that frightened me the most.
1196	**amante**	**lover; fond**
	il/la; adj [amante]	Non dimenticherò mai la pelle morbida e umida della mia amante in quella notte d'estate. -I'll never forget the soft and moist skin of my lover on that summer night.
1197	**preparare**	**prepare**
	vb [preparare]	Il re, convinto, disse ai sarti di preparare un abito, ma neanche lui vedeva questa stoffa. -The king, convinced, told the tailors to prepare the outfit, but he also couldn't see this material.
1198	**mostra**	**show**
	la [mostra]	La Mostra internazionale d'arte cinematografica di Venezia è il più vecchio festival cinematografico del mondo. -The Mostra internazionale d'arte cinematografica di Venezia is the oldest film festival in the world.
1199	**superiore**	**higher, superior**
	adj [superjore]	Il livello di istruzione delle persone contemporanee è di gran lunga superiore a quello che è stato in passato. -The level of education of contemporary people is far higher than it has been in the past.
1200	**accesso**	**access**
	lo [attʃesso]	C'è un costo aggiuntivo all'albergo per l'accesso a Internet. -There's an extra charge at the hotel for Internet access.
1201	**disturbo**	**disorder**
	il [disturbo]	La cefalea a grappolo è considerata un disturbo del bioritmo, perché gli attacchi spesso avvengono con forte periodicità -Cluster headache is regarded as a biorhythmic disorder because the attacks often occur with a strong periodicity
1202	**trucco**	**makeup, trick**
	il [trukko]	Quella persona sembra giovane grazie al trucco, ma è già oltre ai 40 anni. -She looks young because of her makeup, but she is already more than forty years old.
1203	**sindaco**	**mayor**

il Il sindaco ha riconosciuto i suoi servizi per la città.
[sindako] -The mayor acknowledged her services to the city.

1204 **responsabilità** **responsibility**
le Un capitano ha la responsabilità della propria nave e del suo equipaggio.
[responsabilit'a] -A captain is in charge of his ship and its crew.

1205 **uscita** **exit**
la Se si deve abbandonare il treno in caso di emergenza, seguire le indicazioni
[uʃʃita] per l'uscita di emergenza.
-If leaving the train in the event of an emergency follow the emergency exit signs.

1206 **profondo** **deep**
adj Dopo avere ucciso John, Jane lo ha sepolto in una tomba poco profonda.
[profondo] -After killing John, Jane buried him in a shallow grave.

1207 **televisione (TV)** **television**
la Io trovo la televisione molto educativa. Ogni volta che qualcuno la accende,
[televizjone (tivv'u)] io vado nell'altra stanza a leggere un libro.
-I find television very educating. Every time somebody turns one on, I go into the other room and read a book.

1208 **opinione** **opinion**
la Tutto quello che sentiamo è un'opinione, non un fatto. Tutto ciò che vediamo
[opinjone] è una prospettiva, non la verità.
-Everything we hear is an opinion, not a fact. Everything we see is a perspective, not the truth.

1209 **perfettamente** **perfectly**
adv Tim ha detto che era tutto perfettamente normale, però non lo è.
[perfettamente] -Tim said it was all perfectly normal, but it isn't.

1210 **conte** **count**
il Il percorso termina con uno spazio dedicato al castello, sede del museo, e alla
[konte] figura del conte Giuseppe di Ragogna, ultimo proprietario del maniero.
-The tour ends with an area dedicated to the castle, seat of the museum and to the figure of count Giuseppe di Ragogna, last owner of the manor.

1211 **parco** **park, parklan; frugal, sober**
il; adj A me piace andare al parco, dai giochi, a vedere i bambini che si divertono.
[parko] -I like to go to the park and watch the children in the playground enjoying themselves.

1212 **miracolo** **miracle**
il Un miracolo è un evento descritto da coloro a cui è stato detto da persone che
[mirakolo] non l'hanno visto.
-A miracle is an event described by those to whom it was told by people who did not see it.

1213 **mancato** **failed, unsuccessful**
adj (a) mancato rispetto delle condizioni d'uso contenute nella descrizione del
[maŋkato] Prodotto o nella documentazione;
- (a) non-compliance with the conditions of use and operation contained in the Product description or the documentation;

1214 **rubare** **steal**
vb Metterlo all'angolo durante una discussione è semplice come rubare le
[rubare] caramelle a un bambino.
-Cornering him in an argument is easy - like taking candy from a baby.

1215 **castello** **castle**

il Sullo sfondo di quel dipinto vi è raffigurato un castello.
[kastello] -There is a castle in the background of the picture.

1216 **pur** **while**
adv Pur disponendo di più del 20% dei diritti di voto, non si ha influenza notevole
[pur] nella società.
-Even though it controls more than 20% of the voting rights, it does not exercise a significant influence on this company.

1217 **nazione** **nation, country**
la Multiculturalismo: Israele è una nazione di immigranti, con la sua
[nattsjone] popolazione altamente qualificata proveniente da oltre 100 paesi dei cinque continenti.
-Multiculturalism: Israel is a nation of immigrants, with its highly educated population hailing from over 100 countries across five continents.

1218 **vendetta** **vengeance**
la Avrò la mia vendetta su di lui a tutti costi domani.
[vendetta] -I'll take my revenge on him at all costs tomorrow.

1219 **deserto** **desert (food); desert**
adj; il Si sedette sulla spiaggia deserta osservando le onde infrangersi una dopo
[dezerto] l'altra. Il suo regalo è stato come la scoperta di un'oasi nel mezzo di un deserto.
-She sat on the deserted beach watching the waves roll in one after the other. Your gift was like discovery of an oasis in the midst of a desert.

1220 **lancio** **launch, throw, launching**
il Settantatrè secondi dopo il lancio il Challenger esplose. Tutti i sette
[lantʃo] astronauti, compresa la prima insegnante nello spazio,Christa McAuliffe, rimasero uccisi.
-Seventy-three seconds after launch, Challenger exploded. All seven astronauts, including the first teacher in space, Christa McAuliffe, were killed.

1221 **magia** **magic**
la La strega maledetta ha eseguito una magia malvagia sull'uomo e lo ha
[madʒa] trasformato in un insetto.
-The wicked witch cast an evil spell on the man and turned him into an insect.

1222 **pazienza** **patience**
la Con un po' più di pazienza avresti potuto risolvere questo problema.
[pattsjentsa] -You could have solved this puzzle with a little more patience.

1223 **college** **college**
il Qual è la ragione per cui vuoi entrare in questo college?
[kolledʒe] -What is the reason you want to enter this college?

1224 **camicia** **shirt**
la John indossa la stessa camicia di flanella rossa ogni volta che va in
[kamitʃa] campeggio.
-John wears the same red flannel shirt every time he goes camping.

1225 **ultimamente** **lately**
adv Ultimamente ha ceduto anche questa attività al figlio Massimo e si è dedicato
[ultimamente] alla progettazione e realizzazione di nuove moto.
-In the end he passed the running of the business on to his son Massimo and focussed on the design and construction of new motorcycles.

1226 **osso** **bone**

il
[osso]
Io mi sono quasi soffocato con un pezzo d'osso di pollo.
-I almost choked on a piece of chicken bone.

1227 **universo** **universe**
lo
[universo]
Inoltre è difficile spiegare in altro modo il perché di così tanto elio nell'universo.
-It is, moreover, very difficult to explain in any other way why there should be so much helium in the universe.

1228 **studiare** **study**
vb
[studjare]
La Chiesa cattolica ha il dovere permanente di scoprire e studiare i segni dei tempi presenti ed interpretarli alla luce del Vangelo.
-The Catholic Church has the permanent duty to discover and study the signs of the times and to interpret them in the light of the gospel.

1229 **praticare** **practice**
vb
[pratikare]
Salendo di livello scolastico, si riduce il tempo a disposizione dei giovani per praticare uno sport.
-The higher the level of schooling, the less time there is for young people to be involved in sport.

1230 **togliere** **remove, take off**
vb
[toʎʎere]
Dite ai nostri nemici che potranno prendersi le nostre vite, ma non potranno mai toglierci la nostra libertà!
-Tell our enemies that they may take our lives, but they'll never take our freedom!

1231 **gara** **race, competition**
la
[gara]
Nelle gare olimpiche la medaglia d'oro è per il primo posto, quella d'argento per il secondo, quella di bronzo per il terzo.
-In Olympic competitions, a gold medal is for first place, a silver medal for second, and a bronze medal is for third place.

1232 **fidanzato** **boyfriend**
il; adj
[fidantsato]
Il tuo fidanzato è una persona problematica, però questo non è un motivo sufficiente per arrendersi o per interrompere la vostra relazione.
-Your boyfriend is a problematic person, but that's not a good enough reason to give up or break off your relationship.

1233 **tentare** **attempt, try, tempt**
vb
[tentare]
Non tentare mai di essere qualcun altro, non c'è meglio di te.
-Never try to be someone else, there is no better than you.

1234 **amen** **amen**
il
[amen]
Ed infine l'« amen » esprime la docilità allo Spirito santo nel pensare e decidere il futuro secondo il progetto di Dio.
-And finally the "amen" expresses docility to the Holy Spirit in reflecting and deciding on one's future according to God's plan.

1235 **tomba** **tomb**
la
[tomba]
La tomba del re Dagoberto si trova nel luogo dove il sovrano fu sepolto nel 639, alla destra delle reliquie di Saint Denis.
-King Dagobert's tomb is located where the monarch was buried in 639, to the right of Saint Denis's relics.

1236 **costruire** **build**
vb
[kostrwire]
Noi abbiamo iniziato a costruire la casa due mesi fa e la termineremo entro un anno.
-We began to build the house two months ago and we'll end it within a year.

1237 **lentamente** **slowly**

	adv [lentamente]	Il traffico e i passanti si sono fermati mentre salutavano lentamente dal piccolo villaggio. -Traffic and passers-by stopped as they were slowly seen off from the little village.
1238	**esplosione**	**explosion**
	la [esplozjone]	Gli esperti non sono giunti a spiegare l'origine dell'esplosione. -Experts have failed to come up with an explanation of why the explosion happened.
1239	**fugare**	**dispel**
	vb [fugare]	E' doveroso tuttavia fugare ogni equivoco per non proporre una grazia a buon prezzo -Nonetheless, it is right and proper to dispel all possibility of misunderstanding
1240	**privato**	**private; personal life, privacy**
	adj; il [privato]	Non dovresti leggere le lettere private delle altre persone senza permesso. -You shouldn't read other people's private letters without permission.
1241	**scusa**	**sorry**
	la [skuza]	"Quanto ci vuole ad arrivare a Vienna a piedi?" "Scusa, non sono di queste parti." -"How long does it take to get to Vienna on foot?" "Sorry, I'm a stranger here."
1242	**sorridere**	**smile**
	vb [sorridere]	Perché gli esseri umani sorridono? Questa è una domanda molto difficile a cui rispondere. -Why do humans smile? This is a very difficult question to answer.
1243	**sospetto**	**suspected, suspicious; suspicion**
	adj; il [sospetto]	Ci promettono la luna, ma ho il sospetto che per il compimento di quelle promesse potremmo aspettare che l'inferno geli. -They promise us the moon, but I suspect we can wait for the fulfillment of those promises till hell freezes over.
1244	**perdita**	**loss, leak, waste**
	la [perdita]	Lui fallì molte volte, ma non aveva la sensazione che fosse una perdita di tempo. -He failed many times, but he had no feeling that it was a waste of time.
1245	**banda**	**band, gang**
	la [banda]	La polizia ha arrestato dei membri di due bande criminali. -The police arrested members from two criminal gangs.
1246	**velocità**	**speed**
	la [velotʃitˈa]	Anche se ci fosse vita in altre galassie, è impossibile per l'uomo viaggiare alla velocità della luce per studiarli. -Even if there is life in other galaxies, it is impossible for man to travel at the speed of light to study them.
1247	**pugno**	**fist**
	il [puɲɲo]	In un momento di rabbia ho tirato un pugno al muro e mi sono rotto l'indice. -In a fit of anger I punched the wall and broke my index finger.
1248	**secolo**	**century**
	il [sekolo]	Quelli che non hanno vissuto nel diciottesimo secolo prima della Rivoluzione non conoscono la dolcezza della vita. -Those who haven't lived in the eighteenth century before the Revolution do not know the sweetness of life.
1249	**minaccia**	**threat**

la
[minattʃa]
Gli americani sono preoccupati che gli immigrati clandestini siano una minaccia per la cultura e l'economia della nazione.
-Americans are worried that illegal migrants are threatening the nation's culture and economy.

1250 **stomaco** **stomach**
lo
[stomako]
John ha uno stomaco di ferro. Lui riesce a mangiare praticamente di tutto.
-John has a cast iron stomach. He can eat just about anything.

1251 **sopravvivere** **survive**
vb
[sopravvivere]
Se non fosse stato per il supporto del pubblico, il presidente non avrebbe potuto sopravvivere alla rivolta.
-But for the support of the public, the President could not have survived the revolt.

1252 **attore** **actor**
il
[attore]
Il mio sogno è di diventare un attore di Hollywood.
-My dream is to make it as an actor in Hollywood.

1253 **ruolo** **role**
il
[rwolo]
Frustrato di non essere più l'unico oggetto dei suoi desideri, John ha relegato Jane a un ruolo inferiore.
-Frustrated of not being the exclusive object of her desires anymore, John relegated Jane.

1254 **russo** **Russian; Russian**
adj; il
[russo]
Io non sto scrivendo in inglese. Questa lingua è il russo.
-I am not writing in English. This language is Russian.

1255 **accusa** **accusation, charge, prosecution**
la
[akkuza]
L'accusa di omicidio premeditato è stata ridotta a omicidio preterintenzionale.
-The murder charge was reduced to manslaughter.

1256 **piantare** **plant**
vb
[pjantare]
Siamo in grado di piantare un vasta scelta di coltivazioni e varietà.
-We can plant a wide choice of crops and varieties .

1257 **sporco** **dirty, soiled**
adj
[sporko]
John si è tolto i vestiti sporchi e li ha messi direttamente nella lavatrice.
-John took off his dirty clothes and put them directly into the washing machine.

1258 **praticamente** **practically**
adv
[pratikamente]
Dal 2008, anno in cui ha iniziato il suo processo di internazionalizzazione, praticamente l'80% delle vendite proviene da mercati esteri.
-Since 2008, the year in which it initiated its internationalization process, practically 80% of sales come from foreign markets.

1259 **mancare** **miss**
vb
[maŋkare]
È vero che lui è un uomo istruito, ma manca di buon senso.
-It is true he is a learned man, but he lacks common sense.

1260 **completo** **complete, full; suit**
adj; il
[kompleto]
Il guardaroba di una donna non è completo senza un piccolo vestito nero.
-A woman's wardrobe isn't complete without a little black dress.

1261 **collegare** **connect, link**
vb
[kollegare]
Come posso collegare il mio iPod all'impianto stereo di un'automobile?
-How can I connect my iPod to a car stereo?

1262 **bugiardo** **liar**
il; adj
[budʒardo]
Puoi dire che è un bugiardo, ma non che sia un uomo cattivo.
-You may call him a liar, but you cannot call him a bad man.

1263 **sonno** **sleep**

il
[sonno]
Smith ha passato anni a studiare l'effetto del sonno e della mancanza di sonno sulla memoria e l'apprendimento.
-Smith has spent years studying the effects of sleep and sleep loss on memory and learning.

1264 **termine** **term**
il
[termine]
Assicuratevi di illustrare chiaramente l'impatto del progetto sui beneficiari e l'impatto a lungo termine sulla comunità auspicato.
-Make sure to clearly explain the project's impact on the beneficiaries as well as its expected long-term impact on the community.

1265 **finora** **so far**
adv
[finora]
Molte persone che finora se la sono spassata spargendo soldi a destra e a manca ora devono fare maggiore attenzione al proprio denaro.
-A lot of people who have up until now been spending money having a good time now need to be more careful with their money.

1266 **raccontare** **tell**
vb
[rakkontare]
L'ultima persona a cui ho raccontato la mia idea ha pensato che io fossi pazza.
-The last person I told my idea to thought I was nuts.

1267 **taglia** **size**
la
[taʎʎa]
La taglia e altri fattori sono importanti nella selezione dei pazienti da trattare con questo ventilatore.
-Patient size and other factors are important in the selection of patients to be treated using this ventilator.

1268 **merito** **merit**
il
[merito]
Ma tu hai qualche merito pratico o ti sei limitato ad inculcare loro il vero spirito di educazione civica?
-Do you actually have any practical merit or have you merely been trying to give them a sense of the true spirit of polite society?

1269 **ombra** **shadow**
la
[ombra]
Christine è rimasta all'ombra per tutto il giorno perché non voleva bruciarsi col sole.
-Christine stayed in the shade all day, because she didn't want to get a sunburn.

1270 **perfino** **even**
adv
[perfino]
Perfino una piccola goccia, continuando a cadere, trafora una montagna di granito.
-Even small drops falling constantly will bore through a granite mountain.

1271 **fidare** **trust**
vb
[fidare]
Non si fidi di un uomo di cui non conosce nulla sul suo passato.
-Don't trust a man whose past you know nothing about.

1272 **tuttavia** **however, nevertheless; but, yet**
adv; con[tuttavja]
Tutti hanno diritto alla propria opinione. Tuttavia, a volte è meglio non dire a nessuno qual è quest'opinione. -Everybody has a right to his own opinion. However, sometimes it's better not to tell anybody what that opinion is.

1273 **governatore** **governor**
il
[governatore]
Secondo il governatore di Laghman, sette combattenti stranieri erano entrati nella provincia portando con sé telefoni satellitari.
-According to the governor of Laghman, seven foreign fighters entered the province and carried satellite phones.

1274 **vergogna** **shame**
la
[vergoɲɲa]
Ciò che più preoccupa il minore e la famiglia è la vergogna di non essere in grado di pagare il debito, più che le conseguenze.

-What worries most the child and the family most is the shame of not being able to pay the debt, rather than the consequences.

1275 **mostrare** vb [mostrare]
show
I pittori e gli scultori sotto i Nazisti rappresentavano spesso il nudo, ma era vietato loro mostrare qualunque difetto fisico.
-Painters and sculptors under the Nazis often depicted the nude, but they were forbidden to show any bodily imperfections.

1276 **tetta** la [tetta]
tit
Le tette sono la prova che gli uomini riescono a concentrarsi su due cose alla volta!
-Boobs are the proof that men can focus at two things at once!

1277 **totale** adj; il [totale]
total
Se richiederà una ristrutturazione totale, sono sicuro che saranno soddisfatti con il vecchio sistema.
-If it's going to require a total restructuring, I'm sure they will be satisfied with the old system.

1278 **largo** adj [largo]
wide, large, loose
Il sole è circa 1.000.000 di volte più largo della terra.
-The sun is about 1,000,000 times as large as the earth.

1279 **articolo** i [artikolo]
article
In questa rivista c'è un interessante articolo sui problemi dell'educazione.
-There's an interesting article in this magazine about education problems.

1280 **complimento** il [komplimento]
compliment
Non so se prenderlo come complimento o come insulto.
-I do not know whether to take it as a compliment or an insult.

1281 **foresta** la [foresta]
forest
Due piccoli scoiattoli, uno scoiattolo bianco e uno scoiattolo nero, vivevano in una vasta foresta.
-Two little squirrels, a white squirrel and a black squirrel, lived in a large forest.

1282 **appartenere** vb [appartenere]
belong
Questo diario apparteneva alla ragazza che viveva nella Leningrado assediata.
-This diary belonged to the girl who lived in besieged Leningrad.

1283 **rovinare** vb [rovinare]
ruin
Con questo continuo lavorare di giorno e di notte finirai per rovinarti la salute.
-If you work day and night, you will lose your health.

1284 **gratis** adv [gratis]
free
Gli studenti di questa scuola possono avere i libri gratis.
-The students of this school can get textbooks for free.

1285 **riposo** il [ripozo]
rest, rest period
Uno staff attento e discreto vi accoglie in un ambiente in cui dominano i colori beige, ocra e azzurro, che favoriscono il riposo e la prosperità.
-An attentive and discreet staff will welcome you in a well-kept and intimist decoration, privileging the beige, ochre tones and the azure, favorable to the rest and to the prosperity.

1286 **mucchio** il [mukkjo]
pile
sapevamo che gli errori di fabbricazione ci sarebbero costati un mucchio di tempo e denaro.
-But we knew that manufacturing mistakes would cost us a lot of time and money.

1287 **funerale** **funeral**
il
[funerale]
Non è appropriato indossare una minigonna rossa a un funerale.
-It's not appropriate to wear a red miniskirt to a funeral.

1288 **cima** **top**
la
[tʃima]
Se ci vogliono quattro ore per andare dai piedi alla cima della montagna, lasciamo perdere.
-If it's going to take four hours from the foot of the mountain to the top, let's forget it.

1289 **spia** **light, spy, indication**
la
[spja]
Lui lavora come professore, ma in realtà è una spia.
-He works as a teacher, but actually he is a spy.

1290 **assurdo** **absurd**
adj; il
[assurdo]
Questa è la cosa più assurda che io abbia mai sentito.
-This is the most absurd thing I have ever heard.

1291 **revisione** **review, revision**
la
[revizjone]
Mi è sembrato ovvio che il piano aveva bisogno di qualche revisione.
-It seemed obvious to me that the plan needed a few revisions.

1292 **ala** **wing**
le
[ala]
Ho trovato un uccello la cui ala era severamente danneggiata.
-I found a bird whose wing was severely damaged.

1293 **ovvio** **obvious**
adj
[ovvjo]
Mi è sembrato ovvio che il piano aveva bisogno di qualche revisione.
-It seemed obvious to me that the plan needed a few revisions.

1294 **scala** **ladder, scale, stairs**
la
[skala]
Ho mancato un gradino sulle scale e ho paura mi si sia slogata la caviglia.
-I missed a step on the stairs and I'm afraid I sprained my ankle.

1295 **respiro** **breath**
il
[respiro]
Con nostra grande sorpresa, lei ha trattenuto il respiro per tre minuti.
-To our great surprise, she held her breath for three minutes.

1296 **fabbrica** **factory**
la
[fabbrika]
C'è un'alta percentuale di immigrati tra la manodopera di queste fabbriche.
-One finds a large proportion of immigrants among the workforce in these factories.

1297 **infermiera** **nurse**
la
[infermjera]
Ho capito solo ora che la donna che credevo un'infermiera è in realtà una dottoressa.
-I now understand that the woman I thought was a nurse is a doctor.

1298 **bestia** **beast**
la
[bestja]
La musica ha la proprietà magica di calmare una bestia feroce.
-Music has charms to soothe the savage beast.

1299 **ebreo** **Jewish, Jew**
il; adj
[ebreo]
Dustin Moskovitz è un imprenditore ebreo. È uno dei co-fondatori di Facebook.
-Dustin Moskovitz is a Jewish entrepreneur. He is one of the co-founders of Facebook.

1300 **piatto** **dish, plate**
adj; il
[pjatto]
Aveva così fame che non esitò a mangiare tutto quello che c'era nel piatto.
-He was so hungry that he didn't hesitate to eat everything on the plate.

1301 **impazzire** **go crazy**

vb [impattsire] Il caos invernale mi sta facendo impazzire, però arriveranno presto le vacanze.
-The winter chaos is driving me crazy, but soon the holidays will come.

1302 **pagina** **page**
la [padʒina] Il mondo è un libro, e chi non viaggia non legge che una sola pagina.
-The world is a book, and those who do not travel read only a page.

1303 **mondiale** **world**
adj [mondjale] Gerhard Schroeder è il primo cancelliere tedesco che non ha vissuto la seconda guerra mondiale.
-Gerhard Schroeder is the first German chancellor not to have lived through World War II.

1304 **tasca** **pocket**
la [taska] John ha tirato fuori dalla tasca una busta e l'ha messa nella cassetta della posta.
-John took an envelope out of his pocket and put it into the mail slot.

1305 **calcio** **football, soccer**
il [kaltʃo] L'Italia è l'unico paese che considera la guerra come una partita di calcio e una partita di calcio come se fosse una guerra.
-Italy is the only country that regards war as a soccer game, and a soccer game as it is a war.

1306 **cieco** **blind**
adj; il [tʃeko] Devi essere cieco come una talpa se non sei riuscito a vederla.
-You must be blind as a bat if you couldn't see it.

1307 **torre** **tower**
la [torre] Galileo ha fatto cadere due palle di ferro dalla cima della torre.
-Galileo dropped two iron balls from the top of the tower.

1308 **riso** **rice**
il [rizo] Quando sono entrato in cucina, lei stava facendo del pollo al curry con riso.
-When I entered the kitchen, she was making chicken curry with rice.

1309 **commettere** **commit**
vb [kommettere] Ho dovuto impedire a John di commettere l'errore più grande della sua vita.
-I had to stop John from making the biggest mistake in his life.

1310 **nota** **note**
la [nota] Noi abbiamo tenuto nota di tutte le nostre spese mentre eravamo in Australia.
-We kept track of all our expenses while we were in Australia.

1311 **comodo** **comfortable**
adj; il[komodo] I treni per pendolari sono meno comodi dei treni veloci. -The local train is less comfortable than the express train.

1312 **cazzata** **crap**
la [kattsata] Prima che combini qualche altra cazzata dobbiamo trovarlo.
-We've got to find him before he does something stupid.

1313 **crescere** **grow**
vb [kreʃʃere] La popolazione della Russia, così come il suo progresso nella civilizzazione, è cresciuta considerevolmente in questi ultimi cento anni.
-The population of Russia, as well as its progress in civilization, has considerably increased within these last hundred years.

1314 **perdonare** **forgive**
vb [perdonare] Io ho perdonato il ragazzo per aver rubato i soldi dalla cassaforte.
-I forgave the boy for stealing the money from the safe.

1315 **battere** **beat**

vb
[battere]
John non è mai stato in grado di battermi a scacchi.
-John has never been able to beat me at chess.

1316 **invitare** **invite**
vb
[invitare]
Non vorremmo mai venire a sapere che qualcuno non ci ha invitato alla sua festa.
-We would never know that someone hadn't invited us to his party.

1317 **abito** **dress, suit, attire**
il
[abito]
Tutta la gente lodò l'abito dell'imperatore senza vederlo per non sembrare stupida, fino a quando un bambino disse: "Ma il re è nudo!"
-The people all praised the emperor's clothes without telling him the truth so as not to seem stupid, until a little boy said, "The emperor is naked!"

1318 **fumare** **smoke**
vb
[fumare]
Jane è grassa, grezza e fuma troppo. Ma Ken pensa che sia bella e attraente. Ecco perché si dice che l'amore è cieco.
-Jane is fat and rude, and smokes too much. However, Ken thinks she's lovely and charming. That's why they say love is blind.

1319 **respirare** **breathe**
vb
[respirare]
L'aria che respiriamo è inquinata dallo smog delle ciminiere delle fabbriche.
-The very air we breathe is polluted with smog from the factory chimneys.

1320 **studente** **student**
lo
[studente]
Nel sentire che sarebbe arrivato uno studente trasferito da fuori, la classe era tutta un bisbiglio di eccitazione.
-Hearing that a transfer student was coming, the class buzzed with excitement.

1321 **criminale** **criminal; criminal**
adj; il
[kriminale]
Le attività criminali di suo figlio gli hanno causato grande dolore.
-His son's criminal activities caused him great pain.

1322 **dirigere** **direct**
vb
[diridʒere]
Il nostro aereo si dirige lentamente verso sud.
-Our plane is flying slowly toward the south.

1323 **disastro** **disaster**
il
[dizastro]
La Croce Rossa porta degli aiuti senza ritardo alle vittime di disastri.
-The Red Cross gets help to disaster victims without delay.

1324 **mezzanotte** **midnight**
adj
[mettsanotte]
Lei mi ha fatto la promessa di tornare a casa prima di mezzanotte.
-She made me a promise to return home before midnight.

1325 **dono** **gift**
il
[dono]
L'uomo ha il dono della parola, che nessun animale ha.
-Man has the gift of speech which no animal has.

1326 **colorare** **color**
vb
[kolorare]
Nell'originale scansionato, viene copiata un'area da colorare con il colore specifico, ed un 'area che deve essere nero su nero.
-In the scanned original, an area judged to be color is copied with the specified color, and an area judged to be black in black.

1327 **creatura** **creature**
la
[kreatura]
La maggior parte delle creature del mare sono colpite dall'inquinamento.
-Most creatures in the sea are affected by pollution.

1328 **traccia** **track**
la
[trattʃa]
Come fanno i controllori del traffico a tener traccia di così tanti aerei alla volta?
-How are air traffic controllers able to keep track of so many planes at once?

1329 **spesa** **expense**
la
[speza]
John ha perso la lista della spesa che sua madre gli aveva dato e ha comprato soltanto cose che voleva mangiare.
-John lost the shopping list his mother had given him and just bought things he wanted to eat.

1330 **amaro** **bitter; bitter, tonic liqour**
adj; il
[amaro]
Per esperienza personale so che qualsiasi incontro con lui lascerà l'amaro in bocca.
-From personal experience, I know that any encounter with him will leave a bad taste in your mouth.

1331 **corda** **rope**
la
[korda]
Mi sono tenuto alla corda saldamente in modo da non cadere.
-I held on to the rope tightly so I wouldn't fall.

1332 **pensione** **board, pension, retirement**
la
[pensjone]
Lui è un uomo in pensione che lavora come volontario per intrattenere i pazienti negli ospedali.
-He is a retired man who volunteers to entertain patients in hospitals.

1333 **minimo** **minimum**
adj; il
[minimo]
Se hai il minimo problema, puoi contattarmi via e-mail, o se è davvero urgente, vieni che ci incontriamo nel mio ufficio.
-If you have the least problem, you can contact me by email, or if it's really urgent, come and meet me in my office.

1334 **grazia** **grace, pardon**
la
[grattsja]
Quest'uomo è pieno di grazia e verità. Il giudice gli ha concesso la grazia.
-This man is full of grace and truth. The judge pardoned him.

1335 **velocemente** **quickly**
adv
[velotʃemente]
Correndo il più velocemente che ho potuto, sono stato in grado di raggiungere il mio amico.
-Running as fast as I could, I was able to catch up with my friend.

1336 **istante** **instant**
il
[istante]
Se n'è andato dalla stanza nell'istante in cui mi ha visto.
-He left the room the moment he saw me.

1337 **maniera** **way, manner**
la
[manjera]
Fino ad ora le sole persone che mi abbiano trattato in maniera educata siete voi.
-You were the only person that was ever nice to me.

1338 **autorità** **authority**
le
[autorit'a]
Era una grande autorità in astronomia, ovvero la scienza dei corpi celesti.
-He was a great authority on astronomy, or the science of the heavenly bodies.

1339 **esame** **exam, test**
gli
[ezame]
Questa volta, l'esame non era solo difficile, ma le domande erano anche ambigue.
-This time, the exam was not just difficult, but also, the questions were ambiguous.

1340 **abbandonare** **abandon sth, leave sth.**
vb
[abbandonare]
La necessità di abbandonare i suddetti Piani e il ricorso ad un nuovo strumento di incentivazione di lungo termine ha origine dal mutamento delle condizioni economico-finanziarie.
-The need to abandon these Plans and take recourse in a new incentivised

instrument for the longterm originated from the change in economic and financial conditions.

1341 **mosca** **fly, Moscow**
la
[moska]
Tu hai visto il video in cui il Presidente Obama uccide una mosca a mani nude?
-Did you see that video where President Obama kills a fly with his bare hands?

1342 **parecchio** **a lot of, several; some**
adv; adj
[parekkjo]
Il ticchettio dei tacchi a spillo mi da parecchio fastidio alle orecchie. Le persone che li indossano lo notano?
-The clicking of high heels kind of hurts my ears. Do the people wearing them not notice?

1343 **pietà** **pity**
la
[pjet'a]
"Io non ho paura," disse con fermezza "e chiederò all'angelo di avere pietà di voi".
-"I am not afraid," she said firmly, "and I will ask the angel to have mercy on you."

1344 **assieme [a]** **together [with]**
adv
[assjeme [a]]
Dobbiamo imparare a vivere assieme come fratelli, oppure moriremo assieme come folli.
-We must learn to live together as brothers, or we will perish together as fools.

1345 **impressione** **impression**
le
[impressjone]
Non hai mai una seconda occasione per fare una prima impressione.
-You never have a second chance to make a first impression.

1346 **opportunità** **opportunity**
le
[opportunit'a]
John ha avuto certamente moltissime opportunità di andare a sentire concerti mentre era a Boston.
-John certainly had plenty of opportunities to go to concerts while he was in Boston.

1347 **debito** **straight line, tuition, debt**
il
[debito]
I suoi debiti sono maggiori di quello che riesce a pagare.
-Her debts amount to more than she can pay.

1348 **retta** **straight line; tuition**
la
[retta]
Dio è un cerchio la cui circonferenza è una linea retta.
-God is a circle whose circumference is a straight line.

1349 **falso** **false**
adj; il
[falso]
La verità è che niente è completamente vero o completamente falso.
-The truth is that nothing is totally true or false.

1350 **fuggire** **flee**
vb
[fuddʒire]
Andrew Johnson ha dovuto fuggire da casa sua per salvare la vita.
-Andrew Johnson had to flee his home to save his life.

1351 **risultato** **result**
il
[rizultato]
Ieri abbiamo raccolto quasi mezzo chilo di frammenti di vetro rotto sulla spiaggia per un'ora, il che è un risultato da record.
-Yesterday we collected nearly half a kilo of pieces of broken glass on the beach within an hour, which was a record result.

1352 **cella** **cell**
la
[tʃella]
Noi non saremo in grado di uscire da questa cella.
-We won't be able to get out of this cell.

1353 **marino** **marine, sea; marina, marine, navy**

adj
[marino]
Da lontano la piccola isola assomigliava a una tartaruga marina.
-The small island looked like a tortoise from a distance.

1354 **amicizia** **friendship**
la
[amitʃittsja]
Tra uomini e donne non è possibile che ci sia amicizia. C'è passione, ostilità, adorazione e amore ma nessuna amicizia.
-Between men and women there is no friendship possible. There is passion, enmity, worship, love, but no friendship.

1355 **chilometro** **kilometer**
il
[kilometro]
La distanza da casa mia a casa vostra è di due chilometri.
-The distance from my home to yours is two kilometers.

1356 **centinaio** **hundred**
il
[tʃentinajo]
Diverse centinaia di anni fa, le epidemie di scarlattina uccisero migliaia di persone in tutto il continente.
-Several hundred years ago, scarlet fever epidemics killed thousands of people throughout the continent.

1357 **pari** **equal**
adj; il
[pari]
Di tutti gli album pubblicati nel 2009, solo il 2,1% ha registrato vendite pari ad almeno 5.000 copie.
-Only 2.1 percent of the music albums released in 2009 sold 5,000 copies or more.

1358 **scomparire** **disappear**
vb
[skomparire]
Molte persone in Inghilterra vogliono vedere scomparire il finanziamento pubblico della monarchia.
-Many in England want to see the public subsidy of the monarchy done away with.

1359 **giapponese** **Japanese**
adj; il/la/i
[dʒapponeze]
Gli scienziati britannici hanno accertato che se si capovolge la bandiera giapponese, si ottiene la bandiera giapponese.
-British scientists have established that if you turn the flag of Japan upside down, you get the Japanese flag.

1360 **punta** **tip, point**
la
[punta]
Gli istituti d'istruzione superiore europei devono continuare ad essere la punta di diamante dello sviluppo.
-European higher education institutions must remain at the leading edge of developments.

1361 **volontà** **will**
la
[volont'a]
Un democratico è un libero cittadino che si sottomette alla volontà della maggioranza.
-A democrat is a free citizen who yields to the will of the majority.

1362 **occhiali** **glasses**
gli
[okkjali]
Ho cercato per mari e monti i miei occhiali ma non sono riuscito a trovarli.
-I searched high and low for my glasses but couldn't find them.

1363 **specialmente** **specially, particulary, especially**
adv
[spetʃalmente]
Da parte polacca – specialmente nell'era della Repubblica Popolare della Polonia – fu usato il concetto dei "territori riconquistati".
-On the Polish side – especially in the era of the People's Republic of Poland – the concept of "regained territories" was used .

1364 **chiaramente** **clearly**
adv
[kjaramente]
La voce di Kate è chiaramente differente da quella delle altre ragazze.
-Kate's voice is clearly different from the other girls'.

1365 **ginocchio** **knee**

il | Dopo l'operazione al ginocchio, riusciva a camminare senza dolore.
[dʒinokkjo] | -After his knee repair, he could walk without pain.

1366 **impronta** | **footstep, imprint, impression, mark**
la | Ho sentito che delle impronte di un abominevole uomo delle nevi sono state scoperte in Himalaya.
[impronta] | -I heard that footprints of an abominable snowman have been discovered in the Himalayas.

1367 **ripetere** | **repeat**
vb | John chiese a Jane di ripetere quello che aveva appena detto.
[ripetere] | -John asked Jane to repeat what she had just said.

1368 **coscienza** | **consciousness, conscience, awareness**
la | La sua coscienza s'è improvvisamente risvegliata in lui.
[koʃʃentsa] | -His conscience suddenly awoke in him.

1369 **uguale** | **equal**
adj; il/la | Deve essere almeno uguale al numero di dispositivi attivi in modo che tutte le copie siano scritte su dischi diversi.
[ugwale] | -There must be at least that many active devices so that all of the copies can be distributed onto different disks.

1370 **lieto** | **happy**
adj | La maggior parte dei film di Hollywood ha un lieto fine.
[ljeto] | -Most Hollywood movies have a happy ending.

1371 **proprietà** | **property**
la | Ha disegnato una linea tratteggiata per mostrare dove finiva la proprietà.
[proprjetˈa] | -She drew a broken line to show where the property ended.

1372 **personaggio** | **character**
il | Che voi ci crediate o no, i cattivi non sono sempre i personaggi più contorti.
[personaddʒo] | -Believe it or not, villains aren't always the most twisted characters.

1373 **stagione** | **season**
la | Molto tempo fa, la maggior parte delle persone vivevano in gruppi che si spostavano appena cambiavano le stagioni.
[stadʒone] | -A long time ago, most people lived in groups that moved around as the seasons changed.

1374 **crisi** | **crisis**
la | L'Italia è nella peggiore crisi economica della sua storia.
[krizi] | -Italy is having the worst economical crisis in its history.

1375 **scalare** | **climb**
vb; adj; lo | È necessario disporre di attrezzature speciali per scalare la montagna, o noleggiare attrezzature speciali da parte dell'impresa che esegue i servizi.
[skalare] | -You have to have special equipment to climb the mountain, or rent special equipment from the business who is performing the services.

1376 **maledire** | **curse**
vb | È meglio accendere una candela piuttosto che maledire il buio.
[maledire] | -It is better to light a candle than to curse the darkness.

1377 **copia** | **copy**
la | Io voglio comprare una copia del libro, ma è fuori stampa.
[kopja] | -I want to buy a copy of the book, but it is out of print.

1378 **titolo** | **title**
il | Per quanto ci provi, non riesco a ricordare il titolo di questa canzone.
[titolo] | -No matter how hard I tried, I couldn't remember that song's title.

1379 **attorno** | **about; around**

adv
[attorno]
Il rumore è il problema più grave per quelli che vivono attorno agli aeroporti.
-Noise is the most serious problem for those who live around the airports.

1380 **stop** **stop**
lo
[stop]
Stringere i manici dello strumento fino a quando lo stop di chiusura tocca il manico opposto.
-Squeeze tool handles until closure stop touches opposite handle.

1381 **assicurare** **ensure, insure**
vb
[assikurare]
Quale parte anatomica di Betty Grable è stata notoriamente assicurata per un milione di dollari?
-What part of Betty Grable's anatomy was famously insured for $1,000,000?

1382 **commissione** **commission, committee**
la
[kommissjone]
John è diventato il presidente in carica della commissione.
-John became the acting chairman of the committee.

1383 **seriamente** **seriously**
adv
[serjamente]
Il segnale indica situazioni di grave pericolo che, se trascurate, possono mettere seriamente a rischio la salute e la sicurezza delle persone.
-This symbol indicates situations of danger which, if ignored, may result in serious injury to the operator.

1384 **levare** **upbeat**
vb; il
[levare]
Una mela al giorno leva il medico di torno!
-One apple a day keeps the doctor away!

1385 **passione** **passion**
la
[passjone]
Non c'è una passione così fortemente radicata nel cuore umano come l'invidia.
-There is not a passion so strongly rooted in the human heart as envy.

1386 **teste** **witness**
il, la
[teste]
Il teste nel corso del suo esame è apparso pacificamente non attendibile ed incorerente.
-The witness during his examination appeared unquestionably unreliable and incoherent.

1387 **trafficare** **trade, deal, traffic**
vb
[traffikare]
Non devi ricordarti di salvarli in un posto particolare o trafficare con file e cartelle per trovare quel che ti serve.
-You don't have to remember to upload your work to a special folder, or browse a cluttered file system to find it again.

1388 **scienza** **science**
la
[ʃentsa]
Dalla fine della guerra, il Giappone ha fatto molti progressi nella scienza e nella tecnologia.
-Since the war, Japan has advanced greatly in science and technology.

1389 **riposare** **rest**
vb
[ripozare]
Mio padre è ammalato, è a letto a riposare e non può incontrarti.
-Being sick in bed, my father can't see you.

1390 **tagliato** **cut**
adj
[taʎʎato]
Il profumo di erba tagliata mi fa riaffiorare l'immagine di caldi pomeriggi d'estate.
-The smell of cut grass summons up images of hot summer afternoons.

1391 **rete** **network, net**
la
[rete]
Il Regno Unito deve migliorare i problemi della sua rete ferroviaria.
-The UK must improve the problems with its rail network.

1392 **alba** **sunrise, dawn**

	le [alba]	Andavamo al lavoro all'alba e smettevamo di lavorare tra il tramonto e il calar delle tenebre. -We went to work at sunrise, and quit work between sundown and dark.
1393	**prestito**	**loan**
	il [prestito]	John mi sta evitando come come la peste da quando ha preso in prestito la mia macchina. -John has been avoiding me like the plague ever since he borrowed my car.
1394	**morale**	**moral**
	adj; la [morale]	È un gioco da ragazzi per una ragazza di facile morale trovare un nuovo uomo. -It's duck soup for a girl of easy virtue to find a new man.
1395	**becco**	**beak**
	il [bekko]	Un pellicano riesce a contenere molti pesci nel suo becco. -A pelican can fit a lot of fish in its beak.
1396	**onesto**	**honest**
	adj [onesto]	Ero stupito nel sentire che lei è morta di un'overdose da droga. Mi sembrava sempre una persona molto onesta. -I was flabbergasted to hear that she died of a drug overdose. She always seemed like such a straight arrow to me.
1397	**artista**	**artist**
	il/la [artista]	Io non so disegnare, però mia sorella è una grande artista. -I can't draw, but my sister is a great artist.
1398	**rabbia**	**anger**
	la [rabbja]	La rabbia che fino ad allora avevo accumulato in me svanì come nebbia colpita dal sole. -The anger that I had built up in me until then evaporated like a mist hit by the sun.
1399	**attività**	**activity**
	le [attivit'a]	Mio nonno fa attività fisica moderata ogni mattina, che è il motivo per cui è forte e sano. -My grandfather does moderate exercise every morning, which is why he is strong and healthy.
1400	**conversazione**	**conversation**
	la [konversattsjone]	Abbiamo conversato fino a tarda notte, bevendo tè e mangiando la torta. -We conversed until late at night while eating cake and drinking tea.
1401	**stregare**	**bewitch**
	vb [stregare]	Visitate il negozio e la boutique Rominger all'uscita del villaggio in direzione Bernina e lasciatevi stregare dalle meraviglie in legno. -Visit the shops and the Rominger Boutique as you leave the village in the direction of Bernina and allow yourself to be enchanted by the wooden creations.
1402	**mappa**	**map**
	la [mappa]	John si perde sempre se non porta con sé una mappa. -John always gets lost if he doesn't carry a map.
1403	**fallito**	**failed**
	il; adj [fallito]	Lui ha fallito nel suo tentativo di attraversare a nuoto il fiume. -He failed in his attempt to swim the river.
1404	**sciocchezza**	**foolishness**
	la [ʃokkettsa]	È stato stupido da parte sua sprecare soldi per tali sciocchezze. -It was foolish of him to waste his money on such trifles.
1405	**gusto**	**taste**

il
[gusto]
Il vero gusto della vita non lo si trova nelle grandi cose, ma in quelle piccole.
-The real taste of life is not found in great things, but in small ones.

1406 **risultare** **result**
vb
[rizultare]
Se si registrano delle immagini vicino a trasmettitori radio o linee ad alta tensione, immagini e/o suoni potrebbero risultare disturbati.
-If you record near radio transmitters or high-voltage lines, the recorded pictures and/or sound may be adversely affected.

1407 **ambulanza** **ambulance**
le
[ambulantsa]
John è morto prima che l'ambulanza arrivasse qui.
-John died before the ambulance got here.

1408 **credito** **credit**
il
[kredito]
Ad esempio, a tutt'oggi è stato erogato solo un po' più di un quarto dei crediti di impegno
-For example, to date, only a quarter of the commitment appropriations has been paid out.

1409 **protezione** **protection**
la
[protettsjone]
Dopo aver indossato il casco di protezione si è sentita molto più sicura.
-She felt much safer once she'd put her helmet on.

1410 **affascinare** **fascinate**
vb
[affaʃʃinare]
Le opere d'arte luminose dell'americano James Turrell hanno lo straordinario potere di affascinare.
-Works of art by the American light artist James Turrell have the extraordinary power to fascinate.

1411 **facilmente** **easily**
adv
[fatʃilmente]
Il suo database è facilmente accessibile da svariati prodotti software di altri produttori.
-Its DataBase is easily accessible by a range of third party software products.

1412 **materiale** **material**
adj; il
[materjale]
Tali impieghi come la guerra, la politica, il culto pubblico e il divertimento pubblico, sono avvertiti, in apprensione popolare, come diversi intrinsecamente dal mercato del lavoro che ha a che fare con l'elaborazione dei mezzi materiali della vita.
-Such employments as warfare, politics, public worship, and public merrymaking, are felt, in the popular apprehension, to differ intrinsically from the labour that has to do with elaborating the material means of life.

1413 **coso** **thing**
il
[kozo]
Il Consiglio sottolinea che le presenti conclusioni definiscono una posizione di negoziato della Comunità per i negoziati in coso sul mandato di Berlino e non un impegno unilaterale
-The Council stresses that these conclusions establish a Community negotiating position for the ongoing negotiations on the Berlin Mandate, not a unilateral commitment

1414 **carcere** **prison**
il
[kartʃere]
John è stato un detenuto di un carcere di massima sicurezza per gli ultimi tre anni.
-John has been an inmate of a high-security prison for the past three years.

1415 **sistemare** **fix**
vb
[sistemare]
E' stato possibile o necessario sistemare l'aula in modo da simulare l'ambiente proposto dall'esercizio?
-Has it been possible or necessary to adapt the classroom so as to replicate the environment posited by the simulation?

1416 **scherzo** **joke**
lo
[skertso]
Ho beccato mio figlio a fare scherzi telefonici a numeri di telefono casuali.
-I caught my son making prank calls to random phone numbers.

1417 **bersaglio** **target**
il
[bersaʎʎo]
Il suo comportamento era spesso bersaglio di critiche.
-His behavior was often a target of criticism.

1418 **salto** **leap, jump**
il
[salto]
Vorrei che tu riuscissi a fare un salto da me prima di tornare a casa tua.
-I wish you could drop in at my house on your way home.

1419 **membro** **member**
lo
[membro]
Ogni individuo, in quanto membro della società, ha diritto alla sicurezza sociale, nonché alla realizzazione attraverso lo sforzo nazionale e la cooperazione internazionale ed in rapporto con l'organizzazione e le risorse di ogni Stato.
-Every individual, as a member of society, has the right to social security and is entitled to realization, through national effort and international co-operation and in accordance with the organization and resources of each State.

1420 **labbro** **lip**
il
[labbro]
Ha alzato il bicchiere alle labbra e l'ha vuotato tutto d'un fiato.
-He raised the glass to his lips and drained it at one gulp.

1421 **specchiare** **mirror**
vb
[spekkjare]
La nostra conoscenza avviene attraverso passaggi che ci danno la possibilità di riflettere, specchiare il reale, catalogarlo in simboli operativi per avere la reversibilità.
-Our knowledge comes through passages that give us the chance to consider, to reflect the real, catalogue it in operative symbols to get reversibility.

1422 **proporre** **propose, put forward**
vb
[proporre]
Se si vuole un uomo per proporre il matrimonio, gli si dà da mangiare bene.
-If you want a man to propose marriage, feed him well.

1423 **senatore** **senator**
il
[senatore]
La mia prima azione da Senatore è designarti come giullare ufficiale.
-My first deed as Senator is designating you as the official jester.

1424 **maschio** **male**
adj; il
[maskjo]
Il risultato è calcolato secondo la tabella di lettura generale creata dalla World Health Organization (WHO) - la stessa per maschio e femmina a prescindere dall'età.
-The result is calculated according to general reading table created by World Health Organization (WHO) - the same for male and female regardless the age.

1425 **terreno** **ground, soil; earthly**
il; adj
[terreno]
Comprendere come si comportano i prototipi ed i componenti dei veicoli sul terreno di prova aiuta ad garantire le prestazioni per tutta la vita del prodotto.
-Understanding how prototype vehicles and components behave on the proving ground helps ensure through-life product performance.

1426 **bugia** **lie, falsehood**
la
[budʒa]
La bugia lo ha messo nei guai quando il suo capo ha scoperto la verità.
-The lie got him in trouble when his boss found out the truth.

1427 **proprietario** **owner, landlord**

il
[proprjetarjo]
Faresti meglio a rimettere il libro sul tavolo, nel caso torni il proprietario.
-You had better put the book back on the desk, for the owner will come back there.

1428 **modello** **model**
adj; il
[modello]
Io penso che sia improbabile che qualsiasi negozio venderebbe questo modello a quel prezzo.
-I think it's unlikely that any store would sell this model for that price.

1429 **benzina** **petrol, gasoline**
la
[bentsina]
Non ho potuto incontrarlo alla stazione perché sono rimasto senza benzina.
-I couldn't meet him at the station because my car ran out of gas.

1430 **panico** **panic**
adj; il
[paniko]
Non c'è alcun motivo di andare nel panico... per ora.
-There's no reason to panic... yet.

1431 **mentire** **lie**
vb
[mentire]
In verità, se avessi detto che non ho avuto rimpianti sulla mia decisione rapida, avrei mentito.
-Truthfully, if I'd said I didn't have any regrets over my snap decision I'd have been lying.

1432 **giovanotto** **young man**
il
[dʒovanotto]
Nella corte, c'erano due giovanotti, uno di diciotto anni, l'altro di diciannove, che erano molto appassionati al gioco degli scacchi.
-In the court, there were two young fellows, one of eighteen years old, the other of nineteen, who were very fond of playing chess.

1433 **suicidio** **suicide**
il
[switʃidjo]
Il suicidio è un atto di vendetta contro se stessi, e io personalmente non ho nulla contro di me.
-Suicide is an act of revenge against yourself, and I personally have nothing against myself.

1434 **oceano** **ocean**
il
[otʃano]
Ciò che sappiamo è una goccia d'acqua. Ciò che ignoriamo è un oceano.
-What we know is a drop. What we don't know is an ocean.

1435 **reparto** **department, ward**
il
[reparto]
Molti lavoratori stanno rischiando il posto di lavoro nel reparto di montaggio.
-Many workers are facing the ax in the assembly department.

1436 **truppa** **troop**
la
[truppa]
Bush non ha inviato delle truppe per distruggere gli altri paesi.
-Bush didn't send troops to annihilate other countries.

1437 **firmare** **sign**
vb
[firmare]
Sono state stampate due copie del contratto in corso e saranno firmate dalle due parti.
-Two copies of the current agreement were printed and will be signed by the two sides.

1438 **socio** **partner**
il
[sotʃo]
È importante che tutti i soci osservino queste regole.
-It is necessary that every member observe these rules.

1439 **onda** **wave**
la
[onda]
Un catamarano è improbabile che possa essere ribaltato dal vento, ma un'onda anomala abbastanza grande può farlo.
-A catamaran is unlikely to be capsized by wind, but a big enough rogue wave can do it.

1440 **oggetto** **object**

lo [oddʒetto] È un oggetto di famiglia. È stato nella mia famiglia da diverse generazioni.
-It's an heirloom. Been in my family for generations.

1441 **sciocco** **silly**
adj; lo [ʃokko] È sciocco pensare che il fumo abbia poco a che fare con il cancro.
-It's foolish to think that smoking has little to do with cancer.

1442 **cancro** **cancer**
il [kaŋkro] Quell'uomo è morto per un cancro ai polmoni la settimana scorsa.
-That man died of lung cancer a week ago.

1443 **tazza** **cup**
la [tattsa] Quella sera lascia la mia mancia sottoo una tazza da caffè, che lasciai alla rovescia sul tavolo.
-That evening I left my tip under a coffee cup, which I left upside down on the table.

1444 **felicità** **happiness**
la [felitʃit'a] In conclusione: le condizioni per la felicità possono essere identificate su base empirica; i dati disponibili sono già molto illuminanti.
-Summing up: Conditions for happiness can be charted empirically; the available data is already very informative.

1445 **filo** **wire**
il [filo] John si pulisce i denti con il filo interdentale più volte alla settimana.
-John flosses his teeth several times a week.

1446 **ferro** **iron**
il [ferro] Milioni di persone, migliaia di edifici, io cammino attraverso questo labirinto, labirinto di cemento, cemento e ferro, asfalto e vetro.
-Millions of people, thousands of buildings, I walk through that maze, maze of concrete, concrete and iron, asphalt and glass.

1447 **assegno** **check**
lo [asseɲɲo] Ho compilato un assegno da 25 dollari e l'ho dato al commesso.
-I made out a check for $25 and handed it to the salesperson

1448 **argomento** **topic, subject, argument**
gli [argomento] È un argomento di cui non so niente a riguardo.
-That's a subject I know nothing about.

1449 **anticipo** **advance, anticipation**
lo [antitʃipo] Gli ospiti sono arrivati in anticipo, ma fortunamente avevo già finito di cucinare.
-The guests have arrived early, but luckily I had already finished cooking.

1450 **negro** **black, negro; negro, nigger**
adj; il [negro] La parola "negro" è un termine offensivo.
-The word "nigger" is an offensive term.

1451 **esperto** **expert**
adj; il [esperto] Io non sono un esperto, quindi la mia risposta alla tua domanda è solo una stima ragionata.
-I'm not an expert, so my answer to your question is just an educated guess.

1452 **chilo** **kilo**
il [kilo] Posso avere un chilo di petto di pollo, per favore?
-Can I get a kilo of chicken breast please?

1453 **lacrima** **tear**
la [lakrima] La ragazza versò qualche lacrima alla morte del padre.
-The girl shed some tears when her father died.

1454 **personalmente** **personally**

adv [personalmente] Rispetto il fatto che abbiate atteso la nostra adesione e mi sento personalmente onorata di poter votare.
-I respect the fact that you waited for us and I personally feel honoured that I am able to cast my vote.

1455 **offrire** **offer**
vb [offrire] La notte fonda e la luna piena ci offrivano da dono solo l'atmosfera.
-The deep night and the full moon offered us only the atmosphere as a gift.

1456 **incubo** **nightmare**
il [iŋkubo] Purtroppo, quell'incubo è diventato una realtà ricorrente nel distretto scolastico di Grossmon
-Sadly, that nightmare became a recurring reality at Grossmont Union School District

1457 **carro** **wagon**
il [karro] L'uomo primitivo ha fermato il suo carro: decide che quella sarà la sua terra.
-Primitive man has brought his chariot to a stop, he decides that here shall be his native soil.

1458 **comportamento** **behavior**
il [komportamento] Quel tipo di comportamento non ha nulla a che fare con me.
-That kind of behavior has nothing to do with me.

1459 **inverno** **winter**
Il [inverno] Melbourne Winter Masterpieces è il nome di una serie annuale di mostre organizzate durante l'inverno nelle sedi culturali più rinomate di Melbourne.
-Melbourne Winter Masterpieces is the name for an annual series of major exhibitions during winter at Melbourne's most renowned cultural venues.

1460 **elicottero** **helicopter**
lo [elikottero] L'elicottero rimaneva sospeso in volo sopra l'edificio.
-The helicopter hovered over the building.

1461 **virus** **virus**
il [virus] Molte persone non si rendono conto che gli antibiotici sono inefficaci contro i virus.
-Many people don't realize that antibiotics are ineffective against viruses.

1462 **miseria** **misery**
la [mizerja] Alla fine della sua vita, Hokusai visse in miseria, solo con sua figlia, e lavorò fino alla sua morte.
-At the end of his life, Hokusai lived in misery, alone with his daughter, and worked until his death.

1463 **coinvolgere** **involve**
vb [koinvoldʒere] C'è un tentativo di coinvolgere il pubblico con le traduzioni.
-There's an attempt to involve the audience with translations.

1464 **eccellente** **excellent**
adj [ettʃellente] Lei mi ricorda tanto la mia amica Marina, eccellente insegnante di russo.
-You remind me so much of my friend Marina, a great teacher of Russian.

1465 **cavaliere** **knight**
il [kavaljere] Il coraggioso cavaliere fa un passo in avanti e bacia la dama sulla mano.
-The brave knight steps forward and kisses the lady on the hand

1466 **follia** **madness**
la [follja] Chi vive senza follia non è così saggio come crede.
-Who lives without folly is not so wise as he thinks.

1467 **toccato** **touched**
adj [tokkato] Ma recatosi a Parigi per compiere gli studi, egli fu toccato dall'esigenza di riforma che si andava profilando nella chiesa.

-While studying in Paris, he took to heart the need for reform that was becoming increasingly evident in the church.

1468 **dosso** **back**
il
[dosso]
Io non riesco a togliergli gli occhi di dosso.
-I can't take my eyes off him.

1469 **marciare** **march**
vb
[martʃare]
Le tensioni a vuoto devono essere identiche su tutti gli alternatori destinati a marciare in parallelo tra loro.
-The no-load voltages should be identical on all the alternators intended for parallel operation between each other.

1470 **sufficiente** **enough, sufficient**
adj
[suffitʃente]
John aveva un sacco di cose in mente, così non prestava sufficiente attenzione alla sua guida.
-John had a lot on his mind, so he wasn't paying enough attention to his driving.

1471 **cassetta** **cassette**
la
[kassetta]
C'è una cassetta delle lettere da qualche parte lungo questa strada.
-There is a mailbox somewhere along this street.

1472 **pavimento** **floor**
il
[pavimento]
Ho chiamato la polizia appena ho visto il suo cadavere sul pavimento.
-I called the police as soon as I saw his dead body on the floor.

1473 **licenziare** **dismiss**
vb
[litʃentsjare]
John stava per essere trasferito a Boston, ma invece hanno deciso di licenziarlo.
-John was going to be transferred to Boston, but they decided to fire him instead.

1474 **folle** **crazy**
adj; il/la
[folle]
Qual è la cosa più folle che hai fatto di recente?
-What's the craziest thing you've done lately?

1475 **fattoria** **farm**
la
[fattorja]
Perché qualche poveraccio in una fattoria vuole rischiare la sua vita in una guerra quando il meglio che può uscirne è tornare alla sua fattoria in un unico pezzo.
-Why would some poor slob on a farm want to risk his life in a war when the best that he can get out of it is to come back to his farm in one piece.

1476 **moda** **fashion, style**
la
[moda]
La pittura tradizionale cinese vive con la moda cinese, inglese, francese, italiana o spagnola.
-Traditional Chinese painting survives alongside Chinese, English, French, Italian and Spanish fashion.

1477 **bloccare** **block**
vb
[blokkare]
Google è stato accusato di bloccare i concorrenti, come Microsoft, dai suoi risultati di ricerca.
-Google has been accused of blocking competitors, like Microsoft, from its search results.

1478 **primavera** **spring**
la
[primavera]
Non vedo l'ora che la primavera arrivi, così da poter sedermi sotto i ciliegi.
-I can't wait for spring to come so we can sit under the cherry trees.

1479 **incendiare** **fire**
vb
[intʃendjare]
Le case fatte di legno sono quelle che si possono incendiare più facilmente.
-Houses made of wood are the easiest to catch on fire.

1480 **ambiente** **environmnent, room, ambience**
il
[ambjente]
Si pregha di pensare a l'ambiente - avete realmente bisogno di stampare questo messagio ?
-Please consider the environment - do you really need to print this email?

1481 **ingresso** **entrance**
lo
[iŋgresso]
Lei ha studiato duramente per non essere bocciata all'esame d'ingresso.
-She studied hard in order not to fail the entrance exam.

1482 **piscina** **pool**
la
[piʃʃina]
Non vengo in piscina oggi pomeriggio perché ho il raffreddore e la tosse.
-I'm not coming to the pool this afternoon because I have a cold and a cough.

1483 **partenza** **departure**
la
[partentsa]
Non ci resta altro da fare che di rimandare la nostra partenza.
-There is nothing for it but to put off our departure.

1484 **presente** **this, present; present**
adj; il
[prezente]
L'uomo passa la vita a ragionare sul passato, a lamentarsi del presente, di temere il futuro.
-Man spends his life in reasoning on the past, in complaining of the present, in fearing future.

1485 **quadro** **painting, picture, panel, square**
il
[kwadro]
"Ti piace questo quadro?" "Sì, ma credo che la cornice sia più cara della stampa. Dove l'hai comprato?"
-"Do you like this painting?" "Yes, but I think the frame is more expensive than the picture. Where did you buy it?"

1486 **rapina** **robbery**
la
[rapina]
Lui è stato mandato in prigione per rapina a mano armata.
-He was sent to prison for armed robbery.

1487 **spagnolo** **Spanish; Spaniard**
adj; lo
[spaɲɲolo]
Non so parlare lo spagnolo, però son stato comunque in grado di farmi capire quando sono andato a Malaga l'anno scorso.
-I can't speak Spanish but even so, I was able to make myself understood when I went to Malaga last year.

1488 **nastro** **tape**
il
[nastro]
La madre ha legato un nastro ai capelli della figlia.
-The mother tied a ribbon in her daughter's hair.

1489 **venerdì** **Friday**
il
[venerd'i]
Il presidente della compagnia, a cui ti ho presentato venerdì scorso, vuole rivederti.
-The president of the company, to whom I introduced you last Friday, wants to see you again.

1490 **coda** **queue, tail**
la
[koda]
La bella coda del pavone lo aiuta ad attirare le femmine.
-The peacock's beautiful tail helps it attract females.

1491 **petto** **chest**
il
[petto]
John aveva un dolore al petto, quindi è andato all'ospedale.
-John had a pain in his chest, so he went to the hospital.

1492 **giornalista** **journalist**
il
[dʒornalista]
In generale, i giornalisti investigativi non esitano a violare la privacy delle persone.
-By and large, reporters don't hesitate to intrude on one's privacy.

1493 **profumo** **perfume**

il
[profumo]
John ha comprato una bottiglia di vodka e un po' di profumo al duty-free shop.
-John bought a bottle of vodka and some perfume at the duty-free shop.

1494 **originale** **original**
adj; il
[oridʒinale]
L'originale e la copia sono facilmente distinguibili in quanto l'uno è molto più vivace rispetto all'altra.
-The original and the copy are easily distinguished since the one is much more vivid than the other.

1495 **erba** **grass, pot, herb**
le
[erba]
John ama stare sdraiato sull'erba nelle giornate di sole.
-John loves to lie in the grass on a sunny day.

1496 **risata** **laugh**
la
[rizata]
Molti dei progetti in mostra sono presentati in modo da suscitare un sogghigno o una risata, anche se riguardano temi potenzialmente seri in fatto di grattacieli e vita moderna.
-Many projects on display are rigged to trigger smirks and laughter, even as they address the potentially serious topics of skyscrapers and our modern lives.

1497 **esterno** **external, outside, out; outside, exterior**
adj; i
[esterno]
Io ho visto John stare in piedi all'esterno di un motel economico.
-I saw John standing outside a cheap motel.

1498 **tracciare** **draw**
vb
[trattʃare]
Tracciare un bilancio può essere considerato un passo importante per dare contenuto al futuro modello sociale europeo.
-Stocktaking can be seen as an important step in fleshing out the contents of a European social model for the future.

1499 **settore** **sector**
il
[settore]
I lavoratori del settore dei trasporti hanno organizzato uno sciopero per protestare contro i tagli di paga.
-Transportation workers staged a walkout to protest pay cuts.

1500 **croce** **cross**
la
[krotʃe]
Lei fece molto lavoro volontario per la Croce Rossa.
-She did a lot of voluntary work for the Red Cross.

1501 **eccoti** **here you are**
int
[ekkoti]
Selezionane una, immetti la password se necessario, ed eccoti pronto e connesso.
-Just select one, enter a password if required, and you're up and running.

1502 **prigioniero** **prisoner**
il; adj
[pridʒonjero]
I prigionieri politici sono in sciopero della fame per avere condizioni migliori.
-Political prisoners are on a hunger strike for better conditions.

1503 **ascensore** **lift, elevator**
il
[aʃʃensore]
John e Jane hanno aspettato l'ascensore assieme.
-John and Jane waited for the elevator together.

1504 **corridoio** **aisle, hallway**
il
[korridojo]
La voce di corridoio non è vera per quello che so.
-The rumor is not true as far as I know.

1505 **combattimento** **combat**
il
[kombattimento]
Voleva assistere a un combattimento di tori, ma suo padre non glielo permetteva.
-He wanted to see a bullfight, but his father wouldn't let him go.

1506 **passeggiare** **stroll, walk**
vb
[passeddʒare]
Passeggiare alla luce della luna è un modo romantico per concludere un appuntamento.
-Walking in the moonlight is a romantic way to end a date.

1507 **epoca** **era**
le
[epoka]
Penso che sia il più grande artista della nostra epoca.
-I think he is the greatest artist of the time.

1508 **valigia** **suitcase**
la
[validʒa]
Io sto morendo dalla voglia di sapere cosa c'è nella valigia di John.
-I'm dying to know what's in John's suitcase.

1509 **fonte** **source, spring**
la
[fonte]
Il gioco d'azzardo non era affatto la sua unica fonte di reddito.
-Gambling was by no means his only source of income.

1510 **falla** **leak**
la
[falla]
Ovviamente tutto questo non esclude che a un certo punto la ricerca possa giungere a rivelare una falla.
-Though this is no guarantee that research will never reveal a deficiency.

1511 **tratto** **stretch**
il
[tratto]
Quando riaprii gli occhi, tutto ad un tratto una signora sconosciuta era in piedi proprio davanti a me.
-When I opened my eyes again, all of a sudden an unknown lady was standing right in front of me.

1512 **tempestare** **batter, besiege, annoy**
vb
[tempestare]
Una delle tattiche della CSU consisteva nel tempestare l'avversario con accuse che dovevano essere confutate di volta in volta.
-One of the CSU tactics consisted of constantly harassing the opponent with allegations which had to be disproved time and time again.

1513 **dolcezza** **sweetness, gentleness**
la
[doltʃettsa]
Le cene svolte dal nostro capo Hassan sono famosi per la loro dolcezza e la loro qualità.
-The dinners carried out by our Hassan chief are famous for their smoothness and their quality.

1514 **furbo** **sly, cunning**
adj
[furbo]
Il ladro furbo si nascose in un capanno degli attrezzi.
-The crafty thief hid in a tool shed.

1515 **bomba** **bomb**
la
[bomba]
La bomba atomica è una minaccia seria per l'umanità.
-The atomic bomb is a grave threat to mankind.

1516 **concerto** **concert**
il
[kontʃerto]
Non ho mai immaginato che sarei stato in grado di fare un concerto a Boston.
-I never imagined I'd be able to give a concert in Boston.

1517 **straordinario** **extraordinary; overtime**
adj; lo
[straordinarjo]
Le cose straordinarie non accadono mai in modo semplice e ordinario.
-Extraordinary things never happen in simple and ordinary ways.

1518 **miliardo** **billion**
num
[miljardo]
1,3 miliardi di persone in tutto il mondo non hanno accesso all'elettricità.
-1.3 billion people around the world lack access to electricity.

1519 **tentativo** **attempt**
il
[tentativo]
John non pensava di avere una possibilità di successo, ma almeno ha voluto fare un tentativo.

-John didn't think he had a chance to succeed, but he at least wanted to give it a shot.

1520 **decisamente** **definitely, decidedly**
adv
[detʃizamente]
Le questioni politiche sono decisamente troppo serie per essere lasciate ai politici.
-Political questions are far too serious to be left to the politicians.

1521 **costringere** **force**
vb
[kostrindʒere]
John mi costringe a fare quello che non vorrei fare.
-John makes me do things I don't want to do.

1522 **splendido** **wonderful**
adj
[splendido]
Andrà tutto bene, puoi farcela! Fidati di te! Sei già uno splendido nuotatore!
-It'll be fine, you can do it! Trust yourself! You are already a splendid swimmer!

1523 **babbo** **dad, father**
il
[babbo]
Il babbo sarà di ritorno fra pochi giorni.
-Father will be back in a few days.

1524 **simpatico** **nice, sympathetic**
adj
[simpatiko]
L'antagonista è allo stesso tempo un diversivo per tutto ciò che l'autore odia e il personaggio più simpatico di diversi ordini di grandezza.
-The antagonist is simultaneously a strawman for everything the author hates and the most likeable character by several orders of magnitude.

1525 **sopportare** **bear**
vb
[sopportare]
Ci sta che tu ti arrabbi con Dio. Lui è capace di sopportarlo.
-It's OK to get angry with God. He can take it.

1526 **rischio** **risk**
il
[riskjo]
Essere in una nave è essere in una prigione, con il rischio di annegare.
-Being in a ship is being in a jail, with the chance of being drowned.

1527 **autista** **driver, chauffeur**
il
[autista]
Quando il bus sbandò per evitare un gatto, l'autista disse, "C'è mancato poco!"
-When the bus swerved to miss a cat, the driver said, "That was a close one!"

1528 **serpe** **snake**
la
[serpe]
Quando io e lo zio Chen raggiungemmo i Giardini del Tempio di Giada, alcuni lavoratori stavano scolpendo un'enorme statua di giada chiamata Cuore della Serpe.
-When Uncle Chen and I reached the temple grounds, workers were carving an enormous jade statue called the Serpent's Heart.

1529 **confine** **border, boundery**
il
[konfine]
L'esercito protegge il confine tra la Francia e la Spagna.
-The army is protecting the border between France and Spain.

1530 **fan** **fan**
i
[fan]
A Jane piace la musica classica, mentre John è un fan dell'heavy metal.
-Jane likes classical music while John's a heavy metal fan.

1531 **meritare** **deserve**
vb
[meritare]
È quello che si ottiene a dare il proprio cuore a qualcuno che non lo meritava.
-That's what you get for giving your heart to someone who never deserved it.

1532 **contanti** **cash**
adj; i
[kontanti]
Io vorrei pagare in contanti. La colazione è inclusa nel prezzo?
-I would like to pay with cash. Is breakfast included in the price?

1533 **risposta** **answer**

la [risposta] Non ho bisogno della sua risposta ora, ci pensi con calma e risponda tra qualche giorno.
-I don't need your answer now, you can sleep on it and come back in a few days.

1534 **weekend** **weekend**
il [veekend] John e Jane ci hanno invitati a trascorrere il weekend con loro.
-John and Jane invited us to spend the weekend with them.

1535 **poesia** **poetry**
la [poezja] La poesia non è solo tormento, la poesia è amore, è passione calda e sensuale, è rivoluzione, romanticismo e tenerezza.
-Poetry is not just torment; poetry is love. It is warm and sensual passion; it is revolution, romance and tenderness.

1536 **sbirro** **cop**
il [zbirro] Gli sbirri hanno lanciato delle granate lacrimogene nell'edificio.
-The cops threw tear-gas bombs into the building.

1537 **affittare** **rent**
vb [affittare] Loro hanno affittato la camera del primo piano a uno studente.
-They rented the room on the second floor to a student.

1538 **piacevole** **pleasant**
adj [pjatʃevole] John ha detto a Jane che era molto piacevole sentire la sua voce.
-John said to Jane that it was very pleasant to hear her voice.

1539 **procuratore** **attorney**
il [prokuratore] Il procuratore del Tribunale penale internazionale ha presentato prove sostanziali contro i soggetti accusati di crimini di guerra.
-The prosecutor of the International Criminal Court has presented substantial evidence against individuals accused of war crimes

1540 **buttare** **throw**
vb [buttare] Si viene multati a Singapore se si butta della spazzatura in strada.
-They fine you in Singapore if you throw trash in the streets.

1541 **imbecille** **imbecile**
adj; il/la [imbetʃille] È meglio rimanere in silenzio ed essere considerati imbecilli che aprire bocca e togliere ogni dubbio.
-Better to remain silent and be thought a fool than to speak out and remove all doubt.

1542 **sociale** **social**
adj [sotʃale] Le femministe credono nella parità politica, sociale ed economica di tutti i generi.
-Feminists believe in the political, social, and economic equality of all genders.

1543 **italiano** **Italian**
adj; lo [italjano] L'italiano ha pagato il suo caffè in Germania con monete di euro greche.
-The Italian paid for his coffee in Germany with Greek euro coins.

1544 **canto** **singing, song**
il [kanto] Il suono della vostra voce è per me come il canto melodioso delle sirene.
-The sound of your voice is like siren's song to me.

1545 **gelare** **freeze**
vb [dʒelare] La condensa che si accumula durante l'esercizio deve essere eliminata senza che possa gelare.
-Condensed water that forms during operation must be drained off frost-free.

1546 **patto** **pact**

il
[patto]
Il 15 febbraio 2003 è stato pubblicato sul Corriere della Sera l'estratto di un patto parasociale
-On 15 February 2003, the Italian newspaper Corriere della Sera published an excerpt of a shareholders' agreement

1547 **scrivania** **desk**
la
[skrivanja]
Quando John si è svegliato, ha trovato Jane che leggeva un libro alla scrivania.
-When John woke up, he found Jane reading a book at the desk.

1548 **sognare** **dream**
vb
[soɲɲare]
Se vuoi ascoltare una storia spaventosa ti dirò di un sogno che ho fatto qualche settimana fa.
-If you want to hear a scary story, I'll tell you about a dream I had a few weeks ago.

1549 **limite** **limit**
il
[limite]
In città, il limite di velocità è di 50 km/h.
-In towns, speed is limited to 50 km/h.

1550 **trattare** **treat**
vb
[trattare]
Il mio compagno di stanza è prodigo quando si tratta di spendere soldi per i film; li compra il giorno che escono, indipendentemente dal prezzo.
-My roommate is prodigal when it comes to spending money on movies; he buys them the day they're released, regardless of price.

1551 **precedente** **previous, preceding; precedent**
adj; il
[pretʃedente]
La precedente valuta italiana è la lira e il suo simbolo "£". Non è legata alla lira turca.
-The former Italian currency was the lira and its symbol was "£". It's not related to the Turkish lira.

1552 **area** **area**
le
[area]
I fenomeni meteorologici estremi al momento danneggiano le reti di trasporto in tutte le aree del paese; le proiezioni indicano che tali perturbazioni aumenteranno.
-Extreme weather events currently disrupt transportation networks in all areas of the country; projections indicate that such disruptions will increase.

1553 **sparire** **disappear**
vb
[sparire]
In Senegal ci sono molte specie che rischiano di sparire, come le ostriche o come i prodotti dell'orticoltura tradizionali.
-In Senegal there are many species that are at risk of disappearance, like the oysters or the traditional garden crops.

1554 **disco** **disc**
il
[disko]
Ascolta di nuovo il disco e poi dimmi se ti piace.
-Listen to the album again and tell me later if you like it.0

1555 **divertimento** **fun, entertainment**
il
[divertimento]
Noi non impariamo per la scuola, ma impariamo per divertimento.
-We do not learn for school, but we learn for fun.

1556 **resistere** **resist**
vb
[rezistere]
Io non guardo molti film, ma non riesco a resistere ad un buon documentario.
-I don't watch a lot of movies, but I can't resist a good documentary.

1557 **prevedere** **foresee**
vb
[prevedere]
John prevede di andare a trovare Jane a Boston uno di questi giorni.
-John plans to go visit Jane in Boston one of these days.

1558 **tempio** **temple**

	il [tempjo]	Nel 1907 i resti architettonici di un tempio di marmo sono stati trovati insieme a decine di manufatti. -In 1907 the architectural remains of a marble temple were found along with dozens of artifacts.
1559	**soccorso**	**rescue**
	il [sokkorso]	Stiamo seguendo un corso intensivo di primo soccorso prima di fare le nostre due settimane di trekking attraverso le montagne. -We're taking a crash course in first aid before our two-week trek through the mountains.
1560	**mestiere**	**craft, skill, trade**
	il [mestjere]	Sappiamo di poter dimostrare così che continuiamo a fare bene il nostro mestiere, generando ricchezza e rafforzando la fiducia nel futuro. -We know that, in this way, we can demonstrate that we are continuing to do our craft well, generating wealth and strengthening confidence in the future.
1561	**cancello**	**gate**
	il [kantʃello]	Il cancello è sufficientemente largo perché ci passi la macchina. -The gate is wide enough for the car to go through.
1562	**maschera**	**mask**
	la [maskera]	Il mondo è un grande ballo in cui ognuno indossa una maschera. -The world is a grand ball in which everyone wears a mask.
1563	**tradire**	**betray**
	vb [tradire]	Tradire la fiducia che i nostri clienti ripongono in noi può esporre Aon a pesanti sanzioni civili e penali. -Breaching the trust placed in us by our clients may expose Aon to severe civil and criminal penalties.
1564	**votare**	**vote**
	vb [votare]	John non era in grado di decidere per chi avrebbe dovuto votare. -John was unable to decide who he should vote for.
1565	**attaccare**	**attack**
	vb [attakkare]	I terroristi attaccarono il World Trade Center a New York nel 2001. -Terrorists attacked the World Trade Center in New York City in 2001
1566	**vergine**	**virgin**
	adj; la [verdʒine]	Jane, Vergine dell'Orto e Madre di tutta la Famiglia Gianelliana, ci accompagni nel cammino, ci dia la forza di percorrerlo. -Jane, Virgin of Our Lady of the Garden and Mother of all the Gianellian Family, may accompany us on our journey, may strengthen us on our way.
1567	**racconto**	**(short) story**
	il [rakkonto]	Lui è un autore famoso per i suoi romanzi e i suoi racconti. -He is an author famous for his novels and stories.
1568	**dubitare**	**doubt**
	vb [dubitare]	Io dubito di tutto e di tutti, persino dei miei dubbi. -I doubt everything, even my own doubts.
1569	**sorprendere**	**surprise**
	vb [sorprendere]	L'idea di sorprenderla mi è passata improvvisamente per la testa. -The idea of surprising her suddenly crossed my mind.
1570	**meraviglia**	**wonder**
	la [meraviʎʎa]	Io l'ho sempre detto che la Croazia è il paese delle meraviglie. -I always said that Croatia is the land of wonders.
1571	**agenzia**	**agency**
	le [adʒentsˈia]	Se ci si iscrive a Facebook, le informazioni verranno inviate alle agenzie di intelligence.

-If you sign up to Facebook, your information will be sent to intelligence agencies.

1572 **stupendo** **wonderful**
adj
[stupendo]
Il festival è un evento stupendo e io vorrei che durasse più a lungo.
-The festival is a fantastic event and I wish it could last longer.

1573 **continuato** **continued**
adj
[kontinwato]
Ha continuato a danzare in discoteca per tutta la notte.
-She kept dancing at the disco all night.

1574 **sabbia** **sand**
la
[sabbja]
Si affaccia su una spiaggia di sabbia dorata che si estende fino a nord, formando la Costa de Maresme.
-It looks out over a golden, sandy beach which stretches up to the north, forming the Costa de Maresme.

1575 **intanto** **in the meantime**
adv
[intanto]
Intanto c'è chi continua a predicare in modo fraudolento che siamo sulla buona via.
-Meanwhile, there are those who continue to preach in a fraudulent manner that we are on the right track.

1576 **resistenza** **resistance**
la
[rezistentsa]
Nei rapporti in America, la guerrilla di resistenza dei militari iracheni è chiamata terrorismo.
-In reports in America, guerrilla resistance by the Iraq military is called terrorism.

1577 **bosco** **wood**
il
[bosko]
Il cane da caccia si è diretto verso il bosco.
-The hunting dog headed for the woods.

1578 **fase** **phase**
la
[faze]
I lettori formulano delle aspettative su ciò che potrebbe accadere durante fasi successive di testi.
-Readers formulate expectations as to what might be happening at subsequent stages of texts.

1579 **copertura** **coverage**
la
[kopertura]
Lo squadrone rilevò un agguato e si arrampicò per avere una copertura.
-The squadron encountered an ambush and scrambled for coverage.

1580 **svelto** **quick, brisk, fast**
adj
[zvelto]
Spero che ti passi alla svelta il raffreddore.
-I hope you'll get over your cold soon.

1581 **super** **super**
adj; la
[super]
La grafica del Super Nintendo è sorprendente. È così migliore di quella del Nintendo originale.
-The Super Nintendo's graphics are amazing. They're so much better than those of the original Nintendo.

1582 **produzione** **production, output**
la
[produttsjone]
La produzione di acciaio ha raggiunto una stima di 100 milioni di tonnellate l'anno scorso.
-Steel production reached an estimated 100 million tons last year.

1583 **grasso** **fat**
adj; il
[grasso]
È più grasso di quando l'ho visto per l'ultima volta.
-He is fatter than when I last saw him.

1584 **settembre** **September**

	gli [settembre]	Nel 2015 a settembre Il tasso di disoccupazione in Giappone era del 3,4%. -The unemployment rate in Japan was 3.4 percent in September of 2015.
1585	**sessuale**	**sexual**
	adj [sesswale]	Dopo avere avuto un rapporto sessuale, la mantide religiosa solitamente divora il maschio. -After realizing copulation, praying mantis usually devours the male.
1586	**tagliare**	**cut**
	vb [taʎʎare]	Non smontare, tagliare, aprire, rompere, piegare, deformare, forare o frantumare le celle o le batterie. -Do not dismantle, cut, open, crush, bend, deform, puncture, or shred cells or batteries.
1587	**zucchero**	**sugar**
	lo [tsukkero]	Lei ha rifiutato di bere una tazza di tè con molto zucchero. -She refused to drink a cup of coffee with a lot of sugar.
1588	**qualità**	**quality**
	la [kwalit'a]	John è incapace di capire la differenza tra un vino di qualità e uno da poco. -John can't tell the difference between expensive wine and cheap wine.
1589	**crudele**	**cruel**
	adj [krudele]	Non riesco a immaginare quanto fosse crudele a quel tempo. -I could not image how cruel he was at that time.
1590	**studiato**	**studied**
	adj [studjato]	In particolare essa ha studiato nuovi materiali e tecnologie innovative che le consentono di offrire soluzioni più efficienti in termini di produttività e risparmio energetico. -In particular, it has studied new materials and innovative technologies that enable it to offer solutions that are more efficient in terms of productivity and energy saving.
1591	**mancanza**	**lack**
	la [maŋkantsa]	Tutti i fiori del giardino sono morti a causa della mancanza d'acqua. -All the flowers in the garden died for lack of water.
1592	**spazzatura**	**trash**
	la; adj [spattsatura]	Secondo Cooper, "le pile di spazzatura, come sacchetti di plastica e bottiglie, confezioni alimentari, pannolini sporchi e altri rifiuti, continuano ad accumularsi: un insulto alla memoria di tutti quelli che lottarono e morirono per il loro paese." -According to Cooper, "The piles of garbage, such as plastic bags and bottles, food wrappers, soiled diapers, and other trash is continuing to pile up -- an insult to the memory of all who fought and died there for their country."
1593	**incarico**	**appointment**
	il [iŋkariko]	L'incarico è da consegnare entro due settimane a partire da oggi. -The assignment is due two weeks from today.
1594	**novità**	**news**
	le [novit'a]	La signora White scoppiò in lacrime quando le dissi la novità. -Mrs. White broke into tears when I told her the news.
1595	**vetro**	**glass**
	il [vetro]	Il sensore di rottura del vetro utilizza l'analisi di un segnale digitale proveniente dal microfono ed è in grado di rilevare il caratteristico suono del vetro che si rompe fino a 9 metri di distanza. -Glass-break detector uses a digital signal analysis from the microphone and is able to detect a characteristic sound of the window breaking up to 9 meters away.

1596 **assassinare** **assassinate**

vb [assassinare] Alcune persone dicono che lui è stato assassinato, altre dicono che si è suicidato. -Some people say he was murdered, others say he killed himself.

1597 **dimostrare** **show**

vb [dimostrare] Penso ancora che sia improbabile che troveremo alcuna prova per dimostrare la colpevolezza di John.
-I still think it's unlikely that we'll find any evidence to prove John's guilt.

1598 **civile** **civil; civilian**

adj; lo [tʃivile] Non possiamo escludere che una guerra civile scoppi in questo paese.
-We cannot rule out the possibility that civil war will break out in that country.

1599 **odiare** **hate**

vb [odjare] Odio i politici del mondo che mettono gli interessi personali davanti a quelli del loro Paese.
-I hate the politicians of the world who put their personal interests before those of their country.

1600 **fiero** **proud**

adj [fjero] Io sono molto fiero del lavoro che ho scelto da solo.
-I'm very proud of the job I chose myself.

1601 **lindo** **clean, neat**

adj [lindo] Si manteneva lindo e pulito; per quanto si sentisse stanco, non mancava mai di radersi.
-He kept himself neat and tidy; no matter how tired he became, he never skipped a shave.

1602 **dodici** **twelve**

num [dˈɔditʃi] Riesce a correre cento metri in meno di dodici secondi.
-He can run 100 meters in less than twelve seconds.

1603 **assicurazione** **insurance**

le [assikurattsjone] John non è più coperto dall'assicurazione sanitaria dei suoi genitori.
-John is no longer covered by his parents' health insurance.

1604 **regista** **director**

il/la [redʒista] Mi sono avvicinato al teatro, mondo che ho esplorato prima come scenografo e poi anche come drammaturgo e regista
-I got closer to the theatre, a world I explored first as set designer and then also as dramatist and director.

1605 **puro** **pure**

adj [puro] Le sue gambe son colonne di marmo, fondate su basi d'oro puro.
-His legs are as pillars of marble, set upon sockets of fine gold.

1606 **versione** **version**

la [versjone] Se la frase è contenuta nei database otterremo subito la versione tradotta.
-If the sentence is in the database, we'll obtain at once the translated version.

1607 **legno** **wood**

il [leɲɲo] Io voglio un pezzo di legno per fare una marionetta. Me lo darai?
-I want a piece of wood to make a marionette. Will you give it to me?

1608 **bibbia** **Bible**

la [bibbja] Secondo la Bibbia, i Re Magi sono stati condotti da Gesù da una stella luminosa.
-According to the Bible, the Three Kings were guided to Jesus by a shining star.

1609 **veleno** **poison**

il
[veleno]
In caso di sovradosaggio, consultare un medico di assistenza o di contattare un controllo centrale de veleno.
-In case of overdose, get medical help or contact a Poison Control Center right away.

1610 **raccomandare** **recommend**
vb
[rakkomandare]
Io sono felice che la pomata che ha raccomandato il medico funziona davvero.
-I am happy the ointment the doctor has recommended really works.

1611 **confondere** **confound**
vb
[konfondere]
Gli studenti d'inglese confondono spesso le parole 'lie' e 'lay'.
-Students of English often mix up the words 'lie' and 'lay'.

1612 **formaggio** **cheese**
il
[formaddʒo]
Qual è il tuo formaggio preferito da mangiare quando bevi del vino?
-What's your favorite cheese to eat when drinking wine?

1613 **territorio** **territory**
il
[territorjo]
Quando Colombo scoprì l'America, i bisonti (bufali americani) occupavano vasti territori.
-When Columbus discovered America, bison (American buffalo) inhabited a wide-ranging area

1614 **inventare** **invent**
vb
[inventare]
L'uomo può inventare tutto, tranne l'arte di essere felice.
-Man may invent anything, save for the art of being happy.

1615 **talmente** **so**
adv
[talmente]
Una soluzione l'ho trovata, ma l'ho trovata talmente in fretta che non può essere giusta.
-I found a solution, but I found it so fast that it can't be the right solution.

1616 **eccellenza** **excellence**
le
[ettʃellentsa]
Debian è soprattutto popolare tra gli utenti esperti a causa della sua eccellenza tecnica.
-Debian is especially popular among advanced users because of its technical excellence .

1617 **esplodere** **explode**
vb
[esplodere]
Gli ingegneri hanno fatto esplodere il ponte perché stava per collassare.
-The engineers blew up the bridge because it was about to collapse.

1618 **abitare** **live**
vb
[abitare]
John era felice di non aver dovuto abitare a Boston per più di un anno.
-John was glad he didn't have to live in Boston for more than a year.

1619 **divertire** **entertain**
vb
[divertire]
Stasera ci siamo divertiti a disegnare insieme il nostro albero genealogico.
-Tonight, we had fun drawing up our family tree together.

1620 **preciso** **precise**
adj
[pretʃizo]
Non utilizzi Google Translate per imparare delle frasi in un'altra lingua perché non è sempre preciso.
-Don't use Google Translate to learn phrases in another language because it's not always accurate.

1621 **mordere** **bite**
vb
[mordere]
Il vecchio cane riesce ad abbaiare, però non riesce più a mordere.
-The old dog can bark, but cannot bite anymore.

1622 **fiamma** **flame**
la
[fjamma]
Hanno dovuto chiamare i vigili del fuoco per spegnere le fiamme.
-They had to call the firefighters to put out the flames.

1623 **nobile** **noble**
adj; il/la
[nobile]
Si è trattato di un compromesso, certo, ma di un compromesso alto, nobile tra istanze, sensibilità ed interessi diversi.
-The text was, indeed, a compromise, but a superior, noble compromise between different bodies, perspectives and interests.

1624 **richiamo** **recall**
il
[rikjamo]
Per la configurazione manuale si possono richiamare tutte le funzioni usando il pannello di controllo e indicazione.
-The instrument can be fully computer-controlled; for manual settings you can call up all functions using a display and control panel.

1625 **cerimonia** **ceremony**
la
[tʃerimonja]
La sposa e lo sposo si sono baciati quando la cerimonia si è conclusa.
-The bride and groom kissed when the ceremony ended.

1626 **coraggioso** **courageous**
adj
[koraddʒozo]
Lei era coraggiosa e allegra, e ha sempre fatto poco dei suoi problemi.
-She was brave and cheerful, and always made little of her troubles.

1627 **convenire** **agree**
vb
[konvenire]
Possiamo convenire che le strutture sono impeccabili, solo che non si fa nulla.
-The structures are superb, we can all agree on that. Except that they do nothing.

1628 **tunnel** **tunnel**
il
[tunnel]
Thread the sample tubing nut into the fitting at the top of the probe and then tighten until the sample tubing nut is finger-tight.
-Building a tunnel from Japan to China is out of the question.

1629 **apprezzare** **appreciate**
vb
[apprettsare]
Ho davvero apprezzato la bistecca che ha servito, per non parlare degli altri piatti.
-I really enjoyed the beefsteak you served, not to mention the other dishes.

1630 **topo** **mouse**
il
[topo]
Un cane corre dietro a un gatto e il gatto corre dietro a un topo.
-A dog runs after a cat, and the cat after a mouse.

1631 **potenza** **power**
la
[potentsa]
Si dice che il Giappone sia la più grande potenza economica del mondo.
-It is said that Japan is the greatest economic power in the world.

1632 **liceo** **high school**
il
[litʃo]
Mi sarebbe piaciuto partire all'estero durante il liceo, ma i miei genitori non hanno voluto.
-I would have gladly gone abroad during high school, but my parents didn't want me to.

1633 **totalmente** **totally**
adv
[totalmente]
Posare il serbatoio totalmente vuoto sul letto di sabbia distribuito sul fondo dello scavo, riempire progressivamente il serbatoio con acqua e contemporaneamente rinfiancare con sabbia.
-Place the totally empty tank on the bed of sand at the bottom of the hole, gradually fill the tank with water and at the same time support it by backfilling with sand.

1634 **canale** **channel**
il
[kanale]
La televisione si vede in sei canali in quella città.
-TV may be seen on six channels in that city.

1635 **apposta** **on purpose**

adv | Ti assicuro che lui non l'ha fatto apposta.
[apposta] | -I assure you that I did not do it purposely.

1636 **attrice** **actress**
le
[attritʃe]
All'attrice venne regalato un mazzo di fiori dopo l'esibizione.
-The actress was presented a bouquet of flowers after the performance.

1637 **pillola** **pill**
la
[pillola]
John ha preso una pillola dalla bottiglia e l'ha inghiottita.
-John took a pill from the bottle and swallowed it.

1638 **prodotto** **product**
il
[prodotto]
Il prezzo di questo prodotto non copre il suo costo di fabbricazione.
-The price of this article does not cover the cost of its manufacture.

1639 **museo** **museum**
il
[muzeo]
Dicono che c'è un Picasso e tre Renoir in quel museo. Il nostro museo è tra i dieci musei più rinomati del paese.
-They say there's a Picasso and three Renoirs in that museum. Our museum is among the ten most renowned in the country.

1640 **cittadino** **citizen**
il; adj
[tʃittadino]
Le leggi obbligano tutti i cittadini a pagare le tasse.
-The laws oblige all citizens to pay taxes.

1641 **fotografia** **photography, photo**
la
[fotografja]
Lei voleva sapere se il fotografo poteva togliere il cappello dalla fotografia.
-She wanted to know if the photographer could remove the hat from the picture.

1642 **recente** **recent**
adj
[retʃente]
I recenti progressi nel campo della medicina sono degni di nota.
-The recent advances in medicine are remarkable.

1643 **vantaggio** **advantage**
il
[vantaddʒo]
Quest'ultimo vantaggio è molto importante per noi, in quanto la personalizzazione è d'obbligo nel nostro campo e dobbiamo realizzare soluzioni più facili da configurare per diverse applicazioni", precisa de la Fuente.
-This last advantage is very important to us, since customisation is a must in our business and we need to build solutions that can be configured more easily for different applications," de la Fuente specifies.

1644 **cammino** **path**
il
[kammino]
Ci sono voluti solo dieci minuti di cammino per arrivare là.
-It took only ten minutes to walk there.

1645 **mago** **magician**
il
[mago]
Io non sono un mago, però so quello che tutti dicono su di me.
-I'm not a wizard, but I know what everybody says about me.

1646 **lunedì** **Monday**
il
[luned'i]
Il corso di tedesco si tiene due sere a settimana, il lunedì e il mercoledì.
-German classes are held twice a week - on Mondays and Wednesdays.

1647 **frattempo** **meanwhile, meantime**
adv
[frattempo]
Ho dovuto fare i salti mortali perché, nel frattempo, mi sono iscritta a scuola.
-I had to do all I could because, in the meantime, I started school.

1648 **ahi** **ouch**
int
[ai]
Ahi! Il mio computer si è ancora impiantato.
-Argh! My computer froze up again.

1649 **beccare** **peck, catch**

vb [bekkare] — Noi abbiamo beccato John che stava provando a rubare il nostro cibo.
-We caught John trying to steal our food.

1650 **alare** — **andiron**
il [alare]
Protagoniste di questo spettacolo sono le aquile, che arrivano a pesare fino a sette chili e raggiungono i due metri e mezzo di apertura alare.
-The protagonists of this awesome sight are eagles, some of which may weigh as much as seven kilos and have a wingspan of some two and a half meters.

1651 **visione** — **vision**
la [vizjone]
Per altri, si tratta di una visione di quello che potrebbe essere.
-For others, it is a vision of what could be.

1652 **figurato** — **figurative**
adj [figurato]
Bruto e Cassio, sono, a loro volta, pronti a tradire o addirittura a uccidere (sia in senso stretto che figurato).
-Brutus and Cassius, are in turn ready to betray or even to kill (both in literally and figuratively).

1653 **figura** — **figure, frame**
la [figura]
Il triangolo, il quadrato, il rettangolo, il cerchio, il parallelogrammo ed il trapezio isoscele sono alcune importanti figure geometriche.
-Some important geometric shapes are the triangle, the square, the rectangle, the circle, the parallelogram and the trapezium.

1654 **nascita** — **birth**
la [naʃʃita]
Ha detto sotto giuramento che il suo luogo di nascita è l'Italia.
-He said under oath that his birthplace is Italy.

1655 **urlare** — **scream**
vb [urlare]
La smetta di urlare! Mi sta facendo venire il mal di testa.
-Stop screaming! You're giving me a headache.

1656 **parente** — **relative**
il/la [parente]
La polizia pubblicherà il nome della vittima dopo averlo comunicato al suo parente più prossimo.
-The police will release the victim's name after they have notified his next of kin.

1657 **essi** — **they, them**
prn [essi]
Tutti gli esseri umani nascono liberi ed eguali in dignità e diritti. Essi sono dotati di ragione e di coscienza e devono agire gli uni verso gli altri in spirito di fratellanza.
-All human beings are born free and equal in dignity and rights. They are endowed with reason and conscience and should act towards one another in a spirit of brotherhood.

1658 **indagine** — **investigation, survery, inquiry**
le [indadʒine]
Abbiamo bisogno di fare indagini circa la data dell'esame.
-We need to make inquiries about the date of the examination.

1659 **sete** — **thirst**
la [sete]
Ha detto che aveva fame, poi ha aggiunto che aveva anche sete.
-He said he was hungry, and then he added that he was also thirsty.

1660 **adatto** — **suitable**
adj[adatto]
Lui è l'ultima persona a essere adatta per il lavoro. -He is the last man that is suited for the job.

1661 **parlato** — **spoken**
adj [parlato]
Malgrado l'esame gli sia andato bene, il suo cinese parlato non è per forza migliore del tuo.

-Although he did well in the exam, his spoken Chinese is not necessarily as good as yours.

1662 **seta** **thirst**
la
[seta]
La lavorazione del vetro è arrivata fino a noi dalla Persia attraverso la Via della Seta.
-Glasswork came from Persia by way of the Silk Road.

1663 **scimmia** **ape, monkey**
la
[ʃimmja]
Lui si è spaventato quando la scimmia gli è saltata addosso.
-He was scared when the monkey jumped at him.

1664 **voto** **vote, grade**
il
[voto]
La mancanza di sonno può avere un impatto negativo enorme sui voti di uno studente.
-Lack of sleep can have an enormous negative impact on a student's grades.

1665 **barba** **beard**
la
[barba]
Lui si è fatto crescere la barba per sembrare più maturo.
-He grew a beard to look more mature.

1666 **soffrire** **suffer**
vb
[soffrire]
Durante la notte mia nonna è venuta a mancare, senza soffrire.
-My grandmother went peacefully in the night.

1667 **fegato** **liver**
il
[fegato]
John è quasi morto dopo aver mangiato un po' di fegato crudo.
-John nearly died after eating some raw liver.

1668 **dichiarazione** **declaration**
la
[dikjarattsjone]
Le aziende spesso hanno un elenco di 5-10 "dichiarazioni di missione" presenti nei loro opuscoli, sui loro siti web o appesi nel loro ufficio esprimendo in dettaglio i valori in loro possesso, come una forma di comunicazione ai loro dipendenti, i clienti e il pubblico.
-Businesses often have a list of 5-10 'mission statements' featured in their brochures, on their websites or hanging in their office detailing the values they hold as a form of communication to their employees, their clients and the public.

1669 **consegna** **delivery**
la
[konseɲɲa]
In caso di ritardo nella consegna, abbiamo una speciale assicurazione sul ritardo.
-In case the shipment is delayed, we have special delay insurance.

1670 **cassa** **cash, case**
la
[kassa]
John ha aiutato Jane ad aprire la cassa. John scoprì che Jane stava rubando dal registro di cassa.
-John helped Jane open the case. John found out Jane was stealing from the cash register.

1671 **giudizio** **judgment**
il
[dʒudittsjo]
La bellezza è un potere che oscura spesso il nostro giudizio.
-Beauty is a power that often clouds our judgement.

1672 **esistenza** **existence**
la
[ezistentsa]
Sto provando a immaginare la mia esistenza senza te.
-I've been trying to imagine my life without you.

1673 **diamante** **diamond**
il
[djamante]
John non ha detto a nessuno che aveva comprato un anello di diamanti per Jane.
-John didn't tell anyone that he'd bought a diamond ring for Jane.

1674 **miele** **honey**

le Non crederai a dove sono stati John e Jane per la loro luna di miele.
[mjele] -You won't believe where John and Jane went for their honeymoon.

1675 **femmina** **female**
la; pfx [femmina]
Il coccodrillo, che produce solo maschi giovani in un clima più caldo, potrebbe morire anche lui perché non ci saranno femmine per riprodursi.
-The crocodile, which produces only male young in hotter weather, might die out too because there will be no females to breed.

1676 **ministero** **ministry**
il [ministero]
Perché l'Agenzia della Difesa giapponese è stata promossa a Ministero della Difesa?
-Why was the Japan Defense Agency upgraded to the Japanese Ministry of Defense?

1677 **divorzio** **divorce**
il [divortsjo]
John mi ha detto che non poteva permettersi un altro divorzio.
-John told me that he could afford another divorce.

1678 **brillante** **brilliant, bright; diamond**
adj; il [brillante]
Io vidi qualcosa di molto brillante volare nel cielo notturno.
-I saw something very bright fly across the night sky.

1679 **furto** **theft**
il [furto]
La polizia arrestò un sospetto in relazione con il furto.
-The police arrested a suspect in connection with the robbery.

1680 **federale** **federal**
adj [federale]
Konrad Adenauer è stato il primo cancelliere della Repubblica Federale di Germania.
-Konrad Adenauer was the first chancellor of the Federal Republic of Germany.

1681 **sorgere** **arise, rise**
vb [sordʒere]
Perché la Luna è così grande quando sorge e tramonta, rispetto a quando è alta nel cielo?
-Why is the Moon larger when it rises and sets, than when it is high in the sky?

1682 **vendita** **sale, selling**
la [vendita]
John pensò che lanciare un sito di vendita pop-corn sarebbe stata una buona idea.
-John thought it would be a good idea to start a website that sold nothing but popcorn.

1683 **uniforme** **uniform**
adj [uniforme]
I poliziotti della città di New York portano un'uniforme blu scuro.
-New York City policemen wear dark blue uniforms.

1684 **chiacchiera** **gossip**
la [kjakkjera]
La storia di Michael Jackson e del tredicenne divenne un'immensa montatura pubblicitaria e una chiacchiera inconsistente
-The story of Michael Jackson and the 13-year-old boy became a frenzy of hype and unsubstantiated rumor

1685 **scopare** **sweep, fuck**
vb [skopare]
Appuntamento, ma per se stesso più di Dio, e poi scopare per imparare da Dio?
-Appointment, but for himself more than God, then fuck to learn from God?

1686 **blocco** **block**
il [blokko]
Ogni autore soffre del blocco dello scrittore di tanto in tanto.
-Every author suffers from writer's block from time to time.

1687 **discussione** la [diskussjone]
discussion
Le registrazioni delle nostre discussioni sono conservate dalla segretaria.
-The records of our discussions are kept by the secretary.

1688 **ella** prn [ella]
she
Ella nascose la lettera con cura, in modo che nessuno la vedesse.
-She hid the letter carefully so that no one should see it.

1689 **volentieri** adv [volentjeri]
willingly
Viaggiavo volentieri e viaggerei ancora, ma i viaggi costano molto e io non guadagno più come una volta.
-I certainly enjoyed traveling, and I still would if I could, but traveling is expensive and I don't earn as much as I used to.

1690 **rivoluzione** la [rivoluttsjone]
revolution
Dopo la caduta della cortina di ferro e la rivoluzione del 1989, la Romania ha iniziato la sua transizione verso la democrazia e l'economia capitalista.
-After the fall of the Iron Curtain and the 1989 Revolution, Romania started its transition towards democracy and a capitalist market economy.

1691 **complicare** vb [komplikare]
complicate
Se la situazione si complica, chiamami al numero di telefono che ti ho dato ieri.
-If things get out of hand, you should call me at the number I gave you yesterday.

1692 **bastone** il [bastone]
stick
Sapete come fare un fuoco utilizzando solo bastoni di legno?
-Do you know how to start a fire using just sticks of wood?

1693 **azienda** le [addzjˈɛnda]
company, business
Le aziende percepiscono come concorrenti una gamma ristretta del mondo degli affari; ci sono molti casi in cui non capiscono i loro veri rivali.
-Businesses perceive as competitors a narrow range of the business world; there are many cases where they don't understand their real rivals.

1694 **bagaglio** il [bagaʎʎo]
luggage
Ho molti bagagli, quindi non riesco ad andare a casa a piedi.
-I have a lot of baggage, so I can't walk home.

1695 **caspita** int [kaspita]
good heavens
E dice: 'Non c'è tempo', e caspita, ciò è terribilmente vicino all'essere vero.
-He says, 'There is no time' and boy, that is awfully close to being true.

1696 **pesca** la [peska]
fishing, catch, peach
Nell'Unione Europea, i sussidi per la pesca vengono utilizzati per l'ammodernamento delle navi o la loro demolizione
-In the EU, fisheries subsidies are used to pay for vessel modernisation or scrapping.

1697 **improvvisamente** adv [improvvizamente]
suddenly
Dopo che mia madre è morta improvvisamente, mio padre si è preso cura di me tutto da solo.
-After my mother died suddenly, my father looked after me all by himself.

1698 **urgente** adj [urdʒente]
urgent
Coloro che soffrono la fame in Africa hanno bisogno d'aiuto urgente.
-Those who are suffering from hunger in Africa need urgent help.

1699 **pagano** adj [pagano]
pagan, heathen
Di suo padre, sappiamo solo che era un pagano, e pertanto non era circonciso.
-Of his father, we know only that he was a pagan and that is why he wasn't circumcised.

1700 **augurare** **wish**
vb
[augurare]
Auguro a tutti voi un buon Natale e felice anno nuovo.
-I wish you all a merry Christmas and a happy new year.

1701 **glielo (di glie e lo)** **it to him**
pron
[ʎelo (di ʎe e llo)]
Ha detto che se avesse conosciuto il suo indirizzo, gliel'avrebbe scritto.
-He said that if he knew her address, he would write to her.

1702 **pancia** **belly**
la
[pantʃa]
Il dolore di stomaco è comunemente confuso con dolore alla pancia.
-Stomachache is usually mistaken with bellyache.

1703 **vicenda** **event**
la
[vitʃenda]
Tuttavia, la Commissione seguirà la vicenda e, se opportuno, avvierà un dialogo con le autorità tunisine in stretta collaborazione con gli Stati membri.
-However, the Commission will follow the situation, and if opportune, open the dialogue with Tunisian Authorities in close co-operation with the Member States.

1704 **rivedere** **review, revise**
vb
[rivedere]
Io penso che sia molto improbabile rivedere la mia moto rubata.
-I think it's highly unlikely that I'll ever see my stolen motorcycle again.

1705 **volante** **steering wheel; flying**
il; adj
[volante]
Questa mattina, sono andata a un bancone di vendita di pesce e il pesce volante era molto fresco e anche in vendita.
-This morning, I went to a fish selling counter and the flying fish was very fresh and also on sale.

1706 **leggenda** **legend**
la
[leddʒenda]
La leggenda racconta che la valle dell'Hasli, nell'Oberland bernese, era abitata dagli gnomi
-According to legend, in days gone by, the Bernese Oberland's Haslital (Hasli Valley) was a favourite haunt of dwarves

1707 **guadagnare** **earn, gain**
vb
[gwadaɲɲare]
Potenzialmente ogni piccolo miglioramento fatto alla vettura può contribuire alla velocità e alla fine può far guadagnare punti in campionato.
-Every small improvement made to the car has the potential to contribute to the speed and ultimately the gaining of championship points.

1708 **junior** **junior**
adj
[dʒunjor]
Il mio nome completo è Ricardo Vernaut Junior.
-My full name is Ricardo Vernaut, Junior.

1709 **tecnologia** **technology**
la
[teknolodʒa]
Mi piacerebbe sapere di più sulla tecnologia che è stata utilizzata nella costruzione delle piramidi egizie.
-I would like to know more about the technology which was used in the construction of the Egyptian pyramids.

1710 **mistero** **mystery**
il
[mistero]
Ieri è storia, domani è un mistero, ma oggi è un dono. Per questo è chiamato "presente".
-Yesterday is history, tomorrow is a mystery, but today is a gift. That is why it is called the "present".

1711 **accomodare** **accommodate**
vb
[akkomodare]
Per accomodare il bambino è possibile ripiegare la maniglia di trasporto dietro il seggiolino in 2 posizioni, premendo entrambi i pulsanti.
-To position your child, you can fold the carrying handle behind the seat in 2 positions, by pressing both handle release buttons.

1712 **palco** **stage**
il
[palko]
A Roger piaceva scrivere canzoni. Gli piaceva anche eseguire le sue canzoni sul palco.
-Roger liked writing songs. He also liked to perform his own songs on the stage.

1713 **stringere** **tighten**
vb
[strindʒere]
Non spanare o stringere troppo il dado di fissaggio o il tubo può fuoriuscire.
-Do not cross-thread or over-tighten the retaining nut or the tubing may leak.

1714 **eccoli** **here they are (eccolo/i (m), eccola/e (f))**
int
[ekkoli]
Avete detto che volevate delle prove. Beh, eccole.
-You said you wanted proof. Well, here it is.

1715 **ritornare** **return**
vb
[ritornare]
Con il pulsante 1.23 si può passare direttamente al menu per la rimozione della protezione contro la cancellazione, o da qui ritornare indietro.
-You can use button 1.23 to switch directly to the menu for canceling protection or to return from that menu.

1716 **disgustoso** **disgusting**
adj
[dizgustozo]
Voglio comprare una macchina per il caffè, non riesco più a bere il caffè solubile, è disgustoso.
-I want to buy a coffee maker, I can't drink instant coffee any longer, it's disgusting.

1717 **superare** **exceed**
vb
[superare]
Non pensavo che John ce l'avrebbe fatta a superare la notte, così sono rimasta al suo capezzale.
-I didn't think John would make it through the night, so I stayed by his bedside.

1718 **nuotare** **swim**
vb
[nwotare]
John vive vicino a una spiaggia, quindi va a nuotare quasi ogni giorno d'estate.
-John lives near a beach, so he goes swimming almost every day in the summer.

1719 **dimentico** **oblivious**
adj
[dimentiko]
Un mondo, sempre più dimentico del passato e insanamente proteso al nuovo, è facile preda di chi vuol distruggere.
-A world that tends to forget its past more and more, and that unhealthily tends towards the new, is easy prey for those who wish to destroy.

1720 **atmosfera** **atmosphere**
le
[atmosfera]
Il linguaggio formalmente educato, in un certo senso, rovina un'atmosfera informale.
-Polite language, in a sense, spoils a casual atmosphere.

1721 **cameriere** **waiter, butler/waitress, maid**
il, la
[kamerjere]
Al cameriere ossequioso viene solitamente assegnato il tavolo migliore perché cerca sempre di ingraziarsi il suo manager e i suoi superiori.
-The obsequious waiter is usually assigned the best table because he always curries favor with his manager and superiors.

1722 **impegno** **commitment**
gli
[impeɲɲo]
Quando, un giorno, i computer si impegneranno a tradurre opere letterarie, sarà la fine della letteratura come noi la conosciamo.
-When, one day, computers undertake to translate literary works, it will be the end of literature as we know it.

1723 **regale** **kingly**

adj
[regale]
Gesù ritornerà sul trono regale della sua gloria, per dare compimento a quella sua parola.
-Jesus will return on the royal throne of His glory, to bring to fulfillment that word of His.

1724 **robot** **robot**
i
[robot]
I robot non si ammalano o si lamentano mai e riescono a lavorare 24 ore al giorno.
-The robots never get sick or complain and they can work 24 hours a day.

1725 **imperatore** **Emperor**
il
[imperatore]
L'imperatore Adriano ha fatto costruire il Vallo di Adriano.
-Emperor Hadrian had Hadrian's Wall built.

1726 **festeggiare** **celebrate**
vb
[festeddʒare]
John e Jane hanno festeggiato il loro primo anniversario con una cena romatica.
-John and Jane had a romantic dinner to celebrate their first anniversary together.

1727 **danzare** **dance**
vb
[dantsare]
Yoko ha danzato con tanta eleganza che ci ha sorpreso noi tutti.
-Yoko danced with a grace that surprised us.

1728 **benedire** **bless**
vb
[benedire]
Grazie. Che Dio vi benedica. E che Dio benedica gli Stati Uniti d'America.
-Thank you. God bless you. And may God bless the United States of America

1729 **appunto** **just**
adv; i
[appunto]
Quel che unisce noi tutti è appunto il senso dell'appartenenza all'Europa, come patrimonio comune di valori e di idee
-What unites us all is precisely the sense of belonging to Europe, seen as a common heritage of values and ideas, traditions

1730 **fresco** **fresh, cool**
adj; il
[fresko]
John ha detto che aveva bisogno di prendere un po' d'acqua fresca.
-John said that he needed to take a bit of fresh water.

1731 **sincero** **sincere**
adj
[sintʃero]
Mi piace non perché è gentile, ma perché è sincero.
-I like him not because he is kind but because he is honest.

1732 **gestire** **handle, manage**
vb
[dʒestire]
L'ufficio Etica può dispensare consigli per gestire le situazioni difficili tra colleghi?
-Can the Office of Ethics provide advice on how to handle difficult situations with colleagues?

1733 **parcheggio** **parking, park**
il
[parkeddʒo]
Anch'io ho già pagato qualche volta multe per divieto di parcheggio.
-I've paid parking fines a number of times myself.

1734 **rifugio** **refuge**
il
[rifudʒo]
La coerenza è l'ultimo rifugio delle persone senza immaginazione.
-Consistency is the last refuge of the unimaginative.

1735 **sposo** **groom**
lo
[spozo]
E poi la sposa e lo sposo vengono lasciati soli.
-And then the bride and bridegroom are left alone.

1736 **telecamera** **camera**
la
[telekamera]
John mi ha mostrato come usare la sua telecamera.
-John showed me how to use his camera.

1737 **equipaggio** **crew**
il
[ekwipaddʒo]
L'equipaggio dovette abbandonare la nave che affondava.
-The crew had to abandon the sinking ship.

1738 **organizzare** **organize, arrange**
vb
[organiddzare]
Grazie per avermi aiutata ad organizzare la festa di compleanno di John.
-Thank you for helping me organize John's birthday party.

1739 **cola** **there**
adv
[kola]
Il soggiorno colà è tanto più piacevole quanto più è elevato; e ai confini del piano mentale lo spirito trova quiete, poiché già attratto dall'alto.
-The higher up there, the more pleasant the stay; and on the border of the mental plane the spirit can rest, because there the spirit is already subject to lofty attractions.

1740 **penna** **pen**
la
[penna]
Mi sono piegato per raccogliere la penna che mi era caduta sul pavimento.
-I bent over to pick up my pen which had fallen on the floor.

1741 **nozze** **wedding**
le
[nottse]
Il mio anello di nozze è stato realizzato da un orafo specializzato.
-My wedding ring was crafted by a skilled goldsmith.

1742 **biblioteca** **library**
la
[bibljoteka]
Apparentemente in questa biblioteca ci sono dei libri preziosi che i soldi non possono comprare.
-Apparently in this library are precious books that money can't buy.

1743 **pregare** **pray**
vb
[pregare]
Ti prego di accettare le mie condoglianze per la morte di tuo padre.
-Please accept my condolences on the death of your father.

1744 **frase** **phrase, sentence**
la
[fraze]
Ci sono delle frasi la cui traduzione in alcune lingue non ha senso e, quindi, devono essere evitate.
-There are sentences whose translation into certain languages doesn't make sense and, therefore, should be avoided.

1745 **ricominciare** **recommence**
vb
[rikomintʃare]
Cancella fino all'inizio del discorso o del testo; togli il soggetto o ricomincia da capo.
-Erase to the start of discourse or text; drop the subject or start over.

1746 **pulire** **clean**
vb
[pulire]
A me piacerebbe ridurre drasticamente la quantità di tempo che mi ci vuole per pulire la casa.
-I would like to drastically decrease the amount of time it takes me to clean the house.

1747 **bruciare** **burn**
vb
[brutʃare]
Jane, che è appena stata nominata Coordinatrice Nazionale contro l'estremismo violento, ha partecipato a una manifestazione, in cui hanno ritualmente bruciato la bandiera elboniana.
-Jane, who has just been appointed as National Coordinator against violent extremism, participated in a demonstration, in which they ritually burned the Elbonian flag.

1748 **leone** **lion**
il
[leone]
I suoi capelli erano lunghi e spettinati, simili alla criniera di un leone.
-His long and untidy hair was similar to a lion's mane.

1749 **istruzione** **instruction, education**

le [istruttsjone] — I genitori hanno diritto di priorità nella scelta del genere di istruzione da impartire ai loro figli.
-Parents have a prior right to choose the kind of education that shall be given to their children.

1750 **cambiamento** — **change**
il [kambjamento] — Il Gruppo ha iniziato con determinazione un importante processo di cambiamento ponendo al centro la performance industriale e commerciale.
-The Group has begun to implement with determination an important process of change, focusing all of its efforts on its industrial and commercial performance.

1751 **cimitero** — **cemetery**
il [tʃimitero] — Ho sepolto il mio cane nel cimitero per animali da compagnia.
-I buried my dog at the pet cemetery.

1752 **reazione** — **reaction**
la [reattsjone] — Osservate la sua reazione del viso quando parliamo di un prezzo.
-Observe his facial reaction when we mention a price.

1753 **realmente** — **really**
adv [realmente] — John non aveva realmente voglia di andare in campeggio con John e Jane.
-John didn't really feel like going camping with John and Jane.

1754 **cioccolato** — **chocolate**
il [tʃokkolato] — Questa è la migliore mousse al cioccolato che io e i miei ospiti abbiamo mai mangiato.
-This is the best chocolate mousse that my guests and myself have ever eaten.

1755 **orgoglio** — **pride**
lo [orgoʎʎo] — Il mio orgoglio mi ha impedito di prendere in prestito del denaro da lui.
-My pride prevented me from borrowing money from him.

1756 **combinare** — **combine**
vb [kombinare] — Non è facile combinare i passatempi con i profitti.
-It is not easy to combine hobbies with profits.

1757 **giocatore** — **player, gambler**
il [dʒokatore] — L'allenatore ha detto ai giocatori di non mangiare troppo prima della partita.
-The coach told the players not to eat too much before the game.

1758 **cretino** — **stupid; cretin**
adj; il [kretino] — Grazie per avermi spiegato il motivo per cui tutti mi prendono per un cretino.
-Thanks for having explained to me at last why people take me for an idiot.

1759 **disporre** — **have**
vb [disporre] — A tal fine, tutti gli Stati membri devono disporre dei poteri necessari per prendere tempestivamente, se necessario, le misure idonee.
- To this end, all the Member States must have the necessary powers to take the relevant measures, where appropriate.

1760 **golf** — **golf, sweater, jersey**
il [golf] — John ha fatto finire la sua macchina da golf in un banco di sabbia.
-John drove his golf cart into a sand bank.

1761 **ara** — **macaw, altar**
la [ara] — Il Nuovo Spazio Espositivo dell'Ara Pacis è lo spazio dedicato alle mostre del museo.
-The New Temporary Exhibition Space of the Ara Pacis is the space that hosts the exhibitions of the museum.

1762 **capacità** — **capacity**

la
[kapatʃit'a]
La capacità di lavorare duro è una caratteristica ammirevole, ma la capacità di rilassarsi non è meno importante.
-The ability to work hard is an admirable characteristic but the ability to relax is not less important.

1763 **spostare** **move**
vb
[spostare]
Preferisco spostarmi con la metro piuttosto che con il treno.
-I prefer to go by subway, rather than by train.

1764 **perduto** **lost**
adj
[perduto]
Purtroppo il seme andò perduto a causa dello scarso interesse manifestato dagli allevatori e dal governo
-Unfortunately, the semen were lost due to lack of interest by breeders and the government

1765 **bandiera** **flag**
la
[bandjera]
I colori della bandiera italiana sono il bianco, il rosso e il verde.
-The colors of Italian flag are white, red and green.

1766 **saggiare** **test**
vb
[saddʒare]
Una volta qui è d'obbligo saggiare la cucina prelibata tipica che va dai piatti di riso e frutti di mare ai primi e secondi.
-Once here one must try the excellent typical cuisine, with their succulent rice and seafood dish first courses.

1767 **indossare** **wear, put on**
vb
[indossare]
Mia sorella indossa sempre i jeans, ma in questo momento sta comprando una gonna per la festa di John.
-My sister always wears jeans, but now she's buying a skirt for John's party.

1768 **contea** **county**
la
[kontea]
Celebra l'inizio del bellissimo periodo di fioritura dei meli con diversi eventi nella contea irlandese di Orchard.
-Celebrate the start of the beautiful apple blossom season with a range of events in Ireland's Orchard County.

1769 **umanità** **humanity**
le
[umanit'a]
Ai suoi occhi, il predominio della lingua inglese, non soltanto costituisce una minaccia per il patrimonio dell'umanità, ma è carico di un rischio ben più grave.
-In his view, the domination by the English language is a threat to the heritage of humanity. It poses an even worse risk.

1770 **professionista** **professional; professional; expert**
il/la
[professjonista]
La ragazza indiana nel film non è un'attrice professionista.
-The Indian girl in the film isn't a professional actress.

1771 **calore** **heat**
il
[kalore]
Sono andati a Edimburgo per fuggire dal calore estivo.
-They went to Edinburgh to escape from the summer heat.

1772 **orgoglioso** **proud**
adj
[orgoʎʎozo]
Io ero molto orgoglioso quando mio figlio ha vinto il primo premio al concorso.
-I was very proud when my son won first prize at the competition.

1773 **disposizione** **arrangement**
la
[dispozittsjone]
Ogni attività che volete compiere prenderà più tempo di quanto ne avete a disposizione.
-Any activity you need to accomplish will take more time than you have.

1774 **negativo** **negative**

adj La mancanza di sonno può avere un impatto negativo enorme sui voti di uno
[negativo] studente.
-Lack of sleep can have an enormous negative impact on a student's grades.

1775 **delitto** **crime**
il Sui giornali è stato scritto che si trattava di un delitto passionale.
[delitto] -It said in the newspapers that it was a crime of passion.

1776 **impegnare** **commit**
vb Se vuoi conseguire buoni risultati a scuola, devi impegnarti nello studio a più
[impeɲɲare] non posso.
-If you are to do well in school, you must study hard.

1777 **umore** **mood, humor**
il Io non penso che John sia dell'umore giusto per lavorare in questo momento.
[umore] -I don't think John is in the mood to work right now.

1778 **superficie** **surface**
la Gli ultimi raggi del sole si riflettono sulla superficie del mare infinito.
[superfitʃe] -The last rays of the sun are reflected on the infinite sea.

1779 **divano** **sofa**
il John ha raccolto le monete che erano cadute dietro il divano.
[divano] -John picked up the coins that had fallen behind the sofa.

1780 **cabina** **cabin**
la Il futuro pilota è addestrato in una cabina di pilotaggio finta.
[kabina] -The future pilot is trained in a mock cockpit.

1781 **saluto** **greeting**
il Questo infatti è il saluto che Gesù ha rivolto agli apostoli riuniti nel
[saluto] Cenacolo: "Pace a voi!
-In fact, this is the greeting Jesus directed to the apostles assembled at the Last Supper: "May Peace be with you!

1782 **raggio** **radius, spoke, beam, range, ray**
il Gli ultimi raggi del sole si riflettono sulla superficie del mare infinito. -The
[raddʒo] last rays of the sun are reflected on the infinite sea.

1783 **fiato** **breath**
il Lei si è nascosta dietro la porta e ha trattenuto il fiato.
[fjato] -She hid behind the door and held her breath.

1784 **colui** **he**
prn Colui che è in grado di definire un problema, ne ha già risolto metà.
[kolwi] -The one that is able to define a problem, already solved half of it.

1785 **girato** **endorsed, turned (moved around axis), shot (movie)**
adj Abbiamo girato tutte le scene con riprese master e modificato gli assi quando
[dʒirato] eravamo soddisfatti della performance degli attori.
-We filmed all the scenes in master shots and changed axes when we were satisfied with the actors' performance.

1786 **ritmo** **rhythm**
il A questo ritmo, è una questione di tempo prima che mi becchino.
[ritmo] -At this rate, it's a matter of time before I get caught.

1787 **costo** **cost**
il Non c'è alcun costo d'ingresso per i bambini al di sotto dei cinque anni.
[kosto] -There is no admission fee for children under five.

1788 **imbarazzante** **embarrassing**
adj Dopo un imbarazzante silenzio, Bill la prese per mano e la trascinò di sopra.
[imbarattsante] -After an awkward pause, Bill took her by the hand and dragged her upstairs.

1789 **pubblicità** **advertising**

la
[pubblitʃit'a]
La pubblicità on-line, grazie all'ampio raggio di diffusione, gode di un maggior grado di fiducia rispetto alla pubblicità classica.
-Due to their extensive reach, more confidence is placed in online advertisements than in traditional advertising.

1790 **sport** **sport, sports**
lo
[sport]
Il rugby è uno sport che non viene mai interrotto per la pioggia.
-Rugby is a sport which is never called off by rain.

1791 **eccitante** **exciting; stimulate, upper**
adj; il
[ettʃitante]
Era tremendamente eccitante essere a Boston in quel periodo.
-It was tremendously exciting to be in Boston at that time.

1792 **zuppa** **soup**
la
[tsuppa]
All'ombra della torre pendente di Pisa siede il cantore della città, mangiando un piatto di zuppa di piselli. Dopodiché egli racconterà ai bambini la fiaba "La principessa sul pisello".
-In the shadow of the Leaning Tower of Piza sits the storyteller of the town, eating a plate of pea soup. After that he tells some children the fairy tale "The Princess and the Pea".

1793 **diario** **diary**
il
[djarjo]
John scrive qualcosa nel suo diario ogni sera, non importa quanto stanco sia.
-John writes something in his diary every evening, no matter how tired he is.

1794 **cavo** **cable, wire; hollow**
il; adj
[kavo]
La settimana prossima l'elettricista viene a riparare i cavi.
-Next week the electrician is coming to fix the wires.

1795 **salutare** **healthy; greet, say goodbye to**
adj; vb
[salutare]
"Dove sei andato?" "Sono andato in stazione per salutare un amico che partiva."
-"Where have you been?" "I have been to the station to see a friend off."

1796 **collina** **hill**
la
[kollina]
Dalla collina su cui sorge la mia casa, si ha una vista su tutta la città.
-The hill on which my house stands commands a full view of the city.

1797 **attraversare** **cross**
vb
[attraversare]
Mia madre mi ha insegnato a guardare entrambi i lati prima di attraversare la strada.
-My mother taught me to always look both to the left and to the right before crossing the street.

1798 **coprire** **cover**
vb
[koprire]
Il suo nuovo taglio di capelli le copre le orecchie.
-Her new hairstyle covers her ears.

1799 **struttura** **structure**
la
[struttura]
Tutti gli elementi di una struttura dati sono pubblici per impostazione predefinita.
-All the elements of a data structure are public by default.

1800 **attraente** **attractive**
adj
[attraente]
Bello, intelligente e attraente - questo descrive ciò che lui non è.
-Beautiful, intelligent and hot - this describes what he is not.

1801 **riserva** **reserve, reservation**
la
[rizerva]
Sfortunatamente, le riserve di cibo finirono prima della fine dell'inverno.
-Unfortunately, the food supplies gave out before the end of winter.

1802 **analisi** **analysis**
le
[analizi]
Le decisioni efficaci si basano sull'analisi di dati e informazioni.
-Effective decisions are based on the analysis of data and information.

1803 **florido** **florid**
adj
[florido]
Un viale bordato da filari di cipressi accompagna gli ospiti lungo il curatissimo e florido giardino
-A driveway bordered by rows of cypresses takes guests through the well-kept, blooming garden.

1804 **cintura** **belt**
la
[tʃintura]
Dobbiamo sempre indossare la cintura di sicurezza nel caso ci capiti un incidente.
-We should always wear a seatbelt in case we have an accident.

1805 **condannare** **convict**
vb
[kondannare]
L'Iran condannò gli attacchi di Israele contro la Siria.
-Iran condemned the attacks of Israel against Syria.

1806 **patata** **potato, pussy (coll)**
la
[patata]
Nostra sorella ha comprato alcune melanzane, delle patate, delle zucchine e del cavolo cinese al mercato.
-Our sister bought some eggplants, potatoes, zucchinis and Chinese cabbage at the market.

1807 **sforzo** **effort**
lo
[sfortso]
I processi politici del nostro paese sono tali che, se una regola della ragione non si applica in questo sforzo, perderemo tutto - anche un possibile cambiamento drastico nella Costituzione.
-The political processes of our country are such that if a rule of reason is not applied in this effort, we will lose everything — even to a possible and drastic change in the Constitution.

1808 **scrittore** **writer**
lo
[skrittore]
Io non dimenticherò mai l'incontro con quel famoso scrittore l'anno scorso.
-I will never forget meeting that popular writer last year.

1809 **reputazione** **reputation; credit, standing**
la
[reputattsjone]
Il comportamento non ha fatto bene alla sua reputazione.
-The behavior did his reputation no good.

1810 **spiegazione** **explanation**
la
[spjegattsjone]
In realtà, la spiegazione è un po' più complicata di così, ma si ottiene il succo del discorso.
-In reality, the explanation is a bit more complicated than this, but you get the gist.

1811 **armato** **armed**
adj
[armato]
John si è armato con una pistola e un coltello.
-John armed himself with a gun and a knife.

1812 **religione** **religion**
la
[relidʒone]
La religione è considerata vera dalla gente comune, falsa dai saggi e utile dai governanti.
-Religion is regarded by the common people as true, by the wise as false, and by the rulers as useful.

1813 **eccezionale** **exceptional, outstanding**
adj
[ettʃettsjonale]
Il festival è stato teatro di un eccezionale grande concorso di pubblico.
-The festival witnessed an unusually large attendance.

1814 **rinforzo** **reinforcement**
il
[rinfortso]
I pannelli vengono utilizzati come elementi portanti e di rinforzo ma anche come elementi non portanti.
-The panels are used for load-bearing and bracing, but also for non-structural elements.

1815 **conseguenza** **result, consequence**
la
[konsegwentsa]
La conseguenza di una traduzione errata a volte può essere catastrofica.
-The consequence of a wrong translation can sometimes be catastrophic.

1816 **ebbene** **so, well**
adv
[ebbene]
Ebbene, la cooperazione allo sviluppo ha proprie leggi, norme, criteri, strumenti e istituzioni
-Well, development cooperation has its own laws, rules, criteria, tools and institutions

1817 **evento** **event**
lo
[evento]
L'evento ha luogo sia che piova sia che ci sia il sole.
-The event takes place rain or shine.

1818 **traditore** **traitor; treacherous**
il; adj
[traditore]
Gli italiani dicono che i traduttori sono dei traditori.
-The Italians say that translators are traitors.

1819 **proiettile** **bullet, projectile**
il
[projettile]
Un dottore ha provato a rimuovere il proiettile dalla sua schiena.
-A doctor tried to remove the bullet from his back.

1820 **costume** **costume, custom, suit**
il
[kostume]
I russi copiano i costumi francesi, ma sempre a cinquant'anni di distanza.
-The Russians copy the French ways, but always fifty years later.

1821 **torcere** **twist**
vb
[tortʃere]
Durante il confezionamento non torcere il cavo rispetto al connettore.
-Do not twist the cable during assembly.

1822 **accompagnare** **accompany**
vb
[akkompaɲɲare]
Lui e il suo compagno mi hanno chiesto di accompagnarli.
-He and his companion asked me to come along with them.

1823 **nudo** **naked**
adj
[nudo]
Una scheggia di legno, quasi invisibile a occhio nudo, ha causato una dolorosa infezione a uno delle dita di John.
-A splinter of wood, barely visible to the naked eye, caused a very painful infection in one of John's fingers.

1824 **vasca** **tub**
la
[vaska]
John ha riempito la vasca da bagno con dell'acqua calda.
-John filled the bathtub with hot water.

1825 **giuria** **jury**
la
[dʒurja]
La Giuria, riunita in sessione plenaria, procede alla valutazione dei bilanci.
-The Jury then meets in plenary session and examines the financial reportings.

1826 **sfida** **challenge**
la
[sfida]
Emergono sempre sfide nella vita, alcuni le chiamano problemi, gli altri opportunità di crescita.
-Again and again there are challenges in our life. Some call them problems, others call them growth opportunities.

1827 **catena** **chain**
la
[katena]
L'Italia ha due catene montuose, le Alpi e gli Appennini.
-Italy has two mountain ranges, the Alps and the Apennines.

1828 **schiavo** **slave**
lo
[skjavo]
Mi rifiuto di essere trattato come uno schiavo da te.
-I refuse to be treated like a slave by you.

1829 **accetto** **acceptable**

adj Naturalmente, chiunque (inclusi gli xilofonisti Jazz sperimentali…) è più che
[attʃetto] ben accetto ad entrare a far parte della schiera di utenti di Ditto Looper!
-Of course, everyone (including experimental Jazz xylophone players…) is more than welcome to use Ditto Looper!

1830 **beva(anda)** **drink**
la L'uomo, per vivere, ha bisogno di alimenti, che consistono in cibi e in
[bevaanda)] bevande.
-In order to stay alive, humans need alimentation, which consists of foods and beverages.

1831 **febbre** **temperature, fever**
la Io ho la febbre e il mal di testa. Penso che mi sto ammalando.
[febbre] -I have a fever and a headache. I think I'm getting ill.

1832 **curioso** **curious**
adj Lei è curiosa di scoprire chi le ha inviato i fiori.
[kurjozo] -She's curious to find out who sent the flowers.

1833 **tragedia** **tragedy**
la Questa è una tragedia per questa famiglia, è una tragedia per questa comunità,
[tradʒedja] è una tragedia per la città.
-This is a tragedy for this family, it's a tragedy for this community, it's a tragedy for the city.

1834 **monte** **mountain, mount**
il Il Monte Etna ha eruttato, spedendo pennacchi di lava e cenere nel cielo
[monte] siciliano.
-Mount Etna has erupted, sending lava and ash plumes into the Sicilian sky.

1835 **pochino** **a little**
adv Io dovrei dire che certamente lui è un pochino arrabbiato.
[pokino] -I should say he is surely a little angry.

1836 **olio** **oil**
gli "Qual è il motivo della tua allergia questa volta? È l'olio d'oliva nell'insalata?"
[oljo] "No, sono i pomodori."
-"What's the reason for your allergy this time? Is it the olive oil in the salad?" "No, it's the tomatoes."

1837 **barone** **baron**
il Negli ultimi anni della sua vita Revoltella si dedicò a opere di mecenatismo e
[barone] nel 1867 l'Impero gli conferì il titolo di barone.
-Revoltella dedicated the final years of his life to patronage, and was ennobled as Baron by the Austrian Empire in 1867.

1838 **pizza** **pizza**
la Chi stavo provando a ingannare quando ho tagliato quella fetta di pizza a
[piddza] metà?
-Who was I trying to fool when I cut that slice of pizza in half?

1839 **legare** **tie**
vb John ha legato le sue piante di pomodoro a dei pali con dello spago.
[legare] -John tied his tomato plants to stakes with twine.

1840 **accusare** **accuse**
vb Il poliziotto mi ha accusato di avere ignorato le regole del traffico.
[akkuzare] -The policeman blamed me for ignoring traffic rules.

1841 **antico** **ancient**
adj L'astronomia è al tempo stesso la scienza più antica e la più moderna.
[antiko] -Astronomy is at the same time the most ancient and the most modern science.

1842 **capo** **boss**
il
[kapo]
Stephen viaggia più del suo capo.
-Stephen travels more than his boss.

1843 **clinico** **clinical**
adj
[kliniko]
Le cartelle cliniche nella maggior parte degli ospedali sono tenuti in ordine alfabetico.
-The clinical records in most hospitals are kept in alphabetical order.

1844 **carattere** **character**
il
[karattere]
John non riesce più a sopportare il carattere di Jane.
-John can't put up with Jane's behavior anymore.

1845 **ricompensare** **reward**
vb
[rikompensare]
La certificazione viene a ricompensare il lavoro iniziato nel novembre del 2007 dall'insieme dello staff e dalla direzione.
-This certification endorses the work initiated in November 2007 by the entire staff and management .

1846 **fila** **row, line**
la
[fila]
C'erano delle file di alberi su entrambi i lati della strada.
-There were rows of trees on either side of the road.

1847 **pene** **penis**
il
[pene]
Il pene dell'elefante nano può raggiungere il mezzo metro di lunghezza.
-The penis of a dwarf elephant can reach the half meter in length.

1848 **probabile** **likely**
adj
[probabile]
È molto meno probabile che un Macintosh abbia un virus rispetto ad un computer con Windows.
-It's a lot less likely for a Macintosh computer to have a virus than a computer running Windows.

1849 **raccogliere** **gather**
vb
[rakkoʎʎere]
John ha fatto del volontariato per aiutare a raccogliere soldi per un nuovo orfanotrofio.
-John volunteered to help raise money for a new orphanage.

1850 **petrolio** **oil, petroleum**
il
[petroljo]
I prodotti petrolchimici sono dei prodotti chimici derivati dal petrolio.
-Petrochemicals are chemical products derived from petroleum.

1851 **schermo** **screen, monitor**
lo
[skermo]
Lo scopo di questo gioco è di fare esplodere tutte le bombe sullo schermo.
-The aim of this game is to explode all the bombs on the screen.

1852 **familiare** **familiar**
adj; il/la
[familjare]
Lei sembra più o meno familiare con il soggetto.
-He seems more or less familiar with the subject.

1853 **onde** **hence, whence; so that, so as; of which, whose**
adv; conj; pron
[onde]
Indica informazioni importanti da memorizzare, incluse precauzioni quali la visualizzazione di allarmi onde evitare di danneggiare i dispositivi.
-Indicates important information that should be memorized, including precautions such as alarm displays to avoid damaging the devices.

1854 **gentiluomo** **gentleman**
il
[dʒentilwomo]
Si veste come un gentiluomo, ma parla e si comporta come un pagliaccio.
-His dress is that of gentleman, but his speech and behavior are those of a clown.

1855 **argento** **silver**
lo; adj
[ardʒento]
Come dice il proverbio: il silenzio è d'oro, la parola d'argento.
-As the saying goes: Speech is silver, silence is gold.

1856	**orso**	**bear**
	il [orso]	In realtà, a muoversi a qualsiasi velocità l'orso polare utilizza il doppio dell'energia della maggior parte degli altri mammiferi. -In fact, to move at any speed the polar bear uses twice as much energy as do most other mammals.
1857	**fico**	**fig**
	il [fiko]	Il fico ha messo i suoi ficucci, e le viti fiorite esalano il loro profumo. -The fig tree hath put forth her green figs: the vines in flower yield their sweet smell.
1858	**romantico**	**romantic**
	adj [romantiko]	In questo caso è meglio limitarsi alla corrispondenza romantico - ci sono sempre persone che vogliono sentire l'amore virtuale! -In this case it's better to limit yourself to romantic correspondence – there are always people who wish to feel virtual love!
1859	**ripresa**	**recovery**
	la [ripreza]	Negli ultimi anni, c'è stata una ripresa di interesse nella danza swing. -In recent years, there has been a revival of interest in swing dancing.
1860	**circo**	**circus**
	il [tʃirko]	In estate, diversi festival musicali, spettacoli all'aperto o sul lago con fuochi d'artificio, così come un circo animano questa città. -In summer, several music festivals, performances in the open air or on the Lake with Fireworks, as well as a circus animate this city.
1861	**organizzazione**	**organization**
	le [organiddzattsjone]	L'Organizzazione Mondiale della Sanità dice che l'abuso di alcol è la terza causa di morte e disabilità nel mondo. -The World Health Organization says alcohol abuse is the third leading cause of death and disability in the world.
1862	**tassa**	**fee, tax**
	la [tassa]	Il 2005 include il rimborso della tassa portuale da parte della Agenzia delle Dogane di Siracusa per gli anni dal 1994 al 2001. -Figures for 2005 include the port fees repaid by the Syracuse Customs Department for the years from 1994 to 2001.
1863	**arabo**	**Arabic; Arab**
	adj; gli [arabo]	Il Golfo Persico si trova tra l'Iran (Persia) e la Penisola Arabica. -The Persian Gulf is located between Iran (Persia) and the Arabian Peninsula.
1864	**indiano**	**Indian; Indian**
	adj; il [indjano]	La nuova situazione rende più difficile per il governo indiano la lotta contro la diffusione del virus dell'AIDS. -The new situation makes it harder for the Indian government to combat the spread of the AIDS virus.
1865	**tappeto**	**carpet**
	il [tappeto]	Noi abbiamo bisogno di comprare un nuovo tappeto per questa camera. -We need to buy a new rug for this room.
1866	**massa**	**mass**
	la [massa]	La massa di Cerere corrisponde a un terzo della massa della fascia degli asteroidi. -Ceres contains one-third of the mass found in the asteroid belt.
1867	**viaggiare**	**travel**
	vb [vjaddʒare]	Per viaggare nel Croazia in macchina avete bisogno di carta verde e valida guida di patente.

-For traveling to Croatia by car you will need a green card and a valid driving license.

1868 **indovinare** **guess**
vb
[indovinare]
Non avrei mai indovinato che John parla così bene francese.
-I would never have guessed that John could speak French so well.

1869 **file** **file (set of records)**
il
[file]
Il file selezionato è protetto e il simbolo della funzione verrà visualizzato sul monitor.
-The selected file is protected and the symbol appears on the screen.

1870 **terapia** **therapy**
la
[terapja]
La domanda di terapia occupazionale è lievitata negli ultimi anni.
-Demand for occupational therapy has surged in recent years.

1871 **catturare** **capture**
vb
[katturare]
Con la sua macchina fotografica, John ha catturato un tornado in azione.
-With his camera, John captured a tornado in action.

1872 **soggetto** **subject**
adj; il
[soddʒetto]
Per realizzare grandi cose non è sufficiente agire, bisogna anche sognare; non è sufficiente calcolare, bisogna credere.
-To accomplish great things we must not only act, but also dream; not only plan, but also believe.

1873 **assumere** **take, assume**
vb
[assumere]
I ragazzi tendono ad assumere un'aria di superiorità rispetto alle sorelle minori.
-Boys tend to look down on their younger sisters.

1874 **punizione** **punishment**
la
[punittsjone]
Jane impose delle punizioni draconiane al figlio per aver commesso anche le più piccole infrazioni.
-Jane imposed draconian punishments on her son for committing even the smallest infractions.

1875 **considerare** **consider**
vb
[konsiderare]
In Europa e in America si considera il cane come un membro della famiglia.
-In Europe and America they regard the dog as a member of the family.

1876 **immaginazione** **imagination**
le
[immadʒinattsjone]
C'era davvero un'Alice, ma il Paese delle Meraviglie è un frutto dell'immaginazione.
-There really was an Alice, but Wonderland is a figment of the imagination.

1877 **geloso** **jealous**
adj
[dʒelozo]
Io sono sempre stata un po' gelosa della vostra amicizia con John.
-I've always been a little jealous of your friendship with John.

1878 **botto** **blow, hit; explosion**
il
[botto]
Proprio in quel momento la porta si aprì e una creatura con un lungo becco infilò la testa e disse. "Nessuno entri fino alla prossima settimana." E la porta si chiuse con un botto.
-Just then the door opened a little way, and a creature with a long beak put its head out for a moment and said: "No admittance till the week after next!" and shut the door again with a bang.

1879 **difficoltà** **difficulties, difficulty, trouble**
le
[diffikolt'a]
Alcuni bambini imparano le lingue facilmente e altri con difficoltà.
-Some children learn languages easily and others with difficulty.

1880 **spegnere** **switch off, turn off**

vb Jane ha chiesto a John di spegnere il computer e preparare la cena.
[speɲɲere] -Jane asked John to turn off the computer and prepare dinner.

1881 **motel** **motel**
i Un motel è come un albergo, solo più piccolo, ed è usato soprattutto da persone che viaggiano in macchina.
[motel] -A motel is like a hotel only much smaller and is used mostly by people traveling by automobile.

1882 **luglio** **July**
gli Prima della fine di luglio avranno messo il pannello pubblicitario sulla facciata di quell'edificio.
[luʎʎo] -They will have placed the billboard on that building's facade before July ends.

1883 **gioiello** **jewel**
il Lei prende in prestito dei gioielli dai suoi amici.
[dʒojello] -You borrow jewels from your friends.

1884 **adorabile** **adorable**
adj È possibile che conosca anch'io questa persona adorabile di cui stai parlando?
[adorabile] -Is it possible I also know this lovely person you're speaking of?

1885 **cultura** **culture**
la Sono in grado di relazionarmi con persone di diversa nazionalità e cultura grazie all'esperienza maturata all'estero.
[kultura] -I can relate with people from different nations and culture thanks to my foreign experience.

1886 **botte** **barrel, cask**
la Non puoi avere la botte piena e la moglie ubriaca.
[botte] -You cannot eat your cake and keep it.

1887 **fedele** **faithful**
adj; il Vi saluto, o tutte le anime fedeli, i cui corpi qui e ovunque riposino in terra.
[fedele] -Hail all faithful souls, whose bodies here and everywhere do rest in the dust.

1888 **poiché** **as, because, for**
con; adv Preferisco un cane a un gatto, poiché il primo è più fedele del secondo.
[poikˈe] -I like a dog better than a cat, for the former is more faithful than the latter.

1889 **gomma** **rubber, gum, tire**
la Mio padre mi ha fatto cambiare una gomma della sua macchina.
[gomma] -My father had me change a tire on his car.

1890 **reverendo** **reverend**
adj Arrivò, dunque, la vigilia del grande giorno e il reverendo fece riunire tutti i bambini in chiesa.
[reverendo] -The eve of the great day arrived, and the priest sent word that all the children were to go to the church.

1891 **impresa** **firm, enterprise**
la La nostra impresa ha il progetto di costruire una nuova fabbrica chimica in Russia.
[impreza] -Our company is planning to build a new chemical plant in Russia.

1892 **perso** **lost**
adj John ha perso così tanto peso che uno dei suoi amici ha tirato dritto davanti a lui in strada, senza riconoscerlo.
[pˈɛrso] -John lost so much weight that one of his friends walked straight past him in the street, without recognising him.

1893 **geniale** **ingenious**

adj
[dʒenjale]
E non solo era un brillante pittore, ma anche un geniale uomo d'affari!
-He was not only a brilliant painter but a genius as a businessman!

1894 **pazzesco** **crazy**
adj
[pattsesko]
Questo premio speciale è riservato al giocatore con il punteggio più pazzesco in un livello specifico
-This special award goes to the player with the most staggering score in a specific level

1895 **completare** **complete**
vb
[kompletare]
Poiché questa settimana molta gente era assente, non abbiamo potuto completare il progetto.
-With so many people absent this week, we weren't able to complete the project.

1896 **sorveglianza** **surveillance**
la
[sorveʎʎantsa]
Infine è stato deciso che i negozi saranno forniti di telecamere di sorveglianza.
-Eventually it was decided that the stores be equipped with surveillance cameras.

1897 **patrio** **patrio**
adj
[patrjo]
In nome dell' amor patrio sono stati commessi crimini orribili
-Many horrible crimes have been committed in the name of love for one's homeland

1898 **scambio** **exchange**
lo
[skambjo]
Un trattato di libero scambio tra Europa e Stati Uniti è in corso di negoziato.
-A free-trade agreement between Europe and the United States is currently under negotiation.

1899 **grato** **grateful**
adj
[grato]
Ho svolto una serie di riunioni sulla relazione con la Commissione, le Presidenze dei Paesi Bassi e del Lussemburgo, [...] il segretariato del Parlamento, il governo del Regno Unito e i miei colleghi, e sono grato a tutti per i loro contributi.
-I had a number of meetings about the report with the Commission, the Netherlands and Luxembourg presidencies, [...] Parliament's Secretariat, the United Kingdom Government and my colleagues, and I am grateful to everyone for their contributions.

1900 **indovino** **fortune-teller**
lo
[indovino]
Lungo il percorso si trova un altro rifugio, Aronte, che prende nome da una leggenda su un indovino della zona.
-Along the way lies another refuge, Aronte, which takes its name from the legend of a soothsayer of the region.

1901 **coincidenza** **coincidence**
la
[kointʃidentsa]
Guarda che stupefacente coincidenza! John ha le mie stesse impronte digitali.
-Look, what an amazing coincidence! John has the same fingerprints as me.

1902 **gabbia** **cage**
la
[gabbja]
L'orso sta camminando su e giù per la gabbia.
-The bear is walking up and down in the cage.

1903 **duca** **duke**
il
[duka]
Una ciliegia avvelenata può uccidere un duca.
-A poisoned cherry may kill a duke.

1904 **sebbene** **although, though; even though**

con; adv
[sebbene]
Sebbene abbia corso più veloce che potesse, la ragazza non riuscì a prendere l'autobus in tempo.
-Running as fast as she could, she still failed to catch the bus.

1905 **comitato** **committee**
il
[komitato]
John non riesce più ad essere un membro del nostro comitato.
-John can no longer be a member of our committee.

1906 **magazzino** **warehouse, magazine**
il
[magattsino]
Ha insistito per andare al grande magazzino con la madre.
-He insisted on going to the department store with his mother.

1907 **misura** **measure**
la
[mizura]
Le misure di austerità che molti governi cittadini hanno implementato sono estremamente impopolari.
-The austerity measures that many city governments have implemented are hugely unpopular.

1908 **disegno** **drawing**
il
[dizeɲɲo]
Lui avrà la spina dorsale di pronunciarsi contro il disegno di legge?
-Will he have the backbone to speak out against the bill?

1909 **tacere** **be silent**
vb
[tatʃere]
Nella vita reale si può tacere andare con una persona, e ancora è la comunicazione che è insolito per gli utenti quando si incontrano in internet.
-In real life we can keep silent going with a person, and still it's communication which is unusual for users when meeting in the internet.

1910 **riprendere** **resume**
vb
[riprendere]
Ci son volute quasi due settimane a John per riprendersi dalla sua malattia.
-It took John about two weeks to get over his illness.

1911 **fisico** **physical (fisica= physics)**
adj; il
[fiziko]
È un fisico famoso non solo in Giappone ma anche nel resto del mondo.
-He is a famous physicist not only in Japan, but in the world.

1912 **episodio** **episode**
il
[epizodjo]
Parlando seriamente, l'episodio 21 mi ha quasi fatta piangere dal ridere.
-Seriously though, episode 21 made me almost cry while laughing.

1913 **illegale** **illegal**
adj; il
[illegale]
Uccidere elefanti, tigri e altre specie in via di estinzione non è soltanto crudele; è anche illegale.
-Murdering elephants, tigers and other endangered species is not just cruel; it's also illegal.

1914 **accorto** **shrewd**
adj
[akkorto]
Deve continuare a svolgere un ruolo accorto ed intransigente, per garantire che si affrontino tutte le cause all'origine
-It must continue to play a shrewd and uncompromising role in ensuring that all the underlying causes of poverty are dealt

1915 **sfortunatamente** **unfortunately**
adv
[sfortunatamente]
Sfortunatamente il mio viaggio in Indonesia non è riuscito ad avvenire perché non sono riuscito a risparmiare abbastanza soldi.
-Unfortunately, my trip to Indonesia fell through because I couldn't save enough money.

1916 **sapore** **flavor, taste**
il
[sapore]
Il frutto è simile a un'arancia come forma e a un ananas come sapore.
-The fruit is similar to an orange in shape and to a pineapple in taste.

1917 **confusione** **confusion**

la
[konfuzjone]
In un certo senso, io riesco a capire la sua grande confusione.
-In a sense, I can understand his great confusion.

1918 **essa** **it**
prn
[essa]
Qualsiasi sia la lingua che studi, essa richiede del tempo.
-Whatever language you study, it takes time.

1919 **drago** **dragon**
il
[drago]
I draghi sono creature lunghe come serpenti, alate come gli uccelli e sagge come gli uomini.
-Dragons are creatures long like snakes, winged like birds, and wise like man.

1920 **valle** **Valley**
la
[valle]
Gira voce che nella valle sia stato trovato l'oro.
-There is a rumor that gold has been found in the valley.

1921 **giallo** **yellow**
adj; il
[dʒallo]
Lo descriverei come un uomo di mezza età con una giacca gialla, una cravatta arancione e una camicia rosa.
-I'd describe him as a middle-aged man in a yellow jacket, orange tie and a pink shirt.

1922 **gesto** **gesture**
il
[dʒesto]
L'atto eroico è un gesto di un uomo spaventato dalla morte.
-The heroic deed is an act of the man frightened to death.

1923 **bimbo** **baby, child**
il
[bimbo]
A causa della tempesta, non potemmo continuare le ricerche del bimbo scomparso.
-The storm hindered us from searching for the missing child.

1924 **sacro** **sacred**
adj; il
[sakro]
Come inizio ho visitato Gerusalemme - un luogo sacro per tre religioni principali.
-For a start, I visited Jerusalem - a sacred place for three major religions.

1925 **circostanza** **circumstance**
la
[tʃirkostantsa]
Noi dobbiamo adattare il nostro piano a queste nuove circostanze.
-We must adapt our plan to these new circumstances.

1926 **estremamente** **extremely**
adv
[estremamente]
Una musica a volume estremamente alto interruppe la loro conversazione.
-Extremely loud music interrupted their conversation.

1927 **villa** **villa**
la
[villa]
Ci sono non più di una dozzina di camere da letto in questa villa.
-There are no fewer than a dozen bedrooms in this mansion.

1928 **centesimo** **hundredth; cent**
il
[tʃentezimo]
È morto pochi giorni prima del suo centesimo compleanno.
-He died a few days before his hundredth birthday.

1929 **percorso** **route**
il
[perkorso]
L'attuale crisi finanziaria ed economica ci offre la rara opportunità di fermarci a riflettere sulla strada che abbiamo percorso e sul dove stiamo andando.
-The current financial and economic crisis affords us a rare opportunity to pause and reflect on where we have been going and where it leads.

1930 **sperimentare** **experiment, experience**
vb
[sperimentare]
Allo stand di Zumtobel dell'EuroShop i visitatori hanno potuto esperimentare direttamente soluzioni di luce su misura per la presentazione e la vendita.
-Zumtobel simulated dynamic lighting solutions for all retail areas in real situations at the stand.

1931 **terrore** **terror**
il
[terrore]
Il silenzio irreale ha messo il terrore nei loro cuori.
-The eerie silence struck terror into their hearts.

1932 **affetto** **affection, love; affected**
lo; adj
[affetto]
Per mantenere un'amicizia ci dev'essere affetto reciproco.
-To maintain a friendship, there must be mutual affection.

1933 **attentamente** **carefully**
adv
[attentamente]
Arrivarono a una grossa pietra, e qui il vecchio si fermò, si guardò attentamente intorno, fece un fischio acuto e pestò tre volte a terra con il piede sinistro.
-They came to a large stone, and here the old fellow stopped, looked carefully round, gave a sharp whistle, and stamped three times on the ground with his left foot.

1934 **tocco** **touch**
il; adj
[tokko]
Nella modalità mouse, il tocco della penna funziona come il pulsante sinistro del mouse.
-In the mouse mode, touching with it functions as a "left button of mouse.

1935 **deposito** **deposit**
il
[depozito]
Io ho in banca un deposito di 500.000 yen.
-I have a deposit of 500,000 yen at the bank.

1936 **coniglio** **rabbit**
il
[koniʎʎo]
La coda di una volpe è più lunga di quella di un coniglio.
-The tail of a fox is longer than that of a rabbit.

1937 **sanare** **heal**
vb
[sanare]
Il loro giubileo mi offrì inoltre l'occasione per pronunciare un forte invito a sanare gli squilibri economici e sociali esistenti nel mondo.
-That Jubilee gathering also gave me the opportunity to voice a strong call to correct the economic and social imbalances present in the world.

1938 **preparato** **prepared; specimen, compound**
adj; lo
[preparato]
Verificare che il campione sia stato preparato correttamente.
-Confirm that the sample was prepared correctly.

1939 **schifoso** **lousy (fa schifo= it sucks)**
adj
[skifozo]
Fa schifo, ma è quello che ognuno di noi ha scelto.
-It sucks, but it's what each of us has chosen.

1940 **pasto** **meal**
il
[pasto]
Jane fu piacevolmente sorpresa quando tornò a casa dal lavoro per scoprire che John aveva già preparato il pasto serale.
-Jane was pleasantly surprised, when she got home from work, to find that John had already prepared the evening meal.

1941 **garage** **garage (box); garage (autoparking)**
il
[garadʒe]
È abbastanza comune in Nord America che una casa abbia un garage per una o due auto.
-It is quite common in North America for homes to have a one or two-car garage.

1942 **coronare** **crown**
vb
[koronare]
San Marino Rugby Club riuscì a crescere tecnicamente e coronare il sogno di entrare a far parte alla grande famiglia del rugby giocato
-the San Marino Rugby Club was able to grow technically and realize its dream of joining the grand family of rugby played.

1943 **visita** **visit**

la
[vizita]
L'unico sito web che John visita almeno una volta al giorno è questo.
-The only website John visits at least once a day is this one.

1944 **mezzogiorno** **noon, midday**
il
[mettsodʒorno]
Noi abbiamo una pausa di un'ora per pranzo da mezzogiorno all'una.
-We have an hour's recess for lunch from twelve to one.

1945 **caos** **chaos**
il
[kaos]
Se non ci fossi io, questo ufficio sarebbe nel caos nel giro di tre giorni.
-If I wasn't here, this office would be in chaos in three days.

1946 **causare** **cause**
vb
[kauzare]
I gabbiani causano tutti i tipi di disturbo schiamazzando fragorosamente, sporcando di guano, lacerando sacchi della spazzatura e attaccando per ottenere cibo.
-Seagulls cause all types of disturbances by cackling loudly, spreading guano, tearing up garbage bags and attacking to get food.

1947 **cappotto** **coat**
il
[kappotto]
Lei stava indossando un cappotto verde con una minigonna in tinta.
-She was wearing a green coat with a matching mini-skirt.

1948 **succo** **juice**
il
[sukko]
Anche se ti piacciono pomodori, non ti piace il succo di pomodoro, giusto?
-Even though you like tomatoes, you dislike tomato juice, right?

1949 **combattuto** **hard-fought**
adj
[kombattuto]
Hanno combattuto una battaglia ad armi pari con il nemico.
-They fought a fair battle with the enemy.

1950 **positivo** **positive**
adj
[pozitivo]
Penso che la globalizzazione abbia degli effetti negativi e anche positivi.
-I think that globalization has negative effects as well as positive.

1951 **marco** **mark**
il
[marko]
Il Marco tedesco per alcuni anni è stato la banconota preferita dalla criminalità in gran parte d'Europa.
-The Deutschmark has for some years been the banknote of choice for criminals across large parts of Europe.

1952 **armadio** **wardrobe, closet**
il
[armadjo]
John tirò fuori dall'armadio una delle sue magliette e la indossò.
-John took one of the shirts out of the closet and put it on.

1953 **ideale** **ideal; ideal**
adj; il
[ideale]
Sono troppo impegnati a litigare tra loro per occuparsi di ideali comuni.
-They are too busy fighting against each other to care for common ideals.

1954 **occorrere** **take**
vb
[okkorrere]
In generale occorre avere un passaporto per partire all'estero.
-When you travel abroad, you usually need a passport.

1955 **espressione** **expression**
la
[espressjone]
Il tenersi per mano può essere espressione di amore tra due persone.
-Holding hands can express love between two people.

1956 **piazza** **square, plaza**
la
[pjattsa]
Dopo le ore dieci il parcheggio è proibito in questa piazza.
-Parking in this plaza after ten o'clock is prohibited.

1957 **annunciare** **announce**
vb
[annuntʃare]
Il premier ha annunciato la sua intenzione di intraprendere riforme drastiche in parlamento.
-The premier announced his intention to undertake drastic reforms in parliament.

1958 **telefonare** **call, telephone**
vb
[telefonare]
Volevo telefonarti, ma pensando che tu non volessi, alla fine ho rinunciato a chiamarti.
-I wanted to phone you, but I thought you wouldn't get it so I didn't phone you in the end.

1959 **principiare** **begin**
vb
[printʃipjare]
Appena che Pinocchio fu entrato nel letto, si addormentò a colpo e principiò a sognare.
-As soon as Pinocchio was in bed, he fell fast asleep and began to dream.

1960 **vice** **vice, deputy**
adj; il/la
[vitʃe]
Il Vice Presidente è scelto fra i Rappresentanti nominati dalla Assemblea col voto degli Associati Fondatori.
-The Vice President is selected among the representatives appointed by the Assembly through a vote by the Founder Members.

1961 **ammettere** **admit**
vb
[ammettere]
John non aveva il coraggio di ammettere che aveva commesso un errore.
-John didn't have the courage to admit that he had made a mistake.

1962 **tatto** **(sense) touch, tact**
il
[tatto]
I ciechi leggono con il tatto, usando un sistema di punti in rilievo chiamato braille.
-Blind people read by touching, using a system of raised dots called Braille.

1963 **rovina** **ruin, ruination**
la
[rovina]
Non possiamo starcene qui immobili a guardare la città che cade in rovina.
-We can't just look on dejectedly while this city continues to go into decline.

1964 **esso** **it, he**
prn
[esso]
Non si poteva dire che era un piano con qualsiasi senso di realtà associato ad esso.
-You couldn't say that was a plan with any sense of reality to it.

1965 **dopotutto** **after all**
adv
[dopotutto]
Non ridere mai delle scelte di tua moglie, perché dopotutto tu sei una di esse.
-Don't ever laugh at your wife's choices, because after all you're one of them.

1966 **passeggero** **passenger**
il; adj
[passeddʒero]
John si è sporto e ha aperto la portiera dal lato del passeggero.
-John leaned over and opened the passenger-side door.

1967 **riconoscere** **recognize**
vb
[rikonoʃʃere]
Essere pronti per il futuro significa gestire i rischi e riconoscere e cogliere le opportunità.
-Being ready for the future means managing risks and recognizing and cultivating opportunities.

1968 **deludere** **disappoint**
vb
[deludere]
Temo che dovrò deluderti. Non mi va di partecipare a questa discussione.
-I'm afraid I'll have to disappoint you. I don't feel like participating in this discussion.

1969 **cognome** **last name**
il
[koɲɲome]
John e Jane hanno lo stesso cognome, però non sono imparentati.
-John and Jane have the same last name, but they aren't related.

1970 **licenza** **license**
la
[litʃentsa]
A febbraio è stata annunciata la firma di un accordo di licenza semiesclusiva con Menarini, primo gruppo farmaceutico italiano
-In February a semi-exclusive licensing agreement was entered into with Menarini

1971 **suono** **sound**
il
[swono]
La prima cosa che si sente quando si arriva a Las Vegas sono i suoni delle slot machine.
-The first things that you hear when you arrive at Las Vegas are the dings of the slot machines.

1972 **abbassare** **lower**
vb
[abbassare]
Potresti abbassare un po' il volume della TV per favore?
-Would you please turn down the TV a little?

1973 **patire** **suffer**
vb
[patire]
Ancora oggi Cristo continua a patire nel suo corpo che è la Chiesa!
-Still today, Christ continues to suffer in his body which is the Church!

1974 **nucleare** **nuclear**
adj
[nukleare]
Quando una nazione cerca di impossessarsi di un'arma militare, il rischio di attacco nucleare aumenta per tutte le nazioni.
-When one nation pursues a nuclear weapon, the risk of nuclear attack rises for all nations.

1975 **cantina** **cellar, basement, winery**
la
[kantina]
Bravo che sei venuto a trovarmi: scendo in cantina a prendere una bottiglia di vino rosso.
-That's nice you came to visit me: I'll go get a bottle of red wine from the cellar.

1976 **identità** **identity**
le
[identit'a]
Una tabella oraria è una carta d'identità per il tempo, solamente, se non si ha una tabella oraria, il tempo non c'è.
-A schedule is an identity card for time, but, if you don't have a schedule, the time isn't there.

1977 **coro** **choir**
il
[koro]
Per iscriverti al coro, devi essere capace di leggere la musica.
-To join the choir, you have to be able to read music.

1978 **busta** **envelope**
la
[busta]
Ho scordato di scrivere l'indirizzo sulla busta.
-I forgot to write the address on the envelope.

1979 **ottobre** **October**
il
[ottobre]
Le ricordiamo che tutti i libri della biblioteca devono essere restituiti entro il 15 ottobre.
-We remind you that all library books are due to be returned by 15th October.

1980 **temperatura** **temperature**
la
[temperatura]
Il latte bolle a una temperatura più alta rispetto all'acqua.
-Milk boils at a higher temperature than water.

1981 **bambola** **doll**
la
[bambola]
Da bambina, a Elisa piaceva giocare alle infermiere con le bambole.
-As a girl, Elisa loved to play nurse with her dolls.

1982 **ruotare** **rotate**
vb
[rwotare]
Chiedere perché sono a favore dell'esperanto è come chiedere a Galileo perché è a favore del fatto che la terra ruota attorno al sole.
-To ask why I'm in favour of Esperanto is like asking Galileo why he's in favour of the earth revolving around the sun.

1983 **stufo** **fed up, sick and tired**
adj
[stufo]
Sei stufo del traffico e dello stress per correre in aeroporto il giorno della tua partenza?

-Are you tired of traffic jams and the stress of rushing to the airport on the day of your departure?

1984 **gigante** **giant**
il; adj
[dʒigante]
Quando il sole della cultura cala, anche i nani sembrano giganti.
-When the sun of culture sets, the dwarfs too look like giants.

1985 **cucinare** **cook**
vb
[kutʃinare]
Nonostante tutti i programmi di cucina che ho guardato, non sono ancora bravo a cucinare.
-In spite of all the cooking shows I've watched, I'm still not good at cooking.

1986 **istituto** **institute**
il
[istituto]
Ho comprato un poster all'Istituto del Mondo Arabo di Parigi e l'ho fatto incorniciare.
-I bought a poster at the Arab World Institute in Paris and I had it framed.

1987 **trasferire** **transfer**
vb
[trasferire]
Quando si eseguono grosse modifiche, quando si spostano o copiano rung, o quando si inseriscono o cancellano blocchi di programma, modificare offline e poi trasferire il programma.
-When making large changes, when moving or copying rungs, or when inserting or deleting block programs, edit offline, then transfer the program.

1988 **partner** **partner**
il/la
[partner]
Accogliamo i clienti e i loro partner dall'Europa, America, Australia, Asia and Africa fornendo loro una gamma completa di servizi in Italia.
-We welcome customers and our clients from Europe, America, Australia, Asia and Africa, providing them with full range services in Italy.

1989 **acciaio** **steel**
il
[attʃajo]
Nonostante avesse dominato l'industria dell'acciaio, non ha mai ottenuto un monopolio completo.
-Though he long dominated the steel industry, he never achieved a complete monopoly.

1990 **passaporto** **passport**
il
[passaporto]
Mentre altre aziende possono richiedere per voi di avere un visto gli altri possono non necessariamente chiedere questo documento una volta che avete dato il vostro passaporto
-While other companies may demand for you to have a visa others may not necessarily ask this document once you have given your passport.

1991 **unione** **union**
le
[unjone]
John non conosce la differenza tra l'Europa e l'Unione Europea..
-John doesn't know the difference between Europe and the European Union.

1992 **noioso** **boring**
adj
[nojozo]
Il tuo ordine può essere un processo noioso, perché ogni offerte componenti distinti deve essere richiesto a singoli produttori.
-Your order can be a tedious process, because each component separate bids must be sought from the individual manufacturers.

1993 **DNA** **DNA**
abr
[dna]
I risultati non erano definitivi, però sono sicura che il DNA abbia una corrispondenza.
-The results were not definitive, but I'm sure the DNA's a match

1994 **tigre** **tiger**
la
[tigre]
È stato durante l'era glaciale che la tigre dai denti a sciabola si è estinta.
-It was during the ice age that the saber-toothed tiger became extinct.

1995 **continuamente** **continuously, continually**

adv [kontinwamente] — John se la prendeva continuamente con Jane quando erano alle elementari.
-John used to pick on Jane all the time when they were in elementary school.

1996 **accendere** — **switch, turn on**
vb [attʃendere]
Hai l'abitudine di accendere la televisione, non appena arrivi a casa?
-Do you have the habit of turning on the television as soon as you get home?

1997 **arto** — **limb**
il [arto]
L'invalidità funzionale totale o parziale di un arto o un organo equivale alla sua perdita totale o parziale.
-Total or partial functional disability of a limb or organ is treated as its total or partial loss.

1998 **spingere** — **push**
vb [spindʒere]
Provò ad aprire la porta spingendo con tutte le sue forze.
-He tried with all his might to push the door open.

1999 **partecipare** — **take part**
vb [partetʃipare]
John aggiunse il proprio nome alla lista di persone che volevano partecipare al ballo.
-John added his name to the list of people who wanted to attend the dance.

2000 **ooh** — **ooh**
int [oo]
Sordo è balenato tra la folla con il motore rombante e lasciandosi dietro una scia di ghiaia e polvere, si è levata una serie di "ooh" e "aaah".
-Sordo flashed past the crowd, engine roaring and tyres spitting out dust and pebbles in his wake.

2001 **informato** — **informed**
adj [informato]
L'Organizzazione deve tenermi informato circa la presenza di eventuali osservazioni/segnalazioni pervenute dalle autorità
-The organisation must keep me informed of any observations/remarks from national or local authorities

2002 **avvertire** — **warn**
vb [avvertire]
L'insegnante ci ha avvertiti che il test sarebbe stato difficile.
-The teacher warned us that the test would be hard.

2003 **intervista** — **interview**
la [intervista]
Durante un'intervista dopo la partita, l'allenatore ha espresso il suo malcontento verso l'arbitro.
-During an interview after the game, the coach voiced his discontent towards the umpire.

2004 **cortesia** — **courtesy**
la [kortezja]
Il Presidente mi ha fatto la cortesia di rispondere alla mia lettera.
-The President did me the courtesy of replying to my letter.

2005 **linguaggio** — **language, speech**
il [liŋgwaddʒo]
Koko conosce e utilizza più di 500 parole nel linguaggio dei segni, la lingua dei sordi.
-Koko knows and uses more than 500 words in sign language, the language of deaf people.

2006 **squalo** — **shark**
lo [skwalo]
Uno squalo è un pesce, mentre un delfino è un mammifero.
-A shark is a fish while a dolphin is a mammal.

2007 **offendere** — **offend**
vb [offendere]
Faresti meglio a invitarli altrimenti si offenderanno.
-You had better invite them or they will be offended.

2008 **premiare** — **reward**

	vb [premjare]	Il nostro processo di valutazione ci aiuta a raggiungere l'obiettivo di premiare i migliori. -Our relative rating process helps to achieve our goal of rewarding our strongest performers.
2009	**convincere**	**convince**
	vb [konvintʃere]	John non voleva mangiare e Jane non riusciva a convincerlo a farlo. -John didn't want to eat and Jane couldn't persuade him to.
2010	**noto**	**known**
	adj [noto]	I personaggi creati da Walt Disney sono noti ai bambini di tutto il mondo. -The characters created by Walt Disney are known by kids from all the world.
2011	**internet**	**Internet**
	gli [internet]	Il problema con le citazioni su Internet è che non sai mai se sono autentiche. -The trouble with quotes on the Internet is that you never know whether or not they are genuine.
2012	**conferenza**	**conference**
	la [konferentsa]	Lei l'ha incontrato per la prima volta a una conferenza a Boston. -She first met him at a conference in Boston.
2013	**romanzo**	**novel, romance**
	il [romandzo]	Jane, la famosa psicologa e scrittrice forense, è stata ispirata da Tatoeba per scrivere un romanzo su John, il serial killer da Boston -Jane, the famous forensic psychologist and writer, was inspired by Tatoeba to write a novel about John, the serial killer from Boston.
2014	**avventurarsi**	**venture**
	vb [avventurarsi]	Le arti sono un mondo di possibilità, dove ognuno è padrone di se stesso e dove ci si può avventurare a nuove esperienze e nuove prospettive. -Arts are a world of possibilities where everyone is his own master and where one can venture to new experiences and new perspectives.
2015	**litigare**	**quarrel**
	vb [litigare]	Io non posso litigare con Taninna. Lei è la moglie di mio zio. -I cannot argue with Taninna. She's my uncle's wife.
2016	**chitarra**	**guitar**
	la [kitarra]	A me piace il modo in cui John suona la chitarra. -I like the way John plays the guitar.
2017	**sin**	**since**
	con [sin]	Io suono il pianoforte sin da quand'ero bambino. -I've played the piano ever since I was a boy.
2018	**congresso**	**congress**
	il [koŋgresso]	Ai bambini è permesso entrare nella sala congressi solo in quel giorno. -The hall allows children in only on that day.
2019	**pazzia**	**madness**
	la [pattsja]	L'amore è una pazzia temporanea curabile con il matrimonio o con la rimozione del paziente dalle influenze sotto cui ha subito il disordine. -Love is a temporary insanity curable by marriage or by removal of the patient from the influences under which he incurred the disorde.
2020	**brindisi**	**toast (social drinking), pledge**
	il [brindizi]	Vorrei fare un brindisi per il nostro caro amico Michael. -I would like to have a toast for our dear friend, Michael.
2021	**appetito**	**appetite, hunger**
	il [appetito]	L'appetito vien mangiando, ma la sete se ne va bevendo. -Appetite comes with eating, but the thirst goes away with drinking.

2022 **fango** **mud, dirt**
il
[faŋgo]
Il cane era ricoperto di fango dalla testa ai piedi.
-The dog was covered in mud from head to foot.

2023 **elegante** **elegant**
adj
[elegante]
Porta un vestito elegante per andare a teatro o a una festa.
-Bring one elegant dress to go to the theater or to a party.

2024 **profondamente** **deeply**
adv
[profondamente]
Il profilo e le irregolarità della superficie della terraferma o marina influenzano profondamente il vento.
-The profile and unevenness of the surface of the dry land or of the sea deeply affect the wind.

2025 **tendere** **stretch**
vb
[tendere]
La ragazza voleva monopolizzare l'affetto del padre e tendeva a vedere la madre come una rivale.
-The girl wanted to monopolize her father's affection and tended to view her mother as a competitor.

2026 **disponibile** **available**
adj
[disponibile]
C'è grande differenza nella qualità di shampoo disponibili sul mercato.
-There is big difference in the quality of shampoos available in the market.

2027 **fantasia** **fantasy**
la
[fantazja]
I matematici sono dei poeti, a parte il fatto che devono dimostrare ciò che crea la loro fantasia.
-Mathematicians are poets, except that they have to prove what their fantasy creates.

2028 **secco** **dry**
adj
[sekko]
Ho fatto il pane per la prima volta, ma mi è venuto troppo secco e poco buono.
-I tried baking bread for the first time, but it's dry and not tasty.

2029 **roccia** **rock**
la
[rottʃa]
Lui è caduto e ha sbattuto la testa contro una roccia.
-He fell and hit his head on a rock.

2030 **lancia** **spear**
la
[lantʃa]
La lancia, l'arco, l'arma da fuoco e infine il missile teleguidato gli avevano dato armi di portata infinita e di una quasi infinita potenza.
-The spear, the bow, the gun, and finally the guided missile had given him weapons of infinite range and all but infinite power.

2031 **recuperare** **recover, retrieve**
vb
[rekuperare]
È necessario che nel dispositivo sia definito un punto di accesso Internet dati cellulare per recuperare i dati di assistenza.
-You must have a mobile data internet access point defined in the device to recover assistance data.

2032 **guerriero** **warrior**
il; adj
[gwerrjero]
Il kendo è un'antica arte marziale giapponese che risale all'epoca dei guerrieri samurai.
-Kendo is an ancient Japanese martial art that dates back to the time of the samurai warriors.

2033 **femminile** **female**
adj
[femminile]
"Michael" è un nome maschile, però "Michelle" è un nome femminile.
-"Michael" is a man's name, but "Michelle" is a woman's name.

2034 **badare** **look after**

vb
[badare]
Jane si è offerta di badare ai nostri bambini mentre siamo fuori.
-Jane offered to take care of our children when we were out.

2035 **frutta** **fruit**
la
[frutta]
Ho sentito dire che le persone che mangiano verdure e frutta ogni giorno hanno meno rischi di avere un attacco cardiaco.
-I've heard that people who eat vegetables and fruit every day are less likely to have a heart attack.

2036 **clacson** **horn (automotive)**
i
[klakson]
John continuava a suonare il clacson.
-John continued to honk the horn.

2037 **influenzare** **influence**
vb
[inflwentsare]
Non si rilevano eventi successivi alla chiusura dell'esercizio 2010 tali da influenzare la redditività della Banca o aumentarne l'esposizione al rischio.
-No other events likely to influence the Bank's profitability or increase its exposure to risk have occurred since the end of 2010.

2038 **emozione** **emotion**
le
[emottsjone]
Ha espresso le sue emozioni per la natura in una poesia.
-She expressed her feelings for nature in a poem.

2039 **quaggiù** **hither**
adv
[kwaddʒu]
Voi siete di quaggiù; io sono di lassù; voi siete di questo mondo; io non sono di questo mondo.
-You are from below; I am from above. You are of this world; I am not of this world.

2040 **vincitore** **winner**
il; adj
[vintʃitore]
Il vincitore dei biglietti per il primo volo e il suo accompagnatore devono esibire un documento di identità prima di iniziare il volo.
-The winner of the tickets for the flight and his or her companion must provide proof of identity before boarding the flight.

2041 **lanciare** **launch**
vb
[lantʃare]
Lei mi lanciava acini d'uva e io provato a prenderli con la bocca.
-She tossed me grapes and I tried to catch them with my mouth.

2042 **ridurre** **reduce**
vb
[ridurre]
Disinfezione: procedura utilizzata per ridurre il numero di microrganismi vitali su un prodotto fino a un livello precedentemente specificato come adeguato che consente un'ulteriore manipolazione o utilizzo.
-Disinfection: process used to reduce the number of viable microorganisms on a product to a level previously specified as appropriate for its further handling or use.

2043 **munizione** **munition**
la
[munittsjone]
Il cacciatore ha messo delle munizioni nella pistola.
-The hunter put ammunition in the gun.

2044 **shock (choc)** **shock**
adj
[sokk (kok)]
La notizia dell'incidente è stata un grande shock per me.
-The news of the accident was a great shock to me.

2045 **coperto** **covered**
adj; lo
[koperto]
Quando Jane entrò in cucina il pavimento era coperto di acqua.
-When Jane entered the kitchen, the floor was covered in water.

2046 **quassù** **up here**
prep
[kwassu]
Quassù, gli ostelli offrono molto di più di un semplice letto pulito e confortevole in cui passare la notte.
-Up here, hostels offer so much more than a comfy, clean bed for the night.

2047 **corretto** **correct**
adj
[korretto]
La lettera che avete scritto deve essere corretta e ricopiata anche se l'avete già rifatta più volte.
-The letter you wrote must be corrected and transcribed, even if you already refined it many times.

2048 **dovunque** **anywhere**
adv; con
[dovuŋkwe]
Ho cercato dovunque, ma non trovo il mio libro.
-I've looked everywhere, but I can't find my book.

2049 **chiappa** **(coll) butt cheek, bottom, backside**
la
[kjappa]
Tra una chiazza di birra e dei pezzetti di tofu piccante appiccicati tra le lettere, lessi che aveva finalmente alzato le chiappe e se n'era andato dal birrificio.
-Between the ale stains and bits of spicy tofu splattered across the parchment, I learned that he'd finally gotten off his butt and left the brewery.

2050 **maresciallo** **marshal**
il
[mareʃʃallo]
Questo monumento fu eretto in onore del maresciallo che prese parte all'assalto di Koenigsberg durante la Seconda Guerra Mondiale.
-This monument was erected in honour of the marshall who took part in the storming of Koenigsberg during the World War II.

2051 **mortale** **mortal; deadly, fatal; deathly**
adj; adv
[mortale]
La maggior parte delle punture di medusa non sono mortali, ma molte sono comunque abbastanza dolorose.
-Most jellyfish stings aren't deadly, but many are pretty painful nonetheless.

2052 **abitante** **inhabitant**
il/la
[abitante]
Il divertimento a questa città è che questa città ha più barche per abitante di qualsiasi altra città del mondo.
-The fun at this city is that this city has more boats per inhabitant than any other city in the world.

2053 **addestramento** **training**
il
[addestramento]
La chiave per trasformare ogni soldato in un grande guerriero è rafforzare l'addestramento.
-The key to raising every soldier into a great warrior is in strengthening training.

2054 **brusio** **buzz**
il
[bruzjo]
Spero che il brusio che ha accompagnato il mio intervento sia soltanto l'espressione di un'approvazione generale.
-I hope that the commotion accompanying my speech is only the expression of widespread approval.

2055 **distretto** **district**
il
[distretto]
John è il direttore delle vendite di distretto per una società di software.
-John is the district sales manager for a software company.

2056 **nervo** **nerve**
il
[nervo]
Il nervo sciatico è il nervo più lungo del corpo umano.
-The sciatic nerve is the longest nerve in the human body.

2057 **flotta** **fleet**
la
[flotta]
I Romani costruirono una flotta di trecento navi.
-The Romans built a fleet of three hundred ships.

2058 **branco** **herd, pack, flock**
il
[braŋko]
Sto cominciando a pensare che i leader religiosi sono popolari perché assecondano i pregiudizi del branco che chiamano loro gregge.

-I'm beginning to think that religious leaders are popular because they pander to the prejudices of the pack they call their flock.

2059 **tecnico** **technical; technician**
adj; il
[tekniko]
Per ottenere aiuto, consultare il rivenditore o un tecnico esperto di radio o televisori.
-Consult the dealer or an experienced radio or television technician for help.

2060 **merce** **goods, wares, merchandise**
la
[mertʃe]
Esse si basavano su merci che i membri di una società riconoscevano come aventi valore.
-They were based on goods which the members of a society recognized as having value.

2061 **sconosciuto** **unknown; stranger, unkown**
adj; lo
[skonoʃʃuto]
I padri avvertono i figli di non mangiare i cibi che vengono dati loro dagli sconosciuti.
-Parents warn their children not to eat food given to them by strangers.

2062 **stivale** **boot**
lo
[stivale]
Io pulisco gli stivali ed esco — il vecchio sporco cederà il passo al nuovo.
-I polish my boots and go out — the old dirt will give way to the new.

2063 **campanello** **bell**
il
[kampanello]
Io avevo appena finito di pranzare quando suonò il campanello.
-I had just finished eating lunch when my doorbell rang.

2064 **confermare** **confirm**
vb
[konfermare]
Abbiamo bisogno che confermiate la vostra presenza perché i posti sono limitati.
-We need you to confirm your attendance because places are limited.

2065 **veicolo** **vehicle**
il
[veikolo]
Il parabrezza è l'ampia finestra di vetro nella parte anteriore di un veicolo.
-The windscreen is the large glass window at the front of a vehicle.

2066 **preghiera** **prayer**
la
[pregjera]
Il salmo offre all'anima e allo spirito la possibilità di una preghiera intima e personale.
-The psalm offers to the soul and the spirit the possibility of an intimate and personal prayer.

2067 **biscotto** **cookie, biscuit**
Il
[biskotto]
John ha preso un biscotto zuccherato dal piatto che era sul tavolo di cucina.
-John grabbed a sugar cookie from the dish on the kitchen table.

2068 **ammiraglio** **admiral**
il
[ammiraʎʎo]
L`ammiraglio Nelson ha perso la vita nella fase finale della battaglia sulla nave Victory.
-Admiral Nelson died on his ship during the final stages of the battle.

2069 **moneta** **money, coin, currency**
la
[moneta]
La moneta d'oro aveva un valore molto maggiore di quanto si supponesse.
-The gold coin had a much higher value than you would expect

2070 **ambasciatore** **ambassador**
il
[ambaʃʃatore]
Ho visto adesso che l'ambasciatore dell'Arabia Saudita ha dato le dimissioni.
-I've seen just now that the ambassador of Saudi Arabia has resigned.

2071 **delizioso** **delicious**
adj
[delittsjozo]
I fiori d'arancio hanno un effetto rilassante e un profumo delizioso.
-Orange blossoms have a relaxing effect and a delightful scent.

2072 **alcol** **alcohol**

gli Quando è venuto e mi ha trovato, tutto il suo corpo puzzava di alcol.
[alkol] -When he came and found me, his whole body reeked of alcohol.

2073 **trasmissione** **transmission**
la Ci potrebbe esser stato un errore durante la trasmissione.
[trasmissjone] -There might have been an error during transmission.

2074 **verme** **worm, maggot**
il Le parole di quella donna mi fecero sentire un "verme" e decisi di restare.
[verme] -The words of that woman made me feel like a "worm" and I decided to stay.

2075 **quindici** **fifteen**
num Non fece più ritorno da quando lasciò casa all'età di quindici anni.
[kwinditʃi] -He left his hometown at the age of fifteen never to return.

2076 **tono** **tone**
il C'è stato un cambiamento improvviso nel suo tono.
[tono] -There was a sudden change in her tone.

2077 **incastrare** **fit**
vb Lui è stato incastrato con un'accusa di omicidio.
[iŋkastrare] -He was framed on a murder charge.

2078 **straniero** **foreign, alien; foreigner**
adj; lo È sorprendente come l'umile tentativo di uno straniero di formare una frase
[stranjero] russa, infine, risulti dal fatto che due madrelingua russi sono entrati in una vivace discussione circa la loro propria lingua.
-It's simply surprising, how a modest attempt by a foreigner to compose a Russian sentence ultimately leads to two Russian speakers engaging in a lively discussion about their native language.

2079 **divisione** **division**
la Il terrorismo è il fattore più importante per la divisione del paese e la
[divizjone] creazione di regioni autonome.
-Terrorism is the most important factor for the division of a country and the creation of autonomous regions.

2080 **acquisto** **buy, purchase**
i "Questa casetta è vostra?" "Sì, è nostra, l'abbiamo acquistata l'anno scorso."
[akkwisto] -"Is this small house yours?" "Yes, it's ours, we bought it last year."

2081 **produttore** **producer**
il Il sud-est è un importante produttore di energia del carbone, petrolio greggio
[produttore] e gas naturale.
-The Southeast is a major energy producer of coal, crude oil, and natural gas.

2082 **elettrico** **electric, electrical**
adj Gli squali sono sensibili agli impulsi elettrici, così come al suono.
[elettriko] -Sharks are sensitive to electrical impulses as well as sound.

2083 **bionda** **blonde**
la, il; adj Lei è una bella ragazza con i capelli biondi e occhi blu cielo.
[bjonda] -She is a beautiful girl with blonde hair and blue eyes.

2084 **infelice** **unhappy**
adj Variante: Per un gruppo avanzato l'insegnante può tentare con combinazioni
[infelitʃe] avverbioaggettivo: "disperatamente infelice", "ragionevolmente equo", etc.
-Variation: For an advanced group the teacher may try adverb-adjective combinations: "desperately miserable", "reasonably fair", etc.

2085 **batteria** **battery, drums**
la John ha iniziato a suonare la batteria quando aveva tredici anni.
[batterja] -John started playing drums when he was thirteen.

2086 **picchiare** **beat**

vb La bambina è scappata di casa perché i suoi genitori la picchiavano.
[pikkjare] -The child ran away because her parents beat her.

2087 **cravatta** **necktie**
la John deve indossare obbligatoriamente un completo e una cravatta al lavoro.
[kravatta] -John is required to wear a suit and tie to work.

2088 **cessare** **cease**
vb La neve cesserà presto di scendere, penso.
[tʃessare] -It'll stop snowing soon, I think.

2089 **giugno** **June**
gli A proposito, oggi è l'8 giugno - il compleanno di mia moglie.
[dʒuɲɲo] -By the way, today is the 8th of June — my wife's birthday.

2090 **risorgere** **rise again**
vb Significativa è la posa del pontefice, rappresentato nell'atto di risorgere dal sarcofago come per destarsi dal torpore della morte fisica.
[rizordʒere] -The pose of the pontiff is important, he is portrayed in the act of rising from the sarcophagus as if awakening from the torpor of physical death

2091 **procedura** **procedure**
la Il documento spiega chiaramente la procedura corretta per affrontare lamentele.
[protʃedura] -The document clearly spells out the correct procedure for dealing with complaints.

2092 **osare** **dare**
vb Se dobbiamo diventare un'economia competitiva, la più competitiva al mondo entro il 2010, non dovremmo osare nuovi metodi?
[ozare] -If we are to become this competitive economy, the worldâ□™s most competitive by 2010, should we also dare to try new ways?

2093 **infanzia** **childhood**
la Noi avevamo l'abitudine di fare il bagno in questo fiume durante la nostra infanzia.
[infantsja] -We used to bathe in this river in our childhood.

2094 **aumento** **increase**
gli Le bevande contenenti zucchero non hanno alcun valore nutritivo, e contribuiscono notevolmente all'aumento di peso.
[aumento] -Sugary drinks have no nutritional value and contribute significantly to weight gain.

2095 **stretto** **strict, strait; narrow**
adj; lo Il capo della polizia della prefettura tentò di rendere più stretta la disciplina dei propri agenti.
[stretto] -The prefectural police chief tried to tighten his police officers' discipline.

2096 **avvicinare** **approach**
vb Il mio capo mi ha detto che è difficile avvicinarsi a me.
[avvitʃinare] -My boss told me it's hard to approach me.

2097 **internazionale** **international**
adj La sua vittoria a questa età in una competizione internazionale è una buona indicazione di un futuro luminoso.
[internattsjonale] -His victory at this age in an international competition is a good indication of a bright future.

2098 **distruzione** **destruction**
la Il tornado ha lasciato una scia di distruzione al suo passaggio.
[distruttsjone] -The tornado left a trail of destruction in its wake.

2099 **vedovo** **widower, widow**

il
[vedovo]
In caso di decesso dell'agente la vedova, il vedovo e le persone a carico hanno diritto al rimborso delle spese di viaggio alle stesse condizioni.
-In the event of the death of an official, the widow, widower and dependants shall be entitled to reimbursement of travel expenses under the same conditions.

2100 **eccetto** **except**
prp; con
[ettʃetto]
Si può fare qualunque cosa con le maionesi, eccetto sedercisi sopra.
-You can do anything with mayonnaise, except sit on it.

2101 **tramite** **means, medium; through**
il
[tramite]
Non tutto quello che si trova sul web può essere trovato tramite Google.
-Not everything on the web can be found through Google.

2102 **fermata** **stop**
la
[fermata]
Se si viaggia sempre con la metropolitana, raramente si va in superficie al di fuori della propria fermata.
-If you always travel by subway, you seldom surface other than at your stop.

2103 **rifiutare** **refuse**
vb
[rifjutare]
Robert era così impegnato che ha dovuto rifiutare un invito a giocare a golf.
-Robert was so busy he had to turn down an invitation to play golf.

2104 **registrazione** **registration**
la
[redʒistrattsjone]
La registrazione dei valori minimi e massimi permette di riconoscere immediatamente se il trasduttore è stato sovraccaricato.
-The recording of the minimum and maximum values permits you to recognize immediately whether your transducer has been overloaded.

2105 **sinceramente** **sincerely**
adv
[sintʃeramente]
Per lui è una questione di principio rispondere sinceramente alle tue domande.
-It is a matter of principle with him to answer your questions honestly.

2106 **terrorista** **terrorist**
il/la
[terrorista]
I terroristi hanno attaccato il World Trade Center a New York nel 2001.
-Terrorists attacked the World Trade Center in New York City in 2001.

2107 **eterno** **eternal**
adj
[eterno]
Il vero amore è eterno, infinito, e sempre come se stesso.
-True love is eternal, infinite, and always like itself.

2108 **servo** **servant**
il
[servo]
Facendo eco alle parole del Papa Paolo VI, il Servo di Dio Giovanni Paolo II ha riaffermato il desiderio della Chiesa di rinnovare il dialogo e la collaborazione con gli artisti.
-Echoing the words of Pope Paul VI, the Servant of God Pope John Paul II restated the Church"s desire to renew dialogue and cooperation with artists.

2109 **rinunciare** **give up**
vb
[rinuntʃare]
Ho rinunciato all'idea di visitare le attrazioni della città a causa del maltempo.
-I gave up the idea of seeing the sights of the city because of the bad weather.

2110 **tema** **theme, topic**
il
[tema]
Una rivista studentesca in lingua inglese ha invitato i lettori a inviare un articolo sul tema dello shock culturale.
-An English language students' magazine has invited readers to submit an article on the theme of culture shock.

2111 **ragionevole** **reasonable**
adj
[radʒonevole]
Un uomo ragionevole non direbbe una cosa del genere in pubblico.
-A sensible man wouldn't say such a thing in public.

2112 **carburante** **fuel**
il
[karburante]
Per l'arrivo anticipato dell'inverno di quest'anno, le autorità si aspettano scarsità di carburante per il riscaldamento.
-Due to the early onset of winter this year, authorities are forecasting shortages of heating oil.

2113 **sfortuna** **bad luck**
la
[sfortuna]
Lui era la persona più suscettibile che io abbia avuto la sfortuna di conoscere!
-He was the angriest man I've ever had the misfortune to meet!

2114 **mollare** **give**
vb
[mollare]
John è completamente ossessionato dal cibo. Non c'è da meravigliarsi che Jane lo abbia mollato!
-John is utterly obsessed with food. No wonder Jane dumped him!

2115 **accento** **accent**
il
[attʃento]
Io potevo dire dal suo accento che lui era un francese.
-I could tell from his accent that he was a Frenchman.

2116 **materia** **matter**
la
[materja]
La fisica può essere definita come la scienza della materia, del moto e dell'energia.
-Physics can be defined as the science of matter, motion, and energy.

2117 **registrare** **record**
vb
[redʒistrare]
Io non voglio che ciò che sto per dire venga registrato.
-I don't want what I'm about to say to be recorded.

2118 **mentale** **mental**
adj
[mentale]
John e Jane si preoccupano molto di loro figlio che ha problemi di salute mentale.
-John and Jane are worried sick about their son, who has mental health problems.

2119 **demonio** **devil, demon**
il
[demonjo]
Sembrava una creatura posseduta, in lotta contro uno spirito o un demonio che avesse assunto il dominio del suo corpo.
-He seemed to be a thing possessed, struggling against some spirit or demon who had taken over control of his body.

2120 **recitare** **recite**
vb
[retʃitare]
La sua tecnica è superba, ma deve recitare con più espressività.
-Her technique is superb, but she needs to play with more expression.

2121 **simbolo** **symbol**
il
[simbolo]
La Statua della Libertà è il simbolo degli Stati Uniti.
-The Statue of Liberty is the symbol of the United States.

2122 **orario** **time, hours, timetable; hourly**
il; adj
[orarjo]
I lavoratori presso l'azienda di John stanno chiedendo una riduzione dell'orario di lavoro.
-The workers at John's company are demanding shorter working hours.

2123 **peggiorare** **worsen**
vb
[peddʒorare]
Per peggiorare le cose, lui non si rende neanche conto di infastidire i suoi vicini.
-To make matters worse, he isn't even conscious of annoying his neighbors.

2124 **ossigeno** **oxygen**
il
[ossidʒeno]
Una molecola d'acqua è composta da tre atomi: due di idrogeno e uno di ossigeno.
-A water molecule is composed by three atoms: two hydrogen and one oxygen.

2125 **giovedì** **Thursday**
il
[dʒoved'i]
Tutti a parte la famiglia Anderson andranno alla festa giovedì sera.
-Everybody except the Anderson family is going to the party next Thursday evening.

2126 **sospirare** **sigh**
vb
[sospirare]
Smettete di piangere e sospirare quando parlate delle prove.
-Do away with sighing and tearful faces when speaking about tests.

2127 **bacio** **kiss**
il
[batʃo]
Gli gnocchi di Salisburgo sono dolci come l'amore e teneri come un bacio.
-Salzburg dumplings are sweet as love and tender as a kiss.

2128 **pallottola** **bullet**
la
[pallottola]
La pallottola uccide una figura di aspirante suicida, raddrizza un'antenna e arriva a penetrare un corpo di donna.
-The bullet kills a would-be suicide, straightens an antenna, and penetrates the body of a woman.

2129 **spesare** **pay the expenses**
vb
[spezare]
I costi relativi all'acquisizione interamente spesati a conto economico sono stati pari a 11 migliaia di euro.
-The costs relating to the acquisition entirely expensed to the income statement amounted to Euro 11 thousand.

2130 **richiedere** **request**
vb
[rikjedere]
La riduzione dei sussidi al settore del Patrimonio Culturale richiede l'adozione di un nuovo paradigma.
-The reduction of subsidies to the Cultural Heritage sector requires the adoption of a new paradigm.

2131 **maglietta** **t-shirt**
la
[maʎʎetta]
Voglio scoprire se John indosserà la maglietta che gli ho regalato.
-I want to find out if John is going to wear the new shirt I gave him.

2132 **procedere** **continue**
vb
[protʃedere]
Potrebbe essere vantaggioso per me procedere in questo modo.
-It may be advantageous to me to proceed in this way.

2133 **segretario** **secretary**
il
[segretarjo]
Il segretario generale sta facendo un ultimo disperato tentativo per negoziare un trattato di pace tra le due fazioni in guerra.
-The Secretary General is making a last-ditch effort to negotiate a peace treaty between the two warring factions.

2134 **banco** **bench, counter, bank, desk**
il
[baŋko]
Ci sono una lavagna, una lampada, una porta, due finestre, dodici sedie e un banco; ci sono anche molti studenti.
-There are a blackboard, a lamp, a door, two windows, twelve chairs and a desk; there are many students as well.

2135 **fatica** **fatigue**
la
[fatika]
Sto facendo fatica a scaricare delle canzoni sul mio iPod.
-I'm having a hard time downloading songs to my iPod.

2136 **elemento** **element**
il
[elemento]
Ci sono degli elementi più complessi nelle conversazioni più lunghe.
-There are more complex elements in longer conversations.

2137 **ostaggio** **hostage**
il
[ostaddʒo]
Fai arrivare qualcosa da mangiare o ucciderò un ostaggio.
-Send in something to eat or I'll kill a hostage.

2138 **adulto** **adult**

adj; il
[adulto]
Anche se Arina ha sedici anni, imita bene una donna adulta.
-Although Arina is 16 years old, she imitates an adult woman well.

2139 **pastore** **shepherd, pastor**
il
[pastore]
Il pastore conta le pecore: "Una, due, tre, quattro, cinque... cento".
-The shepherd counts the sheep: "One, two, three, four, five ... one hundred."

2140 **salvatore** **savior**
il
[salvatore]
A Betlemme Jane dà alla luce Gesù, il figlio di Dio, il Salvatore
-Jane gives birth to Jesus, the Son of God, the Saviour, in Bethlehem

2141 **rappresentare** **represent**
vb
[rapprezentare]
Insieme, voi rappresentate l'armonia tra la tradizione e il progresso.
-Together, you represent the harmony between tradition and progress.

2142 **confronto** **comparison**
il
[konfronto]
I condomini sono piccoli in confronto ai grattacieli di New York.
-The buildings are small in comparison with the skyscrapers in New York.

2143 **palestra** **gym**
la
[palestra]
In qualità di ospiti potrete rilassarvi nella sauna, nella vasca idromassaggio o nella sala vapore oppure allenarvi nella moderna palestra e nella piscina coperta.
-Guests can relax in the sauna, spa bath or steam room, or exercise in the modern gym and indoor swimming pool.

2144 **origine** **origin, source**
le
[oridʒine]
È meglio se si può leggere il materiale di origine prima di vedere un film.
-It's best if you can read the source material before seeing a movie.

2145 **empero** **empire**
vb
[empero]
L'Albania ha ottenuto la sua indipendenza dall'Impero Ottomano nel 1912.
-Albania gained its independence from Ottoman Empire in 1912.

2146 **spettare** **belong**
vb
[spettare]
Spetta a ciascuno di noi capire che le sottospecie sono un concetto biologico, privo della specie Homo sapiens sapiens.
-It's up to each one of us to understand that subspecies is a biological concept, lacking in the species Homo sapiens sapiens.

2147 **istinto** **instinct**
il
[istinto]
I nostri istinti, a quanto pare, ci guidano e ci proteggono.
-It seems our instincts guide and protect us.

2148 **burro** **butter**
il
[burro]
Tritate la cipolla e mettetela in una casseruola con il burro e l'olio.
-Chop the onions and put them in a casserole with butter and oil.

2149 **grilletto** **trigger**
il
[grilletto]
Io non voglio rischiare il nostro piano solo perché hai il grilletto facile!
-I don't want to risk our plan just because you are trigger-happy!

2150 **abitudine** **habit**
le
[abitudine]
La noia, l'abitudine, la mancanza di curiosità sono le grandi nemiche del nostro cervello.
-Boredom, routine, and lack of curiosity are the greatest enemies of our brain.

2151 **imbarazzo** **embarrassment**
il
[imbarattso]
Gli alunni misero in imbarazzo l'insegnante con domande sciocche.
-The students bothered the teacher with silly questions.

2152 **trenta** **thirty**

	num [trenta]	John ha comprato un computer con uno sconto del trenta percento rispetto al prezzo di listino. -John bought a computer at thirty percent off the list price.
2153	**maggio** gli [maddʒo]	**May** Finirò il lavoro in una settimana, cioè il 5 maggio. -I'll finish the work in a week, that is, on May 5th.
2154	**marte** lo [marte]	**Mars** Il Sistema Solare ha quattro pianeti terrestri o tellurici: Mercurio, Venere, Terra e Marte. -The Solar System has four terrestrial or telluric planets: Mercury, Venus, Earth, and Mars.
2155	**addirittura** adv [addirittura]	**even** Lui non beve nemmeno la birra, per non parlare addirittura del whisky. -He doesn't even drink beer, not to mention whiskey.
2156	**sofferenza** la [sofferentsa]	**suffering** L'amicizia raddoppia le gioie e divide a metà la sofferenza. -Friendship redoubles joy and cuts grief in half.
2157	**giurato** il [dʒurato]	**swon; juror** Il giurato nota le sue osservazioni eventuali nello spazio riservato, firma la scheda e la restituisce o convalida la sua scelta. -The taster can make possible observations in the appropriate space, signs the sheet and then he/she can submit the sheet
2158	**eroina** le [eroina]	**heroin, heroine** Il suo rosso inconfondibile ben si addice all'elegante sensualità della nostra eroina e insieme a lei ci accompagna in un sogno lungo dodici mesi. -Its unmistakable red hue is the perfect partner for our heroine's elegant sensuality and accompanies us in a dream that lasts for 12 months.
2159	**sordo** adj; il [sordo]	**deaf** La gentilezza è la lingua che il sordo riesce a sentire e che il cieco riesce a vedere. -Kindness is the language which the deaf can hear and the blind can see.
2160	**possedere** vb [possedere]	**own** L'obiettivo di Jane è possedere una casa prima di avere trent'anni. -Jane's goal is to own a home before she's thirty.
2161	**agio** il [adʒo]	**ease** Io non mi sento mai a mio agio in sua compagnia. -I never feel at ease in his company.
2162	**custodia** la [kustodja]	**custody** La polizia trovò dell'attrezzatura per produrre droga nell'appartamento di John e lo prese in custodia. -Police found drug paraphernalia in John's flat and took him into custody.
2163	**magico** adj [madʒiko]	**magical** Questa sarà un'altra serata magica con la nostra famiglia estesa. -This will be another magical evening with our extended family.
2164	**droga** la [droga]	**drug** La polizia trovò dell'attrezzatura per produrre droga nell'appartamento di John e lo prese in custodia. -Police found drug paraphernalia in John's flat and took him into custody.
2165	**storto** adj; adv [storto]	**awry** Dammi un po' di tempo per capire che cos'è andato storto. -Give me some time to figure out what went wrong.

2166 **temporale** | **temporal; (thunder) storm**
adj; il
[temporale]
Nel bel mezzo della partita improvvisamente è scoppiato un temporale con tanto di tuoni.
-During the game, it suddenly began to rain and it thundered, too.

2167 **comportare** | **involve**
vb
[komportare]
Penso che John si stia comportando in un modo un po' sospetto.
-I think John is acting a little suspicious.

2168 **ione** | **ion**
lo
[jone]
l'energia impartita a uno ione dal campo elettrico è irrilevante in confronto all'energia termica dello ione.
-the energy imparted to an ion by the electric field is small in comparison with the thermal energy of the ion.

2169 **tramontare** | **set**
vb
[tramontare]
Il sole sta per tramontare, e prima di congedarci, gli insegnanti ci consegnano le letterine che hanno preparato le bimbe per i loro sostenitori.
- The sun is about to set, and before we say goodbye the teachers give us letters that the girls have prepared for their sponsors.

2170 **aggiungere** | **add**
vb
[addʒundʒere]
Se il tuo caffè è troppo forte, aggiungi dello zucchero.
-If your coffee is too strong, add some sugar.

2171 **economia** | **economy, economics**
le
[ekonomja]
In un momento in cui la nostra economia è in crescita, le nostre imprese stanno creando posti di lavoro al ritmo più veloce dagli anni '90, e i salari stanno iniziando a salire di nuovo, noi dobbiamo fare delle scelte sul tipo di paese che vogliamo essere.
-At a moment when our economy is growing, our businesses are creating jobs at the fastest pace since the 1990s, and wages are starting to rise again, we have to make some choices about the kind of country we want to be.

2172 **intervento** | **intervention**
gli
[intervento]
Soltanto un intervento immediato può salvare la vita del paziente.
-Only an immediate operation can save the patient's life.

2173 **miniera** | **mine**
la
[minjera]
La città di Charleroi ha anche molti musei, come il sito di miniera di Bois du Cazier, il Museo di fotografia, il Museo archeologico o il Museo di belle arti.
-The city of Charleroi also has many museums such as the Bois du Cazier mine site, the Museum of photography, the archaeological museum or the Museum of fine arts.

2174 **capitale** | **capital**
adj; la
[kapitale]
Lui è andato a Parigi, che è la capitale della Francia.
-He went to Paris, which is the capital of France.

2175 **campionare** | **sample**
vb
[kampjonare]
A seguito di analisi strategica e di rischio i tempi di verifica e i siti da campionare potrebbero essere modificati rispetto a quanto definito in fase di riesame contratto.
-As a result of the strategic and risk analysis, the verification times and sites to be sampled may be modified compare to those defined in the contract review.

2176 **scortare** | **escort**
vb
[skortare]
Il 6 agosto 1916 il Colonnello ordinò che fossi scortato presso il suo ufficio.
-At August 6, 1916, the Colonnel ordered that I were escorted to his place.

2177 **legame** | **bond, tie, link, connection**

il [legame] Gli Stati Uniti d'America hanno un legame stretto con il Messico.
-The United States has close ties to Mexico.

2178 **insetto** **insect, bug**
il [insetto] Gli scoiattoli mangiano semi e noci, così come insetti e funghi.
-Squirrels eat seeds and nuts, as well as insects and mushrooms.

2179 **concentrato** **concentrated**
adj [kontʃentrato] Il comparto uffici in Italia è ancora concentrato prevalentemente sul mercato della compravendita, che compone circa l'80% del totale.
-The office sector in Italy is still predominantly focused on the purchase-sale market, which makes up 80% of the total.

2180 **occupato** **busy**
adj [okkupato] Sto provando a mettermi in contatto con il Signor Jones da questa mattina, ma la sua linea è sempre occupata.
-I have been trying all morning to get in touch with Mr Jones, but his line is always busy.

2181 **metodo** **method**
il [metodo] Conoscere le loro lingue non è sufficiente per comunicare in modo efficace, perché i metodi di comunicazione sono determinati dalle loro culture.
-Knowing their languages is not enough to communicate effectively, because the methods of communication are determined by their cultures.

2182 **oscuro** **dark, obscure**
adj [oskuro] Ognuno è una luna, e ha un lato oscuro che non mostra mai a nessuno.
-Everyone is a moon, and has a dark side which he never shows to anybody.

2183 **rispettare** **respect**
vb [rispettare] Lui ha sottolineato la realizzazione delle promesse fatte al popolo, ma non è riuscito a rispettare molti impegni.
-He emphasised carrying out promises made to the people, but he failed to uphold many commitments.

2184 **tensione** **tension, voltage**
la [tensjone] Provo tensione ed agitazione quando ho troppo lavoro da fare.
-I feel tense and agitated when I have too much work to do.

2185 **trono** **throne**
il [trono] Uno dei re d'Inghilterra ha abdicato dal trono per sposare una cittadina comune.
-One of England's kings abdicated the throne in order to marry a commoner.

2186 **giungla** **jungle**
la [dʒunʎʎa] Le tigri vivono nella giungla, i leoni vivono nella savana.
-Tigers live in the jungle, lions in the savanna.

2187 **consegnare** **deliver**
vb [konseɲɲare] Lui sarà in grado di consegnare il suo rapporto domani.
-He will be able to hand in his report tomorrow.

2188 **soddisfare** **satisfy**
vb [soddisfare] Io sono ancora lontano da quel risultato che potrebbe soddisfarmi.
-I am far from satisfied with the result.

2189 **caporale** **corporal**
il [kaporale] Allo stesso modo, il soldato israeliano, caporale Shalit, che è prigioniero in Palestina, dev'essere immediatamente rilasciato.
-Equally, the Israeli soldier Corporal Shalit, who is being held in Palestine, must be released immediately.

2190 **tradimento** **betrayal, treason, treachery**

il | È un atto di tradimento vendere i segreti militari ai nemici del vostro paese.
[tradimento] | -It is an act of treason to sell military secrets to your country's enemies.

2191 **eccome** **all right!, I'll say!**
int
[ekkome]
Sì, ci saranno le imposte europee, eccome se ci saranno.
-Yes, there will be European taxes, indeed there will.

2192 **sommo** **highest**
adj
[sommo]
Dovrà essere convocato, da coloro a cui compete, il Conclave per l'elezione del nuovo Sommo Pontefice.
-A Conclave to elect the new Supreme Pontiff will have to be convoked by those whose competence it is.

2193 **pozzo** **well**
il
[pottso]
Devo sempre controllare nel cortile per vedere che non ci siano delle pozze d'acqua stagnante, affinché le zanzare non si riproducano.
-I always have to check my yard for stagnant pools of water so mosquitoes don't breed there.

2194 **possesso** **possession**
il
[possesso]
Adam ha passato 3 anni in prigione per possesso di droga.
-Adam spent 3 years in jail for drug possession.

2195 **demone** **demon**
il
[demone]
Se gli uomini sono dei lupi allora le donne sono dei demoni.
-If men are wolves then women are devils.

2196 **diamine** **heck**
int
[djamine]
Ho letto la recensione e ho pensato, oh che diamine?
-I read the review and I though, oh what the heck?

2197 **vomitare** **throw up, puke**
vb
[vomitare]
Aveva i conati di vomito e poi ha iniziato a vomitare.
-He retched and then started puking.

2198 **mobile** **mobile; furniture**
adj; il
[mobile]
Non c'era assolutamente nessun mobile in quella stanza.
-There was absolutely no furniture in that room.

2199 **medaglia** **medal**
la
[medaʎʎa]
La squadra giapponese ha vinto la medaglia d'oro in questa competizione.
-The Japanese team won the gold medal for this competition.

2200 **onestamente** **honestly**
adv
[onestamente]
Posso onestamente dire che questo è il caffè migliore che io abbia mai bevuto.
-I can honestly say this is the best coffee I've ever had.

2201 **atteggiamento** **attitude**
i
[atteddʒamento]
Il suo volto e il suo atteggiamento mostravano il disprezzo che provava.
-His face and attitude showed the scorn he felt.

2202 **rientrare** **re-enter**
vb
[rjentrare]
Tutto sommato, penso che dovresti rientrare a casa e aiutare i tuoi vecchi genitori.
-All things considered, I think you should go back home and support your old parents.

2203 **sito** **place, website**
il
[sito]
Sono preso dalla coltivazione delle erbe e il suo sito mi è di grande aiuto.
-I am absorbed in growing herbs and your Web pages are a great help to me.

2204 **sentiero** **pathway, trail**

il
[sentjero]
Il sentiero di montagna si trovava sotto una coperta di foglie, morbida e facile da percorrere.
-The mountain path was under a blanket of leaves, soft and easy to walk on.

2205 **rifiuto** **refusal, rejection, waste**
il
[rifjuto]
Come possiamo giustificare il rifiuto di inviare medicinali a persone che ne hanno bisogno, e che vivono in paesi politicamente osteggiati dagli Stati Uniti?
-How can we justify not sending medicine to people in need who live in places that are out of political favor with the United States?

2206 **imputare** **attribute sth to**
vb
[imputare]
Sta accadendo la stessa cosa, e non sappiamo a cosa imputare tutte queste trasferte né dove finiranno questi fondi.
-The same thing is happening again, and we do not know what so much travel attributes to, and where these funds are going to end.

2207 **missile** **missile**
il
[missile]
La folla inferocita ha lanciato dei missili contro la polizia.
-The angry crowd threw missiles at the police.

2208 **salsa** **sauce**
la
[salsa]
Se aggiungi della salsa al riso al curry, il sapore sarà più denso.
-If you add sauce to curry rice, the taste will be more dense.

2209 **altrettanto** **as; as much; just as many**
adv
[altrettanto]
Lei gioca molto bene a tennis ma io so giocare altrettanto bene.
-She can play tennis very well, but I can play as well as she can.

2210 **monaco** **monk**
il
[monako]
Madre Teresa era una monaca cattolica che viveva e lavorava a Calcutta, in India.
-Mother Teresa was a Catholic nun who lived and worked in Calcutta, India.

2211 **vario** **various, varied**
adj
[varjo]
Oltre a prestare libri, le biblioteche offrono vari altri servizi.
-Besides lending books, libraries offer various other services.

2212 **dichiarare** **declare, claim**
vb
[dikjarare]
Ha sempre dichiarato di essere stata soltanto un'altra delle sue vittime.
-She always claimed to have been just another one of his victims.

2213 **fune** **cable, wire; rope, linen**
la
[fune]
Tommaso ha legato la fune col cappio fra due alberi
-John strung a clothesline between the two trees.

2214 **inviato** **envoy, correspondent**
il
[invjato]
Esigo che tu cessi e desista dall'inviare delle e-mail indesiderate.
-I demand that you cease and desist from sending unsolicited emails.

2215 **evidente** **evident**
adj
[evidente]
Il suo gusto eclettico era evidente dall'insolito arredamento della stanza.
-Her eclectic taste was evident from the unusual decor of the room.

2216 **stipendio** **salary**
lo
[stipendjo]
Anche se non ricevo uno stipendio alto, io non sono disposto ad abbandonare questo modo di guadagnarsi da vivere.
-Even if I don't get a high salary, I'm not willing to quit this way of making a living.

2217 **comunità** **community**
la
[komunitˈa]
Questa è una tragedia per questa famiglia, è una tragedia per questa comunità, è una tragedia per la città.

-This is a tragedy for this family, it's a tragedy for this community, it's a tragedy for the city.

2218 **inizio** — **beginning**
lo
[inittsjo]
Non importa quale strumento musicale tu voglia imparare, la cosa più importante è di non fare alcun errore fin dall'inizio, poiché gli errori si fissano nella memoria sempre meglio di tutto ciò che hai fatto bene.
-No matter which musical instrument you want to learn to play, the most important thing is not to make any mistakes from the beginning on, because mistakes are always imprinted on your mind more easily than everything you do right.

2219 **varo** — **launch, launching**
il
[varo]
Il Consiglio europeo chiede il varo di un piano europeo per l'innovazione.
-The European Council calls for the launching of a European plan for innovation.

2220 **vigliacco** — **coward**
il; adj
[viʎʎakko]
Da ora molti omuncoli non potranno fare più i vigliacchi.
-From now on many petty men will not be able to be cowards anymore.

2221 **assicurato** — **secured, assured, insured**
adj; il
[assikurato]
Si è assicurata che la porta sia chiusa a chiave?
-Have you made sure the door is locked?

2222 **ritrovato** — **finding, discovery**
il
[ritrovato]
Ultimo ritrovato in fatto di tecnologia multimediale digitale, il DVD garantisce una qualità d'immagine impareggiabile.
-The latest in multimedia digital technology, DVD guarantees second-to-none picture quality.

2223 **manuale** — **manual**
adj; il
[manwale]
Non utilizzare il sistema diversamente da come è specificato in questo manuale di istruzioni.
-Do not use the system in any other manner than specified in this instruction manual.

2224 **sacrificio** — **sacrifice**
il
[sakrifitʃo]
Fare una scelta significa sempre fare un sacrificio, rinunciare ad una cosa per un'altra.
-Making a choice always means making a sacrifice, giving up one thing for another.

2225 **divenire** — **become**
vb
[divenire]
Dopo che l'aveva visto, è caduto in una enorme confusione dei pensieri, era divenuto immobile e, in breve, trasformato in pietra.
-After having caught sight of her, he fell into a huge confusion of thoughts, was motionless and, in one word, turned to stone.

2226 **popolare** — **populair; to populate**
adj; vb; abr
[popolare]
Io penso che Twitter non sia molto popolare in Germania. 140 caratteri sono circa due parole in tedesco.
-I think Twitter is not very popular in Germany. 140 characters is approx two words in German.

2227 **investire** — **invest**
vb
[investire]
È la prima volta che investo un cane con la mia macchina.
-This is the first time I've ever knocked a dog down with my car.

2228 **nascosto** — **hidden**
adj
[naskosto]
Applicare ulteriori analisi ai documenti e ai file che corrispondono alle parole chiave e trovare la verità nascosta è "conoscenza".

-To apply further analysis to documents and files matching the keywords and find the hidden truth is "knowledge".

2229 **franco** — **frank, free; franc**
il; adj
[fraŋko]
Il valore esterno del franco era sensibilmente salito dallo scoppio della crisi finanziaria internazionale nell'agosto 2007.
-The Swiss franc had gained markedly in value since the onset of the international financial crisis in August 2007.

2230 **altrove** — **elsewhere**
adv
[altrove]
I libri sono per la gente che spera di essere altrove.
-Books are for people who wish they were somewhere else.

2231 **infine** — **finally, at last**
adv
[infine]
Infine ha fissato, quale regola di comportamento interna, che siano sottoposte alla sua approvazione le operazioni finanziarie.
-Lastly, the Board of Directors adopted an internal rule of conduct whereby its approval is required for financial transactions.

2232 **lira** — **lira**
la
[lira]
Le sue idee non gli hanno mai reso una lira.
-His ideas never earned him a dime.

2233 **pelo** — **hair, fur, coat**
il
[pelo]
Il pelo del nostro gatto ha perso la sua lucentezza.
-Our cat's fur has lost its luster.

2234 **sesto** — **sixth**
adj
[sesto]
La gravità della Luna è un sesto di quella della Terra.
-The gravity of the moon is one-sixth of that of the earth.

2235 **trasporto** — **transport**
il
[trasporto]
Qualora da analisi risulti che il difetto sia stato cagionato da uso improprio o ricada nelle esclusioni previste nelle condizioni di garanzia, l'importo della riparazione e del trasporto verrà addebitato all'utente.
-If the defect is found to be due to improper use or falls in the exclusions provided for in the warranty conditions, the costs incurred for the component repair and carriage shall be charged to the user.

2236 **cassaforte** — **safe, strongbox**
la
[kassaforte]
È chiaro che lui ha rubato i soldi dalla cassaforte.
-It's clear that he stole money from the safe.

2237 **capitolo** — **chapter**
il
[kapitolo]
Prima di andare a dormire ho letto qualche altro capitolo.
-I read a couple of more chapters before I went to sleep.

2238 **cifrare** — **encipher**
vb
[tʃifrare]
Questa operazione deve essere ripetuta per ogni partizione da cifrare.
-This will be repeated for each partition to be encrypted.

2239 **tara** — **tare, defect, faint**
la
[tara]
Per calcolo della tara si intende la sottrazione del peso del contenitore in modo da visualizzare solo il peso degli oggetti all'interno del contenitore (peso netto).
-Taring refers to the action of allowing for the weight of a container so that only the weight of objects held in the container (net weight) is displayed.

2240 **commerciale** — **commercial, trade**
adj
[kommertʃale]
Mia madre è andata al centro commerciale per fare qualche acquisto.
-My mother went to the department store to do some shopping.

2241 **sodo** — **hard**

adj; adv [sodo] Generalmente gli studenti del liceo studiano più sodo degli studenti del college.
-Generally speaking, high school students study harder than college students.

2242 **tubo** **tube, pipe**
il [tubo] Quando nel tubo di alimentazione gas è presente aria (es. nel caso di nuova installazione) può essere necessario ripetere più tentativi di accensione.
-When the gas supply tube is filled with air (e.g. in case of new installation) it may be necessary to repeat the ignition cycle several times.

2243 **nuvoloso** **overcast, cloudy**
adj [nuvolozo] L'errore più comune è la mancanza dell'orizzonte libero a causa di eventuali ostacoli o di cielo estremamente nuvoloso, che impedisce la ricezione dei segnali dei satelliti.
-Most common error is not having a clear view of the sky, or being under very cloudy conditions, when a satellite signal may not be received.

2244 **codardo** **cowardly; coward**
il; adj [kodardo] John è in apparenza coraggioso, però in realtà è un codardo.
-John is brave in appearance, but is in reality a coward.

2245 **riparo** **shelter**
il [riparo] Quando scende il buio, i babbuini ritornano agli alberi per dormire, al riparo dai predatori notturni.
-When darkness falls, the baboons return to the trees to sleep, safe from night prowlers.

2246 **tradizione** **tradition**
la [tradittsjone] Cristo nostro Signore, nella Sacra Scrittura dell'uno e dell'altro Testamento e nella Tradizione, ha affidato alla sua Chiesa l'unico deposito della Rivelazione.
-Christ our Lord in the sacred Scripture of the Old and New Testaments and in Tradition has entrusted to his Church the one deposit of divine revelation.

2247 **martedì** **Tuesday**
il [marted'i] John mi ha detto che può andare in qualsiasi giorno tranne il martedì.
-John told me that he could come on any day but Tuesday.

2248 **sofferto** **suffered**
adj [sofferto] L'umanità ha sofferto perdite a causa della guerra di più negli ultimi cento anni che mai prima d'ora.
-Humanity has suffered more from war in this century than ever before.

2249 **gonna** **skirt**
la [gonna] Lei stava indossando delle mutandine rosa sotto la gonna.
-She was wearing pink panties under the skirt.

2250 **mucca** **cow**
la [mukka] Le mucche sono più utili di qualsiasi altro animale in questo paese.
-Cows are more useful than any other animal in this country.

2251 **siccome** **since**
con [sikkome] Siccome era la prima volta che siamo entrati a scuola in ritardo, la nostra professoressa non ci ha puniti.
-Since it was the first time we arrived late at school, our teacher didn't give us detention.

2252 **educazione** **education**
le [edukattsjone] Se pensate che l'educazione sia cara, aspettate e vedrete quanto vi costa cara l'ignoranza.
-If you think education is expensive, wait till you see what ignorance costs you.

2253 **sospeso** **suspended**
adj La figlia di John fu sospesa per avere portato della marijuana a scuola.
[sospezo] -John's daughter was suspended for taking marijuana to school.

2254 **undici** **eleven**
num Questo aeroporto offre
[unditʃi] servizi di volo diretto undici che includono sei destinazioni nazionali e cinque destinazioni internazionali.
- This airport offers eleven direct flight services that include six domestic destinations and five international destinations.

2255 **motorio** **motor**
adj Facilitare il trasporto di persone con limitazioni di tipo motorio è uno dei
[motorjo] modi più efficienti per promuovere attività sociali per tutti.
-Facilitating transportation of mobility impaired people is one of the most efficient ways to promote social activities for everyone.

2256 **assoluto** **absolute**
adj John è stato il primo ragazzo in assoluto ad aver baciato Jane.
[assoluto] -John was the first boy that ever kissed Jane.

2257 **prezioso** **precious**
adj Ho un sacco di libri antichi. Un paio di loro sono abbastanza prezioso.
[prettsjozo] -I have a lot of old books. A couple of them are quite valuable.

2258 **rapire** **kidnap**
vb Ogni anno molti bambini vengono rapiti da membri delle loro famiglie.
[rapire] -Each year many children are kidnapped by members of their own families.

2259 **presso** **at, in; near; close**
prp; adv; adj Irene Pepperberg, una ricercatrice presso la Northwestern University, sta
[presso] scoprendo che un pappagallo può non solo imitare le persone, ma anche imparare il significato delle parole.
-Irene Pepperberg, a researcher at Northwestern University, is discovering that a parrot can not only mimic people but also learn the meaning of words.

2260 **mail** **email**
la John ha digitalizzato una vecchia foto di famiglia e l'ha inviata via e-mail a
[mail] sua madre.
-John digitized an old family photo and emailed it to his mother.

2261 **dipingere** **paint**
vb Lei era in piedi su una scala a dipingere il soffitto.
[dipindʒere] -She was standing on a ladder painting the ceiling.

2262 **condotto** **conducted; duct, conduit, canal**
adj; gli Il condotto uditivo invia le onde sonore al timpano.
[kondotto] -The ear canal sends sound waves to the eardrum.

2263 **professionale** **professional**
adj L'istruzione tecnica e professionale deve essere messa alla portata di tutti.
[professjonale] -Technical and professional education shall be made generally available.

2264 **strumento** **tool**
lo Quando si tratta di strumenti musicali, più si fa pratica, più si diventa abili.
[strumento] -When it comes to musical instruments, the more you practice, the more skilled you become.

2265 **bentornato** **Welcome back!; welcome**
int; il Salve gente e bentornati per un altro aggiornamento sulle sessioni a Reglan !
[bentornato] -Howdy Folks welcome back for another Raglan sessions update!

2266 **cremare** **cremate**

vb [kremare]
Erano un po ' i primi a costruire strumenti di pietra, cremare i loro morti, e dipingere rappresentazioni di se stessi.
-They were some the first people to make stone tools, cremate their dead, and paint representations of themselves.

2267 **mollo** **soaked, flabby**
adj [mollo]
Il giorno successivo unire al riso freddo i 4 tuorli, il lievito, la farina, il vinsanto e l'uvetta precedentemente messa a mollo.
-The next day, combine the cold rice with 4 egg yolks, baking powder, flour, raisins (soaked previously) and vinsanto.

2268 **impattare** **impact**
vb [impattare]
Piaggio ha cercato e cerca di fronteggiare tale rischio, che potrebbe impattare negativamente sulla situazione economica e finanziaria
-Piaggio has tried to tackle this risk, which could have a negative impact on the financial position and performance of the Group

2269 **proibire** **prohibit**
vb [proibire]
Se si proibisce agli studenti cinesi di pensare, cosa ci si aspetta da loro esattamente?
-If we ban Chinese students from thinking, what exactly do we expect from them?

2270 **popolazione** **population**
la [popolattsjone]
La popolazione curda dell'Iran, dell'Iraq, della Turchia e della Siria chiede da molto tempo una patria unificata.
-The Kurdish people of Iran, Iraq, Turkey and Syria have long sought a unified homeland.

2271 **liberare** **release**
vb [liberare]
Il senato stabilì che il console facesse un nuovo arruolamento e liberasse la patria dai nemici.
-The Senate decreed that a new consul be chosen and the country be delivered from the enemies.

2272 **giudicare** **judge**
vb [dʒudikare]
Si può facilmente giudicare la maturità di una banana dal colore della sua buccia.
-You can easily judge the ripeness of a banana by the color of its peel.

2273 **manager** **manager**
il [manadʒer]
Il manager non c'era, così ho lasciato un messaggio alla segretaria.
-The manager was out, so I left a message with his secretary.

2274 **quinto** **fifth**
adj [kwinto]
In America il riso può essere comprato a un quinto di quello che costa in Giappone.
-In America, rice can be bought for a fifth of what it costs in Japan.

2275 **quota** **quota, share, quote**
la [kwota]
Una quota sempre crescente della popolazione non è in grado di utilizzare appieno la potenza espressiva della lingua tedesca.
-An increasingly greater part of the population is not capable of fully utilizing the power of expression of the German language.

2276 **porno** **porn**
adj; il [porno]
A me piace guardare i video porno di lesbiche.
-I like watching lesbian porn.

2277 **euro** **Euro**
gli [euro]
Noi abbiamo mangiato al ristorante a dieci euro a persona.
-We ate at the restaurant for ten euros per person.

2278 **pacchetto** **package**
il
[pakketto]
Pensavo che avessimo mangiato tutto quello che c'era in casa, ma poi ho trovato un altro pacchetto di cracker.
-I thought we had eaten everything in the house, but I found another box of crackers.

2279 **polso** **wrist, pulse**
il
[polso]
Sapevo di essermi rotto il polso nel momento in cui sono caduto.
-I knew I'd broken my wrist the moment I fell.

2280 **fratellino** **(younger) brother (coll)**
il
[fratellino]
Il mio fratellino dice che ieri notte ha fatto un brutto sogno.
-My little brother says that he had a dreadful dream last night.

2281 **produrre** **produce**
vb
[produrre]
Ho un orologio prodotto in Giappone che tiene il tempo molto bene.
-I have a watch of Japanese make, which keeps very good time.

2282 **rigare** **scratch**
vb
[rigare]
Con questo addestramento i bambini imparavano, non ad essere se stessi, ma a "rigare dritto".
-With this training children learned not to be themselves, but to behave themselves .

2283 **sospettare** **suspect**
vb
[sospettare]
John non aveva alcuna ragione di sospettare che Jane stava mentendo.
-John had no reason to suspect that Jane was lying.

2284 **intelligenza** **intelligence**
la
[intellidʒentsa]
Qualcuno di famoso ha detto che l'immaginazione è più importante dell'intelligenza.
-Someone famous said that imagination is more important than intelligence.

2285 **confessione** **confession**
la
[konfessjone]
Sono nato di confessione ebraica, ma invecchiando mi sono convertito al narcisismo. La vendetta è una confessione di dolore.
-I was born into the Hebrew persuasion, but when I got older I converted to narcissism. Revenge is a confession of pain.

2286 **abituare** **accustom**
vb
[abitware]
Se vuoi diventare ambidestro, prova a lavarti i denti con la mano non dominante. All'inizio sarà complicato, ma molto presto ti ci abituerai.
-If you want to become ambidextrous, try brushing your teeth with your non-dominant hand. It'll be hard at first, but you'll get used to it in no time.

2287 **spendere** **spend**
vb
[spendere]
Non volevo più spendere altro tempo a cercare di convincere John a studiare il francese.
-I didn't want to spend any more time trying to convince John to study French.

2288 **scommessa** **bet**
la
[skommessa]
Non mi andrà bene con questa scommessa.
-I won't have it good with this bet.

2289 **bruno** **brown, dark**
adj
[bruno]
Lo slogan per la giornata contro gli estremismi era "multicolorato invece di bruno."
-The slogan for the day against extremism was, "multicolored instead of brown"

2290 **denuncia** **complaint**

la
[denuntʃa]
Per risolvere il problema né denunce né lacrime possono contribuire.
-To solve the problem neither complaints nor tears can contribute.

2291 **bucare** **puncture**
vb
[bukare]
Se si cucina carne con la pelle che con l'effetto della pressione può gonfiarsi, non bucare la carne finché la pelle è gonfia: ciò potrebbe provocare scottature.
-A sharp object may puncture the battery which may present a risk of fire, chemical burn, electrolyte leak, and/or injury.

2292 **assomigliare** **look like, resemble**
vb
[assomiʎʎare]
Quando si comincia ad assomigliare alla propria foto nel passaporto, è ora di andare in vacanza.
-When you start to look like the photo in your passport, it's time to go on vacation.

2293 **seno** **breast**
il
[seno]
Questa è la prima volta che mi capita di allattare al seno il mio bambino.
-This is the first time I've ever breast-fed my baby.

2294 **gemere** **moan**
vb
[dʒemere]
Il vento errava gemendo attorno al castello come un'anima in pena.
-The wind wandered moaning round the house like a lost soul.

2295 **pacco** **pack, parcel**
il
[pakko]
John ha incartato il pacco e lo ha legato con del filo.
-John wrapped the package and tied it with strings.

2296 **comunista** **communist**
adj; il/la
[komunista]
Il comunismo era il sistema politico nell'Unione delle Repubbliche Socialiste Sovietiche, ma che si è fermato nel 1993.
-Communism was the political system in the Union of Soviet Socialist Republics, but that stopped in 1993.

2297 **attuale** **current**
adj
[attwale]
Leggete il giornale tutti i giorni, altrimenti perderete il contatto con il mondo attuale.
-Read the newspaper every day, or you will get behind the times.

2298 **mela** **apple**
la
[mela]
John ha acquistato un sacchetto di mele e ne ha mangiate un terzo in un giorno.
-John bought a bag of apples and he ate a third of them in one day.

2299 **carrozza** **carriage**
la
[karrottsa]
Le ultime tre carrozze del treno sono state pesantemente danneggiate.
-The last three coaches of the train were badly damaged.

2300 **extra** **extra**
adj
[ekstra]
Abbiamo già avuto alcuni extra, come il cesto di frutta e ha chiesto una sedia a sdraio, che abbiamo ricevuto dopo aver disegnato su di essa tre volte.
-We previously had a few extras, such as fruit basket and a lawn chair asked, which we received only after we had drawn on it three times.

2301 **scienziato** **scientist**
lo
[ʃentsjato]
Uno scienziato americano di nome William Keeton fece un esperimento interessante per risolvere questo mistero.
-One American scientist, William Keeton, used a very interesting experiment to solve this mystery.

2302 **sottovoce** **whisper**
adv
[sottovotʃe]
Di giorno dobbiamo camminare in punta di piedi e parlare sottovoce perché nel magazzino non devono sentirci.

-We have to whisper and tread lightly during the day, otherwise the people in the warehouse might hear us.

2303 **lento** — **slow**
adj
[lento]
Poi cuocilo a fuoco lento per 30 minuti, ed sarà pronto.
-After, cook it on a low flame for 30 minutes and you're done.

2304 **novembre** — **November**
lo
[novembre]
A Chicago tende a nevicare verso la fine di novembre.
-Snow is apt to fall in Chicago in late November.

2305 **rapidamente** — **quickly**
adv
[rapidamente]
Io avevo paura del palcoscenico in un primo momento, ma l'ho superata rapidamente.
-I had stage fright at first, but I got over it quickly.

2306 **apertura** — **opening**
la
[apertura]
L'open source è una filosofia che incoraggia l'apertura, la condivisione e la modificabilità.
-Open source is a philosophy that encourages openness, sharing, and modification.

2307 **amministrazione** — **administration**
le
[amministrattsjone]
Io non mi fido dell'amministrazione.
-I don't trust the administration.

2308 **riportare** — **report, take back**
vb
[riportare]
Devo riportare i miei libri in biblioteca prima del 25 gennaio.
-I've got to take my library books back before January 25th.

2309 **malapena** — **barely**
adv
[malapena]
John è messo davvero male. Riesco a sentire a malapena il suo battito.
-John's really bad. I can barely feel his pulse.

2310 **anniversario** — **anniversary**
lo
[anniversarjo]
John e Jane hanno festeggiato il loro primo anniversario con una cena romatica.
-John and Jane had a romantic dinner to celebrate the first anniversary of their being together.

2311 **cacciatore** — **hunter**
il
[kattʃatore]
Le depredazioni dei cacciatori umani sono ritenute di essere state il fattore chiave che ha spinto molte specie all'estinzione.
-The depredations of human hunters are thought to have been the key factor that pushed many species to extinction.

2312 **complesso** — **complex, whole; complex**
adj; il
[komplesso]
La finanza moderna sta diventando sempre più complessa e sofisticata.
-Modern finance is becoming increasingly complicated and sophisticated.

2313 **ipotesi** — **hypothesis, speculation, assumption**
le
[ipotezi]
Ma questi ipotesi sono ancora oggetto di discussione nel mondo scientifico.
-But those hypotheses are still an object of discussion in the world of science.

2314 **hall** — **hall, lobby**
le
[all]
La sala da pranzo è direttamente adiacente alla hall, o piuttosto, da dove siete, è a soli tre passi?
-The dining hall is directly adjacent to the lobby, or rather, from where you are, it's just three steps away?

2315 **agosto** — **August**
gli
[agosto]
Il quindici di agosto migliaia di persone fanno volare degli aquiloni.
-On the fifteenth of August, thousands of people fly kites.

2316 **violento** — **violent**
adj
[vjolento]
Lui pronunciò il suo giudizio su un comportamento così violento.
-He pronounced his judgment over such vehement behaviour.

2317 **estero** — **abroad**
adj; il
[estero]
Ho parlato con i miei genitori del mio progetto di andare a studiare all'estero.
-I talked with my parents about my studying abroad.

2318 **asilo** — **asylum, kindergarten, nursery (school)**
lo
[azilo]
Loro sono diventati cittadini dopo aver ricevuto asilo politico.
-They became citizens after receiving political asylum.

2319 **ciascuno** — **each, all, every; everyone, everybody**
adj; prn
[tʃaskuno]
In molte parti del mondo, non c'è abbastanza cibo per soddisfare i bisogni di ciascuno.
-In many parts of the world, there is not enough food to meet everyone's needs.

2320 **supporto** — **support**
il
[supporto]
A mia sorella Maya, a mia sorella Alma, a tutti i miei altri fratelli e sorelle, grazie mille per tutto il supporto che mi avete dato. Sono grato a loro.
-To my sister Maya, my sister Alma, all my other brothers and sisters, thank you so much for all the support that you've given me. I'm grateful to them.

2321 **generazione** — **generation**
la
[dʒenerattsjone]
I genitori pensano la nuova generazione come una generazione lontana dalla realtà e occupata a rincorrere sogni non realizzabili.
-Parents look to the new generation as a generation that is far from reality and busy running after unrealistic dreams.

2322 **nebbia** — **fog, mist**
la
[nebbja]
In caso di inalazione dell'aerosol o nebbia se necessario consultare un medico.
-In the case of inhalation of aerosol/mist consult a physician if necessary.

2323 **salita** — **climb**
la
[salita]
Il percorso richiede ottimo allenamento, con una salita lunga e tratti difficili da compiere in sella; la discesa è ripida.
-The route requires excellent training, with a long climb and stretches hard to cycle on; the descent is steep.

2324 **controllato** — **checked**
adj
[kontrollato]
Ho controllato due volte per sincerarmi che non abbiamo commesso errori.
-I checked twice to make certain we hadn't made any mistakes.

2325 **volume** — **volume**
il
[volume]
Per calcolare il volume, moltiplica la lunghezza con la larghezza e la profondità.
-To calculate the volume, multiply the length by the width by the depth.

2326 **tipico** — **typical**
adj
[tipiko]
Ha vissuto in una casa con tipico stile giapponese.
-He lived in a typical Japanese-style house.

2327 **spaventoso** — **frightening, scary**
adj
[spaventozo]
Non ho mai sentito prima d'ora una storia così spaventosa.
-I've never heard of such a frightening story before.

2328 **comunicazione** — **communication**
la
[komunikattsjone]
Una comunicazione efficace e il rispetto reciproco sono elementi essenziali del lavoro di squadra di successo.
-Effective communication and mutual respect are essential elements of successful teamwork.

2329 **egoista** | **selfish; egoist**
adj; il/la
[egoista]
Il mondo contemporaneo è freddo, egoista, consumista e violento, disumanizzato.
-he contemporary world is cold, selfish, consumerist and violent, dehumanized.

2330 **ufficialmente** | **officially**
adv
[uffitʃalmente]
Gli Stati Uniti hanno ufficialmente concluso le sanzioni economiche contro la Birmania.
-The United States has officially ended economic sanctions against Burma.

2331 **disperato** | **desperate**
adj
[disperato]
Lui era disperato, quando è tornato a casa.
-He was desperatem when he returned home.

2332 **spiritoso** | **humorous**
adj
[spiritozo]
Sono in grado di esprimermi nelle lettere in modo ironico, ambiguo o spiritoso.
-In a letter I can express myself in a consciously ironical, ambiguous and humorous way.

2333 **patatina** | **french fry, potato chip, plump little girl (coll), pussy (coll)**
la
[patatina]
Io non ho mangiato tutte le patatine fritte perché erano troppo unte.
-I didn't eat all the fries because they were too oily.

2334 **contadino** | **farmer**
il
[kontadino]
Il contadino ha arato il suo campo per tutto il giorno.
-The farmer ploughed his field all day.

2335 **minore** | **less, minor, lower, lesser, smaller**
adj
[minore]
La mia sorella minore ha due figli, il che significa che io ho due nipoti.
-My younger sister has two sons, which means I have two nephews.

2336 **sensibile** | **sensible**
adj
[sensibile]
Jane è sensibile alla luce, per cui indossa degli occhiali da sole.
-Jane is sensitive to light, so she wears sunglasses.

2337 **copione** | **script**
il
[kopjone]
Lo sappiamo tutti che vai al cinema a vedere "Twilight" per via del suo "copione brillante" e non per via dei suoi attori.
-We all know you go to the cinema to watch "Twilight" because of its "brilliant script" and not because of its actors.

2338 **coma** | **coma**
il
[koma]
Nel frattempo, il suo compagno era uscito dal coma e veniva curato per le fratture (lei non gli aveva ancora detto della perdita del bambino), e il piccolo Major stava gradualmente riacquistando conoscenza.
-In the meantime her partner had come out of his coma and was being treated for his fractures (she still had not told him about the loss of his son) and little Major was slowly regaining consciousness.

2339 **giungere** | **reach**
vb
[dʒundʒere]
Le presidenze cercheranno anche di giungere all'adozione definitiva della decisione.
-The Presidencies will also seek final adoption of the Decision.

2340 **lama** | **blade; llama**
i
[lama]
Questo coltello ha una lama affilata e taglia bene.
-This knife has a fine edge and cuts well.

2341 **statua** | **statue**

la
[statwa]
Una statua vivente poggia su una panchina e due statue della libertà parlano con i turisti.
-A living statue rests on a bench and two statues of liberty talk with tourists.

2342 **infinito** **Infinity**
adj; il
[infinito]
Solo due cose sono infinite: l'universo e la stupidità umana, ma non sono sicuro della prima.
-Only two things are infinite, the universe and human stupidity, and I'm not sure about the former.

2343 **record** **record**
il
[rekord]
Per ulteriori informazioni sulla gestione dei record, consultare la Guida per la gestione dei record aziendali (Corporate Office Records Management Guide) e le politiche di gestione dei record specifiche di ciascuna business unit.
-For more information regarding records management, please see the Corporate Office Records Management Guide and records management policies for each Business Unit.

2344 **astronave** **spaceshlp**
le
[astronave]
Il gioco in Modalità Completa termina quando ogni giocatore umano è morto o ha lasciato l'astronave.
-The game ends when every Human player has either been eliminated or has safely left the spaceship.

2345 **operaio** **worker; working, labouring**
il
[operajo]
Loro hanno detto che io ero il loro operaio migliore.
-They said I was their best worker.

2346 **concetto** **concept**
il
[kontʃetto]
Abbiamo bisogno di una chiara definizione del concetto di diritti umani.
-We need a clear definition of the concept of human rights.

2347 **precedere** **precede**
vb
[pretʃedere]
Giovanni il Battista è stato inviato per precedere la prima venuta di Cristo.
-John the Baptist was sent to forerun the first coming of Christ.

2348 **regalare** **give**
vb
[regalare]
Lui non le ha regalato un ramo di rose però l'ha invitata a prendere un caffè e ha parlato con lei.
-He didn't give her a bucket of roses, but he took her out for a coffee and talked to her.

2349 **bara** **coffin**
la
[bara]
Foto di bare coperte da bandiere andarono su tutti i giornali.
-Pictures of coffins covered with flags went all over the papers.

2350 **esagerare** **exaggerate**
vb
[ezadʒerare]
Ti stai impegnando molto, ma stai attento a non esagerare.
-You're working hard, eh. But don't push yourself too hard.

2351 **autore** **author**
gli
[autore]
Agatha Christie è uno dei tuoi autori preferiti di tutti i tempi?
-Is Agatha Christie one of your all-time favorite authors?

2352 **macchiare** **sully**
vb
[makkjare]
Non utilizzare detergenti aggressivi o prodotti abrasivi, spugne abrasive e neppure oggetti appuntiti, perché potrebbero macchiare l'apparecchio.
-Do not use aggressive or abrasive cleaning products, scourers that scratch surfaces or sharp objects, since stains may appear.

2353 **condividere** **share**
vb
[kondividere]
Io devo condividere questa stanza con il mio amico al momento.
-I have to share this room with my friend at present.

2354 **concedere** vb [kontʃedere] **grant**
Puoi concedermi qualche minuto? Vorrei scambiare due parole con te.
-Can you spare me a few minutes? I'd like to have a word with you.

2355 **psichiatra** il/la [psikjatra] **psychiatrist**
È prevista la presenza di uno psichiatra in grado di gestire un'ampia serie di malattie mentali.
-A psychiatrist works with a wide range of mental health illnesses.

2356 **generoso** adj [dʒenerozo] **generous**
Sono grato a ciascuno per l'impegno generoso e qualificato.
-I thank you all for your so generous and qualified efforts.

2357 **vietato** adj [vjetato] **forbidden**
In molti paesi comprare o fumare cannabis è vietato dalla legge.
-In many countries, buying or smoking cannabis is forbidden by law.

2358 **autunno** lo [autunno] **autumn, fall**
Le giornate stanno diventando notevolmente più corte ora che è arrivato l'autunno.
-The days are getting noticeably shorter now that autumn has arrived.

2359 **ambasciata** le [ambaʃʃata] **embassy**
Mia sorella lavora all'ambasciata degli Stati Uniti a Londra.
-My sister works at the United States Embassy in London.

2360 **quantità** la [kwantitˈa] **amount**
I semi di mela sono velenosi, ma sono pericolosi per la salute solo se consumati in grandi quantità.
-Apple seeds are poisonous, but are only dangerous to health when consumed in large quantities.

2361 **impiegato** il [impjegato] **office worker, employee**
Mio padre era un impiegato statale, e anche mia madre non stava facendo niente.
-My father was a civil servant, and my mother wasn't doing anything either.

2362 **standard** adj; gli [standard] **standard**
L'articolo che hai scritto non è in conformità con gli standard del nostro giornale.
-The article you wrote is not in compliance with our journal's standards.

2363 **dispiaciuto** adj [dispjatʃuto] **sorry**
Devo ammettere che stavo cominciando a sentirmi un po' dispiaciuto per me stesso.
-I have to admit I was starting to feel a little sorry for myself.

2364 **collezione** la [kollettsjone] **collection**
John ha la migliore collezione di monete che io abbia mai visto.
-John has the best coin collection I've ever seen.

2365 **evviva** gli [evviva] **cheers, hoorah**
Evviva l'intuizione artistica, il piacere e il desiderio di creare, la qualità e la generosità!
-Hurray to artistic intuition, pleasure, the desire to create, quality, and generosity!

2366 **detestare** vb [detestare] **loathe**
Detesto i cosiddetti corsi di lingue in "trenta giorni".
-I hate so-called "30 days" language courses.

2367 **infarto** il [infarto] **infarct**
Gli indicatori in relazione ai processi delle cure fornite ai pazienti con infarto miocardico non dovrebbero per ora essere introdotti.

-Consequently, indicators relating to the treatment of an acute myocardial infarction should not be introduced at present.

2368 **rallentare** — **slow down**
vb
[rallentare]
Sembra che John stia cercando di rallentare i negoziati.
-It looks as if John is trying to slow down the negotiations.

2369 **invisibile** — **invisible**
adj
[invizibile]
La maggior parte di essi è invisibile senza l'aiuto di un microscopio.
-Most of them are invisible without the help of a microscope.

2370 **normalmente** — **normally**
adv
[normalmente]
Nei viaggi all'estero, il presidente è normalmente accompagnato dalla moglie.
-The President is usually accompanied by his wife when he goes abroad.

2371 **vampiro** — **vampire**
il
[vampiro]
Lui lavora come insegnante, però in realtà è un vampiro.
-He works as a teacher, but actually he's a vampire.

2372 **murare** — **wall**
vb
[murare]
Si racconta che il marito avesse fatto murare viva la duchessa in una parete del castello.
-Legend has it that the Duchess was walled up alive in a wall of the castle.

2373 **cortile** — **courtyard, yard**
il
[kortile]
Io ho permesso a John di campeggiare nel nostro cortile.
-I permitted John to camp in our backyard.

2374 **allenatore** — **coach**
lo
[allenatore]
L'allenatore mi ha detto che avevo bisogno di esercitarmi più duramente.
-The coach told me I needed to practice harder.

2375 **eliminare** — **eliminate**
vb
[eliminare]
Non eliminerei la possibilità di trasferirmi in un altro paese se ottenessi una buona offerta di lavoro.
-I wouldn't rule out the possibility of moving to another country if I get a good job offer.

2376 **scudo** — **shield**
lo
[skudo]
Telecamere a cupola fisse sono racchiusi in una cupola a forma di scudo.
-Fixed dome cameras are enclosed in a dome-shaped shield.

2377 **sviluppo** — **development**
lo
[zviluppo]
Lo sviluppo economico del dopoguerra delle nazioni vinte può essere rapido se non vengono saccheggiate dai vincitori. Per ciò ci sono due motivi.
-The post-war economic development of vanquished nations can be rapid if they are not looted by the victors. For this there are two reasons.

2378 **autostrada** — **motorway, highway**
la
[autostrada]
Molte auto sfrecciano su questa autostrada notte e giorno.
-A lot of cars speed by on this expressway day and night.

2379 **gettare** — **throw**
vb
[dʒettare]
Avevo un solo obiettivo quando ho gettato via ogni cosa per gestire questo ristorante.
-I had only one aim in throwing everything away to run this restaurant.

2380 **elenco** — **list, directory**
il
[eleŋko]
John sta facendo un elenco di cose che devono essere fatte.
-John is making a list of things that need to be done.

2381 **matematico** — **mathematical; mathemactician**
adj; il
[matematiko]
Non è piacevole vedere che un matematico più ferrato di me non riesce a spiegarsi chiaramente.

-I don't like it when mathematicians who know much more than I do can't express themselves explicitly.

2382 **collegamento** **connection, link**
il
[kollegamento]
Io ho dei collegamenti all'interno del governo.
-I have connections in the government.

2383 **fucilare** **shoot**
vb
[futʃilare]
Oggi ricorre il settantesimo anniversario dell'ordine di Stalin di fucilare più di 20 000 ufficiali dell'esercito polacco.
-Today marks the 70thÂ anniversary of the issue of the order by Stalin to shoot over 20Â 000 Polish Army officers.

2384 **autorizzazione** **authorization**
le
[autoriddzattsjone]
Hai la nostra autorizzazione a includere il nostro software a condizione che ci invii una copia del prodotto finale.
-You have our permission to include our software on condition that you send us a copy of the final product.

2385 **aprile** **April**
lo
[aprile]
Gennaio, febbraio, marzo, aprile, maggio, giugno, luglio, agosto, settembre, ottobre, novembre e dicembre sono i dodici mesi dell'anno.
-January, February, March, April, May, June, July, August, September, October, November and December are the twelve months of the year.

2386 **francamente** **frankly**
adv
[fraŋkamente]
Informi francamente chi sei e che ti piacerebbe incontrare.
-Please tell frankly who you are and whom you'd like to meet.

2387 **insalata** **salad**
le
[insalata]
A John piace il modo in cui Jane fa l'insalata di patate.
-John likes the way Jane makes potato salad.

2388 **sepolto** **buried**
adj
[sepolto]
Si dice che ci sia un tesoro sepolto qua attorno.
-It is said that there is a treasure buried around here.

2389 **sceneggiatura** **screenplay**
la
[ʃeneddʒatura]
Lei è diventata famosa dopo aver scritto la sceneggiatura di quel film.
-She became famous after having written the screenplay for that movie.

2390 **diviso** **divided**
adj
[divizo]
Ha diviso un milione di dollari tra i suoi cinque figli.
-He divided one million dollars among his five sons.

2391 **classico** **classic**
adj; il
[klassiko]
A proposito di musica classica, qual è il suo compositore preferito?
-Talking of classical music, who is your favorite composer?

2392 **pessimo** **very bad, terrible**
adj
[pessimo]
Il suo comportamento, per come mi ricordo, è stato pessimo.
-His behavior, as I remember, was very bad.

2393 **spento** **off, turned off**
adj; adv
[spento]
Assicurati che le luci siano spente prima che tu vada.
-Make sure that the lights are turned off before you leave.

2394 **cartello** **cartel, sign**
il
[kartello]
Non c'è nessun cartello che indica che questa è una sala riunioni.
-There is no sign indicating that this is a meeting room.

2395 **scordare** **forget**
vb
[skordare]
Non riesco a trovare i miei occhiali. Potrei averli scordati sul treno.
-I can't find my glasses. I may have left them behind on the train.

2396 **vacca** **cow**

la | Il latte di vacca è più saporito del latte di soia.
[vakka] | -Cow's milk is tastier than soy milk.

2397 **ansia** | **anxiety**
le | Abbiamo avuto parecchi momento di ansia, ma alla fine è andato tutto bene.
[ansja] | -We had a good many anxious moments, but everything turned out all right in the end.

2398 **preside** | **dean, principal**
la | Il trofeo è stato presentato al Preside di ogni scuola e sarò consegnato per la prima volta alla fine dell'anno scolastico corrente.
[prezide] | -The trophy was presented to the Principal of each school and will be awarded for the first time at the end of this school year.

2399 **equilibrio** | **equilibrium**
lo | La musica è in equilibrio con la struttura del film.
[ekwilibrjo] | -The music is in balance with the structure of the movie.

2400 **contenere** | **contain**
vb | Questa bottiglia è in grado di contenere due litri di acqua calda.
[kontenere] | -This bottle is able to contain two liters of hot water.

2401 **unghia** | **nail**
le | Se ti mangi le unghie, prima o poi ti farai sanguinare le dita.
[uŋgja] | -If you bite your fingernails, sooner or later you will make your fingers bleed.

2402 **fica (figa)** | **fanny, pussy (both used: fanny,pussy, fig)**
la | Secondo Vladimir Chizhov, la parola "figa" è indecente.
[fika (figa)] | -According to Vladimir Chizhov, the word "pussy" is indecent.

2403 **lusso** | **luxury**
il | A quell'epoca, il pane bianco e la carne erano considerati un lusso.
[lusso] | -At that time, white bread and meat were considered a luxury.

2404 **panare** | **bread, dip in breadcrumbs**
vb | Disporre i filetti di pesce nello stampo in porcellana unto e 3 coprirli con la panata.
[panare] | -Put the fillets of fish into the greased porcelain dish and spread 3 the breadcrumb coating over them.

2405 **metallo** | **metal**
il | John mise i diamanti in una piccola scatola di metallo.
[metallo] | -John put the diamonds in a small metal box.

2406 **personalità** | **personality**
la | Lui non è un uomo che riesce a non manifestare la sua personalità.
[personalit'a] | -He knows how to assert himself.

2407 **portafoglio** | **portfolio, wallet**
il | John ha preso dei soldi dal suo portafoglio e li ha dati a Jane.
[portafoʎʎo] | -John took some money out of his wallet and gave it to Jane.

2408 **canna** | **cane, barrel, rod**
la | La canna da zucchero è un frutto o una verdura?
[kanna] | -Is sugar cane a fruit or a vegetable?

2409 **pisciare** | **piss**
vb | Pisciare da seduti non è poi così male.
[piʃʃare] | -Peeing sitting down is not all that bad.

2410 **lavoratore** | **worker; hard-working**
il | Tutti i lavoratori hanno un rapporto con un fornitore od un cliente.
[lavoratore] | -Any employee has a relationship with a supplier or a custome.

2411 **spinto** | **pushed**

adj; il
[spinto]
Diversi motivi hanno spinto ognuno di noi all'atteso appuntamento.
-Various were the reasons that brought us together.

2412 **orrore** **dread, terror**
il
[orrore]
John e Jane hanno deciso di andare a vedere un film dell'orrore.
-John and Jane decided to go see a scary movie.

2413 **reato** **crime**
il
[reato]
Quando uscii di prigione, non avevo intenzione di commettere un altro reato.
-When I got out of jail, I had no intention of committing another crime.

2414 **riparare** **repair**
vb
[riparare]
John mi ha dato il nome di un tizio che probabilmente riesce a riparare il mio orologio.
-John gave me the name of a guy who can probably repair my watch.

2415 **comunicare** **communicate**
vb
[komunikare]
John e Jane devono imparare a comunicare meglio tra di loro.
-John and Jane need to learn to communicate with each other better.

2416 **pattugliare** **patrol**
vb
[pattuʎʎare]
Il personale di sicurezza deve pattugliare queste aree quando sono aperte al pubblico.
-Security staff shall patrol these areas when open to the public.

2417 **alieno** **alien**
adj
[aljeno]
Questo non è un alieno. È solo uno strano animale.
-This is not an alien, it's just a strange animal.

2418 **curare** **treat**
vb; lo
[kurare]
Questo capitolo illustra come riporre e curare la manutenzione del sistema così da poter godere delle sue prestazioni per numerosi anni a venire.
-This chapter explains how to store and maintain your system so that it continues to give pleasure for many years to come.

2419 **testamento** **will**
il
[testamento]
Il patto successorio (come il testamento pubblico) è redatto da un pubblico ufficiale e sottoscritto alla presenza di due testimoni.
-Like public wills, a testamentary contract is drawn up by a certifying officer and signed in the presence of two witnesses.

2420 **satana** **Satan**
il
[satana]
Bush non è il migliore amico di Satana. Lui non lo sa nemmeno chi è Satana.
-Bush is not Satan's best friend. He doesn't even know who Satan is.

2421 **galleria** **gallery**
la
[gallerja]
Dopo una lunga ispezione, la galleria è stata riaperta al traffico.
-After a lengthy inspection, the tunnel was reopened to traffic.

2422 **distintivo** **distinctive**
adj; il
[distintivo]
Il Gruppo ha sempre considerato la solidità patrimoniale come un importante elemento distintivo nel panorama competitivo nazionale.
-The Group has always considered its capital strength to be one of the most distinctive competitive factors in the national banking scene.

2423 **migliorare** **improve**
vb
[miʎʎorare]
Mentre ero intento a migliorare il mio modo di parlare, mi sono imbattuto in un libro di grammatica inglese.
-While I was intent on improving my language skill, I came upon an English grammar book.

2424 **riuscita** **success**
la
[rjuʃʃita]
Il risultato dell'operazione apparirà su schermo in modo da controllare la riuscita dell'invio del lavoro.

-The result of the operation will be displayed for you to check that the work has been sent successfully.

2425 **esecuzione** **execution**
la
[ezekuttsjone]
Durante l'esecuzione di un'operazione al cervello, sia i dottori che le infermiere devono trattare il paziente con cautela, senza sacrificare la velocità di esecuzione.
-While a brain operation is being performed, both doctors and nurses must handle the patient with kid gloves and yet with all speed practical.

2426 **bicicletta (bici)** **bicycle, (bike)**
la
[bitʃikletta (bitʃi)]
John usa ancora la bicicletta che gli hanno dato i suoi genitori quando aveva tredici anni.
-John still rides the bicycle that his parents gave him when he was thirteen years old.

2427 **scavare** **dig**
vb
[skavare]
Gli oritteropi sono incredibili! Possono scavare e nascondersi nella sporcizia in meno di un minuto!
-Aardvarks are amazing! They can dig and hide in the dirt in less than one minute!

2428 **colloquio** **(job) interview, talk, meeting**
il
[kollokwjo]
Ho fatto qualche colloquio, però non ho mai ottenuto un impiego.
-I had a few auditions, but never got a job.

2429 **elezione** **election**
la
[elettsjone]
La campagna elettorale ebbe successo e lei vinse le elezioni
-The campaign succeeded and she won the election.

2430 **umorismo** **humor, sense of humor**
il
[umorismo]
Attraverso una particolare pedagogia, basata sull'umorismo e il gioco, il bambino avrà la possibilità di stimolare la propria sensibilità, curiosità e creatività.
-The young children will have the opportunity to stimulate their sensitivity, curiosity and creativity via a particular educational approach based on humour and play.

2431 **percento** **per cent**
lo
[pertʃento]
Da sei anni a questa parte per la prima volta il tasso di disoccupazione è scieso sotto il sei percento.
-For the first time in more than 6 years, the unemployment rate is below 6%.

2432 **assistenza** **assistance**
la
[assistentsa]
Lui ha visitato un istituto per l'assistenza all'infanzia.
-He visited a children's home in Texas.

2433 **patetico** **pathetic**
adj
[patetiko]
Jason non è un tizio cattivo, ma piuttosto un patetico perdente.
-Jason is no bad guy, but rather a pitiable loser.

2434 **muso** **muzzle, nose, face**
il
[muzo]
Un cavallo entra in un bar. Il barista gli chiede: "Come mai quel muso lungo?"
-A horse walks into a bar. The bartender asks, "Why such a long face?"

2435 **comprendere** **understand**
vb
[komprendere]
L'inglese è troppo difficile da comprendere per me.
-English is too difficult for me to understand.

2436 **spedire** **send**
vb
[spedire]
Quand'è stata l'ultima volta che hai spedito una lettera all'estero?
-When was the last time you sent a letter abroad?

2437 **fallimento** **failure, bankruptcy**
il
[fallimento]
A prima vista sembra che questa idea è destinata al fallimento.
-At first sight it seems that this idea is doomed to fail.

2438 **martello** **hammer**
il
[martello]
Questo è un martello. Non è mio; l'ho preso in prestito da un amico.
-This is a hammer. It's not mine; I borrowed it from a friend.

2439 **falsare** **distort**
vb
[falsare]
si cercava una tenuta per valvole che garantisse la vita utile più lunga possibile senza falsare il gusto delle bevande.
- what was required was a valve seal which guarantees maximum service life and which does not adulterate the individual taste.

2440 **assassinio** **murder, assasination**
il
[assassinjo]
Dopo l'assassinio, ebbero una conversazione intima.
-After the murder, they had an intimate conversation.

2441 **selvaggio** **wild**
adj; il
[selvaddʒo]
Il cavallo selvaggio è stato finalmente domato dall'addestratore paziente.
-The wild horse was finally broken by the patient trainer.

2442 **industria** **industry**
le
[industrja]
L'oratore ritiene che le industrie cosmetiche si comportano sempre in modo etico.
-The speaker believes that cosmetic industries always behave in an ethical way.

2443 **indizio** **clue, indication**
il
[indittsjo]
L'assassino ha appena ucciso la quattordicesima vittima e siamo ancora senza indizi sulla sua identità.
-The killer has just taken his fourteenth victim, and we still have no lead on his identity.

2444 **sorellina** **litte sister, younger sister, baby sister**
la
[sorellina]
La mia sorellina dipinse un quadro di un pupazzo di neve.
-My little sister painted a picture of a snowman.

2445 **appellare** **appeal**
vb
[appellare]
Per vincere le elezioni devi appellarti all'opinione pubblica.
-You must appeal to public opinion to win the election.

2446 **preda** **prey**
la
[preda]
Come può un serpente a sonagli localizzare la preda e seguirla fra le erbe e i cespugli dopo averla ferita, se è del tutto sordo?
-How can rattlesnakes localise their prey and track it through grass and bushes, after they wound it, if they're fully deaf?

2447 **guadagno** **gain**
il
[gwadaɲɲo]
Ci stiamo assicurando che nessuno si stia approfittando del popolo americano per un proprio guadagno a breve termine
-We're going to make sure that no one is taking advantage of the American people for their own short-term gain.

2448 **diversamente** **otherwise**
adv
[diversamente]
Se solo lo avessi conosciuto! Poi le cose sarebbero andate diversamente, e sarebbe meglio per lui ora.
-If only you had known him! Then things would have turned out differently, and it would be better for him now.

2449 **disagio** **discomfort**
il
[dizadʒo]
Mi sono sempre sentito a disagio in compagnia di mio padre.
-I always felt ill at ease in my father's company.

2450 **prostituta** **prostitute**
la
[prostituta]
Una certa ragazza era una prostituta, ma non voleva che sua nonna lo sapesse.
-A certain girl was a prostitute but didn't want her grandma to know.

2451 **asso** **ace**
lo
[asso]
John voltò la carta e vide che era l'asso di spade.
-John flipped over the card and saw that it was the ace of spades.

2452 **stadio** **stadium, stage**
lo
[stadjo]
Una grande luce si è diffusa sopra lo stadio di baseball.
-A great light was diffused over the baseball stadium.

2453 **chiusa** **close, lock, sluice**
le
[kjuza]
Se una strada lungo il percorso è chiusa, è possibile effettuare una deviazione.
-If a road on your route is closed, you can take a detour.

2454 **ribelle** **rebel**
adj
[ribelle]
Per parlare di alcuni casi faremo l'esempio di Jane, una ragazza adolescente rumena, ribelle che non sopportava le regole della sua famiglia.
-To show an example of one of the cases we can use that of Jane, a teenage Romanian girl, a rebel, who could not stand the rules laid down by her family.

2455 **serpente** **snake, serpent**
il
[serpente]
Aveva la testa di donna, il corpo di leone, le ali di uccello, e la coda di serpente.
-It had the head of a woman, the body of a lion, the wings of a bird, and the tail of a serpent.

2456 **giunto** **joint, coupling; joined**
lo; adj
[dʒunto]
Giunto a casa al Nº 46-48 di Oak Street, in centro; mi tolsi il cappotto ed i guanti e mi sedetti davanti alla finestra.
-Joined at home 46-48 Oak street, down city, and took off coat and cloves.

2457 **perla** **pearl**
la
[perla]
Ci si riferisce spesso alle Hawaii come "la perla del Pacifico".
-Hawaii is often referred to as "The Pearl of the Pacific."

2458 **comandare** **command**
vb
[komandare]
Non ho bisogno di lui e non mi aspetto niente da lui, e non mi faccio comandare da lui
-I do not need him and I expect nothing from him and I do not allow myself to be commanded by him

2459 **mammina** **mummy**
la
[mammina]
Amava l'eucaristia e chiamava la Vergine "mammina" e noi siamo certi che la Madonna lo stesse aspettando a braccia aperte.
-He loved the Eucharist and called the Virgin "dear mother", and we are sure that Our Lady was waiting for him with open arms.

2460 **microfono** **microphone**
il
[mikrofono]
Rileva automaticamente il rumore del vento (disturbo del vento) catturato dal microfono, e sopprime il suono se il vento è troppo forte.
-With this mode, wind noise captured by the microphone can be detected and suppressed when it gets too loud.

2461 **poetare** **poetize**
vb
[poetare]
Il poetare è, sempre secondo il nostro poeta, "la più innocente delle occupazioni".
-Making verses, according to our poet, is "the most innocent of all occupations"

2462 **malvagio** **evil, wicked**

adj
[malvadʒo]
La principessa è stata catturata da un malvagio stregone.
-The princess was captured by an evil wizard.

2463 **meta** **goal, destination**
la
[meta]
La nostra meta non è mai un luogo, ma piuttosto un nuovo modo di vedere le cose.
-One's destination is never a place but rather a new way of looking at things.

2464 **piovere** **rain**
vb
[pjovere]
Da principio m'ero preparato per venire quest'oggi in spiaggia, ma ha cominciato a piovere all'improvviso.
-I was planning on going to the beach today, but then it started to rain.

2465 **trasferimento** **transfer**
il
[trasferimento]
Per il trasferimento del carico il pontile è attrezzato, sul lato destro, con tre bracci di scarico.
-To unload the cargo, the right-hand side of the pier is equipped with three unloading arms.

2466 **stress** **stress**
lo
[stress]
Il mestiere di controllore aereo è un mestiere che procura enormemente dello stress.
-Air traffic controller is an extremely high pressure job.

2467 **alt** **halt**
int
[alt]
Potete usare anche la scorciatoia da tastiera Ctrl+Alt+R.
-You can also use the Ctrl+Alt+R keyboard shortcut.

2468 **scelto** **chosen**
adj
[ʃelto]
Il loro arredamento è stato scelto per l'utilità piuttosto che per lo stile.
-Their furniture was chosen for utility rather than style.

2469 **scopata** **sweep, fuck, shag**
la
[skopata]
"Ei, sei proprio una bella gnocca, perché non sali da me e non ci facciamo una bella scopata? "
-"Hey, you're a beautiful chick, why don't you come to my place to get laid? "

2470 **radar** **radar**
i
[radar]
Il radar ottico funziona usando la luce, anziché le onde radio come il radar normale.
-Optical radars use light, rather than radio waves as normal radars.

2471 **singolo** **single**
adj; il
[siŋgolo]
Google Translate non riesce a tradurre frasi o dare definizioni delle singole parole.
-Google Translate can't translate phrases or give definitions of individual words.

2472 **carità** **charity**
la
[karit'a]
La Chiesa non può mai essere dispensata dall'esercizio della carità come attività organizzata dei credenti.
-The Church can never be exempted from practising charity as an organized activity of believers.

2473 **consigliere** **advisor, councilor**
il
[konsiʎʎere]
Mio padre ha ottenuto quello ed altro in quattro parole, il che ha fatto sì che citare Shakespeare risultasse tanto efficace quanto potrebbe desiderare qualunque consigliere d'affari.
-My father achieved that and more in four words, which made quoting Shakespeare as effective as any business adviser could wish.

2474 **spasso** **fun**

lo
[spasso]
Il tragitto da Rotenboden dura circa dai cinque ai dieci minuti ed è un vero spasso per persone di tutte le età.
-he downhill toboggan journey from Rotenboden lasts between five and ten minutes – and is great fun for all ages.

2475 **promessa** **promise**
la
[promessa]
Ci sono circostanze in cui rompere una promessa o dire una bugia sono ammissibili.
-There are conditions under which breaking a promise or telling a lie are acceptable.

2476 **cioccolata** **chocolate**
la
[tʃokkolata]
Io non mangio della cioccolata da quando avevo tredici anni
-I haven't eaten chocolate since I was thirteen.

2477 **affinché** **so that, in order to**
prp
[affiŋk'e]
Dovemmo chiudere le finestre affinché non entrassero le zanzare.
-We had to close the windows so that the mosquitoes wouldn't come in.

2478 **applauso** **applause**
il
[applauzo]
L'applauso crebbe fino a un ruggito quando Pinocchio, il famoso asino, apparve nel circo.
-The applause grew to a roar when Pinocchio, the famous donkey, appeared in the circus ring.

2479 **ritrattare** **retract, recant**
vb
[ritrattare]
Gli oneri nucleari derivano principalmente dalla necessità di ritrattare o stoccare e infine smaltire il combustibile nucleare esaurito.
-Nuclear liabilities arise primarily from the need to reprocess or store and ultimately dispose of spent nuclear fuel.

2480 **dicembre** **December**
lo
[ditʃembre]
Lui sarà di ritorno nell'arco di una settimana, vale a dire il 10 dicembre.
-He will be back a week from today, that is, on December 10.

2481 **identificare** **identify**
vb
[identifikare]
Il ragazzo che era scomparso è stato identificato dai suoi vestiti.
-The boy who had been missing was identified by his clothes.

2482 **civiltà** **civilization**
la
[tʃivilt'a]
Tra gli esseri umani, la sottomissione delle donne è molto più completa ad un certo livello di civiltà di quello che è tra i selvaggi. E la sudditanza è sempre rinforzata dalla morale.
-Among human beings, the subjection of women is much more complete at a certain level of civilisation than it is among savages. And the subjection is always reinforced by morality.

2483 **funzione** **function**
la
[funtsjone]
È il modulo di iscrizione che non funziona o è la mia connessione a Internet che non funziona correttamente?
-Is the entry form not working or is my Internet connection not working right?

2484 **incredibilmente** **encredibly**
adv
[iŋkredibilmente]
I prezzi scenderanno a livelli incredibilmente bassi.
-Prices went to amazingly low levels.

2485 **valigetta** **briefcase**
la
[validʒetta]
Non conservare il computer in un ambiente con ridotta ventilazione, come una custodia chiusa o una valigetta, mentre è in esecuzione.
-Do not store your portable computer in a low-airflow environment, such as a carrying case or a closed briefcase, while the computer is turned on.

2486 **movimentare** **ship, move, handle**
vb
[movimentare]
Movimentare ed appoggiare delicatamente il variatore nella zona adibita per lo scarico, avendo cura di non provocare brusche oscillazioni durante lo spostamento.
-Move the speed variator to the unloading area and lower it gently into position, taking care not to cause sudden oscillations while moving it.

2487 **sostegno** **support**
il
[sosteɲɲo]
Tycho Brahe ha beneficiato notevolmente del generoso sostegno di Re Fredrik.
-Tycho Brahe benefited greatly from King Fredrik's generous support.

2488 **protetta** **protection**
la
[protetta]
La famiglia è il nucleo naturale e fondamentale della società e ha diritto ad essere protetta dalla società e dallo Stato.
-The family is the natural and fundamental group unit of society and is entitled to protection by society and the State.

2489 **movimentato** **lively, busy**
adj
[movimentato]
Ieri notte abbiamo avuto una festa movimentata. Abbiamo una serata movimentata davanti a noi.
-We had a lively party last night. We have a busy evening ahead of us.

2490 **ingegnere** **engineer**
il
[indʒeɲɲere]
Le sette domande che deve farsi un ingegnere sono: chi, cosa, quando, dove, perché, come e quanto.
-The seven questions that an engineer has to ask himself are: who, what, when, where, why, how and how much.

2491 **autorizzare** **permit, authorize**
vb
[autoriddzare]
Addirittura alla fine del diciannovesimo secolo, i marinai della Marina Britannica non erano autorizzati ad usare coltelli o forchette, perché era considerato come un segno di debolezza.
-Even at the end of the nineteenth century, sailors in the British Navy were not permitted to use knives and forks because using them was considered a sign of weakness.

2492 **targa** **plate, nameplate**
la
[targa]
Ha cambiato il numero di targa del suo veicolo.
-He changed the number plate of his vehicle.

2493 **particolarmente** **particulary**
adv
[partikolarmente]
Nel primo semestre del 2012 l'andamento delle vendite è stato particolarmente positivo in America e nell'area Resto del mondo e duty free.
-Sales were particularly strong in the first half of 2012 in the Americas and the rest of the world and duty free.

2494 **considerazione** **consideration**
la
[konsiderattsjone]
La prima cosa che si deve prendere in considerazione è il tempo.
-The first thing you have to take into consideration is time.

2495 **repubblica** **republic**
la
[repubblika]
Nella Repubblica Ceca, le organizzazioni coinvolte sono state due: il Ministero del Lavoro e degli Affari Sociali.
-In the Czech Republic, the organisations involved were the Ministry of Labour and the one of Social Affairs

2496 **esperimento** **experiment**
il
[esperimento]
Dopo anni di esperimenti falliti, posso dire di aver finalmente scoperto l'unico, assolutamente infallibile, rimedio istantaneo contro il singhiozzo!

-After years of failed experiments, I can say I've finally discovered the only and absolutely flawless, instant cure for hiccups!

2497 **lavare** **wash**
vb
[lavare]
Estrarre elettrodo e sonda di temperatura dalla soluzione tampone, lavare accuratamente il tutto in acqua corrente.
-Remove the electrode and the temperature probe from the buffer solution and wash them accurately with running water.

2498 **cucciolo** **puppy**
il
[kuttʃolo]
"Che cucciolo carino. Perché si chiama Panda?" "Perché il suo volto assomiglia a un panda."
-"What a cute puppy. Why is he called Panda?" "Because his face looks like a panda."

2499 **muscolo** **muscle**
il
[muskolo]
Il muscolo più largo nel corpo umano è il gluteus maximus.
-The largest muscle in the human body is the gluteus maximus.

2500 **udienza** **hearing, audience**
le
[udjentsa]
Si rifiutò di ricevere 4.000 cattolici tradizionalisti di tutto il mondo, ma ricevette in udienza, invece, un gruppo di Rabbini Talmudici e il Patriarca dei Bonzi.
-He refused to receive 4,000 traditional Catholics from around the world, but received at an audience, however, a group of Talmudic Rabbis and the Patriarch of the Bonzes.

2501 **riflettere** **reflect**
vb
[riflettere]
Riflettete sulle vostre benedizioni presenti - di cui ogni uomo ne ha molte - non sulle disgrazie del passato, di cui tutti gli uomini ne hanno un po'.
-Reflect upon your present blessings — of which every man has many — not on your past misfortunes, of which all men have some.

2502 **scontro** **clash, confrontation**
lo
[skontro]
C'è stato un violento scontro di opinioni tra i due leader.
-There was a violent clash of opinions between the two leaders.

2503 **seguente** **following**
adj
[segwente]
Il giorno seguente, Sophie pettinò e vestì la sua bambola perché i suoi amici stavano arrivando da lei.
-The following day, Sophie combed and dressed her doll because her friends were coming over.

2504 **aula** **classroom, room**
le
[aula]
Non si può fumare in aula.
-You can not smoke in the class.

2505 **atterraggio** **landing**
il
[atterraddʒo]
Questo aereo ha effettuato un atterraggio sicuro.
-The airplane made a safe landing.

2506 **allenamento** **training**
lo
[allenamento]
Joe aveva bisogno di allenamento.
-Joe needed training.

2507 **sollievo** **relief, solace**
il
[solljevo]
Era un sollievo.
-It was a relief.

2508 **manetta** **manacle**
la
[manetta]
La manetta portatile é indistruttibile!
-The Handy Bundler is virtually indestructible!

2509 **scientifico** **scientific**

adj | Il dottor Yukawa ha avuto un ruolo importante nello studio scientifico.
[ʃentifiko] | -Dr. Yukawa played an important part in the scientific study.

2510 **professione** — **profession**
la
[professjone]
Il signor Smith è un dottore di professione.
-Mr Smith is a doctor by profession.

2511 **addormentare** — **fall asleep**
vb
[addormentare]
Apparecchi elettrici per addormentare i neonati.
-Electric apparatus for helping babies sleep.

2512 **attrezzare** — **equip, rig**
vb
[attrettsare]
Altre attrezzature sarebbero state destinate ad attrezzare le sale di aspetto utilizzate dagli autisti della BCE tra un viaggio e l'altro. Si trattava, secondo il ricorrente, di intrattenerli, in particolare in occasione di attese prolungate di sera.
-Other equipment was intended for the lounges used by ECB drivers between their driving tasks, to provide them with activities, in particular during long waiting periods in the evenings.

2513 **incantesimo** — **spell, enchantment**
il
[iŋkantezimo]
La Principessa è stata liberata dall'incantesimo.
-The Princess was freed from the spell.

2514 **domandare** — **ask, request**
vb
[domandare]
considerando che i produttori possono domandare i pagamenti compensativi nel quadro di un « regime generale » o un « regime semplificato »;
-Whereas producers may apply for the compensatory payments under either the general scheme or the simplified scheme; whereas certain criteria should be common to both schemes;

2515 **single** — **single; sole**
il/la; adj
[sinʎʎe]
Siamo tutte single.
-We're all single.

2516 **interrompere** — **stop, interrupt**
vb
[interrompere]
Non voglio interrompere la missione ora.
-I don't want to abort the mission now.

2517 **forno** — **oven**
il
[forno]
Il mio fidanzato si rifiuta di usare il forno a microonde.
-My boyfriend refuses to use the microwave.

2518 **zampa** — **paw**
la
[tsampa]
Prodotti farmaceutici per la cura d'infezioni fungine di zoccolo, artiglio e zampa
-Pharmaceuticals for the treatment of hoof, talon and paw fungal infections

2519 **dose** — **dose, amount**
la
[doze]
Raddoppia la dose.
-Double the dose.

2520 **commedia** — **comedy**
la
[kommedja]
Noi eravamo tutti divertiti dalla commedia.
-We were all amused with the comedy.

2521 **sega** — **saw**
la
[sega]
Tu sei una mezza sega.
-You're a wanker.

2522 **boom** — **boom**
il
[boom]
La prima ragione è, innanzi tutto, il boom della crescita della popolazione nei paesi terzi.

-The first reason is, primarily, the increased population growth in third countries.

2523 **vicolo** **alley**
il
[vikolo]
Joe venne ucciso in un vicolo buio.
-Joe was killed in a dark alley.

2524 **separato** **separate**
adj
[separato]
Voglio che resti separato dal gruppo.
-I want him kept separate from the group.

2525 **segreteria** **secretariat, secretary**
la
[segreterja]
La segreteria è chiusa.
-The secretariat is closed.

Adjectives

Italian	English Translation	Rank	Part of Speech
che	that; which, who; what	2	*con; prn; adj*
questo	this; such, this one	24	*adj; prn*
bene	very; well, good; good, asset	26	*adv; il; adj*
solo	only	31	*adj; adv*
tutto	all	32	*adj; il*
più	more, most	34	*adj; i; adv; con*
ne	any; of it, of them	36	*adj; prn*
fatto	fact, event; made, done	39	*il; adj*
quello	one	49	*adj; prn*
molto	very, much	52	*adj; adv; gli*
tuo	your	58	*adj*
primo	first	64	*num; adj*
vero	true	71	*adj*
certo	certain; of course	81	*adj; adv*
altro	other, more	91	*adj; prn; adv; gli*
proprio	one's own; own; its; just, exactly	95	*adj; il; prn; adv*
nessuno	no; nobody, anyone	104	*adj; prn*
ogni	every	117	*adj*
troppo	too much	123	*adv; con; adj*
qualche	some, few, any; a few	124	*adj; prn*
tanto	much, so	126	*adv; adj*
grande	great, great	129	*adj*
nuovo	new	143	*adj*
mondo	world	145	*il; adj*
giusto	right, just, fair; correctly	158	*adj; adv*
bello (bel)	nice, beautiful; handsome	166	*adj; il/la*
sicuro	sure, safe, secure	169	*adj; lo*
appena	just, (as) soon (as)	174	*adv; adj*
sotto	under, below; under	175	*adv; prp; adj*
morto	dead, died	179	*adj; il*
pronto	ready	181	*adj; adv*
buono	good; voucher, coupon	182	*adj; il*
stesso	same; itself	187	*adj; prn; lo*
ragione	reason	197	*la; adj*
fino	till; even; fine, subtle	201	*prp; adv; adj*
fine	purpose; end; fine	212	*la; adj*
secondo	according to; second	213	*adj; adv; num; prp; con*
aiuto	help	215	*il; adj*
piano	plan, floor, piano; plane, flat	217	*il; adj; adv*
meno	less; less; unless; no so (much as)	219	*adj; adv; prp; lo; con*
quale	what, which; which; as	222	*adj; prn; con*
vostro	your (pl)	223	*adj*
salvo	save, but; safe	229	*prp; adj*
nessun	no	240	*adj*
abbastanza	enough		

241 *adv; adj*
minuto minute
242 *adj; il*
finito finished, over
243 *adj; adv*
piccolo little, small
249 *adj; il*
forte strong; forte; loudly
252 *adj; il; adv*
bravo good, fine, clever; bravo
253 *adj; il*
felice happy
261 *adj*
vecchio old; old (wo)man
262 *adj; il*
dietro behind; back, rear; after; after
267 *prp; il; adj; adv*
importante important
270 *adj*
poco little; a litte, not much; bit
274 *adj; adv; gli*
migliore best
277 *adj; il*
possibile possible
290 *adj*
vicino close, near
292 *adj; adv; il*
ultimo last, latest
297 *adj*
serio serious
313 *adj*
mezzo half, middle, means; half, middle
314 *il; adj*
difficile difficult
316 *adj*
strano strange
323 *adj*
qualsiasi any
331 *adj*
davanti front; in front
334 *adj; adv; prp; gli*
vivo alive, live
351 *adj; lo*
andato gone
352 *adj*
unico alone, single, unique

358 *adj*
fantastico fantastic
360 *adj*
caro dear, expensive; dear
366 *adj*
facile easy
370 *adj; adv*
giovane young
371 *adj; il/la*
divertente funny, humorous
372 *adj*
generale general
373 *adj; il*
lungo long; along; length
376 *adj; prp; il*
gran great
377 *adj*
esatto exact
378 *adj; adv*
scritto written
384 *adj; lo*
attento careful
387 *adj*
chiaro clear; light
391 *adj; adv*
lontano far
392 *adv; adj; prp*
pazzo crazy
394 *adj; il; phr*
perfetto perfect
397 *adj; il*
sbagliato mistaken, incorrect, wrong
398 *adj*
stupido stupid
401 *adj; lo*
prossimo next
405 *adj; il; adv*
alcuni some, several; few, any
406 *prn; adj*
fermo still, firm; stop, arrest
407 *adj; il*
finché until, till
409 *con; adj*
zitto silent, quiet
424 *adj*
idiota idiotic, stupid; idiot

	429	*adj; il, la*
bastardo		bastard
	437	*adj; il*
alto		high, tall
	442	*adj; lo*
deciso		decided
	447	*adj*
fondo		background, bottom, fund; deep
	451	*il; adj*
qualunque		any
	459	*adj*
futuro		future
	460	*adj; il*
semplice		simple
	469	*adj*
brutto		ugly, bad; bad, ugliness
	471	*adj; il*
speciale		special
	473	*adj*
natale		Christmas
	477	*adj; il*
incidente		accident, incident; incident
	479	*il; adj*
radio		radio
	480	*adj; lo*
aereo		air, aerial; plane, airplane
	481	*adj; lo*
ottimo		excellent
	485	*adj*
solito		usual
	486	*adj; il*
gentile		kind, gentle
	491	*adj*
incredibile		unbelievable
	495	*adj*
spesso		often; thick
	498	*adv; adj*
entrambi		both, either
	499	*adj*
veloce		fast, quick
	500	*adj*
provato		tried
	504	*adj*
segreto		secret
	509	*adj; il*
pieno		full
	510	*adj; il*
grosso		big, thick
	514	*adj*
freddo		cold
	516	*adj; il*
vestito		dress, dressed
	517	*il; adj*
santo		holy; saint
	518	*adj; il*
libero		free
	519	*adj*
sinistro		left
	529	*adj*
scoperto		uncovered, open, bare; overdraft
	531	*adj; lo*
maestro		master, teacher, meastro
	541	*il; adj*
terribile		terrible
	542	*adj*
pubblico		public
	545	*adj; il*
tranquillo		quiet
	548	*adj*
destro		right
	550	*adj; il*
nero		black
	552	*adj*
mille		one thousand
	553	*i; adj*
diritto		right, law; straight; straight
	554	*il; adj; adv*
peggio		worse
	556	*adj; il; adv*
diverso		different
	560	*adj*
impossibile		impossible
	562	*adj*
governo		government; governmental
	570	*il; adj*
normale		normal, regular
	572	*adj*
sorpreso		surprised
	574	*adj*
chiuso		closed
	578	*adj; lo*
san		St., saint

582	*adj*
duro	hard
584	*adj; il*
personale	staff
589	*il; adj*
interessante	interesting
592	*adj*
caldo	hot; heat
596	*adj; il*
dolce	sweet, fresh; sweet, dessert
601	*adj; il*
lunare	lunar, moon
603	*adj*
medico	(medical) doctor
605	*il; adj; abr*
inglese	English; English(wo)man
611	*adj; lo*
attraverso	through, across
614	*adv; prp; adj*
comandante	commander
621	*il; adj*
assassino	killer, murderer
622	*il; adj*
simile	similar, alike
623	*adj*
contento	happy
634	*adj*
bianco	white
646	*adj; il*
leggero	light
656	*adj*
necessario	necessary
667	*adj*
umano	human
668	*adj*
rosso	red
669	*adj; il*
rubato	stolen
674	*adj*
carino	cute, nice, pretty
675	*adj*
benvenuto	welcome
683	*adj; int; il*
sud	south
686	*adj; il*
triste	sad
690	*adj*
pericoloso	dangerous
705	*adj*
povero	poor; the poor
714	*adj; il*
tale	such; such; a, an
727	*adj; prn; art; phr*
nemico	enemy
729	*adj; il*
reale	real, actual
738	*adj*
aperto	open
743	*adj; i*
intero	entire, full, whole; whole
749	*adj; i*
ufficiale	official
763	*adj; il*
animale	animal
766	*adj; il*
francese	French
772	*adj; il*
americano	American; American
776	*adj; lo*
lato	side
780	*il; adj*
scorso	last
786	*adj*
alcun	any
792	*adj*
inutile	useless, unnecessary
794	*adj*
intelligente	intelligent, clever, smart
807	*adj*
blu	blue
808	*adj*
fortunato	lucky
812	*adj*
stanco	tired
818	*adj*
interno	internal; interior, inside
826	*adj; il*
meraviglioso	wonderful
835	*adj*
pago	content, statisfied
836	*adj*
grave	serious, severe

841 *adj*
comune common; community, town
846 *adj; il*
terzo third
851 *adj; il*
massimo maximum
852 *adj; il*
miglior best
853 *adj*
buio dark; dark
854 *adj; il*
matto crazy; madman
856 *adj; il*
cellulare cell phone
858 *adj; il*
corto short
861 *adj*
maledetto accursed, damn
863 *adj*
responsabile responsible; person in charge
872 *adj; il/la*
enorme huge
873 *adj*
ex former; ex
874 *adj*
ognuno each
876 *adj; prn*
verde green
879 *adj; il*
locale local; club
882 *adj; il*
contrario contrary
891 *adj; il*
chissà who knows!; perhaps
894 *adj*
dubbio doubtful; doubt
895 *il; adj*
malato ill, sick
899 *adj; il*
orribile horrible
903 *adj*
portato brought
906 *adj*
capace capable, able
910 *adj*
calmo calm
911 *adj*
basso low, bottom, lower; bass
933 *adj; il*
incinta pregnant
943 *adj*
continuo continuous
947 *adj*
mosso blurred, rough, wavy, moved
948 *adj*
centrale central; main office, (nuclear) power station
953 *adj*
video video
957 *adj*
particolare particular
971 *adj; lo*
campione sample, champion; champion
973 *il; adj; abr*
politico political; politician
975 *adj; il*
colpevole guilty
976 *adj; il/la*
ghiaccio ice
977 *il; adj*
utile helpful, useful; profit
979 *adj; il*
dato given; fact, datum
982 *adj; il*
ridicolo ridiculous
983 *adj; il*
magnifico magnificent
995 *adj*
ubriaco drunk
997 *adj*
mentito false, deceptive
998 *adj*
principale main
1001 *adj; il*
naturale natural
1013 *adj*
ucciso (murder) victim; killed
1018 *il, la; adj*
militare military; soldier
1023 *adj; il; vb*
convinto convinced
1025 *adj*

innocente innocent
1026 *adj*
finale final; final, ending, finish/final (sports)
1027 *adj; il; pfx*
innamorato in love; lover
1029 *adj; il*
breve short
1030 *adj; la*
improvviso sudden
1033 *adj; adv*
preoccupato worried
1039 *adj*
ricco rich
1040 *adj; il*
paziente patient
1056 *adj; il/la*
debole weak
1059 *adj; il/la*
vissuto lived
1064 *adj*
cattivo bad; baddie, bad person
1066 *adj*
cinese Chinese
1067 *adj; il/la/i*
preferito favorite
1071 *adj*
dritto straight, upright; right
1073 *adj; adv*
ferito injured
1074 *adj; il*
sposato married
1077 *adj*
migliaio thousand
1078 *adj; num*
vuoto empty
1083 *adj; il*
smesso stopped
1089 *adj*
obiettivo target, objective
1092 *adj; i*
amato beloved
1096 *adj; i*
motore motor; enginge, motor
1097 *il; adj*
ladro thief
1099 *il; adj*
fantasma ghost
1102 *il; adj*
potente powerful
1107 *adj*
famoso famous
1109 *adj*
ovest West
1119 *adj; il*
tedesco German; German
1121 *adj; il*
doppio double
1122 *adj; il*
medio average, medium, middle
1130 *adj*
grandioso great
1131 *adj*
atto act
1132 *gli; adj*
nazionale national
1133 *adj*
pesante heavy
1138 *adj*
assistente assistant; assistant
1141 *adj; il/la*
scemo fool
1142 *adj; lo*
passato past
1147 *adj; il*
legale legal; lawyer
1151 *adj; il*
sveglio awake
1152 *adj*
nervoso nervous
1153 *adj*
preso took
1155 *adj*
diretto direct
1170 *adj; adv; il*
pulito clean, clean
1178 *adj*
carico load, freight
1189 *il; adj*
amante lover; fond
1196 *il/la; adj*
superiore higher, superior

1199 *adj*
profondo deep

1206 *adj*
parco park, parklan; frugal, sober

1211 *il; adj*
mancato failed, unsuccessful

1213 *adj*
deserto desert (food); desert

1219 *adj; il*
fidanzato boyfriend

1232 *il; adj*
privato private; personal life, privacy

1240 *adj; il*
sospetto suspected, suspicious; suspicion

1243 *adj; il*
russo Russian; Russian

1254 *adj; il*
sporco dirty, soiled

1257 *adj*
completo complete, full; suit

1260 *adj; il*
bugiardo liar

1262 *il; adj*
totale total

1277 *adj; il*
largo wide, large, loose

1278 *adj*
assurdo absurd

1290 *adj; il*
ovvio obvious

1293 *adj*
ebreo Jewish, Jew

1299 *il; adj*
piatto dish, plate

1300 *adj; il*
mondiale world

1303 *adj*
cieco blind

1306 *adj; il*
comodo comfortable

1311 *adj; il*
criminale criminal; criminal

1321 *adj; il*
mezzanotte midnight

1324 *adj*
amaro bitter; bitter, tonic liqour

1330 *adj; il*
minimo minimum

1333 *adj; il*
parecchio a lot of, several; some

1342 *adv; adj*
falso false

1349 *adj; il*
marino marine, sea; marina, marine, navy

1353 *adj*
pari equal

1357 *adj; il*
giapponese Japanese

1359 *adj; il/la/i*
uguale equal

1369 *adj; il/la*
lieto happy

1370 *adj*
scalare climb

1375 *vb; adj; lo*
tagliato cut

1390 *adj*
morale moral

1394 *adj; la*
onesto honest

1396 *adj*
fallito failed

1403 *il; adj*
materiale material

1412 *adj; il*
maschio male

1424 *adj; il*
terreno ground, soil; earthly

1425 *il; adj*
modello model

1428 *adj; il*
panico panic

1430 *adj; il*
sciocco silly

1441 *adj; lo*
negro black, negro; negro, nigger

1450 *adj; il*
esperto expert

1451 *adj; il*
eccellente excellent

1464 *adj*
toccato touched

1467 *adj*

sufficiente enough, sufficient
1470 *adj*

folle crazy
1474 *adj; il/la*

presente this, present; present
1484 *adj; il*

spagnolo Spanish; Spaniard
1487 *adj; lo*

originale original
1494 *adj; il*

esterno external, outside, out; outside, exterior
1497 *adj; i*

prigioniero prisoner
1502 *il; adj*

furbo sly, cunning
1514 *adj*

straordinario extraordinary; overtime
1517 *adj; lo*

splendido wonderful
1522 *adj*

simpatico nice, sympathetic
1524 *adj*

contanti cash
1532 *adj; i*

piacevole pleasant
1538 *adj*

imbecille imbecile
1541 *adj; il/la*

sociale social
1542 *adj*

italiano Italian
1543 *adj; lo*

precedente previous, preceding; precedent
1551 *adj; il*

vergine virgin
1566 *adj; la*

stupendo wonderful
1572 *adj*

continuato continued
1573 *adj*

svelto quick, brisk, fast
1580 *adj*

super super
1581 *adj; la*

grasso fat
1583 *adj; il*

sessuale sexual
1585 *adj*

crudele cruel
1589 *adj*

studiato studied
1590 *adj*

spazzatura trash
1592 *la; adj*

civile civil; civilian
1598 *adj; lo*

fiero proud
1600 *adj*

lindo clean, neat
1601 *adj*

puro pure
1605 *adj*

preciso precise
1620 *adj*

nobile noble
1623 *adj; il/la*

coraggioso courageous
1626 *adj*

cittadino citizen
1640 *il; adj*

recente recent
1642 *adj*

figurato figurative
1652 *adj*

adatto suitable
1660 *adj*

parlato spoken
1661 *adj*

brillante brilliant, bright; diamond
1678 *adj; il*

federale federal
1680 *adj*

uniforme uniform
1683 *adj*

urgente urgent
1698 *adj*

pagano pagan, heathen
1699 *adj*

volante steering wheel; flying
1705 *il; adj*

junior	junior
1708	*adj*
disgustoso	disgusting
1716	*adj*
dimentico	oblivious
1719	*adj*
regale	kingly
1723	*adj*
fresco	fresh, cool
1730	*adj; il*
sincero	sincere
1731	*adj*
cretino	stupid; cretin
1758	*adj; il*
perduto	lost
1764	*adj*
orgoglioso	proud
1772	*adj*
negativo	negative
1774	*adj*
girato	endorsed, turned (moved around axis), shot (movie)
1785	*adj*
imbarazzante	embarrassing
1788	*adj*
eccitante	exciting; stimulate, upper
1791	*adj; il*
cavo	cable, wire; hollow
1794	*il; adj*
salutare	healthy; greet, say goodbye to
1795	*adj; vb*
attraente	attractive
1800	*adj*
florido	florid
1803	*adj*
armato	armed
1811	*adj*
eccezionale	exceptional, outstanding
1813	*adj*
traditore	traitor; treacherous
1818	*il; adj*
nudo	naked
1823	*adj*
accetto	acceptable
1829	*adj*
curioso	curious
1832	*adj*
antico	ancient
1841	*adj*
clinico	clinical
1843	*adj*
probabile	likely
1848	*adj*
familiare	familiar
1852	*adj; il/la*
argento	silver
1855	*lo; adj*
romantico	romantic
1858	*adj*
arabo	Arabic; Arab
1863	*adj; gli*
indiano	Indian; Indian
1864	*adj; il*
soggetto	subject
1872	*adj; il*
geloso	jealous
1877	*adj*
adorabile	adorable
1884	*adj*
fedele	faithful
1887	*adj; il*
reverendo	reverend
1890	*adj*
perso	lost
1892	*adj*
geniale	ingenious
1893	*adj*
pazzesco	crazy
1894	*adj*
patrio	patrio
1897	*adj*
grato	grateful
1899	*adj*
fisico	physical (fisica= physics)
1911	*adj; il*
illegale	illegal
1913	*adj; il*
accorto	shrewd
1914	*adj*
giallo	yellow
1921	*adj; il*
sacro	sacred

1924 *adj; il*
affetto affection, love; affected

1932 *lo; adj*
tocco touch

1934 *il; adj*
preparato prepared; specimen, compound

1938 *adj; lo*
schifoso lousy (fa schifo= it sucks)

1939 *adj*
combattuto hard-fought

1949 *adj*
positivo positive

1950 *adj*
ideale ideal; ideal

1953 *adj; il*
vice vice, deputy

1960 *adj; il/la*
passeggero passenger

1966 *il; adj*
nucleare nuclear

1974 *adj*
stufo fed up, sick and tired

1983 *adj*
gigante giant

1984 *il; adj*
noioso boring

1992 *adj*
informato informed

2001 *adj*
noto known

2010 *adj*
elegante elegant

2023 *adj*
disponibile available

2026 *adj*
secco dry

2028 *adj*
guerriero warrior

2032 *il; adj*
femminile female

2033 *adj*
vincitore winner

2040 *il; adj*
shock (choc) shock

2044 *adj*
coperto covered

2045 *adj; lo*
corretto correct

2047 *adj*
mortale mortal; deadly, fatal; deathly

2051 *adj; adv*
tecnico technical; technician

2059 *adj; il*
sconosciuto unknown; stranger, unkown

2061 *adj; lo*
delizioso delicious

2071 *adj*
straniero foreign, alien; foreigner

2078 *adj; lo*
elettrico electric, electrical

2082 *adj*
bionda blonde

2083 *la, il; adj*
infelice unhappy

2084 *adj*
stretto strict, strait; narrow

2095 *adj; lo*
internazionale international

2097 *adj*
eterno eternal

2107 *adj*
ragionevole reasonable

2111 *adj*
mentale mental

2118 *adj*
orario time, hours, timetable; hourly

2122 *il; adj*
adulto adult

2138 *adj; il*
sordo deaf

2159 *adj; il*
magico magical

2163 *adj*
storto awry

2165 *adj; adv*
temporale temporal; (thunder) storm

2166 *adj; il*
capitale capital

2174 *adj; la*
concentrato concentrated

2179 *adj*
occupato busy

2180 *adj*
oscuro dark, obscure
2182 *adj*
sommo highest
2192 *adj*
mobile mobile; furniture
2198 *adj; il*
vario various, varied
2211 *adj*
evidente evident
2215 *adj*
vigliacco coward
2220 *il; adj*
assicurato secured, assured, insured
2221 *adj; il*
manuale manual
2223 *adj; il*
popolare populair; to populate
2226 *adj; vb; abr*
nascosto hidden
2228 *adj*
franco frank, free; franc
2229 *il; adj*
sesto sixth
2234 *adj*
commerciale commercial, trade
2240 *adj*
sodo hard
2241 *adj; adv*
nuvoloso overcast, cloudy
2243 *adj*
codardo cowardly; coward
2244 *il; adj*
sofferto suffered
2248 *adj*
sospeso suspended
2253 *adj*
motorio motor
2255 *adj*
assoluto absolute
2256 *adj*
prezioso precious
2257 *adj*
presso at, in; near; close
2259 *prp; adv; adj*
condotto conducted; duct, conduit, canal
2262 *adj; gli*
professionale professional
2263 *adj*
mollo soaked, flabby
2267 *adj*
quinto fifth
2274 *adj*
porno porn
2276 *adj; il*
bruno brown, dark
2289 *adj*
comunista communist
2296 *adj; il/la*
attuale current
2297 *adj*
extra extra
2300 *adj*
lento slow
2303 *adj*
complesso complex, whole; complex
2312 *adj; il*
violento violent
2316 *adj*
estero abroad
2317 *adj; il*
ciascuno each, all, every; everyone, everybody
2319 *adj; prn*
controllato checked
2324 *adj*
tipico typical
2326 *adj*
spaventoso frightening, scary
2327 *adj*
egoista selfish; egoist
2329 *adj; il/la*
disperato desperate
2331 *adj*
spiritoso humorous
2332 *adj*
minore less, minor, lower, lesser, smaller
2335 *adj*
sensibile sensible
2336 *adj*
infinito Infinity
2342 *adj; il*
generoso generous

2356 *adj*

vietato forbidden

2357 *adj*

standard standard

2362 *adj; gli*

dispiaciuto sorry

2363 *adj*

invisibile invisible

2369 *adj*

matematico mathematical; mathemactician

2381 *adj; il*

sepolto buried

2388 *adj*

diviso divided

2390 *adj*

classico classic

2391 *adj; il*

pessimo very bad, terrible

2392 *adj*

spento off, turned off

2393 *adj; adv*

spinto pushed

2411 *adj; il*

alieno alien

2417 *adj*

distintivo distinctive

2422 *adj; il*

patetico pathetic

2433 *adj*

selvaggio wild

2441 *adj; il*

ribelle rebel

2454 *adj*

giunto joint, coupling; joined

2456 *lo; adj*

malvagio evil, wicked

2462 *adj*

scelto chosen

2468 *adj*

singolo single

2471 *adj; il*

movimentato lively, busy

2489 *adj*

seguente following

2503 *adj*

scientifico scientific

2509 *adj*

single single; sole

2515 *il/la; adj*

separato separate

2524 *adj*

Adverbs

Italian Rank		English Translation Part of Speech
non		not, non
	1	*adv*
per		for, to, by, in
	8	*prp; adv*
no		no, not; no
	18	*adv; il*
come		as, how
	21	*adv; prn; prp; con*
ci		ourselves, us
	23	*adv; prn*
qui		here; where
	25	*adv; con*
bene		very; well, good; good, asset
	26	*adv; il; adj*
solo		only
	31	*adj; adv*
più		more, most
	34	*adj; i; adv; con*
quando		when
	38	*adv; con*
perché		because, why; why
	40	*con; adv; prp*
ora		now; now; now, time, hour
	42	*adv; con; la*
mai		never
	45	*adv*
così		so, thus; that
	48	*adv; con*
anche		also, even; anchor
	51	*adv*
molto		very, much
	52	*adj; adv; gli*
dove		where; where
	57	*adv; con*
allora		then
	59	*adv*
prima		first, before; before
	62	*adv; art*
ancora		yet, still, more; more
	67	*adv; con; le*
fa		ago
	69	*adv*
su *sul, sullo, sulll', sulla, sui, sugli, sulle		on,up; on, about
	72	*adv; prp*
sempre		always
	74	*adv*
vi		you; there
	76	*prn; adv*
certo		certain; of course
	81	*adj; adv*
forse		perhaps
	84	*adv*
adesso		now
	85	*adv*
fuori		out, outside
	86	*adv*
davvero		really
	88	*adv*
poi		then
	90	*adv; con*
altro		other, more
	91	*adj; prn; adv; gli*
via		via, by; away; street
	93	*prp; adv; la*
proprio		one's own; own; its; just, exactly
	95	*adj; il; prn; adv*
quanto		as, how much; than
	102	*adv; con; il*
dopo		after
	106	*adv; prp*
già		already
	111	*adv*
meglio		better, best
	112	*adv*
ecco		here
	119	*adv*
male		bad, evil
	122	*adv; il*
troppo		too much
	123	*adv; con; adj*
tanto		much, so
	126	*adv; adj*
tra		between, among
	130	*prp; adv*
quindi		then
	133	*adv*

oggi today
149 *adv; il*
dentro in, inside
152 *adv; prp*
giusto right, just, fair; correctly
158 *adj; adv*
avanti forward, ahead, on
160 *adv*
subito immediately, at once
162 *adv*
lì there
167 *adv*
appena just, (as) soon (as)
174 *adv; adj*
sotto under, below; under
175 *adv; prp; adj*
pronto ready
181 *adj; adv*
presto soon, early
183 *adv*
insieme together; set, whole
190 *adv; il/la*
domani tomorrow
194 *adv; gli*
qua here
200 *adv*
fino till; even; fine, subtle
201 *prp; adv; adj*
secondo according to; second
213 *adj; adv; num; prp; con*
piano plan, floor, piano; plane, flat
217 *il; adj; adv*
meno less; less; unless; no so (much as)
219 *adj; adv; prp; lo; con*
neanche not even, neither; not even
221 *adv; con*
là there
224 *adv*
quasi almost, nearly
228 *adv; pfx*
mentre while, as, whereas
231 *con; adv; gli*
indietro back
236 *adv*
contro against, counter; against, versus
237 *adv; prp; il*
abbastanza enough
241 *adv; adj*
finito finished, over
243 *adj; adv*
tardi late
245 *adv*
veramente really
246 *adv*
nemmeno not even, neither
251 *adv; con*
forte strong; forte; loudly
252 *adj; il; adv*
giù down
254 *adv*
comunque anyway; though
256 *adv; con*
dietro behind; back, rear; after; after
267 *prp; il; adj; adv*
invece instead
268 *adv*
poco little; a litte, not much; bit
274 *adj; adv; gli*
almeno at least
281 *adv*
però but, yet; however
283 *con; adv*
vicino close, near
292 *adj; adv; il*
qual everytime, whenever; what, which
298 *adv; prn*
pure also
302 *adv*
sopra above, on
317 *adv; prp; le*
ieri yesterday
320 *adv; lo*
magari maybe, perhaps, even
327 *adv*
davanti front; in front
334 *adj; adv; prp; gli*
sacco bag, sack; a lot
342 *il; adv*
fra between, among
354 *prp; adv*
facile easy
370 *adj; adv*

esatto exact
378 *adj; adv*
probabilmente probably
379 *adv*
esattamente exactly
389 *adv*
chiaro clear; light
391 *adj; adv*
lontano far
392 *adv; adj; prp*
prossimo next
405 *adj; il; adv*
benissimo very well, fine
416 *adv*
soltanto only, solely
421 *adv*
ormai by now, almost, by then
454 *adv*
piuttosto rather, quite, pretty
455 *adv*
oltre over; over, more than, beyond
456 *adv; prp*
circa about
458 *adv; prp*
finalmente finally
483 *adv*
assolutamente absolutely
484 *adv*
spesso often; thick
498 *adv; adj*
intorno around, round
501 *adv*
completamente completely
530 *adv*
laggiù over there, down there
538 *adv*
diritto right, law; straight; straight
554 *il; adj; adv*
peggio worse
556 *adj; il; adv*
stanotte tonight
559 *adv*
manco even, not even (with negative verb form)
579 *adv*
altrimenti otherwise
594 *adv*
semplicemente simply
604 *adv*
attraverso through, across
614 *adv; prp; adj*
perciò therefore; accordingly
616 *con; adv*
naturalmente naturally
632 *adv*
insomma in short
637 *adv*
cioè i.e., that is, namely
657 *adv; abr*
certamente of course
660 *adv*
dunque therefore
676 *adv*
affatto at all, quite
695 *adv*
ovunque everywhere, whereever
724 *adv*
ovviamente obviously
730 *adv*
sicuramente certainly
736 *adv*
immediatamente immediately
801 *adv*
accanto next
815 *adv*
infatti indeed
842 *adv*
soprattutto mostly
859 *adv*
persino even
867 *adv*
dappertutto everywhere
923 *adv*
tranne except
929 *prp; adv; con*
lassù up there, above, yonder
954 *adv*
anzi rather
964 *adv; con*
inoltre also, besides
972 *adv*
purtroppo unfortunately

1028 *adv*

improvviso sudden

1033 *adj; adv*

po' (pò) bit

1050 *adv*

dritto straight, upright; right

1073 *adj; adv*

neppure not even, neither

1136 *adv; con*

solamente only

1161 *adv*

nonostante despite; altough; nevertheless

1162 *prp; con; adv*

direttamente directly

1168 *adv*

diretto direct

1170 *adj; adv; il*

perfettamente perfectly

1209 *adv*

pur while

1216 *adv*

ultimamente lately

1225 *adv*

lentamente slowly

1237 *adv*

praticamente practically

1258 *adv*

finora so far

1265 *adv*

perfino even

1270 *adv*

tuttavia however, nevertheless; but, yet

1272 *adv; con*

gratis free

1284 *adv*

velocemente quickly

1335 *adv*

parecchio a lot of, several; some

1342 *adv; adj*

assieme [a] together [with]

1344 *adv*

specialmente specially, particulary, especially

1363 *adv*

chiaramente clearly

1364 *adv*

attorno about; around

1379 *adv*

seriamente seriously

1383 *adv*

facilmente easily

1411 *adv*

personalmente personally

1454 *adv*

decisamente definitely, decidedly

1520 *adv*

intanto in the meantime

1575 *adv*

talmente so

1615 *adv*

totalmente totally

1633 *adv*

apposta on purpose

1635 *adv*

frattempo meanwhile, meantime

1647 *adv*

volentieri willingly

1689 *adv*

improvvisamente suddenly

1697 *adv*

appunto just

1729 *adv; i*

cola there

1739 *adv*

realmente really

1753 *adv*

ebbene so, well

1816 *adv*

pochino a little

1835 *adv*

onde hence, whence; so that, so as; of which, whose

1853 *adv; conj; prn*

poiché as, because, for

1888 *con; adv*

sebbene although, though; even though

1904 *con; adv*

sfortunatamente unfortunately

1915 *adv*

estremamente extremely

1926 *adv*

attentamente carefully

1933 *adv*

dopotutto after all
1965 *adv*
continuamente continuously, continually
1995 *adv*
profondamente deeply
2024 *adv*
quaggiù hither
2039 *adv*
dovunque anywhere
2048 *adv; con*
mortale mortal; deadly, fatal; deathly
2051 *adj; adv*
sinceramente sincerely
2105 *adv*
addirittura even
2155 *adv*
storto awry
2165 *adj; adv*
onestamente honestly
2200 *adv*
altrettanto as; as much; just as many
2209 *adv*
altrove elsewhere
2230 *adv*
infine finally, at last
2231 *adv*
sodo hard
2241 *adj; adv*
presso at, in; near; close
2259 *prp; adv; adj*
sottovoce whisper
2302 *adv*
rapidamente quickly
2305 *adv*
malapena barely
2309 *adv*
ufficialmente officially
2330 *adv*
normalmente normally
2370 *adv*
francamente frankly
2386 *adv*
spento off, turned off
2393 *adj; adv*
diversamente otherwise
2448 *adv*
incredibilmente encredibly
2484 *adv*
particolarmente particulary
2493 *adv*

Conjunctions

Italian	Rank	English Translation	Part of Speech
che	2	that; which, who; what	*con; prn; adj*
e, ed	3	and	*con*
ma	14	but	*con*
con	17	with, by	*prp; con*
se	20	if	*con*
come	21	as, how	*adv; prn; prp; con*
qui	25	here; where	*adv; con*
più	34	more, most	*adj; i; adv; con*
quando	38	when	*adv; con*
perché	40	because, why; why	*con; adv; prp*
ora	42	now; now; now, time, hour	*adv; con; la*
o	43	or	*con*
così	48	so, thus; that	*adv; con*
dove	57	where; where	*adv; con*
ancora	67	yet, still, more; more	*adv; con; le*
poi	90	then	*adv; con*
quanto	102	as, how much; than	*adv; con; il*
cui	115	which	*prn; con*
troppo	123	too much	*adv; con; adj*
secondo	213	according to; second	*adj; adv; num; prp; con*
meno	219	less; less; unless; no so (much as)	*adj; adv; prp; lo; con*
neanche	221	not even, neither; not even	*adv; con*
quale	222	what, which; which; as	*adj; prn; con*
mentre	231	while, as, whereas	*con; adv; gli*
nemmeno	251	not even, neither	*adv; con*
comunque	256	anyway; though	*adv; con*
però	283	but, yet; however	*con; adv*
finché	409	until, till	*con; adj*
né	423	neither, nor	*con*
perciò	616	therefore; accordingly	*con; adv*
oppure	639	or, or else	*con*
tranne	929	except	*prp; adv; con*
anzi	964	rather	*adv; con*
eppure	1106	and yet	*con*
neppure	1136	not even, neither	*adv; con*
nonostante	1162	despite; altough; nevertheless	*prp; con; adv*
tuttavia	1272	however, nevertheless; but, yet	*adv; con*
onde	1853	hence, whence; so that, so as; of which, whose	*adv; conj; prn*
poiché	1888	as, because, for	*con; adv*
sebbene	1904	although, though; even though	*con; adv*
sin	2017	since	*con*
dovunque	2048	anywhere	*adv; con*
eccetto	2100	except	*prp; con*
siccome	2251	since	*con*

Prepositions

Italian	English Translation	Rank	Part of Speech
a *al, allo, all', alla, ai, agli, alla	to, in, at	6	*prp*
per	for, to, by, in	8	*prp; adv*
in *nel, nello, nell', nella, nei, negli, nelle	in, into	9	*prp*
con	with, by	17	*prp; con*
da *dal, dallo, dall', dalla, dai, dagli, dalle	from	19	*prp*
come	as, how	21	*adv; prn; prp; con*
di *del, dello, dell', della, dei, degli, delle	of, to; than, and	28	*prp*
perché	because, why; why	40	*con; adv; prp*
su *sul, sullo, sulll', sulla, sui, sugli, sulle	on,up; on, about	72	*adv; prp*
via	via, by; away; street	93	*prp; adv; la*
dopo	after	106	*adv; prp*
senza	without	120	*prp*
tra	between, among	130	*prp; adv*
dentro	in, inside	152	*adv; prp*
sotto	under, below; under	175	*adv; prp; adj*
fino	till; even; fine, subtle	201	*prp; adv; adj*
secondo	according to; second	213	*adj; adv; num; prp; con*
meno	less; less; unless; no so (much as)	219	*adj; adv; prp; lo; con*
salvo	save, but; safe	229	*prp; adj*
contro	against, counter; against, versus	237	*adv; prp; il*
dietro	behind; back, rear; after; after	267	*prp; il; adj; adv*
verso	to, towards; direction, way	275	*prp; il*
sopra	above, on	317	*adv; prp; le*
davanti	front; in front	334	*adj; adv; prp; gli*
fra	between, among	354	*prp; adv*
lungo	long; along; length	376	*adj; prp; il*
lontano	far	392	*adv; adj; prp*
durante	during, in, over; while	427	*prp*
oltre	over; over, more than, beyond	456	*adv; prp*
circa	about	458	*adv; prp*
incontro	meeting, encounter	590	*lo; prp*
attraverso	through, across	614	*adv; prp; adj*
entro	within, by	643	*prp*
tranne	except	929	*prp; adv; con*
nonostante	despite; altough; nevertheless	1162	*prp; con; adv*
quassù	up here	2046	*prp*
eccetto	except		

2100 *prp; con*

presso at, in; near; close

2259 *prp; adv; adj*

affinché so that, in order to

2477 *prp*

Pronouns

Italian	English Translation	Rank	Part of Speech
che	that; which, who; what	2	*con; prn; adj*
un, uno, una	a, an; one	5	*art; prn*
mi	me	11	*prn*
si	one-, its-, thems-, him-, her-, yourself	13	*prn*
ti	you	15	*prn*
cosa	what; thing	16	*prn; la*
come	as, how	21	*adv; prn; prp; con*
io	I	22	*prn; gli*
ci	ourselves, us	23	*adv; prn*
questo	this; such, this one	24	*adj; prn*
tu	you	27	*prn*
me (stesso)	me (myself)	29	*prn*
mio	my	30	*prn*
te	you	33	*prn*
lei	she, her	35	*prn*
ne	any; of it, of them	36	*adj; prn*
chi	who	46	*prn*
quello	one	49	*adj; prn*
lui	him, he	53	*prn*
niente	nothing, anything; any, none	55	*lo; prn*
noi	we	63	*prn*
suo (-a)	his (her)	65	*prn*
loro	their	75	*prn*
vi	you; there	76	*prn; adv*
voi	you	82	*prn*
li	them	87	*prn*
altro	other, more	91	*adj; prn; adv; gli*
proprio	one's own; own; its; just, exactly	95	*adj; il; prn; adv*
nessuno	no; nobody, anyone	104	*adj; prn*
cui	which	115	*prn; con*
ce	us	121	*prn*
qualche	some, few, any; a few	124	*adj; prn*
nostro	our	147	*prn*
stesso	same; itself	187	*adj; prn; lo*
nulla	nothing; nothing, anything	202	*il; prn*
ciò	that, it	214	*prn*
quale	what, which; which; as	222	*adj; prn; con*
qual	everytime, whenever; what, which	298	*adv; prn*
alcuni	some, several; few, any	406	*prn; adj*
chiunque	anyone	470	*prn*
ve	you	489	*prn*
alcune	several, some	566	*prn*
qualcun	someone	698	*prn*
tale	such; such; a, an	727	*adj; prn; art; phr*
ognuno	each		

876	*adj; prn*
egli	he
999	*prn*
sé	himself, herself
1108	*prn*
essi	they, them
1657	*prn*
ella	she
1688	*prn*
glielo (di glie e lo)	it to him
1701	*prn*
colui	he
1784	*prn*
onde	hence, whence; so that, so as; of which, whose
1853	*adv; conj; prn*
essa	it
1918	*prn*
esso	it, he
1964	*prn*
ciascuno	each, all, every; everyone, everybody
2319	*adj; prn*

Nouns

Italian	Rank	English Translation	Part of Speech
essere	7	be; being	*vb; gli*
cosa	16	what; thing	*prn; la*
no	18	no, not; no	*adv; il*
io	22	I	*prn; gli*
bene	26	very; well, good; good, asset	*adv; il; adj*
tutto	32	all	*adj; il*
più	34	more, most	*adj; i; adv; con*
fatto	39	fact, event; made, done	*il; adj*
ora	42	now; now; now, time, hour	*adv; con; la*
molto	52	very, much	*adj; adv; gli*
niente	55	nothing, anything; any, none	*lo; prn*
potere	61	be able; power	*vb; il*
due	66	two	*l; num*
ancora	67	yet, still, more; more	*adv; con; le*
casa	68	house, home	*la*
qualcosa	70	something, anything	*le*
saio	73	habit	*il*
dovere	78	have to, must; duty	*il; vb; av*
signore	79	Mr. / Mrs.	*il/la; abr*
tempo	80	time, weather	*il*
vita	83	life, waist	*la*
anno	89	year	*gli*
altro	91	other, more	*adj; prn; adv; gli*
dio	92	God	*il*
via	93	via, by; away; street	*prp; adv; la*
proprio	95	one's own; own; its; just, exactly	*adj; il; prn; adv*
parte	96	part	*la*
credo	99	creed, credo	*lo*
volta	101	time, turn	*la*
quanto	102	as, how much; than	*adv; con; il*
uomo	103	man	*lo*
padre	105	father	*il*
amico	107	friend	*lo*
lavoro	109	work, job	*il*
qualcuno	110	someone	*il*
giorno	113	day	*il*
cazzo	114	dick; fuck	*il*
bisogno	116	need	*il*
male	122	bad, evil	*adv; il*
mamma	125	mom	*la*
modo	128	way, manner	*il*
favore	132	favor	*il*
soldo	135	money	*il*
dispiacere	137	dislike, be sorry	*il; vb*
gente		people	

138 *la*
tre three
139 *l; num*
madre mother
140 *la*
momento moment
141 *il*
successo success
144 *il*
mondo world
145 *il; adj*
forza power
148 *la*
oggi today
149 *adv; il*
figlio son
151 *il*
ragazzo boy(friend)/girl(friend)
153 *il*
accordo agreement, deal
155 *i*
fossa pit, dich, gravel
156 *la*
donna woman
157 *la*
nome name
159 *il*
signora lady, Mrs.
163 *la; abr*
notte night
165 *la*
bello (bel) nice, beautiful; handsome
166 *adj; il/la*
sicuro sure, safe, secure
169 *adj; lo*
testa head
170 *la*
faccia face
171 *la*
persona person
173 *la*
merda shit
177 *la*
tipo type, kind
178 *il*
morto dead, died
179 *adj; il*
paura fear
180 *la*
buono good; voucher, coupon
182 *adj; il*
moglie wife
184 *la*
stesso same; itself
187 *adj; prn; lo*
problema problem
188 *il*
amore (my) love
189 *il*
insieme together; set, whole
190 *adv; il/la*
papà dad, daddy
191 *il*
domani tomorrow
194 *adv; gli*
tesoro treasure
195 *il*
caso case
196 *il*
ragione reason
197 *la; adj*
storia history, story
198 *la*
nulla nothing; nothing, anything
202 *il; prn*
mano hand
205 *la*
famiglia family
207 *la*
terra land, earth
208 *la*
fratello brother
209 *il*
fine purpose; end; fine
212 *la; adj*
aiuto help
215 *il; adj*
polizia police
216 *la*
piano plan, floor, piano; plane, flat
217 *il; adj; adv*
diavolo Devil

218 *il*
meno less; less; unless; no so (much as)
219 *adj; adv; prp; lo; con*
strada (large) street, road
225 *la*
occhio eye
226 *il*
giro tour
227 *il*
mentre while, as, whereas
231 *con; adv; gli*
bambino child, baby, boy/girl
232 *il*
sera evening
233 *la*
film movie
234 *il*
contro against, counter; against, versus
237 *adv; prp; il*
acqua water
239 *le*
minuto minute
242 *adj; il*
guerra war
248 *la*
piccolo little, small
249 *adj; il*
cuore heart, core
250 *il*
forte strong; forte; loudly
252 *adj; il; adv*
bravo good, fine, clever; bravo
253 *adj; il*
stasera tonight, this evening
255 *le*
numero number
257 *il*
punto point
258 *il*
roba stuff, things
259 *la*
scuola school
260 *la*
vecchio old; old (wo)man
262 *adj; il*
città city

265 *la*
dietro behind; back, rear; after; after
267 *prp; il; adj; adv*
figlia daughter
271 *la*
poco little; a litte, not much; bit
274 *adj; adv; gli*
verso to, towards; direction, way
275 *prp; il*
marito husband
276 *il*
migliore best
277 *adj; il*
puttana whore
279 *la*
ricordo memory
282 *lo*
sangue blood
284 *il*
settimana week
285 *la*
fata fairy, femme fatale
287 *la*
colpa fault, guilt; blame
288 *la*
dottore doctor, Dr.
289 *il*
piede foot
291 *il*
vicino close, near
292 *adj; adv; il*
amo hook, bait
293 *lo*
media media, average
295 *la*
andata going
299 *la*
stanza room
303 *la*
telefono phone, telephone
304 *il*
musica music
309 *la*
conto bill
310 *il*
corpo body

311 *il*
culo ass
312 *il*
mezzo half, middle, means; half, middle
314 *il; adj*
sopra above, on
317 *adv; prp; le*
mangiare eat
318 *vb; il*
ieri yesterday
320 *adv; lo*
genere gender, kind, genre
321 *il*
fuoco fire
322 *il*
paese country, village
324 *il*
signorina young lady
325 *la; abr*
parola word
326 *la*
fortuna luck
328 *la*
mese month
329 *il*
gioco game
330 *il*
resto rest
332 *il*
sorella sister
333 *la*
davanti front; in front
334 *adj; adv; prp; gli*
re king
335 *il*
foto photo
336 *gli*
domanda demand, question
337 *la*
pace peace
339 *la*
mente mind
341 *la*
sacco bag, sack; a lot
342 *il; adv*
auto car
343 *gli*
verità truth
345 *la*
paio pair
346 *il*
cane dog
347 *il*
attimo moment, instant
348 *lo*
senso direction, sense, meaning
349 *il*
vivo alive, live
351 *adj; lo*
attenzione caution
353 *le*
pistola gun
355 *la*
festa party
356 *la*
presidente president
357 *il*
bere drinking
359 *vb; il*
affare deal, business, affair
361 *il*
cielo sky
362 *il*
coraggio courage
363 *il*
ufficio office
365 *lo*
giovane young
371 *adj; il/la*
generale general
373 *adj; il*
controllo control
374 *il*
voce entry, voice, item
375 *la*
lungo long; along; length
376 *adj; prp; il*
libro book
381 *il*
squadra team
383 *la*
scritto written

384 *adj; lo*
cristo Christ
385 *il*
cerca search
386 *la*
voglia desire
388 *la*
cura care
390 *la*
tratta section, trade, bill, draft
393 *la*
pazzo crazy
394 *adj; il; phr*
stronzo shit, asshole
395 *il*
ordine order
396 *gli*
perfetto perfect
397 *adj; il*
stupido stupid
401 *adj; lo*
aria air, song
402 *la*
passo passage, step, pace, stride
403 *il*
motivo reason
404 *i*
prossimo next
405 *adj; il; adv*
fermo still, firm; stop, arrest
407 *adj; il*
viaggio travel, trip, journey
408 *il*
aspetto appearance, look, aspect
411 *lo*
campo field
412 *il*
papa Pope
413 *il*
arrivo arrival
414 *lo*
camera room
415 *la*
ospedale hospital
419 *lo*
zio uncle
420 *lo*
bocca mouth
422 *la*
bagno bathroom
426 *il*
idiota idiotic, stupid; idiot
429 *adj; il, la*
colpo hit
430 *il*
fretta hurry
431 *la*
causa cause
432 *la*
arma weapon
436 *le*
bastardo bastard
437 *adj; il*
gruppo group, band
438 *il*
genitore parent
439 *il*
situazione situation
440 *la*
denaro money
441 *il*
alto high, tall
442 *adj; lo*
onore honor
444 *il*
sogno dream
445 *il*
giornata day
446 *la*
capello hair
448 *il*
pezzo piece
449 *il*
addio goodbye, farewell
450 *il*
fondo background, bottom, fund; deep
451 *il; adj*
traduzione translation
452 *la*
matrimonio marriage, wedding
457 *il*
futuro future

460 *adj; il*

sicurezza safety, security

461 *la*

scelta choice

462 *la*

odio hatred

463 *lo*

cibo food

464 *il*

fame hunger

465 *la*

prigione prison

466 *la*

guaio trouble

467 *il*

mattina morning

468 *la*

brutto ugly, bad; bad, ugliness

471 *adj; il*

sistema system

476 *il*

natale Christmas

477 *adj; il*

messaggio message

478 *il*

incidente accident, incident; incident

479 *il; adj*

radio radio

480 *adj; lo*

aereo air, aerial; plane, airplane

481 *adj; lo*

solito usual

486 *adj; il*

avvocato lawyer

487 *i*

compagnia company

488 *la*

nave ship

490 *la*

servizio service, report

493 *il*

scena scene

494 *la*

specie species, kind

497 *le*

parto birth, childbirth

503 *il*

calma calm

506 *la*

tizio someone, person, guy, chap

507 *il*

sette seven

508 *i*

segreto secret

509 *adj; il*

pieno full

510 *adj; il*

ritardo delay, retardation

513 *il*

esercito army

515 *il*

freddo cold

516 *adj; il*

vestito dress, dressed

517 *il; adj*

santo holy; saint

518 *adj; il*

centro center

520 *il*

lettera letter

522 *la*

cavallo horse

523 *il*

grado degree

524 *il*

chiave key

525 *la*

fallo foul

526 *il*

mare sea, seaside

527 *il*

treno train

528 *il*

scoperto uncovered, open, bare; overdraft

531 *adj; lo*

caffè coffee, café

532 *il*

rumore noise

533 *il*

sesso sex

534 *il*

intenzione intention

537 *le*
rapporto relationship
539 *il*
maestro master, teacher, meastro
541 *il; adj*
fronte front, forehead
543 *la*
pubblico public
545 *adj; il*
cervello brain
546 *il*
rispetto respect
549 *il*
destro right
550 *adj; il*
mille one thousand
553 *i; adj*
diritto right, law; straight; straight
554 *il; adj; adv*
accidente accident, fit, incident, damn
555 *il*
peggio worse
556 *adj; il; adv*
realtà reality
557 *la*
consiglio advice, council, board
558 *il*
dolore ache, pain
561 *il*
anima soul
563 *le*
prova test
564 *la*
omicidio murder
565 *il*
governo government; governmental
570 *il; adj*
linea line, figure
571 *la*
tenente lieutenant
573 *il*
colonnello colonel
575 *il*
guardia guard
577 *la*
chiuso closed
578 *adj; lo*
cavolo cabbage, kale
580 *il*
base basis
581 *la*
duro hard
584 *adj; il*
chiamata (telephone) call
585 *la*
riguardo regard, respect
587 *lo*
luogo place
588 *il*
personale staff
589 *il; adj*
incontro meeting, encounter
590 *lo; prp*
sergente sergeant
593 *il*
posizione position
595 *la*
caldo hot; heat
596 *adj; il*
nonno grandfather
597 *il*
inferno hell
599 *il*
nonna grandmother
600 *la*
dolce sweet, fresh; sweet, dessert
601 *adj; il*
notizia news
602 *la*
medico (medical) doctor
605 *il; adj; abr*
esempio example
607 *gli*
zona area
608 *la*
proposito purpose, intention
609 *il*
inglese English; English(wo)man
611 *adj; lo*
errore error
612 *lo*
programma program

615 *il*
gamba leg
618 *la*
salute health; cheers, bless you
619 *la*
birra beer
620 *la*
comandante commander
621 *il; adj*
assassino killer, murderer
622 *il; adj*
possibilità possibility
624 *la*
poliziotto policeman
627 *il*
questione question
628 *la*
carta paper, card, map
629 *la*
spettacolo show, spectacle, performance
631 *lo*
chiesa church
638 *la*
carne meat
640 *la*
pranzo lunch
641 *il*
studio office, study
642 *lo*
appuntamento appointment
644 *lo*
pena penalty
645 *la*
bianco white
646 *adj; il*
missione mission
647 *la*
uso use, usage
648 *lo*
forma form
651 *la*
compleanno birthday
652 *il*
palla ball
653 *la*
barca boat
654 *la*
nord north
655 *il*
braccio arm
658 *il*
informazione information
659 *le*
direttore director, (senior) manager
661 *il*
canzone song
662 *la*
maledizione curse; damn
663 *la*
scarpa shoe
664 *la*
schifo disgust
666 *lo*
rosso red
669 *adj; il*
soldato soldier
670 *il*
don Don (title of respect/religious title)
671 *lo*
regalo gift, present
673 *il*
bar bar, caffé
677 *il*
figliolo son, boy (affectuos or patronizing)
678 *il*
classe class, classroom
679 *la*
stronzata bullshit
680 *la*
benvenuto welcome
683 *adj; int; il*
banca bank
684 *la*
negozio shop, store
685 *il*
sud south
686 *adj; il*
spalla shoulder
687 *la*
mostro monster
688 *il*
attacco attack

692 *lo*

metro(politana) meter; tape measure; (underground, metro)
699 *il; (la)*

professore teacher, professor
701 *il*

comando command
704 *il*

dannazione damn
706 *la*

occasione opportunity
708 *le*

metà half
709 *la*

spazio space
710 *lo*

regola rule
711 *la*

contatto contact
712 *il*

spirito spirit
713 *lo*

povero poor; the poor
714 *adj; il*

appartamento flat, apartment
715 *lo*

pelle skin
716 *la*

cucina kitchen
717 *la*

pomeriggio afternoon
720 *il*

pianeta planet
721 *il*

fiume river
728 *il*

nemico enemy
729 *adj; il*

lingua tongue, language
732 *la*

borsa bag
733 *la*

vino wine
734 *il*

destino destiny
735 *il*

urlo yell, cry, shout
740 *gli*

aperto open
743 *adj; i*

ritorno return
744 *il*

principe prince
747 *il*

lista list
748 *la*

intero entire, full, whole; whole
749 *adj; i*

popolo people
750 *il*

passaggio passage
751 *il*

finestra window
752 *la*

ricerca search, research
753 *la*

differenza difference
754 *la*

tornio lathe
756 *il*

tavolo table
757 *il*

codice code, codex
759 *il*

vento wind
760 *il*

speranza hope
761 *la*

posto place, spot, location
762 *il*

ufficiale official
763 *adj; il*

animale animal
766 *adj; il*

libertà freedom
767 *la*

pesce fish
769 *il*

serata evening
770 *la*

società society
771 *la*

francese French
772 *adj; il*
livello level
774 *il*
stazione station
775 *la*
americano American; American
776 *adj; lo*
computer computer
777 *i*
detective detective
779 *il, la*
lato side
780 *il; adj*
sezione section, department
782 *la*
regina queen
784 *la*
cominciare begin
785 *vb; lo*
naso nose
788 *il*
padrone boss, master, owner, host/mistress, hostess
789 *il, la*
fiore flower
793 *il*
danno damage
795 *lo*
natura nature
798 *la*
cliente customer
799 *il/la*
guida guide, driving
802 *la*
biglietto ticket
803 *il*
zia race, breed, stingray
804 *la*
razza race, breed, stingray
805 *la*
stamattina this morning
806 *le*
effetto effect
809 *il*
cambio change
810 *il*
taxi taxi
811 *i*
corso course
813 *il*
giudice judge
814 *il*
villaggio village
816 *il*
cinema cinema, movie theater
817 *il*
lezione lesson
819 *la*
decisione decision
820 *la*
bordo edge
821 *il*
segno sign
822 *il*
ponte bridge
823 *il*
club club
824 *il*
muro wall
825 *il*
interno internal; interior, inside
826 *adj; il*
energia energy
827 *le*
spada sword
828 *la*
processo process
830 *il*
segnale signal, sign
832 *il*
battaglia battle
834 *la*
porco pig
837 *il*
ascolto listening
838 *lo*
prezzo price
840 *il*
eroe hero
843 *il*
documento document

845 *il*
comune common; community, town
846 *adj; il*
dente tooth
847 *il*
pensata thought
848 *la*
memoria storage
849 *la*
data date
850 *la*
terzo third
851 *adj; il*
massimo maximum
852 *adj; il*
buio dark; dark
854 *adj; il*
colore color
855 *il*
matto crazy; madman
856 *adj; il*
cerchio circle; rim
857 *il*
cellulare cell phone
858 *adj; il*
opera opera
864 *le*
partito party
865 *il*
fede faith, wedding ring
869 *la*
esperienza experience
870 *le*
responsabile responsible; person in charge
872 *adj; il/la*
fiducia confidence
875 *la*
periodo period
877 *il*
albero tree
878 *il*
verde green
879 *adj; il*
azione action
880 *le*
odore smell

881 *il*
locale local; club
882 *adj; il*
bellezza beauty
884 *la*
vittima victim
885 *la*
congratulazione congratulation
886 *le*
colazione breakfast, lunch
888 *la*
isola island
889 *le*
contrario contrary
891 *adj; il*
legge law
893 *la*
dubbio doubtful; doubt
895 *il; adj*
camion truck
896 *i*
stella star
898 *la*
malato ill, sick
899 *adj; il*
pressione pressure
902 *la*
edificio building
904 *lo*
progetto project
905 *il*
età age
907 *le*
principessa princess
912 *la*
sale salt
913 *il*
scopo purpose
914 *lo*
stampa press, printing
917 *la*
viso face
918 *il*
pensiero thought
922 *il*
ristorante restaurant

924 *il*

giornale newspaper, journal

925 *il*

test test

926 *i*

gatto cat

927 *il*

giustizia justice

928 *la*

albergo hotel

930 *lo*

tiro shot, shooting, throw

931 *il*

relazione report

932 *la*

basso low, bottom, lower; bass

933 *adj; il*

compagno companion, mate

934 *il*

stavolta this time

935 *la*

crimine crime

936 *il*

angolo angle, corner

937 *lo*

cappello hat

938 *il*

operazione operation

939 *le*

estate summer

940 *le*

desiderio desire

941 *il*

mercato market

942 *il*

arte art

945 *le*

coltello knife

946 *il*

macchina machine

949 *la*

vite screw, grapevine, vine

951 *le*

buco hole

952 *il*

carriera career

955 *la*

anello ring

956 *il*

stile style

958 *lo*

contratto contract

959 *il*

compito task

960 *il*

paradiso paradise

961 *il*

domattina tomorrow morning

963 *la*

riunione meeting, reunion, assembly

966 *la*

torto injustice

967 *il*

troia slut

968 *la*

faccenda affair

969 *la*

particolare particular

971 *adj; lo*

campione sample, champion; champion

973 *il; adj; abr*

agente agent

974 *il/la*

politico political; politician

975 *adj; il*

colpevole guilty

976 *adj; il/la*

ghiaccio ice

977 *il; adj*

fucile rifle, gun

978 *il*

utile helpful, useful; profit

979 *adj; il*

ispettore inspector

980 *il*

autobus bus

981 *gli*

dato given; fact, datum

982 *adj; il*

ridicolo ridiculous

983 *adj; il*

altezza height

984 *le*

sottofondo background

987 *il*

valore value

988 *il*

campagna countryside, country

989 *la*

tè tea

990 *il*

scatola box

993 *la*

peso weight

994 *il*

ragazzino little boy, sonny (condenscending)

996 *il*

sensazione sensation

1000 *la*

principale main

1001 *adj; il*

schiena back

1002 *la*

orologio clock, watch

1004 *il*

sbaglio mistake

1006 *lo*

maestà majesty

1008 *la*

angelo angel

1011 *il*

importanza importance

1014 *la*

fumo smoke

1016 *il*

domenica Sunday

1017 *la*

ucciso (murder) victim; killed

1018 *il, la; adj*

rotta route

1020 *la*

nipote grandson, granddaughter, nephew, niece

1021 *il/la*

teatro theater

1022 *il*

militare military; soldier

1023 *adj; il; vb*

palazzo palace

1024 *il*

finale final; final, ending, finish/final (sports)

1027 *adj; il; pfx*

innamorato in love; lover

1029 *adj; il*

breve short

1030 *adj; la*

turno round, shift

1031 *il*

emergenza emergency

1032 *le*

tetto roof

1035 *il*

montagna mountain

1036 *la*

bottiglia bottle

1037 *la*

pane bread

1038 *il*

ricco rich

1040 *adj; il*

discorso speech

1041 *il*

evitare avoid

1042 *vb; il*

immagine image

1044 *le*

ministro minister

1045 *il*

giardino garden

1047 *il*

retro back, rear

1051 *il*

bicchiere (drinking) glass

1052 *il*

pantaloni trousers

1053 *i*

tribunale court

1054 *il*

gioia joy

1055 *la*

paziente patient

1056 *adj; il/la*

genio genius

1058 *il*
debole weak
1059 *adj; il/la*
coppia couple
1060 *la*
allarme alarm
1062 *lo*
est East
1063 *lo*
condizione condition
1065 *la*
cinese Chinese
1067 *adj; il/la/i*
malattia disease, illness
1068 *la*
dito finger
1069 *il*
laboratorio laboratory
1070 *il; abr*
vittoria victory
1072 *la*
ferito injured
1074 *adj; il*
unità unit
1075 *le*
direzione direction, management
1076 *la*
sabato Saturday
1080 *il*
mattino morning
1081 *il/la*
sentimento feeling
1082 *il*
vuoto empty
1083 *adj; il*
spiaggia beach
1084 *la*
testimone witness
1085 *il/la*
gas gas
1086 *il*
dipartimento department
1087 *il*
miglio mile
1088 *il*
sedia chair
1090 *la*
cadavere dead body
1091 *il*
obiettivo target, objective
1092 *adj; i*
fianco side
1093 *il*
entrata entrance
1094 *la*
furgone van, pick-up truck
1095 *il*
amato beloved
1096 *adj; i*
motore motor; enginge, motor
1097 *il; adj*
ladro thief
1099 *il; adj*
soluzione solution
1100 *la*
sguardo look
1101 *lo*
fantasma ghost
1102 *il; adj*
pioggia rain
1104 *la*
zero zero
1105 *lo*
uccello bird
1110 *il*
giacca jacket
1112 *la*
polvere dust
1114 *la*
faro lighthouse, beacon, headlight
1115 *lo*
università university
1116 *le*
pollo chicken
1117 *il*
gloria glory
1118 *la*
ovest West
1119 *adj; il*
tedesco German; German
1121 *adj; il*
doppio double

1122 *adj; il*
coglione balls, nuts, asshole
1123 *i*
maiale pig, pork
1125 *il*
conoscenza knowledge
1126 *la*
telefonata phone call
1127 *la*
vacanza holiday, vacation
1129 *la*
atto act
1132 *gli; adj*
aeroporto airport
1134 *gli*
movimento movement
1137 *il*
quarto fourth; quarter
1139 *num; il*
taglio cut, cutting
1140 *il*
assistente assistant; assistant
1141 *adj; il/la*
scemo fool
1142 *adj; lo*
puzza stink
1143 *la*
interesse interest
1144 *lo*
orecchio ear
1145 *il*
regno kingdom
1146 *il*
passato past
1147 *adj; il*
uovo egg
1148 *lo*
neve snow
1150 *la*
legale legal; lawyer
1151 *adj; il*
richiesta request
1154 *la*
lago lake
1156 *il*
teoria theory
1157 *la*
distanza distance
1159 *la*
pista track
1160 *la*
dettaglio detail
1163 *il*
moto motion, motorbike
1165 *il*
prete priest
1166 *il*
ospite guest, host
1167 *il/la*
diretto direct
1170 *adj; adv; il*
sigaretta cigarette
1171 *la*
presenza presence
1173 *la*
trappola trap
1175 *la*
premio prize
1176 *il*
pietra stone
1177 *la*
pausa break
1179 *la*
fastidio bother, annoyance, nuisance
1180 *il*
gola throat
1181 *la*
tavola table
1182 *la*
perdono pardon, forgiveness
1184 *il*
quartiere district, neighbourhood, quarter
1185 *il*
venti twenty
1186 *i*
augurio wish, greeting, omen
1187 *il*
lupo wolf
1188 *il*
carico load, freight
1189 *il; adj*
cugino cousin

1190 *il*
galera jail
1191 *la*
ragazzina little girl
1192 *la*
medicina medicine
1193 *la*
violenza violence
1194 *la*
amante lover; fond
1196 *il/la; adj*
mostra show
1198 *la*
accesso access
1200 *lo*
disturbo disorder
1201 *il*
trucco makeup, trick
1202 *il*
sindaco mayor
1203 *il*
responsabilità responsibility
1204 *le*
uscita exit
1205 *la*
televisione (TV) television
1207 *la*
opinione opinion
1208 *la*
conte count
1210 *il*
parco park, parklan; frugal, sober
1211 *il; adj*
miracolo miracle
1212 *il*
castello castle
1215 *il*
nazione nation, country
1217 *la*
vendetta vengeance
1218 *la*
deserto desert (food); desert
1219 *adj; il*
lancio launch, throw, launching
1220 *il*
magia magic
1221 *la*
pazienza patience
1222 *la*
college college
1223 *il*
camicia shirt
1224 *la*
osso bone
1226 *il*
universo universe
1227 *lo*
gara race, competition
1231 *la*
fidanzato boyfriend
1232 *il; adj*
amen amen
1234 *il*
tomba tomb
1235 *la*
esplosione explosion
1238 *la*
privato private; personal life, privacy
1240 *adj; il*
scusa sorry
1241 *la*
sospetto suspected, suspicious; suspicion
1243 *adj; il*
perdita loss, leak, waste
1244 *la*
banda band, gang
1245 *la*
velocità speed
1246 *la*
pugno fist
1247 *il*
secolo century
1248 *il*
minaccia threat
1249 *la*
stomaco stomach
1250 *lo*
attore actor
1252 *il*
ruolo role
1253 *il*
russo Russian; Russian

1254 *adj; il*
accusa accusation, charge, prosecution
1255 *la*
completo complete, full; suit
1260 *adj; il*
bugiardo liar
1262 *il; adj*
sonno sleep
1263 *il*
termine term
1264 *il*
taglia size
1267 *la*
merito merit
1268 *il*
ombra shadow
1269 *la*
governatore governor
1273 *il*
vergogna shame
1274 *la*
tetta tit
1276 *la*
totale total
1277 *adj; il*
articolo article
1279 *i*
complimento compliment
1280 *il*
foresta forest
1281 *la*
riposo rest, rest period
1285 *il*
mucchio pile
1286 *il*
funerale funeral
1287 *il*
cima top
1288 *la*
spia light, spy, indication
1289 *la*
assurdo absurd
1290 *adj; il*
revisione review, revision
1291 *la*
ala wing
1292 *le*
scala ladder, scale, stairs
1294 *la*
respiro breath
1295 *il*
fabbrica factory
1296 *la*
infermiera nurse
1297 *la*
bestia beast
1298 *la*
ebreo Jewish, Jew
1299 *il; adj*
piatto dish, plate
1300 *adj; il*
pagina page
1302 *la*
tasca pocket
1304 *la*
calcio football, soccer
1305 *il*
cieco blind
1306 *adj; il*
torre tower
1307 *la*
riso rice
1308 *il*
nota note
1310 *la*
comodo comfortable
1311 *adj; il*
cazzata crap
1312 *la*
abito dress, suit, attire
1317 *il*
studente student
1320 *lo*
criminale criminal; criminal
1321 *adj; il*
disastro disaster
1323 *il*
dono gift
1325 *il*
creatura creature
1327 *la*
traccia track

1328 *la*
spesa expense
1329 *la*
amaro bitter; bitter, tonic liqour
1330 *adj; il*
corda rope
1331 *la*
pensione board, pension, retirement
1332 *la*
minimo minimum
1333 *adj; il*
grazia grace, pardon
1334 *la*
istante instant
1336 *il*
maniera way, manner
1337 *la*
autorità authority
1338 *le*
esame exam, test
1339 *gli*
mosca fly, Moscow
1341 *la*
pietà pity
1343 *la*
impressione impression
1345 *le*
opportunità opportunity
1346 *le*
debito straight line, tuition, debt
1347 *il*
retta straight line; tuition
1348 *la*
falso false
1349 *adj; il*
risultato result
1351 *il*
cella cell
1352 *la*
amicizia friendship
1354 *la*
chilometro kilometer
1355 *il*
centinaio hundred
1356 *il*
pari equal
1357 *adj; il*
giapponese Japanese
1359 *adj; il/la/i*
punta tip, point
1360 *la*
volontà will
1361 *la*
occhiali glasses
1362 *gli*
ginocchio knee
1365 *il*
impronta footstep, imprint, impression, mark
1366 *la*
coscienza consciousness, conscience, awareness
1368 *la*
uguale equal
1369 *adj; il/la*
proprietà property
1371 *la*
personaggio character
1372 *il*
stagione season
1373 *la*
crisi crisis
1374 *la*
scalare climb
1375 *vb; adj; lo*
copia copy
1377 *la*
titolo title
1378 *il*
stop stop
1380 *lo*
commissione commission, committee
1382 *la*
levare upbeat
1384 *vb; il*
passione passion
1385 *la*
teste witness
1386 *il, la*
scienza science
1388 *la*
rete network, net
1391 *la*

alba sunrise, dawn
1392 *le*
prestito loan
1393 *il*
morale moral
1394 *adj; la*
becco beak
1395 *il*
artista artist
1397 *il/la*
rabbia anger
1398 *la*
attività activity
1399 *le*
conversazione conversation
1400 *la*
mappa map
1402 *la*
fallito failed
1403 *il; adj*
sciocchezza foolishness
1404 *la*
gusto taste
1405 *il*
ambulanza ambulance
1407 *le*
credito credit
1408 *il*
protezione protection
1409 *la*
materiale material
1412 *adj; il*
coso thing
1413 *il*
carcere prison
1414 *il*
scherzo joke
1416 *lo*
bersaglio target
1417 *il*
salto leap, jump
1418 *il*
membro member
1419 *lo*
labbro lip
1420 *il*
senatore senator
1423 *il*
maschio male
1424 *adj; il*
terreno ground, soil; earthly
1425 *il; adj*
bugia lie, falsehood
1426 *la*
proprietario owner, landlord
1427 *il*
modello model
1428 *adj; il*
benzina petrol, gasoline
1429 *la*
panico panic
1430 *adj; il*
giovanotto young man
1432 *il*
suicidio suicide
1433 *il*
oceano ocean
1434 *il*
reparto department, ward
1435 *il*
truppa troop
1436 *la*
socio partner
1438 *il*
onda wave
1439 *la*
oggetto object
1440 *lo*
sciocco silly
1441 *adj; lo*
cancro cancer
1442 *il*
tazza cup
1443 *la*
felicità happiness
1444 *la*
filo wire
1445 *il*
ferro iron
1446 *il*
assegno check
1447 *lo*

argomento topic, subject, argument
1448 *gli*
anticipo advance, anticipation
1449 *lo*
negro black, negro; negro, nigger
1450 *adj; il*
esperto expert
1451 *adj; il*
chilo kilo
1452 *il*
lacrima tear
1453 *la*
incubo nightmare
1456 *il*
carro wagon
1457 *il*
comportamento behavior
1458 *il*
inverno winter
1459 *il*
elicottero helicopter
1460 *lo*
virus virus
1461 *il*
miseria misery
1462 *la*
cavaliere knight
1465 *il*
follia madness
1466 *la*
dosso back
1468 *il*
cassetta cassette
1471 *la*
pavimento floor
1472 *il*
folle crazy
1474 *adj; il/la*
fattoria farm
1475 *la*
moda fashion, style
1476 *la*
primavera spring
1478 *la*
ambiente environmnent, room, ambience
1480 *il*
ingresso entrance
1481 *lo*
piscina pool
1482 *la*
partenza departure
1483 *la*
presente this, present; present
1484 *adj; il*
quadro painting, picture, panel, square
1485 *il*
rapina robbery
1486 *la*
spagnolo Spanish; Spaniard
1487 *adj; lo*
nastro tape
1488 *il*
venerdì Friday
1489 *il*
coda queue, tail
1490 *la*
petto chest
1491 *il*
giornalista journalist
1492 *il*
profumo perfume
1493 *il*
originale original
1494 *adj; il*
erba grass, pot, herb
1495 *le*
risata laugh
1496 *la*
esterno external, outside, out; outside, exterior
1497 *adj; i*
settore sector
1499 *il*
croce cross
1500 *la*
prigioniero prisoner
1502 *il; adj*
ascensore lift, elevator
1503 *il*
corridoio aisle, hallway
1504 *il*
combattimento combat

	1505	*il*
epoca		era
	1507	*le*
valigia		suitcase
	1508	*la*
fonte		source, spring
	1509	*la*
falla		leak
	1510	*la*
tratto		stretch
	1511	*il*
dolcezza		sweetness, gentleness
	1513	*la*
bomba		bomb
	1515	*la*
concerto		concert
	1516	*il*
straordinario		extraordinary; overtime
	1517	*adj; lo*
tentativo		attempt
	1519	*il*
babbo		dad, father
	1523	*il*
rischio		risk
	1526	*il*
autista		driver, chauffeur
	1527	*il*
serpe		snake
	1528	*la*
confine		border, boundery
	1529	*il*
fan		fan
	1530	*i*
contanti		cash
	1532	*adj; i*
risposta		answer
	1533	*la*
weekend		weekend
	1534	*il*
poesia		poetry
	1535	*la*
sbirro		cop
	1536	*il*
procuratore		attorney
	1539	*il*
imbecille		imbecile
	1541	*adj; il/la*
italiano		Italian
	1543	*adj; lo*
canto		singing, song
	1544	*il*
patto		pact
	1546	*il*
scrivania		desk
	1547	*la*
limite		limit
	1549	*il*
precedente		previous, preceding; precedent
	1551	*adj; il*
area		area
	1552	*le*
disco		disc
	1554	*il*
divertimento		fun, entertainment
	1555	*il*
tempio		temple
	1558	*il*
soccorso		rescue
	1559	*il*
mestiere		craft, skill, trade
	1560	*il*
cancello		gate
	1561	*il*
maschera		mask
	1562	*la*
vergine		virgin
	1566	*adj; la*
racconto		(short) story
	1567	*il*
meraviglia		wonder
	1570	*la*
agenzia		agency
	1571	*le*
sabbia		sand
	1574	*la*
resistenza		resistance
	1576	*la*
bosco		wood
	1577	*il*
fase		phase
	1578	*la*
copertura		coverage

1579 *la*

super super

1581 *adj; la*

produzione production, output

1582 *la*

grasso fat

1583 *adj; il*

settembre September

1584 *gli*

zucchero sugar

1587 *lo*

qualità quality

1588 *la*

mancanza lack

1591 *la*

spazzatura trash

1592 *la; adj*

incarico appointment

1593 *il*

novità news

1594 *le*

vetro glass

1595 *il*

civile civil; civilian

1598 *adj; lo*

assicurazione insurance

1603 *le*

regista director

1604 *il/la*

versione version

1606 *la*

legno wood

1607 *il*

bibbia Bible

1608 *la*

veleno poison

1609 *il*

formaggio cheese

1612 *il*

territorio territory

1613 *il*

eccellenza excellence

1616 *le*

fiamma flame

1622 *la*

nobile noble

1623 *adj; il/la*

richiamo recall

1624 *il*

cerimonia ceremony

1625 *la*

tunnel tunnel

1628 *il*

topo mouse

1630 *il*

potenza power

1631 *la*

liceo high school

1632 *il*

canale channel

1634 *il*

attrice actress

1636 *le*

pillola pill

1637 *la*

prodotto product

1638 *il*

museo museum

1639 *il*

cittadino citizen

1640 *il; adj*

fotografia photography, photo

1641 *la*

vantaggio advantage

1643 *il*

cammino path

1644 *il*

mago magician

1645 *il*

lunedì Monday

1646 *il*

alare andiron

1650 *il*

visione vision

1651 *la*

figura figure, frame

1653 *la*

nascita birth

1654 *la*

parente relative

1656 *il/la*

indagine investigation, survery, inquiry

1658 *le*
sete thirst
1659 *la*
seta thirst
1662 *la*
scimmia ape, monkey
1663 *la*
voto vote, grade
1664 *il*
barba beard
1665 *la*
fegato liver
1667 *il*
dichiarazione declaration
1668 *la*
consegna delivery
1669 *la*
cassa cash, case
1670 *la*
giudizio judgment
1671 *il*
esistenza existence
1672 *la*
diamante diamond
1673 *il*
miele honey
1674 *le*
femmina female
1675 *la; pfx*
ministero ministry
1676 *il*
divorzio divorce
1677 *il*
brillante brilliant, bright; diamond
1678 *adj; il*
furto theft
1679 *il*
vendita sale, selling
1682 *la*
chiacchiera gossip
1684 *la*
blocco block
1686 *il*
discussione discussion
1687 *la*
rivoluzione revolution
1690 *la*
bastone stick
1692 *il*
azienda company, business
1693 *le*
bagaglio luggage
1694 *il*
pesca fishing, catch, peach
1696 *la*
pancia belly
1702 *la*
vicenda event
1703 *la*
volante steering wheel; flying
1705 *il; adj*
leggenda legend
1706 *la*
tecnologia technology
1709 *la*
mistero mystery
1710 *il*
palco stage
1712 *il*
atmosfera atmosphere
1720 *le*
cameriere waiter, butler/waitress, maid
1721 *il, la*
impegno commitment
1722 *gli*
robot robot
1724 *i*
imperatore Emperor
1725 *il*
appunto just
1729 *adv; i*
fresco fresh, cool
1730 *adj; il*
parcheggio parking, park
1733 *il*
rifugio refuge
1734 *il*
sposo groom
1735 *lo*
telecamera camera
1736 *la*
equipaggio crew

1737 *il*
penna pen
1740 *la*
nozze wedding
1741 *le*
biblioteca library
1742 *la*
frase phrase, sentence
1744 *la*
leone lion
1748 *il*
istruzione instruction, education
1749 *le*
cambiamento change
1750 *il*
cimitero cemetery
1751 *il*
reazione reaction
1752 *la*
cioccolato chocolate
1754 *il*
orgoglio pride
1755 *lo*
giocatore player, gambler
1757 *il*
cretino stupid; cretin
1758 *adj; il*
golf golf, sweater, jersey
1760 *il*
ara macaw, altar
1761 *la*
capacità capacity
1762 *la*
bandiera flag
1765 *la*
contea county
1768 *la*
umanità humanity
1769 *le*
professionista professional; professional; expert
1770 *il/la*
calore heat
1771 *il*
disposizione arrangement
1773 *la*
delitto crime
1775 *il*
umore mood, humor
1777 *il*
superficie surface
1778 *la*
divano sofa
1779 *il*
cabina cabin
1780 *la*
saluto greeting
1781 *il*
raggio radius, spoke, beam, range, ray
1782 *il*
fiato breath
1783 *il*
ritmo rhythm
1786 *il*
costo cost
1787 *il*
pubblicità advertising
1789 *la*
sport sport, sports
1790 *lo*
eccitante exciting; stimulate, upper
1791 *adj; il*
zuppa soup
1792 *la*
diario diary
1793 *il*
cavo cable, wire; hollow
1794 *il; adj*
collina hill
1796 *la*
struttura structure
1799 *la*
riserva reserve, reservation
1801 *la*
analisi analysis
1802 *le*
cintura belt
1804 *la*
patata potato, pussy (coll)
1806 *la*
sforzo effort
1807 *lo*
scrittore writer

1808 *lo*
reputazione reputation; credit, standing
1809 *la*
spiegazione explanation
1810 *la*
religione religion
1812 *la*
rinforzo reinforcement
1814 *il*
conseguenza result, consequence
1815 *la*
evento event
1817 *lo*
traditore traitor; treacherous
1818 *il; adj*
proiettile bullet, projectile
1819 *il*
costume costume, custom, suit
1820 *il*
vasca tub
1824 *la*
giuria jury
1825 *la*
sfida challenge
1826 *la*
catena chain
1827 *la*
schiavo slave
1828 *lo*
beva(anda) drink
1830 *la*
febbre temperature, fever
1831 *la*
tragedia tragedy
1833 *la*
monte mountain, mount
1834 *il*
olio oil
1836 *gli*
barone baron
1837 *il*
pizza pizza
1838 *la*
capo boss
1842 *il*
carattere character
1844 *il*
fila row, line
1846 *la*
pene penis
1847 *il*
petrolio oil, petroleum
1850 *il*
schermo screen, monitor
1851 *lo*
familiare familiar
1852 *adj; il/la*
gentiluomo gentleman
1854 *il*
argento silver
1855 *lo; adj*
orso bear
1856 *il*
fico fig
1857 *il*
ripresa recovery
1859 *la*
circo circus
1860 *il*
organizzazione organization
1861 *le*
tassa fee, tax
1862 *la*
arabo Arabic; Arab
1863 *adj; gli*
indiano Indian; Indian
1864 *adj; il*
tappeto carpet
1865 *il*
massa mass
1866 *la*
file file (set of records)
1869 *il*
terapia therapy
1870 *la*
soggetto subject
1872 *adj; il*
punizione punishment
1874 *la*
immaginazione imagination
1876 *le*
botto blow, hit; explosion

1878 *il*

difficoltà difficulties, difficulty, trouble

1879 *le*

motel motel

1881 *i*

luglio July

1882 *gli*

gioiello jewel

1883 *il*

cultura culture

1885 *la*

botte barrel, cask

1886 *la*

fedele faithful

1887 *adj; il*

gomma rubber, gum, tire

1889 *la*

impresa firm, enterprise

1891 *la*

sorveglianza surveillance

1896 *la*

scambio exchange

1898 *lo*

indovino fortune-teller

1900 *lo*

coincidenza coincidence

1901 *la*

gabbia cage

1902 *la*

duca duke

1903 *il*

comitato committee

1905 *il*

magazzino warehouse, magazine

1906 *il*

misura measure

1907 *la*

disegno drawing

1908 *il*

fisico physical (fisica= physics)

1911 *adj; il*

episodio episode

1912 *il*

illegale illegal

1913 *adj; il*

sapore flavor, taste

1916 *il*

confusione confusion

1917 *la*

drago dragon

1919 *il*

valle Valley

1920 *la*

giallo yellow

1921 *adj; il*

gesto gesture

1922 *il*

bimbo baby, child

1923 *il*

sacro sacred

1924 *adj; il*

circostanza circumstance

1925 *la*

villa villa

1927 *la*

centesimo hundredth; cent

1928 *il*

percorso route

1929 *il*

terrore terror

1931 *il*

affetto affection, love; affected

1932 *lo; adj*

tocco touch

1934 *il; adj*

deposito deposit

1935 *il*

coniglio rabbit

1936 *il*

preparato prepared; specimen, compound

1938 *adj; lo*

pasto meal

1940 *il*

garage garage (box); garage (autoparking)

1941 *il*

visita visit

1943 *la*

mezzogiorno noon, midday

1944 *il*

caos chaos

1945 *il*

cappotto coat

1947 *il*
succo juice
1948 *il*
marco mark
1951 *il*
armadio wardrobe, closet
1952 *il*
ideale ideal; ideal
1953 *adj; il*
espressione expression
1955 *la*
piazza square, plaza
1956 *la*
vice vice, deputy
1960 *adj; il/la*
tatto (sense) touch, tact
1962 *il*
rovina ruin, ruination
1963 *la*
passeggero passenger
1966 *il; adj*
cognome last name
1969 *il*
licenza license
1970 *la*
suono sound
1971 *il*
cantina cellar, basement, winery
1975 *la*
identità identity
1976 *le*
coro choir
1977 *il*
busta envelope
1978 *la*
ottobre October
1979 *il*
temperatura temperature
1980 *la*
bambola doll
1981 *la*
gigante giant
1984 *il; adj*
istituto institute
1986 *il*
partner partner
1988 *il/la*
acciaio steel
1989 *il*
passaporto passport
1990 *il*
unione union
1991 *le*
tigre tiger
1994 *la*
arto limb
1997 *il*
intervista interview
2003 *la*
cortesia courtesy
2004 *la*
linguaggio language, speech
2005 *il*
squalo shark
2006 *lo*
internet Internet
2011 *gli*
conferenza conference
2012 *la*
romanzo novel, romance
2013 *il*
chitarra guitar
2016 *la*
congresso congress
2018 *il*
pazzia madness
2019 *la*
brindisi toast (social drinking), pledge
2020 *il*
appetito appetite, hunger
2021 *il*
fango mud, dirt
2022 *il*
fantasia fantasy
2027 *la*
roccia rock
2029 *la*
lancia spear
2030 *la*
guerriero warrior
2032 *il; adj*
frutta fruit

2035 *la*
clacson horn (automotive)
2036 *i*
emozione emotion
2038 *le*
vincitore winner
2040 *il; adj*
munizione munition
2043 *la*
coperto covered
2045 *adj; lo*
chiappa (coll) butt cheek, bottom, backside
2049 *la*
maresciallo marshal
2050 *il*
abitante inhabitant
2052 *il/la*
addestramento training
2053 *il*
brusio buzz
2054 *il*
distretto district
2055 *il*
nervo nerve
2056 *il*
flotta fleet
2057 *la*
branco herd, pack, flock
2058 *il*
tecnico technical; technician
2059 *adj; il*
merce goods, wares, merchandise
2060 *la*
sconosciuto unknown; stranger, unkown
2061 *adj; lo*
stivale boot
2062 *lo*
campanello bell
2063 *il*
veicolo vehicle
2065 *il*
preghiera prayer
2066 *la*
biscotto cookie, biscuit
2067 *il*
ammiraglio admiral
2068 *il*
moneta money, coin, currency
2069 *la*
ambasciatore ambassador
2070 *il*
alcol alcohol
2072 *gli*
trasmissione transmission
2073 *la*
verme worm, maggot
2074 *il*
tono tone
2076 *il*
straniero foreign, alien; foreigner
2078 *adj; lo*
divisione division
2079 *la*
acquisto buy, purchase
2080 *i*
produttore producer
2081 *il*
bionda blonde
2083 *la, il; adj*
batteria battery, drums
2085 *la*
cravatta necktie
2087 *la*
giugno June
2089 *gli*
procedura procedure
2091 *la*
infanzia childhood
2093 *la*
aumento increase
2094 *gli*
stretto strict, strait; narrow
2095 *adj; lo*
distruzione destruction
2098 *la*
vedovo widower, widow
2099 *il*
tramite means, medium; through
2101 *il*
fermata stop
2102 *la*
registrazione registration

	2104	*la*
terrorista		terrorist
	2106	*il/la*
servo		servant
	2108	*il*
tema		theme, topic
	2110	*il*
carburante		fuel
	2112	*il*
sfortuna		bad luck
	2113	*la*
accento		accent
	2115	*il*
materia		matter
	2116	*la*
demonio		devil, demon
	2119	*il*
simbolo		symbol
	2121	*il*
orario		time, hours, timetable; hourly
	2122	*il; adj*
ossigeno		oxygen
	2124	*il*
giovedì		Thursday
	2125	*il*
bacio		kiss
	2127	*il*
pallottola		bullet
	2128	*la*
maglietta		t-shirt
	2131	*la*
segretario		secretary
	2133	*il*
banco		bench, counter, bank, desk
	2134	*il*
fatica		fatigue
	2135	*la*
elemento		element
	2136	*il*
ostaggio		hostage
	2137	*il*
adulto		adult
	2138	*adj; il*
pastore		shepherd, pastor
	2139	*il*
salvatore		savior

	2140	*il*
confronto		comparison
	2142	*il*
palestra		gym
	2143	*la*
origine		origin, source
	2144	*le*
istinto		instinct
	2147	*il*
burro		butter
	2148	*il*
grilletto		trigger
	2149	*il*
abitudine		habit
	2150	*le*
imbarazzo		embarrassment
	2151	*il*
maggio		May
	2153	*gli*
marte		Mars
	2154	*lo*
sofferenza		suffering
	2156	*la*
giurato		swon; juror
	2157	*il*
eroina		heroin, heroine
	2158	*le*
sordo		deaf
	2159	*adj; il*
agio		ease
	2161	*il*
custodia		custody
	2162	*la*
droga		drug
	2164	*la*
temporale		temporal; (thunder) storm
	2166	*adj; il*
ione		ion
	2168	*lo*
economia		economy, economics
	2171	*le*
intervento		intervention
	2172	*gli*
miniera		mine
	2173	*la*
capitale		capital

2174	*adj; la*
legame	bond, tie, link, connection
2177	*il*
insetto	insect, bug
2178	*il*
metodo	method
2181	*il*
tensione	tension, voltage
2184	*la*
trono	throne
2185	*il*
giungla	jungle
2186	*la*
caporale	corporal
2189	*il*
tradimento	betrayal, treason, treachery
2190	*il*
pozzo	well
2193	*il*
possesso	possession
2194	*il*
demone	demon
2195	*il*
mobile	mobile; furniture
2198	*adj; il*
medaglia	medal
2199	*la*
atteggiamento	attitude
2201	*i*
sito	place, website
2203	*il*
sentiero	pathway, trail
2204	*il*
rifiuto	refusal, rejection, waste
2205	*il*
missile	missile
2207	*il*
salsa	sauce
2208	*la*
monaco	monk
2210	*il*
fune	cable, wire; rope, linen
2213	*la*
inviato	envoy, correspondent
2214	*il*
stipendio	salary
2216	*lo*
comunità	community
2217	*la*
inizio	beginning
2218	*lo*
varo	launch, launching
2219	*il*
vigliacco	coward
2220	*il; adj*
assicurato	secured, assured, insured
2221	*adj; il*
ritrovato	finding, discovery
2222	*il*
manuale	manual
2223	*adj; il*
sacrificio	sacrifice
2224	*il*
franco	frank, free; franc
2229	*il; adj*
lira	lira
2232	*la*
pelo	hair, fur, coat
2233	*il*
trasporto	transport
2235	*il*
cassaforte	safe, strongbox
2236	*la*
capitolo	chapter
2237	*il*
tara	tare, defect, faint
2239	*la*
tubo	tube, pipe
2242	*il*
codardo	cowardly; coward
2244	*il; adj*
riparo	shelter
2245	*il*
tradizione	tradition
2246	*la*
martedì	Tuesday
2247	*il*
gonna	skirt
2249	*la*
mucca	cow
2250	*la*
educazione	education

2252 *le*

mail email

2260 *la*

condotto conducted; duct, conduit, canal

2262 *adj; gli*

strumento tool

2264 *lo*

popolazione population

2270 *la*

manager manager

2273 *il*

quota quota, share, quote

2275 *la*

porno porn

2276 *adj; il*

euro Euro

2277 *gli*

pacchetto package

2278 *il*

polso wrist, pulse

2279 *il*

fratellino (younger) brother (coll)

2280 *il*

intelligenza intelligence

2284 *la*

confessione confession

2285 *la*

scommessa bet

2288 *la*

denuncia complaint

2290 *la*

seno breast

2293 *il*

pacco pack, parcel

2295 *il*

comunista communist

2296 *adj; il/la*

mela apple

2298 *la*

carrozza carriage

2299 *la*

scienziato scientist

2301 *lo*

novembre November

2304 *lo*

apertura opening

2306 *la*

amministrazione administration

2307 *le*

anniversario anniversary

2310 *lo*

cacciatore hunter

2311 *il*

complesso complex, whole; complex

2312 *adj; il*

ipotesi hypothesis, speculation, assumption

2313 *le*

hall hall, lobby

2314 *le*

agosto August

2315 *gli*

estero abroad

2317 *adj; il*

asilo asylum, kindergarten, nursery (school)

2318 *lo*

supporto support

2320 *il*

generazione generation

2321 *la*

nebbia fog, mist

2322 *la*

salita climb

2323 *la*

volume volume

2325 *il*

comunicazione communication

2328 *la*

egoista selfish; egoist

2329 *adj; il/la*

patatina french fry, potato chip, plump little girl (coll), pussy (coll)

2333 *la*

contadino farmer

2334 *il*

copione script

2337 *il*

coma coma

2338 *il*

lama blade; llama

2340 *i*

statua statue

2341 *la*

infinito Infinity
2342 *adj; il*
record record
2343 *il*
astronave spaceship
2344 *le*
operaio worker; working, labouring
2345 *il*
concetto concept
2346 *il*
bara coffin
2349 *la*
autore author
2351 *gli*
psichiatra psychiatrist
2355 *il/la*
autunno autumn, fall
2358 *lo*
ambasciata embassy
2359 *le*
quantità amount
2360 *la*
impiegato office worker, employee
2361 *il*
standard standard
2362 *adj; gli*
collezione collection
2364 *la*
evviva cheers, hoorah
2365 *gli*
infarto infarct
2367 *il*
vampiro vampire
2371 *il*
cortile courtyard, yard
2373 *il*
allenatore coach
2374 *lo*
scudo shield
2376 *lo*
sviluppo development
2377 *lo*
autostrada motorway, highway
2378 *la*
elenco list, directory
2380 *il*
matematico mathematical; mathemactician
2381 *adj; il*
collegamento connection, link
2382 *il*
autorizzazione authorization
2384 *le*
aprile April
2385 *lo*
insalata salad
2387 *le*
sceneggiatura screenplay
2389 *la*
classico classic
2391 *adj; il*
cartello cartel, sign
2394 *il*
vacca cow
2396 *la*
ansia anxiety
2397 *le*
preside dean, principal
2398 *la*
equilibrio equilibrium
2399 *lo*
unghia nail
2401 *le*
fica (figa) fanny, pussy (both used: fanny,pussy, fig)
2402 *la*
lusso luxury
2403 *il*
metallo metal
2405 *il*
personalità personality
2406 *la*
portafoglio portfolio, wallet
2407 *il*
canna cane, barrel, rod
2408 *la*
lavoratore worker; hard-working
2410 *il*
spinto pushed
2411 *adj; il*
orrore dread, terror
2412 *il*
reato crime

2413 *il*

curare treat
2418 *vb; lo*

testamento will
2419 *il*

satana Satan
2420 *il*

galleria gallery
2421 *la*

distintivo distinctive
2422 *adj; il*

riuscita success
2424 *la*

esecuzione execution
2425 *la*

bicicletta (bici) bicycle, (bike)
2426 *la*

colloquio (job) interview, talk, meeting
2428 *il*

elezione election
2429 *la*

umorismo humor, sense of humor
2430 *il*

percento per cent
2431 *lo*

assistenza assistance
2432 *la*

muso muzzle, nose, face
2434 *il*

fallimento failure, bankruptcy
2437 *il*

martello hammer
2438 *il*

assassinio murder, assasination
2440 *il*

selvaggio wild
2441 *adj; il*

industria industry
2442 *le*

indizio clue, indication
2443 *il*

sorellina litte sister, younger sister, baby sister
2444 *la*

preda prey
2446 *la*

guadagno gain
2447 *il*

disagio discomfort
2449 *il*

prostituta prostitute
2450 *la*

asso ace
2451 *lo*

stadio stadium, stage
2452 *lo*

chiusa close, lock, sluice
2453 *le*

serpente snake, serpent
2455 *il*

giunto joint, coupling; joined
2456 *lo; adj*

perla pearl
2457 *la*

mammina mummy
2459 *la*

microfono microphone
2460 *il*

meta goal, destination
2463 *la*

trasferimento transfer
2465 *il*

stress stress
2466 *lo*

scopata sweep, fuck, shag
2469 *la*

radar radar
2470 *i*

singolo single
2471 *adj; il*

carità charity
2472 *la*

consigliere advisor, councilor
2473 *il*

spasso fun
2474 *lo*

promessa promise
2475 *la*

cioccolata chocolate
2476 *la*

applauso applause
2478 *il*

dicembre December
2480 *lo*
civiltà civilization
2482 *la*
funzione function
2483 *la*
valigetta briefcase
2485 *la*
sostegno support
2487 *il*
protetta protection
2488 *la*
ingegnere engineer
2490 *il*
targa plate, nameplate
2492 *la*
considerazione consideration
2494 *la*
repubblica republic
2495 *la*
esperimento experiment
2496 *il*
cucciolo puppy
2498 *il*
muscolo muscle
2499 *il*
udienza hearing, audience
2500 *le*
scontro clash, confrontation
2502 *lo*
aula classroom, room
2504 *le*
atterraggio landing
2505 *il*
allenamento training
2506 *lo*
sollievo relief, solace
2507 *il*
manetta manacle
2508 *la*
professione profession
2510 *la*
incantesimo spell, enchantment
2513 *il*
single single; sole
2515 *il/la; adj*
forno oven
2517 *il*
zampa paw
2518 *la*
dose dose, amount
2519 *la*
commedia comedy
2520 *la*
sega saw
2521 *la*
boom boom
2522 *il*
vicolo alley
2523 *il*
segreteria secretariat, secretary
2525 *la*

Verbs

Italian	English Translation	Rank	Part of Speech
essere	be; being	7	*vb; gli*
avere	have	12	*vb*
fare	do	37	*vb*
sapere	know	41	*vb*
andare	go, move, proceed, run	44	*vb*
dire	say	47	*vb*
volere	want	54	*vb*
stare	stay	60	*vb*
potere	be able; power	61	*vb; il*
dovere	have to, must; duty	78	*il; vb; av*
vedere	see	94	*vb*
porre	put, place	108	*vb*
venire	come	118	*vb*
guardare	look, watch	131	*vb*
sembrare	seem, look, sound	134	*vb*
parlare	speak, talk	136	*vb*
dispiacere	dislike, be sorry	137	*il; vb*
aspettare	wait	142	*vb*
piacere	pleasure; like	146	*vb*
pensare	think	154	*vb*
bastare	suffice	164	*vb*
portare	bring	168	*vb*
sentire	feel, hear	172	*vb*
prendere	take	176	*vb*
ideare	design	185	*vb*
capire	understand	186	*vb*
succedere	happen, occur, succeed	192	*vb*
volgere	turn	193	*vb*
trovare	find	203	*vb*
dare	give	204	*vb*
servire	serve	206	*vb*
leggere	read	210	*vb*
scusare	excuse	211	*vb*
morire	die	220	*vb; phr*
credere	believe	230	*vb*
uccidere	kill	235	*vb*
tornare	return	238	*vb*
cercare	search	244	*vb*
chiamare	call	247	*vb*
perdere	lose	263	*vb*
uscire	go out, leave	264	*vb*
importare	import	266	*vb*
lasciare	leave	269	*vb*
sperare	hope	272	*vb*
chiedere	ask (for), enquire		

	273	*vb*
entrare		enter
	286	*vb*
passare		pass, spend, switch
	294	*vb*
capitare		happen, occur
	296	*vb*
vivere		live
	300	*vb*
riuscire		succeed, able
	301	*vb*
ascoltare		listen
	305	*vb*
conoscere		know
	307	*vb*
significare		mean
	308	*vb*
visitare		visit, see
	315	*vb*
mangiare		eat
	318	*vb; il*
provare		try
	319	*vb*
parere		think, seem; opinion
	338	*vb*
tenere		hold, keep
	340	*vb*
finire		end, finish
	344	*vb*
lavorare		work
	350	*vb*
bere		drinking
	359	*vb; il*
spiacere		be sorry
	364	*vb*
agire		act
	367	*vb*
smettere		stop
	368	*vb*
dormire		sleep
	369	*vb*
cenare		have dinner
	380	*vb*
arrivare		arrive
	382	*vb*
restare		stay, remain, maintain
	400	*vb*
mettere		put
	410	*vb*
diventare		become
	418	*vb*
continuare		continue
	425	*vb*
ricevere		receive
	428	*vb*
iniziare		start
	433	*vb*
giocare		play
	434	*vb*
permettere		allow
	435	*vb*
preoccupare		worry
	443	*vb*
mandare		send
	453	*vb*
usare		use
	472	*vb*
cambiare		change
	474	*vb*
funzionare		function
	475	*vb*
peccare		sin
	492	*vb*
addossare		lean
	502	*vb*
pagare		pay
	505	*vb*
cariare		rot
	511	*vb*
dimenticare		forget
	521	*vb*
silenziare		mute
	535	*vb*
ricordare		remember
	540	*vb*
interessare		affect
	547	*vb*
aiutare		help
	551	*vb*
vestire		dress
	567	*vb*
rispondere		answer

	568	*vb*
sedere		sit down
	569	*vb*
partire		leave
	576	*vb*
valere		be worth
	583	*vb*
ordinare		order
	586	*vb*
vincere		win
	591	*vb*
immaginare		imagine
	598	*vb*
esistere		exist
	606	*vb*
unire		unite
	610	*vb*
scappare		escape
	613	*vb*
chiudere		close
	617	*vb*
rimanere		stay
	625	*vb*
cacciare		hunt, throw out
	626	*vb*
controllare		check
	630	*vb*
scrivere		write
	633	*vb*
volare		fly
	635	*vb*
promettere		promise
	636	*vb*
fermare		stop
	649	*vb*
calmare		calm
	650	*vb*
colpire		hit
	665	*vb*
correre		run
	672	*vb*
scherzare		joke
	681	*vb*
intendere		hear, mean, intend
	689	*vb*
toccare		touch
	693	*vb*
muovere		move
	694	*vb*
salare		salt
	696	*vb*
comprare		buy
	697	*vb*
scegliere		choose
	700	*vb*
sbrigare		hurry up
	702	*vb*
adorare		worship, adore, love
	703	*vb*
scommettere		bet
	707	*vb*
fottere		fuck
	718	*vb*
combattere		fight
	719	*vb*
sposare		marry
	723	*vb*
amare		love
	725	*vb*
rompere		break
	726	*vb*
armare		arm
	731	*vb*
piangere		cry
	737	*vb*
ballare		dance
	739	*vb*
nascere		be born
	741	*vb*
alzare		raise
	742	*vb*
salvare		save
	746	*vb*
saltare		skip, jump
	755	*vb*
ridere		laugh
	758	*vb*
fregare		rub, care
	764	*vb*
sparare		shoot
	765	*vb*
incontrare		meet

768 *vb*
temere fear, be afraid
773 *vb*
drogare drug
778 *vb*
imparare learn
783 *vb*
cominciare begin
785 *vb; lo*
riguardare concern
787 *vb*
seguire follow
790 *vb*
aprire open
791 *vb*
tornire throw
797 *vb*
rendere make
800 *vb*
presentire foresee
829 *vb*
scoprire discover
831 *vb*
ferire hurt
833 *vb*
ringraziare thank
839 *vb*
suonare play (music or instrument), sound, ring
844 *vb*
difendere defend
860 *vb*
supporre suppose
862 *vb*
attentare attempt
866 *vb*
scendere get off
868 *vb*
baciare kiss
871 *vb*
tirare pull
887 *vb*
filare spin
890 *vb*
svegliare wake
892 *vb*
nascondere hide
900 *vb*
rischiare risk
901 *vb*
divergere diverge
908 *vb*
camminare walk
909 *vb*
dipendere depend
915 *vb*
gridare shout
916 *vb*
ottenere get, obtain
919 *vb*
rodere gnaw, fret, prey on
920 *vb*
salire go up, climb, rise
921 *vb*
rilassare relax
944 *vb*
preferire prefer
950 *vb*
indirizzare address
962 *vb*
fingere pretend
965 *vb*
notare note
970 *vb*
guidare lead
985 *vb*
decidere decide
986 *vb*
vendere sell
991 *vb*
cadere fall
992 *vb*
girare turn
1003 *vb*
insegnare teach
1005 *vb*
porgere extend
1007 *vb*
contare count
1009 *vb*
cantare sing
1010 *vb*

creare create
1012 *vb*
militare military; soldier
1023 *adj; il; vb*
evitare avoid
1042 *vb; il*
accettare accept
1043 *vb*
mantenere keep, maintain
1046 *vb*
lottare fight
1048 *vb*
distruggere destroy
1049 *vb*
arrabbiare get angry, get mad
1057 *vb*
arrestare stop
1061 *vb*
occupare occupy
1079 *vb*
presentare present, submit
1098 *vb*
spiegare explain
1103 *vb*
accadere happen
1111 *vb*
sbagliare make a mistake
1113 *vb*
attendere wait for
1120 *vb*
ammazzare kill
1128 *vb*
proteggere protect
1135 *vb*
affrontare face
1149 *vb*
desiderare wish
1158 *vb*
dannare damn
1164 *vb*
risolvere solve
1169 *vb*
pilotare pilot, fly
1172 *vb*
raggiungere reach
1174 *vb*
discutere discuss
1183 *vb*
spaventare scare, frighten
1195 *vb*
preparare prepare
1197 *vb*
rubare steal
1214 *vb*
studiare study
1228 *vb*
praticare practice
1229 *vb*
togliere remove, take off
1230 *vb*
tentare attempt, try, tempt
1233 *vb*
costruire build
1236 *vb*
fugare dispel
1239 *vb*
sorridere smile
1242 *vb*
sopravvivere survive
1251 *vb*
piantare plant
1256 *vb*
mancare miss
1259 *vb*
collegare connect, link
1261 *vb*
raccontare tell
1266 *vb*
fidare trust
1271 *vb*
mostrare show
1275 *vb*
appartenere belong
1282 *vb*
rovinare ruin
1283 *vb*
impazzire go crazy
1301 *vb*
commettere commit
1309 *vb*
crescere grow
1313 *vb*

perdonare	forgive	**mentire**	lie
1314	*vb*	1431	*vb*
battere	beat	**firmare**	sign
1315	*vb*	1437	*vb*
invitare	invite	**offrire**	offer
1316	*vb*	1455	*vb*
fumare	smoke	**coinvolgere**	involve
1318	*vb*	1463	*vb*
respirare	breathe	**marciare**	march
1319	*vb*	1469	*vb*
dirigere	direct	**licenziare**	dismiss
1322	*vb*	1473	*vb*
colorare	color	**bloccare**	block
1326	*vb*	1477	*vb*
abbandonare	abandon sth, leave sth.	**incendiare**	fire
1340	*vb*	1479	*vb*
fuggire	flee	**tracciare**	draw
1350	*vb*	1498	*vb*
scomparire	disappear	**passeggiare**	stroll, walk
1358	*vb*	1506	*vb*
ripetere	repeat	**tempestare**	batter, besiege, annoy
1367	*vb*	1512	*vb*
scalare	climb	**costringere**	force
1375	*vb; adj; lo*	1521	*vb*
maledire	curse	**sopportare**	bear
1376	*vb*	1525	*vb*
assicurare	ensure, insure	**meritare**	deserve
1381	*vb*	1531	*vb*
levare	upbeat	**affittare**	rent
1384	*vb; il*	1537	*vb*
trafficare	trade, deal, traffic	**buttare**	throw
1387	*vb*	1540	*vb*
riposare	rest	**gelare**	freeze
1389	*vb*	1545	*vb*
stregare	bewitch	**sognare**	dream
1401	*vb*	1548	*vb*
risultare	result	**trattare**	treat
1406	*vb*	1550	*vb*
affascinare	fascinate	**sparire**	disappear
1410	*vb*	1553	*vb*
sistemare	fix	**resistere**	resist
1415	*vb*	1556	*vb*
specchiare	mirror	**prevedere**	foresee
1421	*vb*	1557	*vb*
proporre	propose, put forward	**tradire**	betray
1422	*vb*	1563	*vb*

votare vote
1564 *vb*
attaccare attack
1565 *vb*
dubitare doubt
1568 *vb*
sorprendere surprise
1569 *vb*
tagliare cut
1586 *vb*
assassinare assassinate
1596 *vb*
dimostrare show
1597 *vb*
odiare hate
1599 *vb*
raccomandare recommend
1610 *vb*
confondere confound
1611 *vb*
inventare invent
1614 *vb*
esplodere explode
1617 *vb*
abitare live
1618 *vb*
divertire entertain
1619 *vb*
mordere bite
1621 *vb*
convenire agree
1627 *vb*
apprezzare appreciate
1629 *vb*
beccare peck, catch
1649 *vb*
urlare scream
1655 *vb*
soffrire suffer
1666 *vb*
sorgere arise, rise
1681 *vb*
scopare sweep, fuck
1685 *vb*
complicare complicate
1691 *vb*
augurare wish
1700 *vb*
rivedere review, revise
1704 *vb*
guadagnare earn, gain
1707 *vb*
accomodare accommodate
1711 *vb*
stringere tighten
1713 *vb*
ritornare return
1715 *vb*
superare exceed
1717 *vb*
nuotare swim
1718 *vb*
festeggiare celebrate
1726 *vb*
danzare dance
1727 *vb*
benedire bless
1728 *vb*
gestire handle, manage
1732 *vb*
organizzare organize, arrange
1738 *vb*
pregare pray
1743 *vb*
ricominciare recommence
1745 *vb*
pulire clean
1746 *vb*
bruciare burn
1747 *vb*
combinare combine
1756 *vb*
disporre have
1759 *vb*
spostare move
1763 *vb*
saggiare test
1766 *vb*
indossare wear, put on
1767 *vb*
impegnare commit
1776 *vb*

salutare	healthy; greet, say goodbye to
1795	*adj; vb*
attraversare	cross
1797	*vb*
coprire	cover
1798	*vb*
condannare	convict
1805	*vb*
torcere	twist
1821	*vb*
accompagnare	accompany
1822	*vb*
legare	tie
1839	*vb*
accusare	accuse
1840	*vb*
ricompensare	reward
1845	*vb*
raccogliere	gather
1849	*vb*
viaggiare	travel
1867	*vb*
indovinare	guess
1868	*vb*
catturare	capture
1871	*vb*
assumere	take, assume
1873	*vb*
considerare	consider
1875	*vb*
spegnere	switch off, turn off
1880	*vb*
completare	complete
1895	*vb*
tacere	be silent
1909	*vb*
riprendere	resume
1910	*vb*
sperimentare	experiment, experience
1930	*vb*
sanare	heal
1937	*vb*
coronare	crown
1942	*vb*
causare	cause
1946	*vb*
occorrere	take
1954	*vb*
annunciare	announce
1957	*vb*
telefonare	call, telephone
1958	*vb*
principiare	begin
1959	*vb*
ammettere	admit
1961	*vb*
riconoscere	recognize
1967	*vb*
deludere	disappoint
1968	*vb*
abbassare	lower
1972	*vb*
patire	suffer
1973	*vb*
ruotare	rotate
1982	*vb*
cucinare	cook
1985	*vb*
trasferire	transfer
1987	*vb*
accendere	switch, turn on
1996	*vb*
spingere	push
1998	*vb*
partecipare	take part
1999	*vb*
avvertire	warn
2002	*vb*
offendere	offend
2007	*vb*
premiare	reward
2008	*vb*
convincere	convince
2009	*vb*
avventurarsi	venture
2014	*vb*
litigare	quarrel
2015	*vb*
tendere	stretch
2025	*vb*
recuperare	recover, retrieve
2031	*vb*

badare look after
2034 *vb*
influenzare influence
2037 *vb*
lanciare launch
2041 *vb*
ridurre reduce
2042 *vb*
confermare confirm
2064 *vb*
incastrare fit
2077 *vb*
picchiare beat
2086 *vb*
cessare cease
2088 *vb*
risorgere rise again
2090 *vb*
osare dare
2092 *vb*
avvicinare approach
2096 *vb*
rifiutare refuse
2103 *vb*
rinunciare give up
2109 *vb*
mollare give
2114 *vb*
registrare record
2117 *vb*
recitare recite
2120 *vb*
peggiorare worsen
2123 *vb*
sospirare sigh
2126 *vb*
spesare pay the expenses
2129 *vb*
richiedere request
2130 *vb*
procedere continue
2132 *vb*
rappresentare represent
2141 *vb*
empero empire
2145 *vb*
spettare belong
2146 *vb*
possedere own
2160 *vb*
comportare involve
2167 *vb*
tramontare set
2169 *vb*
aggiungere add
2170 *vb*
campionare sample
2175 *vb*
scortare escort
2176 *vb*
rispettare respect
2183 *vb*
consegnare deliver
2187 *vb*
soddisfare satisfy
2188 *vb*
vomitare throw up, puke
2197 *vb*
rientrare re-enter
2202 *vb*
imputare attribute sth to
2206 *vb*
dichiarare declare, claim
2212 *vb*
divenire become
2225 *vb*
popolare populair; to populate
2226 *adj; vb; abr*
investire invest
2227 *vb*
cifrare encipher
2238 *vb*
rapire kidnap
2258 *vb*
dipingere paint
2261 *vb*
cremare cremate
2266 *vb*
impattare impact
2268 *vb*
proibire prohibit
2269 *vb*

liberare release
2271 *vb*
giudicare judge
2272 *vb*
produrre produce
2281 *vb*
rigare scratch
2282 *vb*
sospettare suspect
2283 *vb*
abituare accustom
2286 *vb*
spendere spend
2287 *vb*
bucare puncture
2291 *vb*
assomigliare look like, resemble
2292 *vb*
gemere moan
2294 *vb*
riportare report, take back
2308 *vb*
giungere reach
2339 *vb*
precedere precede
2347 *vb*
regalare give
2348 *vb*
esagerare exaggerate
2350 *vb*
macchiare sully
2352 *vb*
condividere share
2353 *vb*
concedere grant
2354 *vb*
detestare loathe
2366 *vb*
rallentare slow down
2368 *vb*
murare wall
2372 *vb*
eliminare eliminate
2375 *vb*
gettare throw
2379 *vb*
fucilare shoot
2383 *vb*
scordare forget
2395 *vb*
contenere contain
2400 *vb*
panare bread, dip in breadcrumbs
2404 *vb*
pisciare piss
2409 *vb*
riparare repair
2414 *vb*
comunicare communicate
2415 *vb*
pattugliare patrol
2416 *vb*
curare treat
2418 *vb; lo*
migliorare improve
2423 *vb*
scavare dig
2427 *vb*
comprendere understand
2435 *vb*
spedire send
2436 *vb*
falsare distort
2439 *vb*
appellare appeal
2445 *vb*
comandare command
2458 *vb*
poetare poetize
2461 *vb*
piovere rain
2464 *vb*
ritrattare retract, recant
2479 *vb*
identificare identify
2481 *vb*
movimentare ship, move, handle
2486 *vb*
autorizzare permit, authorize
2491 *vb*
lavare wash
2497 *vb*

riflettere reflect

2501 *vb*

addormentare fall asleep

2511 *vb*

attrezzare equip, rig

2512 *vb*

domandare ask, request

2514 *vb*

interrompere stop, interrupt

2516 *vb*

Alphabetical order

A

a *al, allo, all', alla, ai, agli, alla	6	*prp*	to, in, at
abbandonare	1340	*vb*	abandon sth, leave sth.
abbassare	1972	*vb*	lower
abbastanza	241	*adv; adj*	enough
abitante	2052	*il/la*	inhabitant
abitare	1618	*vb*	live
abito	1317	*il*	dress, suit, attire
abituare	2286	*vb*	accustom
abitudine	2150	*le*	habit
accadere	1111	*vb*	happen
accanto	815	*adv*	next
accendere	1996	*vb*	switch, turn on
accento	2115	*il*	accent
accesso	1200	*lo*	access
accettare	1043	*vb*	accept
accetto	1829	*adj*	acceptable
acciaio	1989	*il*	steel
accidente	555	*il*	accident, fit, incident, damn
accomodare	1711	*vb*	accommodate
accompagnare	1822	*vb*	accompany
accordo	155	*i*	agreement, deal
accorto	1914	*adj*	shrewd
accusa	1255	*la*	accusation, charge, prosecution
accusare	1840	*vb*	accuse
acqua	239	*le*	water
acquisto	2080	*i*	buy, purchase
adatto	1660	*adj*	suitable
addestramento	2053	*il*	training
addio	450	*il*	goodbye, farewell
addirittura	2155	*adv*	even
addormentare	2511	*vb*	fall asleep
addossare	502	*vb*	lean
adesso	85	*adv*	now
adorabile	1884	*adj*	adorable
adorare	703	*vb*	worship, adore, love
adulto	2138	*adj; il*	adult
aereo	481	*adj; lo*	air, aerial; plane, airplane
aeroporto	1134	*gli*	airport
affare	361	*il*	deal, business, affair
affascinare	1410	*vb*	fascinate
affatto	695	*adv*	at all, quite
affetto	1932	*lo; adj*	affection, love; affected
affinché	2477	*prp*	so that, in order to

affittare rent
1537 *vb*
affrontare face
1149 *vb*
agente agent
974 *il/la*
agenzia agency
1571 *le*
aggiungere add
2170 *vb*
agio ease
2161 *il*
agire act
367 *vb*
agosto August
2315 *gli*
ah ha
150 *int*
ahi ouch
1648 *int*
aiutare help
551 *vb*
aiuto help
215 *il; adj*
ala wing
1292 *le*
alare andiron
1650 *il*
alba sunrise, dawn
1392 *le*
albergo hotel
930 *lo*
albero tree
878 *il*
alcol alcohol
2072 *gli*
alcun any
792 *adj*
alcune several, some
566 *prn*
alcuni some, several; few, any
406 *prn; adj*
alieno alien
2417 *adj*
allarme alarm
1062 *lo*
allenamento training
2506 *lo*
allenatore coach
2374 *lo*
allora then
59 *adv*
almeno at least
281 *adv*
alt halt
2467 *int*
altezza height
984 *le*
alto high, tall
442 *adj; lo*
altrettanto as; as much; just as many
2209 *adv*
altrimenti otherwise
594 *adv*
altro other, more
91 *adj; prn; adv; gli*
altrove elsewhere
2230 *adv*
alzare raise
742 *vb*
amante lover; fond
1196 *il/la; adj*
amare love
725 *vb*
amaro bitter; bitter, tonic liqour
1330 *adj; il*
amato beloved
1096 *adj; i*
ambasciata embassy
2359 *le*
ambasciatore ambassador
2070 *il*
ambiente environmnent, room, ambience
1480 *il*
ambulanza ambulance
1407 *le*
amen amen
1234 *il*
americano American; American
776 *adj; lo*
amicizia friendship
1354 *la*

amico friend
107 *lo*
ammazzare kill
1128 *vb*
ammettere admit
1961 *vb*
amministrazione administration
2307 *le*
ammiraglio admiral
2068 *il*
amo hook, bait
293 *lo*
amore (my) love
189 *il*
analisi analysis
1802 *le*
anche also, even; anchor
51 *adv*
ancora yet, still, more; more
67 *adv; con; le*
andare go, move, proceed, run
44 *vb*
andata going
299 *la*
andato gone
352 *adj*
anello ring
956 *il*
angelo angel
1011 *il*
angolo angle, corner
937 *lo*
anima soul
563 *le*
animale animal
766 *adj; il*
anniversario anniversary
2310 *lo*
anno year
89 *gli*
annunciare announce
1957 *vb*
ansia anxiety
2397 *le*
anticipo advance, anticipation
1449 *lo*
antico ancient
1841 *adj*
anzi rather
964 *adv; con*
aperto open
743 *adj; i*
apertura opening
2306 *la*
appartamento flat, apartment
715 *lo*
appartenere belong
1282 *vb*
appellare appeal
2445 *vb*
appena just, (as) soon (as)
174 *adv; adj*
appetito appetite, hunger
2021 *il*
applauso applause
2478 *il*
apposta on purpose
1635 *adv*
apprezzare appreciate
1629 *vb*
appuntamento appointment
644 *lo*
appunto just
1729 *adv; i*
aprile April
2385 *lo*
aprire open
791 *vb*
ara macaw, altar
1761 *la*
arabo Arabic; Arab
1863 *adj; gli*
area area
1552 *le*
argento silver
1855 *lo; adj*
argomento topic, subject, argument
1448 *gli*
aria air, song
402 *la*
arma weapon
436 *le*

armadio		wardrobe, closet
	1952	*il*
armare		arm
	731	*vb*
armato		armed
	1811	*adj*
arrabbiare		get angry, get mad
	1057	*vb*
arrestare		stop
	1061	*vb*
arrivare		arrive
	382	*vb*
arrivederci		goodbye
	512	*int*
arrivo		arrival
	414	*lo*
arte		art
	945	*le*
articolo		article
	1279	*i*
artista		artist
	1397	*il/la*
arto		limb
	1997	*il*
ascensore		lift, elevator
	1503	*il*
ascoltare		listen
	305	*vb*
ascolto		listening
	838	*lo*
asilo		asylum, kindergarten, nursery (school)
	2318	*lo*
aspettare		wait
	142	*vb*
aspetto		appearance, look, aspect
	411	*lo*
assassinare		assassinate
	1596	*vb*
assassinio		murder, assasination
	2440	*il*
assassino		killer, murderer
	622	*il; adj*
assegno		check
	1447	*lo*
assicurare		ensure, insure
	1381	*vb*
assicurato		secured, assured, insured
	2221	*adj; il*
assicurazione		insurance
	1603	*le*
assieme [a]		together [with]
	1344	*adv*
assistente		assistant; assistant
	1141	*adj; il/la*
assistenza		assistance
	2432	*la*
asso		ace
	2451	*lo*
assolutamente		absolutely
	484	*adv*
assoluto		absolute
	2256	*adj*
assomigliare		look like, resemble
	2292	*vb*
assumere		take, assume
	1873	*vb*
assurdo		absurd
	1290	*adj; il*
astronave		spaceship
	2344	*le*
atmosfera		atmosphere
	1720	*le*
attaccare		attack
	1565	*vb*
attacco		attack
	692	*lo*
atteggiamento		attitude
	2201	*i*
attendere		wait for
	1120	*vb*
attentamente		carefully
	1933	*adv*
attentare		attempt
	866	*vb*
attento		careful
	387	*adj*
attenzione		caution
	353	*le*
atterraggio		landing
	2505	*il*
attimo		moment, instant

348 *lo*
attività activity
1399 *le*
atto act
1132 *gli; adj*
attore actor
1252 *il*
attorno about; around
1379 *adv*
attraente attractive
1800 *adj*
attraversare cross
1797 *vb*
attraverso through, across
614 *adv; prp; adj*
attrezzare equip, rig
2512 *vb*
attrice actress
1636 *le*
attuale current
2297 *adj*
augurare wish
1700 *vb*
augurio wish, greeting, omen
1187 *il*
aula classroom, room
2504 *le*
aumento increase
2094 *gli*
autista driver, chauffeur
1527 *il*
auto car
343 *gli*
autobus bus
981 *gli*
autore author
2351 *gli*
autorità authority
1338 *le*
autorizzare permit, authorize
2491 *vb*
autorizzazione authorization
2384 *le*
autostrada motorway, highway
2378 *la*
autunno autumn, fall
2358 *lo*
avanti forward, ahead, on
160 *adv*
avere have
12 *vb*
avventurarsi venture
2014 *vb*
avvertire warn
2002 *vb*
avvicinare approach
2096 *vb*
avvocato lawyer
487 *i*
azienda company, business
1693 *le*
azione action
880 *le*

B

babbo dad, father
1523 *il*
baby baby
1015 *nmf*
baciare kiss
871 *vb*
bacio kiss
2127 *il*
badare look after
2034 *vb*
bagaglio luggage
1694 *il*
bagno bathroom
426 *il*
ballare dance
739 *vb*
bambino child, baby, boy/girl
232 *il*
bambola doll
1981 *la*
banca bank
684 *la*
banco bench, counter, bank, desk
2134 *il*
banda band, gang
1245 *la*

bandiera flag
1765 *la*
bar bar, caffé
677 *il*
bara coffin
2349 *la*
barba beard
1665 *la*
barca boat
654 *la*
barone baron
1837 *il*
base basis
581 *la*
basso low, bottom, lower; bass
933 *adj; il*
bastardo bastard
437 *adj; il*
bastare suffice
164 *vb*
bastone stick
1692 *il*
battaglia battle
834 *la*
battere beat
1315 *vb*
batteria battery, drums
2085 *la*
beccare peck, catch
1649 *vb*
becco beak
1395 *il*
beh, be well!
98 *int*
bellezza beauty
884 *la*
bello (bel) nice, beautiful; handsome
166 *adj; il/la*
bene very; well, good; good, asset
26 *adv; il; adj*
benedire bless
1728 *vb*
benissimo very well, fine
416 *adv*
bentornato Welcome back!; welcome
2265 *int; il*
benvenuto welcome
683 *adj; int; il*
benzina petrol, gasoline
1429 *la*
bere drinking
359 *vb; il*
bersaglio target
1417 *il*
bestia beast
1298 *la*
beva(anda) drink
1830 *la*
bianco white
646 *adj; il*
bibbia Bible
1608 *la*
biblioteca library
1742 *la*
bicchiere (drinking) glass
1052 *il*
bicicletta (bici) bicycle, (bike)
2426 *la*
biglietto ticket
803 *il*
bimbo baby, child
1923 *il*
bionda blonde
2083 *la, il; adj*
birra beer
620 *la*
biscotto cookie, biscuit
2067 *il*
bisogno need
116 *il*
bloccare block
1477 *vb*
blocco block
1686 *il*
blu blue
808 *adj*
bocca mouth
422 *la*
bomba bomb
1515 *la*
boom boom
2522 *il*

bordo edge
821 *il*

borsa bag
733 *la*

bosco wood
1577 *il*

botte barrel, cask
1886 *la*

bottiglia bottle
1037 *la*

botto blow, hit; explosion
1878 *il*

braccio arm
658 *il*

branco herd, pack, flock
2058 *il*

bravo good, fine, clever; bravo
253 *adj; il*

breve short
1030 *adj; la*

brillante brilliant, bright; diamond
1678 *adj; il*

brindisi toast (social drinking), pledge
2020 *il*

bruciare burn
1747 *vb*

bruno brown, dark
2289 *adj*

brusio buzz
2054 *il*

brutto ugly, bad; bad, ugliness
471 *adj; il*

bucare puncture
2291 *vb*

buco hole
952 *il*

bugia lie, falsehood
1426 *la*

bugiardo liar
1262 *il; adj*

buio dark; dark
854 *adj; il*

buonanotte good night
482 *int*

buonasera good evening
691 *int*

buongiorno good morning
306 *int*

buono good; voucher, coupon
182 *adj; il*

burro butter
2148 *il*

busta envelope
1978 *la*

buttare throw
1540 *vb*

C

cabina cabin
1780 *la*

cacciare hunt, throw out
626 *vb*

cacciatore hunter
2311 *il*

cadavere dead body
1091 *il*

cadere fall
992 *vb*

caffè coffee, café
532 *il*

calcio football, soccer
1305 *il*

caldo hot; heat
596 *adj; il*

calma calm
506 *la*

calmare calm
650 *vb*

calmo calm
911 *adj*

calore heat
1771 *il*

cambiamento change
1750 *il*

cambiare change
474 *vb*

cambio change
810 *il*

camera room
415 *la*

cameriere waiter, butler/waitress, maid

1721 *il, la*

camicia shirt

1224 *la*

camion truck

896 *i*

camminare walk

909 *vb*

cammino path

1644 *il*

campagna countryside, country

989 *la*

campanello bell

2063 *il*

campionare sample

2175 *vb*

campione sample, champion; champion

973 *il; adj; abr*

campo field

412 *il*

canale channel

1634 *il*

cancello gate

1561 *il*

cancro cancer

1442 *il*

cane dog

347 *il*

canna cane, barrel, rod

2408 *la*

cantare sing

1010 *vb*

cantina cellar, basement, winery

1975 *la*

canto singing, song

1544 *il*

canzone song

662 *la*

caos chaos

1945 *il*

capace capable, able

910 *adj*

capacità capacity

1762 *la*

capello hair

448 *il*

capire understand

186 *vb*

capitale capital

2174 *adj; la*

capitare happen, occur

296 *vb*

capitolo chapter

2237 *il*

capo boss

1842 *il*

caporale corporal

2189 *il*

cappello hat

938 *il*

cappotto coat

1947 *il*

carattere character

1844 *il*

carburante fuel

2112 *il*

carcere prison

1414 *il*

cariare rot

511 *vb*

carico load, freight

1189 *il; adj*

carino cute, nice, pretty

675 *adj*

carità charity

2472 *la*

carne meat

640 *la*

caro dear, expensive; dear

366 *adj*

carriera career

955 *la*

carro wagon

1457 *il*

carrozza carriage

2299 *la*

carta paper, card, map

629 *la*

cartello cartel, sign

2394 *il*

casa house, home

68 *la*

casino (casinò) mess (casino)

796 *nm*

caso case
196 *il*

caspita good heavens
1695 *int*

cassa cash, case
1670 *la*

cassaforte safe, strongbox
2236 *la*

cassetta cassette
1471 *la*

castello castle
1215 *il*

catena chain
1827 *la*

cattivo bad; baddie, bad person
1066 *adj*

catturare capture
1871 *vb*

causa cause
432 *la*

causare cause
1946 *vb*

cavaliere knight
1465 *il*

cavallo horse
523 *il*

cavo cable, wire; hollow
1794 *il; adj*

cavolo cabbage, kale
580 *il*

cazzata crap
1312 *la*

cazzo dick; fuck
114 *il*

ce us
121 *prn*

cella cell
1352 *la*

cellulare cell phone
858 *adj; il*

cenare have dinner
380 *vb*

centesimo hundredth; cent
1928 *il*

centinaio hundred
1356 *il*

cento hundred
1019 *num*

centrale central; main office, (nuclear) power station
953 *adj*

centro center
520 *il*

cerca search
386 *la*

cercare search
244 *vb*

cerchio circle; rim
857 *il*

cerimonia ceremony
1625 *la*

certamente of course
660 *adv*

certo certain; of course
81 *adj; adv*

cervello brain
546 *il*

cessare cease
2088 *vb*

che that; which, who; what
2 *con; prn; adj*

chi who
46 *prn*

chiacchiera gossip
1684 *la*

chiamare call
247 *vb*

chiamata (telephone) call
585 *la*

chiappa (coll) butt cheek, bottom, backside
2049 *la*

chiaramente clearly
1364 *adv*

chiaro clear; light
391 *adj; adv*

chiave key
525 *la*

chiedere ask (for), enquire
273 *vb*

chiesa church
638 *la*

chilo kilo
1452 *il*
chilometro kilometer
1355 *il*
chissà who knows!; perhaps
894 *adj*
chitarra guitar
2016 *la*
chiudere close
617 *vb*
chiunque anyone
470 *prn*
chiusa close, lock, sluice
2453 *le*
chiuso closed
578 *adj; lo*
ci ourselves, us
23 *adv; prn*
ciao hello, bye
100 *int*
ciascuno each, all, every; everyone, everybody
2319 *adj; prn*
cibo food
464 *il*
cieco blind
1306 *adj; il*
cielo sky
362 *il*
cifrare encipher
2238 *vb*
cima top
1288 *la*
cimitero cemetery
1751 *il*
cinema cinema, movie theater
817 *il*
cinese Chinese
1067 *adj; il/la/i*
cinque five
280 *num*
cintura belt
1804 *la*
ciò that, it
214 *prn*
cioccolata chocolate
2476 *la*
cioccolato chocolate
1754 *il*
cioè i.e., that is, namely
657 *adv; abr*
circa about
458 *adv; prp*
circo circus
1860 *il*
circostanza circumstance
1925 *la*
città city
265 *la*
cittadino citizen
1640 *il; adj*
civile civil; civilian
1598 *adj; lo*
civiltà civilization
2482 *la*
clacson horn (automotive)
2036 *i*
classe class, classroom
679 *la*
classico classic
2391 *adj; il*
cliente customer
799 *il/la*
clinico clinical
1843 *adj*
club club
824 *il*
coda queue, tail
1490 *la*
codardo cowardly; coward
2244 *il; adj*
codice code, codex
759 *il*
coglione balls, nuts, asshole
1123 *i*
cognome last name
1969 *il*
coincidenza coincidence
1901 *la*
coinvolgere involve
1463 *vb*
cola there

1739 *adv*

colazione breakfast, lunch

888 *la*

collegamento connection, link

2382 *il*

collegare connect, link

1261 *vb*

college college

1223 *il*

collezione collection

2364 *la*

collina hill

1796 *la*

colloquio (job) interview, talk, meeting

2428 *il*

colonnello colonel

575 *il*

colorare color

1326 *vb*

colore color

855 *il*

colpa fault, guilt; blame

288 *la*

colpevole guilty

976 *adj; il/la*

colpire hit

665 *vb*

colpo hit

430 *il*

coltello knife

946 *il*

colui he

1784 *prn*

coma coma

2338 *il*

comandante commander

621 *il; adj*

comandare command

2458 *vb*

comando command

704 *il*

combattere fight

719 *vb*

combattimento combat

1505 *il*

combattuto hard-fought

1949 *adj*

combinare combine

1756 *vb*

come as, how

21 *adv; prn; prp; con*

cominciare begin

785 *vb; lo*

comitato committee

1905 *il*

commedia comedy

2520 *la*

commerciale commercial, trade

2240 *adj*

commettere commit

1309 *vb*

commissione commission, committee

1382 *la*

comodo comfortable

1311 *adj; il*

compagnia company

488 *la*

compagno companion, mate

934 *il*

compito task

960 *il*

compleanno birthday

652 *il*

complesso complex, whole; complex

2312 *adj; il*

completamente completely

530 *adv*

completare complete

1895 *vb*

completo complete, full; suit

1260 *adj; il*

complicare complicate

1691 *vb*

complimento compliment

1280 *il*

comportamento behavior

1458 *il*

comportare involve

2167 *vb*

comprare buy

697 *vb*

comprendere understand

2435 *vb*
computer computer
777 *i*
comune common; community, town
846 *adj; il*
comunicare communicate
2415 *vb*
comunicazione communication
2328 *la*
comunista communist
2296 *adj; il/la*
comunità community
2217 *la*
comunque anyway; though
256 *adv; con*
con with, by
17 *prp; con*
concedere grant
2354 *vb*
concentrato concentrated
2179 *adj*
concerto concert
1516 *il*
concetto concept
2346 *il*
condannare convict
1805 *vb*
condividere share
2353 *vb*
condizione condition
1065 *la*
condotto conducted; duct, conduit, canal
2262 *adj; gli*
conferenza conference
2012 *la*
confermare confirm
2064 *vb*
confessione confession
2285 *la*
confine border, boundery
1529 *il*
confondere confound
1611 *vb*
confronto comparison
2142 *il*
confusione confusion

1917 *la*
congratulazione congratulation
886 *le*
congresso congress
2018 *il*
coniglio rabbit
1936 *il*
conoscenza knowledge
1126 *la*
conoscere know
307 *vb*
consegna delivery
1669 *la*
consegnare deliver
2187 *vb*
conseguenza result, consequence
1815 *la*
considerare consider
1875 *vb*
considerazione consideration
2494 *la*
consigliere advisor, councilor
2473 *il*
consiglio advice, council, board
558 *il*
contadino farmer
2334 *il*
contanti cash
1532 *adj; i*
contare count
1009 *vb*
contatto contact
712 *il*
conte count
1210 *il*
contea county
1768 *la*
contenere contain
2400 *vb*
contento happy
634 *adj*
continuamente continuously, continually
1995 *adv*
continuare continue
425 *vb*
continuato continued

1573 *adj*

continuo continuous
947 *adj*

conto bill
310 *il*

contrario contrary
891 *adj; il*

contratto contract
959 *il*

contro against, counter; against, versus
237 *adv; prp; il*

controllare check
630 *vb*

controllato checked
2324 *adj*

controllo control
374 *il*

convenire agree
1627 *vb*

conversazione conversation
1400 *la*

convincere convince
2009 *vb*

convinto convinced
1025 *adj*

coperto covered
2045 *adj; lo*

copertura coverage
1579 *la*

copia copy
1377 *la*

copione script
2337 *il*

coppia couple
1060 *la*

coprire cover
1798 *vb*

coraggio courage
363 *il*

coraggioso courageous
1626 *adj*

corda rope
1331 *la*

coro choir
1977 *il*

coronare crown
1942 *vb*

corpo body
311 *il*

correre run
672 *vb*

corretto correct
2047 *adj*

corridoio aisle, hallway
1504 *il*

corso course
813 *il*

cortesia courtesy
2004 *la*

cortile courtyard, yard
2373 *il*

corto short
861 *adj*

cosa what; thing
16 *prn; la*

coscienza consciousness, conscience, awareness
1368 *la*

così so, thus; that
48 *adv; con*

coso thing
1413 *il*

costo cost
1787 *il*

costringere force
1521 *vb*

costruire build
1236 *vb*

costume costume, custom, suit
1820 *il*

cravatta necktie
2087 *la*

creare create
1012 *vb*

creatura creature
1327 *la*

credere believe
230 *vb*

credito credit
1408 *il*

credo creed, credo
99 *lo*

cremare cremate
2266 *vb*
crescere grow
1313 *vb*
cretino stupid; cretin
1758 *adj; il*
criminale criminal; criminal
1321 *adj; il*
crimine crime
936 *il*
crisi crisis
1374 *la*
cristo Christ
385 *il*
croce cross
1500 *la*
crudele cruel
1589 *adj*
cucciolo puppy
2498 *il*
cucina kitchen
717 *la*
cucinare cook
1985 *vb*
cugino cousin
1190 *il*
cui which
115 *prn; con*
culo ass
312 *il*
cultura culture
1885 *la*
cuore heart, core
250 *il*
cura care
390 *la*
curare treat
2418 *vb; lo*
curioso curious
1832 *adj*
custodia custody
2162 *la*

D

da from
*dal, dallo, dall', dalla, dai, dagli, dalle
19 *prp*
dannare damn
1164 *vb*
dannazione damn
706 *la*
danno damage
795 *lo*
danzare dance
1727 *vb*
dappertutto everywhere
923 *adv*
dare give
204 *vb*
data date
850 *la*
dato given; fact, datum
982 *adj; il*
davanti front; in front
334 *adj; adv; prp; gli*
davvero really
88 *adv*
debito straight line, tuition, debt
1347 *il*
debole weak
1059 *adj; il/la*
decidere decide
986 *vb*
decisamente definitely, decidedly
1520 *adv*
decisione decision
820 *la*
deciso decided
447 *adj*
delitto crime
1775 *il*
delizioso delicious
2071 *adj*
deludere disappoint
1968 *vb*
demone demon
2195 *il*
demonio devil, demon

	2119	*il*
denaro		money
	441	*il*
dente		tooth
	847	*il*
dentro		in, inside
	152	*adv; prp*
denuncia		complaint
	2290	*la*
deposito		deposit
	1935	*il*
deserto		desert (food); desert
	1219	*adj; il*
desiderare		wish
	1158	*vb*
desiderio		desire
	941	*il*
destino		destiny
	735	*il*
destro		right
	550	*adj; il*
detective		detective
	779	*il, la*
detestare		loathe
	2366	*vb*
dettaglio		detail
	1163	*il*
di *del, dello, dell', della, dei, degli, delle		of, to; than, and
	28	*prp*
diamante		diamond
	1673	*il*
diamine		heck
	2196	*int*
diario		diary
	1793	*il*
diavolo		Devil
	218	*il*
dicembre		December
	2480	*lo*
dichiarare		declare, claim
	2212	*vb*
dichiarazione		declaration
	1668	*la*
dieci		ten
	399	*num*
dietro		behind; back, rear; after; after
	267	*prp; il; adj; adv*
difendere		defend
	860	*vb*
differenza		difference
	754	*la*
difficile		difficult
	316	*adj*
difficoltà		difficulties, difficulty, trouble
	1879	*le*
dimenticare		forget
	521	*vb*
dimentico		oblivious
	1719	*adj*
dimostrare		show
	1597	*vb*
dio		God
	92	*il*
dipartimento		department
	1087	*il*
dipendere		depend
	915	*vb*
dipingere		paint
	2261	*vb*
dire		say
	47	*vb*
direttamente		directly
	1168	*adv*
diretto		direct
	1170	*adj; adv; il*
direttore		director, (senior) manager
	661	*il*
direzione		direction, management
	1076	*la*
dirigere		direct
	1322	*vb*
diritto		right, law; straight; straight
	554	*il; adj; adv*
disagio		discomfort
	2449	*il*
disastro		disaster
	1323	*il*
disco		disc
	1554	*il*

discorso		speech
	1041	*il*
discussione		discussion
	1687	*la*
discutere		discuss
	1183	*vb*
disegno		drawing
	1908	*il*
disgustoso		disgusting
	1716	*adj*
disperato		desperate
	2331	*adj*
dispiacere		dislike, be sorry
	137	*il; vb*
dispiaciuto		sorry
	2363	*adj*
disponibile		available
	2026	*adj*
disporre		have
	1759	*vb*
disposizione		arrangement
	1773	*la*
distanza		distance
	1159	*la*
distintivo		distinctive
	2422	*adj; il*
distretto		district
	2055	*il*
distruggere		destroy
	1049	*vb*
distruzione		destruction
	2098	*la*
disturbo		disorder
	1201	*il*
dito		finger
	1069	*il*
divano		sofa
	1779	*il*
divenire		become
	2225	*vb*
diventare		become
	418	*vb*
divergere		diverge
	908	*vb*
diversamente		otherwise
	2448	*adv*
diverso		different
	560	*adj*
divertente		funny, humorous
	372	*adj*
divertimento		fun, entertainment
	1555	*il*
divertire		entertain
	1619	*vb*
divisione		division
	2079	*la*
diviso		divided
	2390	*adj*
divorzio		divorce
	1677	*il*
DNA		DNA
	1993	*abr*
documento		document
	845	*il*
dodici		twelve
	1602	*num*
dolce		sweet, fresh; sweet, dessert
	601	*adj; il*
dolcezza		sweetness, gentleness
	1513	*la*
dolore		ache, pain
	561	*il*
domanda		demand, question
	337	*la*
domandare		ask, request
	2514	*vb*
domani		tomorrow
	194	*adv; gli*
domattina		tomorrow morning
	963	*la*
domenica		Sunday
	1017	*la*
don		Don (title of respect/religious title)
	671	*lo*
donna		woman
	157	*la*
dono		gift
	1325	*il*
dopo		after
	106	*adv; prp*
dopotutto		after all
	1965	*adv*

doppio double
1122 *adj; il*
dormire sleep
369 *vb*
dose dose, amount
2519 *la*
dosso back
1468 *il*
dottore doctor, Dr.
289 *il*
dove where; where
57 *adv; con*
dovere have to, must; duty
78 *il; vb; av*
dovunque anywhere
2048 *adv; con*
drago dragon
1919 *il*
dritto straight, upright; right
1073 *adj; adv*
droga drug
2164 *la*
drogare drug
778 *vb*
dubbio doubtful; doubt
895 *il; adj*
dubitare doubt
1568 *vb*
duca duke
1903 *il*
due two
66 *l; num*
dunque therefore
676 *adv*
durante during, in, over; while
427 *prp*
duro hard
584 *adj; il*

E

e, ed and
3 *con*
ebbene so, well
1816 *adv*
ebreo Jewish, Jew
1299 *il; adj*
eccellente excellent
1464 *adj*
eccellenza excellence
1616 *le*
eccetto except
2100 *prp; con*
eccezionale exceptional, outstanding
1813 *adj*
eccitante exciting; stimulate, upper
1791 *adj; il*
ecco here
119 *adv*
eccoli here they are (eccolo/i (m), eccola/e (f))
1714 *int*
eccome all right!, I´ll say!
2191 *int*
eccoti here you are
1501 *int*
economia economy, economics
2171 *le*
edificio building
904 *lo*
educazione education
2252 *le*
effetto effect
809 *il*
egli he
999 *prn*
egoista selfish; egoist
2329 *adj; il/la*
eh huh
161 *int*
ehi Hey
77 *int*
ehm hum
722 *int*
elegante elegant
2023 *adj*
elemento element
2136 *il*
elenco list, directory
2380 *il*
elettrico electric, electrical
2082 *adj*

elezione election
2429 *la*
elicottero helicopter
1460 *lo*
eliminare eliminate
2375 *vb*
ella she
1688 *prn*
emergenza emergency
1032 *le*
emozione emotion
2038 *le*
empero empire
2145 *vb*
energia energy
827 *le*
enorme huge
873 *adj*
entrambi both, either
499 *adj*
entrare enter
286 *vb*
entrata entrance
1094 *la*
entro within, by
643 *prp*
episodio episode
1912 *il*
epoca era
1507 *le*
eppure and yet
1106 *con*
equilibrio equilibrium
2399 *lo*
equipaggio crew
1737 *il*
erba grass, pot, herb
1495 *le*
eroe hero
843 *il*
eroina heroin, heroine
2158 *le*
errore error
612 *lo*
esagerare exaggerate
2350 *vb*
esame exam, test
1339 *gli*
esattamente exactly
389 *adv*
esatto exact
378 *adj; adv*
esecuzione execution
2425 *la*
esempio example
607 *gli*
esercito army
515 *il*
esistenza existence
1672 *la*
esistere exist
606 *vb*
esperienza experience
870 *le*
esperimento experiment
2496 *il*
esperto expert
1451 *adj; il*
esplodere explode
1617 *vb*
esplosione explosion
1238 *la*
espressione expression
1955 *la*
essa it
1918 *prn*
essere be; being
7 *vb; gli*
essi they, them
1657 *prn*
esso it, he
1964 *prn*
est East
1063 *lo*
estate summer
940 *le*
esterno external, outside, out; outside, exterior
1497 *adj; i*
estero abroad
2317 *adj; il*
estremamente extremely

		1926	*adv*
età	age	907	*le*
eterno	eternal	2107	*adj*
euro	Euro	2277	*gli*
evento	event	1817	*lo*
evidente	evident	2215	*adj*
evitare	avoid	1042	*vb; il*
evviva	cheers, hoorah	2365	*gli*
ex	former; ex	874	*adj*
extra	extra	2300	*adj*

F

fa	ago	69	*adv*
fabbrica	factory	1296	*la*
faccenda	affair	969	*la*
faccia	face	171	*la*
facile	easy	370	*adj; adv*
facilmente	easily	1411	*adv*
falla	leak	1510	*la*
fallimento	failure, bankruptcy	2437	*il*
fallito	failed	1403	*il; adj*
fallo	foul	526	*il*
falsare	distort	2439	*vb*
falso	false	1349	*adj; il*
fame	hunger	465	*la*
famiglia	family	207	*la*
familiare	familiar	1852	*adj; il/la*
famoso	famous	1109	*adj*
fan	fan	1530	*i*
fanculo	fuck	1034	*int*
fango	mud, dirt	2022	*il*
fantasia	fantasy	2027	*la*
fantasma	ghost	1102	*il; adj*
fantastico	fantastic	360	*adj*
fare	do	37	*vb*
faro	lighthouse, beacon, headlight	1115	*lo*
fase	phase	1578	*la*
fastidio	bother, annoyance, nuisance	1180	*il*
fata	fairy, femme fatale	287	*la*
fatica	fatigue	2135	*la*
fatto	fact, event; made, done	39	*il; adj*
fattoria	farm	1475	*la*
favore	favor	132	*il*
febbre	temperature, fever	1831	*la*
fede	faith, wedding ring	869	*la*
fedele	faithful	1887	*adj; il*
federale	federal	1680	*adj*

fegato liver
1667 *il*
felice happy
261 *adj*
felicità happiness
1444 *la*
femmina female
1675 *la; pfx*
femminile female
2033 *adj*
ferire hurt
833 *vb*
ferito injured
1074 *adj; il*
fermare stop
649 *vb*
fermata stop
2102 *la*
fermo still, firm; stop, arrest
407 *adj; il*
ferro iron
1446 *il*
festa party
356 *la*
festeggiare celebrate
1726 *vb*
fiamma flame
1622 *la*
fianco side
1093 *il*
fiato breath
1783 *il*
fica (figa) fanny, pussy (both used: fanny,pussy, fig)
2402 *la*
fico fig
1857 *il*
fidanzato boyfriend
1232 *il; adj*
fidare trust
1271 *vb*
fiducia confidence
875 *la*
fiero proud
1600 *adj*
figlia daughter
271 *la*
figlio son
151 *il*
figliolo son, boy (affectuos or patronizing)
678 *il*
figura figure, frame
1653 *la*
figurato figurative
1652 *adj*
fila row, line
1846 *la*
filare spin
890 *vb*
file file (set of records)
1869 *il*
film movie
234 *il*
filo wire
1445 *il*
finale final; final, ending, finish/final (sports)
1027 *adj; il; pfx*
finalmente finally
483 *adv*
finché until, till
409 *con; adj*
fine purpose; end; fine
212 *la; adj*
finestra window
752 *la*
fingere pretend
965 *vb*
finire end, finish
344 *vb*
finito finished, over
243 *adj; adv*
fino till; even; fine, subtle
201 *prp; adv; adj*
finora so far
1265 *adv*
fiore flower
793 *il*
firmare sign
1437 *vb*
fisico physical (fisica= physics)
1911 *adj; il*

fiume river
728 *il*
florido florid
1803 *adj*
flotta fleet
2057 *la*
folle crazy
1474 *adj; il/la*
follia madness
1466 *la*
fondo background, bottom, fund; deep
451 *il; adj*
fonte source, spring
1509 *la*
foresta forest
1281 *la*
forma form
651 *la*
formaggio cheese
1612 *il*
forno oven
2517 *il*
forse perhaps
84 *adv*
forte strong; forte; loudly
252 *adj; il; adv*
fortuna luck
328 *la*
fortunato lucky
812 *adj*
forza power
148 *la*
fossa pit, dich, gravel
156 *la*
foto photo
336 *gli*
fotografia photography, photo
1641 *la*
fottere fuck
718 *vb*
fra between, among
354 *prp; adv*
francamente frankly
2386 *adv*
francese French
772 *adj; il*
franco frank, free; franc
2229 *il; adj*
frase phrase, sentence
1744 *la*
fratellino (younger) brother (coll)
2280 *il*
fratello brother
209 *il*
frattempo meanwhile, meantime
1647 *adv*
freddo cold
516 *adj; il*
fregare rub, care
764 *vb*
fresco fresh, cool
1730 *adj; il*
fretta hurry
431 *la*
fronte front, forehead
543 *la*
frutta fruit
2035 *la*
fucilare shoot
2383 *vb*
fucile rifle, gun
978 *il*
fugare dispel
1239 *vb*
fuggire flee
1350 *vb*
fumare smoke
1318 *vb*
fumo smoke
1016 *il*
fune cable, wire; rope, linen
2213 *la*
funerale funeral
1287 *il*
funzionare function
475 *vb*
funzione function
2483 *la*
fuoco fire
322 *il*
fuori out, outside
86 *adv*

furbo sly, cunning
1514 *adj*
furgone van, pick-up truck
1095 *il*
furto theft
1679 *il*
futuro future
460 *adj; il*

G

gabbia cage
1902 *la*
galera jail
1191 *la*
galleria gallery
2421 *la*
gamba leg
618 *la*
gara race, competition
1231 *la*
garage garage (box); garage (autoparking)
1941 *il*
gas gas
1086 *il*
gatto cat
927 *il*
gelare freeze
1545 *vb*
geloso jealous
1877 *adj*
gemere moan
2294 *vb*
generale general
373 *adj; il*
generazione generation
2321 *la*
genere gender, kind, genre
321 *il*
generoso generous
2356 *adj*
geniale ingenious
1893 *adj*
genio genius
1058 *il*
genitore parent
439 *il*
gente people
138 *la*
gentile kind, gentle
491 *adj*
gentiluomo gentleman
1854 *il*
gestire handle, manage
1732 *vb*
gesto gesture
1922 *il*
gettare throw
2379 *vb*
ghiaccio ice
977 *il; adj*
già already
111 *adv*
giacca jacket
1112 *la*
giallo yellow
1921 *adj; il*
giapponese Japanese
1359 *adj; il/la/i*
giardino garden
1047 *il*
gigante giant
1984 *il; adj*
ginocchio knee
1365 *il*
giocare play
434 *vb*
giocatore player, gambler
1757 *il*
gioco game
330 *il*
gioia joy
1055 *la*
gioiello jewel
1883 *il*
giornale newspaper, journal
925 *il*
giornalista journalist
1492 *il*
giornata day
446 *la*

giorno day
113 *il*
giovane young
371 *adj; il/la*
giovanotto young man
1432 *il*
giovedì Thursday
2125 *il*
girare turn
1003 *vb*
girato endorsed, turned (moved around axis), shot (movie)
1785 *adj*
giro tour
227 *il*
giù down
254 *adv*
giudicare judge
2272 *vb*
giudice judge
814 *il*
giudizio judgment
1671 *il*
giugno June
2089 *gli*
giungere reach
2339 *vb*
giungla jungle
2186 *la*
giunto joint, coupling; joined
2456 *lo; adj*
giurato swon; juror
2157 *il*
giuria jury
1825 *la*
giustizia justice
928 *la*
giusto right, just, fair; correctly
158 *adj; adv*
glielo (di glie e lo) it to him
1701 *prn*
gloria glory
1118 *la*
gola throat
1181 *la*
golf golf, sweater, jersey
1760 *il*
gomma rubber, gum, tire
1889 *la*
gonna skirt
2249 *la*
governatore governor
1273 *il*
governo government; governmental
570 *il; adj*
grado degree
524 *il*
gran great
377 *adj*
grande great, great
129 *adj*
grandioso great
1131 *adj*
grasso fat
1583 *adj; il*
gratis free
1284 *adv*
grato grateful
1899 *adj*
grave serious, severe
841 *adj*
grazia grace, pardon
1334 *la*
grazie thank you
56 *int*
gridare shout
916 *vb*
grilletto trigger
2149 *il*
grosso big, thick
514 *adj*
gruppo group, band
438 *il*
guadagnare earn, gain
1707 *vb*
guadagno gain
2447 *il*
guaio trouble
467 *il*
guardare look, watch
131 *vb*
guardia guard

577	*la*
guerra	war
248	*la*
guerriero	warrior
2032	*il; adj*
guida	guide, driving
802	*la*
guidare	lead
985	*vb*
gusto	taste
1405	*il*

H

hall	hall, lobby
2314	*le*
hotel	hotel
781	*nm*

I

ideale	ideal; ideal
1953	*adj; il*
ideare	design
185	*vb*
identificare	identify
2481	*vb*
identità	identity
1976	*le*
idiota	idiotic, stupid; idiot
429	*adj; il, la*
ieri	yesterday
320	*adv; lo*
il, lo, l', la, i, gli, le*	the
4	*art*
illegale	illegal
1913	*adj; il*
imbarazzante	embarrassing
1788	*adj*
imbarazzo	embarrassment
2151	*il*
imbecille	imbecile
1541	*adj; il/la*
immaginare	imagine
598	*vb*
immaginazione	imagination
1876	*le*
immagine	image
1044	*le*
immediatamente	immediately
801	*adv*
imparare	learn
783	*vb*
impattare	impact
2268	*vb*
impazzire	go crazy
1301	*vb*
impegnare	commit
1776	*vb*
impegno	commitment
1722	*gli*
imperatore	Emperor
1725	*il*
impiegato	office worker, employee
2361	*il*
importante	important
270	*adj*
importanza	importance
1014	*la*
importare	import
266	*vb*
impossibile	impossible
562	*adj*
impresa	firm, enterprise
1891	*la*
impressione	impression
1345	*le*
impronta	footstep, imprint, impression, mark
1366	*la*
improvvisamente	suddenly
1697	*adv*
improvviso	sudden
1033	*adj; adv*
imputare	attribute sth to
2206	*vb*
in *nel, nello, nell', nella, nei, negli, nelle	in, into
9	*prp*
incantesimo	spell, enchantment

2513 *il*

incarico appointment
1593 *il*

incastrare fit
2077 *vb*

incendiare fire
1479 *vb*

incidente accident, incident; incident
479 *il; adj*

incinta pregnant
943 *adj*

incontrare meet
768 *vb*

incontro meeting, encounter
590 *lo; prp*

incredibile unbelievable
495 *adj*

incredibilmente encredibly
2484 *adv*

incubo nightmare
1456 *il*

indagine investigation, survery, inquiry
1658 *le*

indiano Indian; Indian
1864 *adj; il*

indietro back
236 *adv*

indirizzare address
962 *vb*

indizio clue, indication
2443 *il*

indossare wear, put on
1767 *vb*

indovinare guess
1868 *vb*

indovino fortune-teller
1900 *lo*

industria industry
2442 *le*

infanzia childhood
2093 *la*

infarto infarct
2367 *il*

infatti indeed
842 *adv*

infelice unhappy
2084 *adj*

infermiera nurse
1297 *la*

inferno hell
599 *il*

infine finally, at last
2231 *adv*

infinito Infinity
2342 *adj; il*

influenzare influence
2037 *vb*

informato informed
2001 *adj*

informazione information
659 *le*

ingegnere engineer
2490 *il*

inglese English; English(wo)man
611 *adj; lo*

ingresso entrance
1481 *lo*

iniziare start
433 *vb*

inizio beginning
2218 *lo*

innamorato in love; lover
1029 *adj; il*

innocente innocent
1026 *adj*

inoltre also, besides
972 *adv*

insalata salad
2387 *le*

insegnare teach
1005 *vb*

insetto insect, bug
2178 *il*

insieme together; set, whole
190 *adv; il/la*

insomma in short
637 *adv*

intanto in the meantime
1575 *adv*

intelligente intelligent, clever, smart
807 *adj*

intelligenza intelligence

2284 *la*

intendere hear, mean, intend

689 *vb*

intenzione intention

537 *le*

interessante interesting

592 *adj*

interessare affect

547 *vb*

interesse interest

1144 *lo*

internazionale international

2097 *adj*

internet Internet

2011 *gli*

interno internal; interior, inside

826 *adj; il*

intero entire, full, whole; whole

749 *adj; i*

interrompere stop, interrupt

2516 *vb*

intervento intervention

2172 *gli*

intervista interview

2003 *la*

intorno around, round

501 *adv*

inutile useless, unnecessary

794 *adj*

invece instead

268 *adv*

inventare invent

1614 *vb*

inverno winter

1459 *il*

investire invest

2227 *vb*

inviato envoy, correspondent

2214 *il*

invisibile invisible

2369 *adj*

invitare invite

1316 *vb*

io I

22 *prn; gli*

ione ion

2168 *lo*

ipotesi hypothesis, speculation, assumption

2313 *le*

isola island

889 *le*

ispettore inspector

980 *il*

istante instant

1336 *il*

istinto instinct

2147 *il*

istituto institute

1986 *il*

istruzione instruction, education

1749 *le*

italiano Italian

1543 *adj; lo*

J

junior junior

1708 *adj*

L

là there

224 *adv*

labbro lip

1420 *il*

laboratorio laboratory

1070 *il; abr*

lacrima tear

1453 *la*

ladro thief

1099 *il; adj*

laggiù over there, down there

538 *adv*

lago lake

1156 *il*

lama blade; llama

2340 *i*

lancia spear

2030 *la*

lanciare launch

2041 *vb*

lancio	launch, throw, launching	1220	*il*
largo	wide, large, loose	1278	*adj*
lasciare	leave	269	*vb*
lassù	up there, above, yonder	954	*adv*
lato	side	780	*il; adj*
latte	milk	883	*nm*
lavare	wash	2497	*vb*
lavorare	work	350	*vb*
lavoratore	worker; hard-working	2410	*il*
lavoro	work, job	109	*il*
legale	legal; lawyer	1151	*adj; il*
legame	bond, tie, link, connection	2177	*il*
legare	tie	1839	*vb*
legge	law	893	*la*
leggenda	legend	1706	*la*
leggere	read	210	*vb*
leggero	light	656	*adj*
legno	wood	1607	*il*
lei	she, her	35	*prn*
lentamente	slowly	1237	*adv*
lento	slow	2303	*adj*
leone	lion	1748	*il*
lettera	letter	522	*la*
levare	upbeat	1384	*vb; il*
lezione	lesson	819	*la*
li	them	87	*prn*
lì	there	167	*adv*
liberare	release	2271	*vb*
libero	free	519	*adj*
libertà	freedom	767	*la*
libro	book	381	*il*
licenza	license	1970	*la*
licenziare	dismiss	1473	*vb*
liceo	high school	1632	*il*
lieto	happy	1370	*adj*
limite	limit	1549	*il*
lindo	clean, neat	1601	*adj*
linea	line, figure	571	*la*
lingua	tongue, language	732	*la*
linguaggio	language, speech	2005	*il*
lira	lira	2232	*la*
lista	list	748	*la*
litigare	quarrel	2015	*vb*
livello	level	774	*il*
locale	local; club	882	*adj; il*
lontano	far	392	*adv; adj; prp*

loro their
75 *prn*
lottare fight
1048 *vb*
luglio July
1882 *gli*
lui him, he
53 *prn*
lunare lunar, moon
603 *adj*
lunedì Monday
1646 *il*
lungo long; along; length
376 *adj; prp; il*
luogo placc
588 *il*
lupo wolf
1188 *il*
lusso luxury
2403 *il*

M

ma but
14 *con*
macchiare sully
2352 *vb*
macchina machine
949 *la*
madre mother
140 *la*
maestà majesty
1008 *la*
maestro master, teacher, meastro
541 *il; adj*
magari maybe, perhaps, even
327 *adv*
magazzino warehouse, magazine
1906 *il*
maggio May
2153 *gli*
magia magic
1221 *la*
magico magical
2163 *adj*
maglietta t-shirt
2131 *la*
magnifico magnificent
995 *adj*
mago magician
1645 *il*
mai never
45 *adv*
maiale pig, pork
1125 *il*
mail email
2260 *la*
malapena barely
2309 *adv*
malato ill, sick
899 *adj; il*
malattia disease, illness
1068 *la*
male bad, evil
122 *adv; il*
maledetto accursed, damn
863 *adj*
maledire curse
1376 *vb*
maledizione curse; damn
663 *la*
malvagio evil, wicked
2462 *adj*
mamma mom
125 *la*
mammina mummy
2459 *la*
manager manager
2273 *il*
mancanza lack
1591 *la*
mancare miss
1259 *vb*
mancato failed, unsuccessful
1213 *adj*
manco even, not even (with negative verb form)
579 *adv*
mandare send
453 *vb*
manetta manacle
2508 *la*

mangiare eat
318 *vb; il*
maniera way, manner
1337 *la*
mano hand
205 *la*
mantenere keep, maintain
1046 *vb*
manuale manual
2223 *adj; il*
mappa map
1402 *la*
marciare march
1469 *vb*
marco mark
1951 *il*
mare sea, seaside
527 *il*
maresciallo marshal
2050 *il*
marino marine, sea; marina, marine, navy
1353 *adj*
marito husband
276 *il*
marte Mars
2154 *lo*
martedì Tuesday
2247 *il*
martello hammer
2438 *il*
maschera mask
1562 *la*
maschio male
1424 *adj; il*
massa mass
1866 *la*
massimo maximum
852 *adj; il*
matematico mathematical; mathemactician
2381 *adj; il*
materia matter
2116 *la*
materiale material
1412 *adj; il*
matrimonio marriage, wedding
457 *il*
mattina morning
468 *la*
mattino morning
1081 *il/la*
matto crazy; madman
856 *adj; il*
me (stesso) me (myself)
29 *prn*
medaglia medal
2199 *la*
media media, average
295 *la*
medicina medicine
1193 *la*
medico (medical) doctor
605 *il; adj; abr*
medio average, medium, middle
1130 *adj*
meglio better, best
112 *adv*
mela apple
2298 *la*
membro member
1419 *lo*
memoria storage
849 *la*
meno less; less; unless; no so (much as)
219 *adj; adv; prp; lo; con*
mentale mental
2118 *adj*
mente mind
341 *la*
mentire lie
1431 *vb*
mentito false, deceptive
998 *adj*
mentre while, as, whereas
231 *con; adv; gli*
meraviglia wonder
1570 *la*
meraviglioso wonderful
835 *adj*
mercato market
942 *il*
merce goods, wares, merchandise
2060 *la*

merda shit
177 *la*
meritare deserve
1531 *vb*
merito merit
1268 *il*
mese month
329 *il*
messaggio message
478 *il*
mestiere craft, skill, trade
1560 *il*
meta goal, destination
2463 *la*
metà half
709 *la*
metallo metal
2405 *il*
metodo method
2181 *il*
metro(politana) meter; tape measure; (underground, metro)
699 *il; (la)*
mettere put
410 *vb*
mezzanotte midnight
1324 *adj*
mezzo half, middle, means; half, middle
314 *il; adj*
mezzogiorno noon, midday
1944 *il*
mi me
11 *prn*
microfono microphone
2460 *il*
miele honey
1674 *le*
migliaio thousand
1078 *adj; num*
miglio mile
1088 *il*
miglior best
853 *adj*
migliorare improve
2423 *vb*
migliore best
277 *adj; il*
miliardo billion
1518 *num*
milione million
417 *num*
militare military; soldier
1023 *adj; il; vb*
mille one thousand
553 *i; adj*
minaccia threat
1249 *la*
miniera mine
2173 *la*
minimo minimum
1333 *adj; il*
ministero ministry
1676 *il*
ministro minister
1045 *il*
minore less, minor, lower, lesser, smaller
2335 *adj*
minuto minute
242 *adj; il*
mio my
30 *prn*
miracolo miracle
1212 *il*
miseria misery
1462 *la*
missile missile
2207 *il*
missione mission
647 *la*
mistero mystery
1710 *il*
misura measure
1907 *la*
mobile mobile; furniture
2198 *adj; il*
moda fashion, style
1476 *la*
modello model
1428 *adj; il*
modo way, manner
128 *il*
moglie wife

184 *la*

mollare give
2114 *vb*

mollo soaked, flabby
2267 *adj*

molto very, much
52 *adj; adv; gli*

momento moment
141 *il*

monaco monk
2210 *il*

mondiale world
1303 *adj*

mondo world
145 *il; adj*

moneta money, coin, currency
2069 *la*

montagna mountain
1036 *la*

monte mountain, mount
1834 *il*

morale moral
1394 *adj; la*

mordere bite
1621 *vb*

morire die
220 *vb; phr*

mortale mortal; deadly, fatal; deathly
2051 *adj; adv*

morto dead, died
179 *adj; il*

mosca fly, Moscow
1341 *la*

mosso blurred, rough, wavy, moved
948 *adj*

mostra show
1198 *la*

mostrare show
1275 *vb*

mostro monster
688 *il*

motel motel
1881 *i*

motivo reason
404 *i*

moto motion, motorbike
1165 *il*

motore motor; enginge, motor
1097 *il; adj*

motorio motor
2255 *adj*

movimentare ship, move, handle
2486 *vb*

movimentato lively, busy
2489 *adj*

movimento movement
1137 *il*

mucca cow
2250 *la*

mucchio pile
1286 *il*

munizione munition
2043 *la*

muovere move
694 *vb*

murare wall
2372 *vb*

muro wall
825 *il*

muscolo muscle
2499 *il*

museo museum
1639 *il*

musica music
309 *la*

muso muzzle, nose, face
2434 *il*

N

nascere be born
741 *vb*

nascita birth
1654 *la*

nascondere hide
900 *vb*

nascosto hidden
2228 *adj*

naso nose
788 *il*

nastro tape
1488 *il*

natale Christmas
477 *adj; il*
natura nature
798 *la*
naturale natural
1013 *adj*
naturalmente naturally
632 *adv*
nave ship
490 *la*
nazionale national
1133 *adj*
nazione nation, country
1217 *la*
ne any; of it, of them
36 *adj; prn*
né neither, nor
423 *con*
neanche not even, neither; not even
221 *adv; con*
nebbia fog, mist
2322 *la*
necessario necessary
667 *adj*
negativo negative
1774 *adj*
negozio shop, store
685 *il*
negro black, negro; negro, nigger
1450 *adj; il*
nemico enemy
729 *adj; il*
nemmeno not even, neither
251 *adv; con*
neppure not even, neither
1136 *adv; con*
nero black
552 *adj*
nervo nerve
2056 *il*
nervoso nervous
1153 *adj*
nessun no
240 *adj*
nessuno no; nobody, anyone
104 *adj; prn*
neve snow
1150 *la*
niente nothing, anything; any, none
55 *lo; prn*
nipote grandson, granddaughter, nephew, niece
1021 *il/la*
no no, not; no
18 *adv; il*
nobile noble
1623 *adj; il/la*
noi we
63 *prn*
noioso boring
1992 *adj*
nome name
159 *il*
non not, non
1 *adv*
nonna grandmother
600 *la*
nonno grandfather
597 *il*
nonostante despite; altough; nevertheless
1162 *prp; con; adv*
nord north
655 *il*
normale normal, regular
572 *adj*
normalmente normally
2370 *adv*
nostro our
147 *prn*
nota note
1310 *la*
notare note
970 *vb*
notizia news
602 *la*
noto known
2010 *adj*
notte night
165 *la*
nove nine
745 *num*
novembre November

2304 *lo*

novità news

1594 *le*

nozze wedding

1741 *le*

nucleare nuclear

1974 *adj*

nudo naked

1823 *adj*

nulla nothing; nothing, anything

202 *il; prn*

numero number

257 *il*

nuotare swim

1718 *vb*

nuovo new

143 *adj*

nuvoloso overcast, cloudy

2243 *adj*

O

o or

43 *con*

obiettivo target, objective

1092 *adj; i*

occasione opportunity

708 *le*

occhiali glasses

1362 *gli*

occhio eye

226 *il*

occorrere take

1954 *vb*

occupare occupy

1079 *vb*

occupato busy

2180 *adj*

oceano ocean

1434 *il*

odiare hate

1599 *vb*

odio hatred

463 *lo*

odore smell

881 *il*

offendere offend

2007 *vb*

offrire offer

1455 *vb*

oggetto object

1440 *lo*

oggi today

149 *adv; il*

ogni every

117 *adj*

ognuno each

876 *adj; prn*

oh oh

50 *int*

ok ok

97 *int*

okay okay

199 *int*

olio oil

1836 *gli*

oltre over; over, more than, beyond

456 *adv; prp*

ombra shadow

1269 *la*

omicidio murder

565 *il*

onda wave

1439 *la*

onde hence, whence; so that, so as; of which, whose

1853 *adv; conj; prn*

onestamente honestly

2200 *adv*

onesto honest

1396 *adj*

onore honor

444 *il*

ooh ooh

2000 *int*

opera opera

864 *le*

operaio worker; working, labouring

2345 *il*

operazione operation

939 *le*

opinione opinion

1208 *la*

opportunità opportunity
1346 *le*

oppure or, or else
639 *con*

ora now; now; now, time, hour
42 *adv; con; la*

orario time, hours, timetable; hourly
2122 *il; adj*

ordinare order
586 *vb*

ordine order
396 *gli*

orecchio ear
1145 *il*

organizzare organize, arrange
1738 *vb*

organizzazione organization
1861 *le*

orgoglio pride
1755 *lo*

orgoglioso proud
1772 *adj*

originale original
1494 *adj; il*

origine origin, source
2144 *le*

ormai by now, almost, by then
454 *adv*

orologio clock, watch
1004 *il*

orribile horrible
903 *adj*

orrore dread, terror
2412 *il*

orso bear
1856 *il*

osare dare
2092 *vb*

oscuro dark, obscure
2182 *adj*

ospedale hospital
419 *lo*

ospite guest, host
1167 *il/la*

ossigeno oxygen
2124 *il*

osso bone
1226 *il*

ostaggio hostage
2137 *il*

ottenere get, obtain
919 *vb*

ottimo excellent
485 *adj*

otto eight
544 *num*

ottobre October
1979 *il*

ovest West
1119 *adj; il*

ovunque everywhere, whereever
724 *adv*

ovviamente obviously
730 *adv*

ovvio obvious
1293 *adj*

P

pacchetto package
2278 *il*

pacco pack, parcel
2295 *il*

pace peace
339 *la*

padre father
105 *il*

padrone boss, master, owner, host/mistress, hostess
789 *il, la*

paese country, village
324 *il*

pagano pagan, heathen
1699 *adj*

pagare pay
505 *vb*

pagina page
1302 *la*

pago content, statisfied
836 *adj*

paio pair

346 *il*

palazzo palace

1024 *il*

palco stage

1712 *il*

palestra gym

2143 *la*

palla ball

653 *la*

pallottola bullet

2128 *la*

panare bread, dip in breadcrumbs

2404 *vb*

pancia belly

1702 *la*

pane bread

1038 *il*

panico panic

1430 *adj; il*

pantaloni trousers

1053 *i*

papa Pope

413 *il*

papà dad, daddy

191 *il*

paradiso paradise

961 *il*

parcheggio parking, park

1733 *il*

parco park, parklan; frugal, sober

1211 *il; adj*

parecchio a lot of, several; some

1342 *adv; adj*

parente relative

1656 *il/la*

parere think, seem; opinion

338 *vb*

pari equal

1357 *adj; il*

parlare speak, talk

136 *vb*

parlato spoken

1661 *adj*

parola word

326 *la*

parte part

96 *la*

partecipare take part

1999 *vb*

partenza departure

1483 *la*

particolare particular

971 *adj; lo*

particolarmente particulary

2493 *adv*

partire leave

576 *vb*

partito party

865 *il*

partner partner

1988 *il/la*

parto birth, childbirth

503 *il*

passaggio passage

751 *il*

passaporto passport

1990 *il*

passare pass, spend, switch

294 *vb*

passato past

1147 *adj; il*

passeggero passenger

1966 *il; adj*

passeggiare stroll, walk

1506 *vb*

passione passion

1385 *la*

passo passage, step, pace, stride

403 *il*

pasto meal

1940 *il*

pastore shepherd, pastor

2139 *il*

patata potato, pussy (coll)

1806 *la*

patatina french fry, potato chip, plump little girl (coll), pussy (coll)

2333 *la*

patetico pathetic

2433 *adj*

patire suffer

1973 *vb*

patrio patrio
1897 *adj*
patto pact
1546 *il*
pattugliare patrol
2416 *vb*
paura fear
180 *la*
pausa break
1179 *la*
pavimento floor
1472 *il*
paziente patient
1056 *adj; il/la*
pazienza patience
1222 *la*
pazzesco crazy
1894 *adj*
pazzia madness
2019 *la*
pazzo crazy
394 *adj; il; phr*
peccare sin
492 *vb*
peggio worse
556 *adj; il; adv*
peggiorare worsen
2123 *vb*
pelle skin
716 *la*
pelo hair, fur, coat
2233 *il*
pena penalty
645 *la*
pene penis
1847 *il*
penna pen
1740 *la*
pensare think
154 *vb*
pensata thought
848 *la*
pensiero thought
922 *il*
pensione board, pension, retirement
1332 *la*
per for, to, by, in
8 *prp; adv*
percento per cent
2431 *lo*
perché because, why; why
40 *con; adv; prp*
perciò therefore; accordingly
616 *con; adv*
percorso route
1929 *il*
perdere lose
263 *vb*
perdita loss, leak, waste
1244 *la*
perdonare forgive
1314 *vb*
perdono pardon, forgiveness
1184 *il*
perduto lost
1764 *adj*
perfettamente perfectly
1209 *adv*
perfetto perfect
397 *adj; il*
perfino even
1270 *adv*
pericoloso dangerous
705 *adj*
periodo period
877 *il*
perla pearl
2457 *la*
permettere allow
435 *vb*
però but, yet; however
283 *con; adv*
persino even
867 *adv*
perso lost
1892 *adj*
persona person
173 *la*
personaggio character
1372 *il*
personale staff
589 *il; adj*

personalità personality
2406 *la*
personalmente personally
1454 *adv*
pesante heavy
1138 *adj*
pesca fishing, catch, peach
1696 *la*
pesce fish
769 *il*
peso weight
994 *il*
pessimo very bad, terrible
2392 *adj*
petrolio oil, petroleum
1850 *il*
petto chest
1491 *il*
pezzo piece
449 *il*
piacere pleasure; like
146 *vb*
piacevole pleasant
1538 *adj*
pianeta planet
721 *il*
piangere cry
737 *vb*
piano plan, floor, piano; plane, flat
217 *il; adj; adv*
piantare plant
1256 *vb*
piatto dish, plate
1300 *adj; il*
piazza square, plaza
1956 *la*
picchiare beat
2086 *vb*
piccolo little, small
249 *adj; il*
piede foot
291 *il*
pieno full
510 *adj; il*
pietà pity
1343 *la*
pietra stone
1177 *la*
pillola pill
1637 *la*
pilotare pilot, fly
1172 *vb*
pioggia rain
1104 *la*
piovere rain
2464 *vb*
pisciare piss
2409 *vb*
piscina pool
1482 *la*
pista track
1160 *la*
pistola gun
355 *la*
più more, most
34 *adj; i; adv; con*
piuttosto rather, quite, pretty
455 *adv*
pizza pizza
1838 *la*
po' (pò) bit
1050 *adv*
pochino a little
1835 *adv*
poco little; a litte, not much; bit
274 *adj; adv; gli*
poesia poetry
1535 *la*
poetare poetize
2461 *vb*
poi then
90 *adv; con*
poiché as, because, for
1888 *con; adv*
politico political; politician
975 *adj; il*
polizia police
216 *la*
poliziotto policeman
627 *il*
pollo chicken
1117 *il*

polso wrist, pulse
2279 *il*
polvere dust
1114 *la*
pomeriggio afternoon
720 *il*
ponte bridge
823 *il*
popolare populair; to populate
2226 *adj; vb; abr*
popolazione population
2270 *la*
popolo people
750 *il*
porco pig
837 *il*
porgere extend
1007 *vb*
porno porn
2276 *adj; il*
porre put, place
108 *vb*
portafoglio portfolio, wallet
2407 *il*
portare bring
168 *vb*
portato brought
906 *adj*
positivo positive
1950 *adj*
posizione position
595 *la*
possedere own
2160 *vb*
possesso possession
2194 *il*
possibile possible
290 *adj*
possibilità possibility
624 *la*
posto place, spot, location
762 *il*
potente powerful
1107 *adj*
potenza power
1631 *la*
potere be able; power
61 *vb; il*
povero poor; the poor
714 *adj; il*
pozzo well
2193 *il*
pranzo lunch
641 *il*
praticamente practically
1258 *adv*
praticare practice
1229 *vb*
precedente previous, preceding; precedent
1551 *adj; il*
precedere precede
2347 *vb*
preciso precise
1620 *adj*
preda prey
2446 *la*
preferire prefer
950 *vb*
preferito favorite
1071 *adj*
pregare pray
1743 *vb*
preghiera prayer
2066 *la*
prego please, you're welcome
127 *int*
premiare reward
2008 *vb*
premio prize
1176 *il*
prendere take
176 *vb*
preoccupare worry
443 *vb*
preoccupato worried
1039 *adj*
preparare prepare
1197 *vb*
preparato prepared; specimen, compound
1938 *adj; lo*
presentare present, submit
1098 *vb*

presente this, present; present
1484 *adj; il*

presentire foresee
829 *vb*

presenza presence
1173 *la*

preside dean, principal
2398 *la*

presidente president
357 *il*

preso took
1155 *adj*

pressione pressure
902 *la*

presso at, in; near; close
2259 *prp; adv; adj*

prestito loan
1393 *il*

presto soon, early
183 *adv*

prete priest
1166 *il*

prevedere foresee
1557 *vb*

prezioso precious
2257 *adj*

prezzo price
840 *il*

prigione prison
466 *la*

prigioniero prisoner
1502 *il; adj*

prima first, before; before
62 *adv; art*

primavera spring
1478 *la*

primo first
64 *num; adj*

principale main
1001 *adj; il*

principe prince
747 *il*

principessa princess
912 *la*

principiare begin
1959 *vb*

privato private; personal life, privacy
1240 *adj; il*

probabile likely
1848 *adj*

probabilmente probably
379 *adv*

problema problem
188 *il*

procedere continue
2132 *vb*

procedura procedure
2091 *la*

processo process
830 *il*

procuratore attorney
1539 *il*

prodotto product
1638 *il*

produrre produce
2281 *vb*

produttore producer
2081 *il*

produzione production, output
1582 *la*

professionale professional
2263 *adj*

professione profession
2510 *la*

professionista professional; professional; expert
1770 *il/la*

professore teacher, professor
701 *il*

profondamente deeply
2024 *adv*

profondo deep
1206 *adj*

profumo perfume
1493 *il*

progetto project
905 *il*

programma program
615 *il*

proibire prohibit
2269 *vb*

proiettile bullet, projectile
1819 *il*

promessa promise
2475 *la*
promettere promise
636 *vb*
pronto ready
181 *adj; adv*
proporre propose, put forward
1422 *vb*
proposito purpose, intention
609 *il*
proprietà property
1371 *la*
proprietario owner, landlord
1427 *il*
proprio one's own; own; its; just, exactly
95 *adj; il; prn; adv*
prossimo next
405 *adj; il; adv*
prostituta prostitute
2450 *la*
proteggere protect
1135 *vb*
protetta protection
2488 *la*
protezione protection
1409 *la*
prova test
564 *la*
provare try
319 *vb*
provato tried
504 *adj*
psichiatra psychiatrist
2355 *il/la*
pubblicità advertising
1789 *la*
pubblico public
545 *adj; il*
pugno fist
1247 *il*
pulire clean
1746 *vb*
pulito clean, clean
1178 *adj*
punizione punishment
1874 *la*
punta tip, point
1360 *la*
punto point
258 *il*
pur while
1216 *adv*
pure also
302 *adv*
puro pure
1605 *adj*
purtroppo unfortunately
1028 *adv*
puttana whore
279 *la*
puzza stink
1143 *la*

Q

qua here
200 *adv*
quadro painting, picture, panel, square
1485 *il*
quaggiù hither
2039 *adv*
qual everytime, whenever; what, which
298 *adv; prn*
qualche some, few, any; a few
124 *adj; prn*
qualcosa something, anything
70 *le*
qualcun someone
698 *prn*
qualcuno someone
110 *il*
quale what, which; which; as
222 *adj; prn; con*
qualità quality
1588 *la*
qualsiasi any
331 *adj*
qualunque any
459 *adj*
quando when
38 *adv; con*
quantità amount

2360 *la*

quanto as, how much; than
102 *adv; con; il*

quartiere district, neighbourhood, quarter
1185 *il*

quarto fourth; quarter
1139 *num; il*

quasi almost, nearly
228 *adv; pfx*

quassù up here
2046 *prp*

quattro four
278 *num*

quello one
49 *adj; prn*

questione question
628 *la*

questo this; such, this one
24 *adj; prn*

qui here; where
25 *adv; con*

quindi then
133 *adv*

quindici fifteen
2075 *num*

quinto fifth
2274 *adj*

quota quota, share, quote
2275 *la*

R

rabbia anger
1398 *la*

raccogliere gather
1849 *vb*

raccomandare recommend
1610 *vb*

raccontare tell
1266 *vb*

racconto (short) story
1567 *il*

radar radar
2470 *i*

radio radio
480 *adj; lo*

ragazzina little girl
1192 *la*

ragazzino little boy, sonny (condenscending)
996 *il*

ragazzo boy(friend)/girl(friend)
153 *il*

raggio radius, spoke, beam, range, ray
1782 *il*

raggiungere reach
1174 *vb*

ragione reason
197 *la; adj*

ragionevole reasonable
2111 *adj*

rallentare slow down
2368 *vb*

rapidamente quickly
2305 *adv*

rapina robbery
1486 *la*

rapire kidnap
2258 *vb*

rapporto relationship
539 *il*

rappresentare represent
2141 *vb*

razza race, breed, stingray
805 *la*

re king
335 *il*

reale real, actual
738 *adj*

realmente really
1753 *adv*

realtà reality
557 *la*

reato crime
2413 *il*

reazione reaction
1752 *la*

recente recent
1642 *adj*

recitare recite
2120 *vb*

record record
2343 *il*

recuperare	recover, retrieve	2031	*vb*
regalare	give	2348	*vb*
regale	kingly	1723	*adj*
regalo	gift, present	673	*il*
regina	queen	784	*la*
regista	director	1604	*il/la*
registrare	record	2117	*vb*
registrazione	registration	2104	*la*
regno	kingdom	1146	*il*
regola	rule	711	*la*
relazione	report	932	*la*
religione	religion	1812	*la*
rendere	make	800	*vb*
reparto	department, ward	1435	*il*
repubblica	republic	2495	*la*
reputazione	reputation; credit, standing	1809	*la*
resistenza	resistance	1576	*la*
resistere	resist	1556	*vb*
respirare	breathe	1319	*vb*
respiro	breath	1295	*il*
responsabile	responsible; person in charge	872	*adj; il/la*
responsabilità	responsibility	1204	*le*
restare	stay, remain, maintain	400	*vb*
resto	rest	332	*il*
rete	network, net	1391	*la*
retro	back, rear	1051	*il*
retta	straight line; tuition	1348	*la*
reverendo	reverend	1890	*adj*
revisione	review, revision	1291	*la*
ribelle	rebel	2454	*adj*
ricco	rich	1040	*adj; il*
ricerca	search, research	753	*la*
ricevere	receive	428	*vb*
richiamo	recall	1624	*il*
richiedere	request	2130	*vb*
richiesta	request	1154	*la*
ricominciare	recommence	1745	*vb*
ricompensare	reward	1845	*vb*
riconoscere	recognize	1967	*vb*
ricordare	remember	540	*vb*
ricordo	memory	282	*lo*
ridere	laugh	758	*vb*
ridicolo	ridiculous	983	*adj; il*
ridurre	reduce	2042	*vb*
rientrare	re-enter	2202	*vb*
rifiutare	refuse	2103	*vb*

rifiuto		refusal, rejection, waste
	2205	*il*
riflettere		reflect
	2501	*vb*
rifugio		refuge
	1734	*il*
rigare		scratch
	2282	*vb*
riguardare		concern
	787	*vb*
riguardo		regard, respect
	587	*lo*
rilassare		relax
	944	*vb*
rimanere		stay
	625	*vb*
rinforzo		reinforcement
	1814	*il*
ringraziare		thank
	839	*vb*
rinunciare		give up
	2109	*vb*
riparare		repair
	2414	*vb*
riparo		shelter
	2245	*il*
ripetere		repeat
	1367	*vb*
riportare		report, take back
	2308	*vb*
riposare		rest
	1389	*vb*
riposo		rest, rest period
	1285	*il*
riprendere		resume
	1910	*vb*
ripresa		recovery
	1859	*la*
risata		laugh
	1496	*la*
rischiare		risk
	901	*vb*
rischio		risk
	1526	*il*
riserva		reserve, reservation
	1801	*la*
riso		rice
	1308	*il*
risolvere		solve
	1169	*vb*
risorgere		rise again
	2090	*vb*
rispettare		respect
	2183	*vb*
rispetto		respect
	549	*il*
rispondere		answer
	568	*vb*
risposta		answer
	1533	*la*
ristorante		restaurant
	924	*il*
risultare		result
	1406	*vb*
risultato		result
	1351	*il*
ritardo		delay, retardation
	513	*il*
ritmo		rhythm
	1786	*il*
ritornare		return
	1715	*vb*
ritorno		return
	744	*il*
ritrattare		retract, recant
	2479	*vb*
ritrovato		finding, discovery
	2222	*il*
riunione		meeting, reunion, assembly
	966	*la*
riuscire		succeed, able
	301	*vb*
riuscita		success
	2424	*la*
rivedere		review, revise
	1704	*vb*
rivoluzione		revolution
	1690	*la*
roba		stuff, things
	259	*la*
robot		robot
	1724	*i*

roccia		rock
	2029	*la*
rodere		gnaw, fret, prey on
	920	*vb*
romantico		romantic
	1858	*adj*
romanzo		novel, romance
	2013	*il*
rompere		break
	726	*vb*
rosso		red
	669	*adj; il*
rotta		route
	1020	*la*
rovina		ruin, ruination
	1963	*la*
rovinare		ruin
	1283	*vb*
rubare		steal
	1214	*vb*
rubato		stolen
	674	*adj*
rumore		noise
	533	*il*
ruolo		role
	1253	*il*
ruotare		rotate
	1982	*vb*
russo		Russian; Russian
	1254	*adj; il*

S

sabato		Saturday
	1080	*il*
sabbia		sand
	1574	*la*
sacco		bag, sack; a lot
	342	*il; adv*
sacrificio		sacrifice
	2224	*il*
sacro		sacred
	1924	*adj; il*
saggiare		test
	1766	*vb*
saio		habit
	73	*il*
salare		salt
	696	*vb*
sale		salt
	913	*il*
salire		go up, climb, rise
	921	*vb*
salita		climb
	2323	*la*
salsa		sauce
	2208	*la*
saltare		skip, jump
	755	*vb*
salto		leap, jump
	1418	*il*
salutare		healthy; greet, say goodbye to
	1795	*adj; vb*
salute		health; cheers, bless you
	619	*la*
saluto		greeting
	1781	*il*
salvare		save
	746	*vb*
salvatore		savior
	2140	*il*
salvo		save, but; safe
	229	*prp; adj*
san		St., saint
	582	*adj*
sanare		heal
	1937	*vb*
sangue		blood
	284	*il*
santo		holy; saint
	518	*adj; il*
sapere		know
	41	*vb*
sapore		flavor, taste
	1916	*il*
satana		Satan
	2420	*il*
sbagliare		make a mistake
	1113	*vb*
sbagliato		mistaken, incorrect, wrong
	398	*adj*
sbaglio		mistake

1006 *lo*
sbirro cop
1536 *il*
sbrigare hurry up
702 *vb*
scala ladder, scale, stairs
1294 *la*
scalare climb
1375 *vb; adj; lo*
scambio exchange
1898 *lo*
scappare escape
613 *vb*
scarpa shoe
664 *la*
scatola box
993 *la*
scavare dig
2427 *vb*
scegliere choose
700 *vb*
scelta choice
462 *la*
scelto chosen
2468 *adj*
scemo fool
1142 *adj; lo*
scena scene
494 *la*
scendere get off
868 *vb*
sceneggiatura screenplay
2389 *la*
schermo screen, monitor
1851 *lo*
scherzare joke
681 *vb*
scherzo joke
1416 *lo*
schiavo slave
1828 *lo*
schiena back
1002 *la*
schifo disgust
666 *lo*
schifoso lousy (fa schifo= it sucks)
1939 *adj*
scientifico scientific
2509 *adj*
scienza science
1388 *la*
scienziato scientist
2301 *lo*
scimmia ape, monkey
1663 *la*
sciocchezza foolishness
1404 *la*
sciocco silly
1441 *adj; lo*
scommessa bet
2288 *la*
scommettere bet
707 *vb*
scomparire disappear
1358 *vb*
sconosciuto unknown; stranger, unkown
2061 *adj; lo*
scontro clash, confrontation
2502 *lo*
scopare sweep, fuck
1685 *vb*
scopata sweep, fuck, shag
2469 *la*
scoperto uncovered, open, bare; overdraft
531 *adj; lo*
scopo purpose
914 *lo*
scoprire discover
831 *vb*
scordare forget
2395 *vb*
scorso last
786 *adj*
scortare escort
2176 *vb*
scritto written
384 *adj; lo*
scrittore writer
1808 *lo*
scrivania desk
1547 *la*
scrivere write

633 *vb*

scudo shield

2376 *lo*

scuola school

260 *la*

scusa sorry

1241 *la*

scusare excuse

211 *vb*

se if

20 *con*

sé himself, herself

1108 *prn*

sebbene although, though; even though

1904 *con; adv*

secco dry

2028 *adj*

secolo century

1248 *il*

secondo according to; second

213 *adj; adv; num; prp; con*

sedere sit down

569 *vb*

sedia chair

1090 *la*

sega saw

2521 *la*

segnale signal, sign

832 *il*

segno sign

822 *il*

segretario secretary

2133 *il*

segreteria secretariat, secretary

2525 *la*

segreto secret

509 *adj; il*

seguente following

2503 *adj*

seguire follow

790 *vb*

sei six

1124 *num*

selvaggio wild

2441 *adj; il*

sembrare seem, look, sound

134 *vb*

semplice simple

469 *adj*

semplicemente simply

604 *adv*

sempre always

74 *adv*

senatore senator

1423 *il*

seno breast

2293 *il*

sensazione sensation

1000 *la*

sensibile sensible

2336 *adj*

senso direction, sense, meaning

349 *il*

sentiero pathway, trail

2204 *il*

sentimento feeling

1082 *il*

sentire feel, hear

172 *vb*

senza without

120 *prp*

separato separate

2524 *adj*

sepolto buried

2388 *adj*

sera evening

233 *la*

serata evening

770 *la*

sergente sergeant

593 *il*

seriamente seriously

1383 *adv*

serio serious

313 *adj*

serpe snake

1528 *la*

serpente snake, serpent

2455 *il*

servire serve

206 *vb*

servizio service, report

	493	*il*
servo		servant
	2108	*il*
sesso		sex
	534	*il*
sessuale		sexual
	1585	*adj*
sesto		sixth
	2234	*adj*
seta		thirst
	1662	*la*
sete		thirst
	1659	*la*
sette		seven
	508	*i*
settembre		September
	1584	*gli*
settimana		week
	285	*la*
settore		sector
	1499	*il*
sezione		section, department
	782	*la*
sfida		challenge
	1826	*la*
sfortuna		bad luck
	2113	*la*
sfortunatamente		unfortunately
	1915	*adv*
sforzo		effort
	1807	*lo*
sguardo		look
	1101	*lo*
shock (choc)		shock
	2044	*adj*
si		one-, its-, thems-, him-, her-, yourself
	13	*prn*
sì		yes, yeah
	10	int
siccome		since
	2251	*con*
sicuramente		certainly
	736	*adv*
sicurezza		safety, security
	461	*la*
sicuro		sure, safe, secure
	169	*adj; lo*
sigaretta		cigarette
	1171	*la*
significare		mean
	308	*vb*
signora		lady, Mrs.
	163	*la; abr*
signore		Mr. / Mrs.
	79	*il/la; abr*
signorina		young lady
	325	*la; abr*
silenziare		mute
	535	*vb*
simbolo		symbol
	2121	*il*
simile		similar, alike
	623	*adj*
simpatico		nice, sympathetic
	1524	*adj*
sin		since
	2017	*con*
sinceramente		sincerely
	2105	*adv*
sincero		sincere
	1731	*adj*
sindaco		mayor
	1203	*il*
single		single; sole
	2515	*il/la; adj*
singolo		single
	2471	*adj; il*
sinistro		left
	529	*adj*
sissignore		Yes sir
	897	*int*
sistema		system
	476	*il*
sistemare		fix
	1415	*vb*
sito		place, website
	2203	*il*
situazione		situation
	440	*la*
smesso		stopped
	1089	*adj*

smettere stop
368 *vb*
soccorso rescue
1559 *il*
sociale social
1542 *adj*
società society
771 *la*
socio partner
1438 *il*
soddisfare satisfy
2188 *vb*
sodo hard
2241 *adj; adv*
sofferenza suffering
2156 *la*
sofferto suffered
2248 *adj*
soffrire suffer
1666 *vb*
soggetto subject
1872 *adj; il*
sognare dream
1548 *vb*
sogno dream
445 *il*
solamente only
1161 *adv*
soldato soldier
670 *il*
soldo money
135 *il*
solito usual
486 *adj; il*
sollievo relief, solace
2507 *il*
solo only
31 *adj; adv*
soltanto only, solely
421 *adv*
soluzione solution
1100 *la*
sommo highest
2192 *adj*
sonno sleep
1263 *il*
sopportare bear
1525 *vb*
sopra above, on
317 *adv; prp; le*
soprattutto mostly
859 *adv*
sopravvivere survive
1251 *vb*
sordo deaf
2159 *adj; il*
sorella sister
333 *la*
sorellina litte sister, younger sister, baby sister
2444 *la*
sorgere arise, rise
1681 *vb*
sorprendere surprise
1569 *vb*
sorpreso surprised
574 *adj*
sorridere smile
1242 *vb*
sorveglianza surveillance
1896 *la*
sospeso suspended
2253 *adj*
sospettare suspect
2283 *vb*
sospetto suspected, suspicious; suspicion
1243 *adj; il*
sospirare sigh
2126 *vb*
sostegno support
2487 *il*
sotto under, below; under
175 *adv; prp; adj*
sottofondo background
987 *il*
sottovoce whisper
2302 *adv*
spada sword
828 *la*
spagnolo Spanish; Spaniard
1487 *adj; lo*
spalla shoulder

687 *la*

sparare shoot
765 *vb*

sparire disappear
1553 *vb*

spasso fun
2474 *lo*

spaventare scare, frighten
1195 *vb*

spaventoso frightening, scary
2327 *adj*

spazio space
710 *lo*

spazzatura trash
1592 *la; adj*

specchiare mirror
1421 *vb*

speciale special
473 *adj*

specialmente specially, particulary, especially
1363 *adv*

specie species, kind
497 *le*

spedire send
2436 *vb*

spegnere switch off, turn off
1880 *vb*

spendere spend
2287 *vb*

spento off, turned off
2393 *adj; adv*

speranza hope
761 *la*

sperare hope
272 *vb*

sperimentare experiment, experience
1930 *vb*

spesa expense
1329 *la*

spesare pay the expenses
2129 *vb*

spesso often; thick
498 *adv; adj*

spettacolo show, spectacle, performance
631 *lo*

spettare belong
2146 *vb*

spia light, spy, indication
1289 *la*

spiacere be sorry
364 *vb*

spiaggia beach
1084 *la*

spiegare explain
1103 *vb*

spiegazione explanation
1810 *la*

spingere push
1998 *vb*

spinto pushed
2411 *adj; il*

spirito spirit
713 *lo*

spiritoso humorous
2332 *adj*

splendido wonderful
1522 *adj*

sporco dirty, soiled
1257 *adj*

sport sport, sports
1790 *lo*

sposare marry
723 *vb*

sposato married
1077 *adj*

sposo groom
1735 *lo*

spostare move
1763 *vb*

squadra team
383 *la*

squalo shark
2006 *lo*

stadio stadium, stage
2452 *lo*

stagione season
1373 *la*

stamattina this morning
806 *le*

stampa press, printing
917 *la*

stanco tired

818 *adj*
standard standard
2362 *adj; gli*
stanotte tonight
559 *adv*
stanza room
303 *la*
stare stay
60 *vb*
stasera tonight, this evening
255 *le*
statua statue
2341 *la*
stavolta this time
935 *la*
stazione station
775 *la*
stella star
898 *la*
stesso same; itself
187 *adj; prn; lo*
stile style
958 *lo*
stipendio salary
2216 *lo*
stivale boot
2062 *lo*
stomaco stomach
1250 *lo*
stop stop
1380 *lo*
storia history, story
198 *la*
storto awry
2165 *adj; adv*
strada (large) street, road
225 *la*
straniero foreign, alien; foreigner
2078 *adj; lo*
strano strange
323 *adj*
straordinario extraordinary; overtime
1517 *adj; lo*
stregare bewitch
1401 *vb*
stress stress
2466 *lo*
stretto strict, strait; narrow
2095 *adj; lo*
stringere tighten
1713 *vb*
stronzata bullshit
680 *la*
stronzo shit, asshole
395 *il*
strumento tool
2264 *lo*
struttura structure
1799 *la*
studente student
1320 *lo*
studiare study
1228 *vb*
studiato studied
1590 *adj*
studio office, study
642 *lo*
stufo fed up, sick and tired
1983 *adj*
stupendo wonderful
1572 *adj*
stupido stupid
401 *adj; lo*
su *sul, sullo, sulll', sulla, sui, sugli, sulle on,up; on, about
72 *adv; prp*
subito immediately, at once
162 *adv*
succedere happen, occur, succeed
192 *vb*
successo success
144 *il*
succo juice
1948 *il*
sud south
686 *adj; il*
sufficiente enough, sufficient
1470 *adj*
suicidio suicide
1433 *il*
suo (-a) his (her)

65 *prn*

suonare play (music or instrument), sound, ring
844 *vb*

suono sound
1971 *il*

super super
1581 *adj; la*

superare exceed
1717 *vb*

superficie surface
1778 *la*

superiore higher, superior
1199 *adj*

supporre suppose
862 *vb*

supporto support
2320 *il*

svegliare wake
892 *vb*

sveglio awake
1152 *adj*

svelto quick, brisk, fast
1580 *adj*

sviluppo development
2377 *lo*

T

tacere be silent
1909 *vb*

taglia size
1267 *la*

tagliare cut
1586 *vb*

tagliato cut
1390 *adj*

taglio cut, cutting
1140 *il*

tale such; such; a, an
727 *adj; prn; art; phr*

talmente so
1615 *adv*

tanto much, so
126 *adv; adj*

tappeto carpet
1865 *il*

tara tare, defect, faint
2239 *la*

tardi late
245 *adv*

targa plate, nameplate
2492 *la*

tasca pocket
1304 *la*

tassa fee, tax
1862 *la*

tatto (sense) touch, tact
1962 *il*

tavola table
1182 *la*

tavolo table
757 *il*

taxi taxi
811 *i*

tazza cup
1443 *la*

te you
33 *prn*

tè tea
990 *il*

teatro theater
1022 *il*

tecnico technical; technician
2059 *adj; il*

tecnologia technology
1709 *la*

tedesco German; German
1121 *adj; il*

telecamera camera
1736 *la*

telefonare call, telephone
1958 *vb*

telefonata phone call
1127 *la*

telefono phone, telephone
304 *il*

televisione (TV) television
1207 *la*

tema theme, topic
2110 *il*

temere fear, be afraid

773 *vb*

temperatura temperature

1980 *la*

tempestare batter, besiege, annoy

1512 *vb*

tempio temple

1558 *il*

tempo time, weather

80 *il*

temporale temporal; (thunder) storm

2166 *adj; il*

tendere stretch

2025 *vb*

tenente lieutenant

573 *il*

tenere hold, keep

340 *vb*

tensione tension, voltage

2184 *la*

tentare attempt, try, tempt

1233 *vb*

tentativo attempt

1519 *il*

teoria theory

1157 *la*

terapia therapy

1870 *la*

termine term

1264 *il*

terra land, earth

208 *la*

terreno ground, soil; earthly

1425 *il; adj*

terribile terrible

542 *adj*

territorio territory

1613 *il*

terrore terror

1931 *il*

terrorista terrorist

2106 *il/la*

terzo third

851 *adj; il*

tesoro treasure

195 *il*

test test

926 *i*

testa head

170 *la*

testamento will

2419 *il*

teste witness

1386 *il, la*

testimone witness

1085 *il/la*

tetta tit

1276 *la*

tetto roof

1035 *il*

ti you

15 *prn*

tigre tiger

1994 *la*

tipico typical

2326 *adj*

tipo type, kind

178 *il*

tirare pull

887 *vb*

tiro shot, shooting, throw

931 *il*

titolo title

1378 *il*

tizio someone, person, guy, chap

507 *il*

toccare touch

693 *vb*

toccato touched

1467 *adj*

tocco touch

1934 *il; adj*

togliere remove, take off

1230 *vb*

tomba tomb

1235 *la*

tono tone

2076 *il*

topo mouse

1630 *il*

torcere twist

1821 *vb*

tornare return

238 *vb*

tornio lathe

756 *il*

tornire throw

797 *vb*

torre tower

1307 *la*

torto injustice

967 *il*

totale total

1277 *adj; il*

totalmente totally

1633 *adv*

tra between, among

130 *prp; adv*

traccia track

1328 *la*

tracciare draw

1498 *vb*

tradimento betrayal, treason, treachery

2190 *il*

tradire betray

1563 *vb*

traditore traitor; treacherous

1818 *il; adj*

tradizione tradition

2246 *la*

traduzione translation

452 *la*

trafficare trade, deal, traffic

1387 *vb*

tragedia tragedy

1833 *la*

tramite means, medium; through

2101 *il*

tramontare set

2169 *vb*

tranne except

929 *prp; adv; con*

tranquillo quiet

548 *adj*

trappola trap

1175 *la*

trasferimento transfer

2465 *il*

trasferire transfer

1987 *vb*

trasmissione transmission

2073 *la*

trasporto transport

2235 *il*

tratta section, trade, bill, draft

393 *la*

trattare treat

1550 *vb*

tratto stretch

1511 *il*

tre three

139 *l; num*

treno train

528 *il*

trenta thirty

2152 *num*

tribunale court

1054 *il*

triste sad

690 *adj*

troia slut

968 *la*

trono throne

2185 *il*

troppo too much

123 *adv; con; adj*

trovare find

203 *vb*

trucco makeup, trick

1202 *il*

truppa troop

1436 *la*

tu you

27 *prn*

tubo tube, pipe

2242 *il*

tunnel tunnel

1628 *il*

tuo your

58 *adj*

turno round, shift

1031 *il*

tuttavia however, nevertheless; but, yet

1272 *adv; con*

tutto all

	32	*adj; il*
tv		TV
	496	*abr*

U

ubriaco		drunk
	997	*adj*
uccello		bird
	1110	*il*
uccidere		kill
	235	*vb*
ucciso		(murder) victim; killed
	1018	*il, la; adj*
udienza		hearing, audience
	2500	*le*
ufficiale		official
	763	*adj; il*
ufficialmente		officially
	2330	*adv*
ufficio		office
	365	*lo*
uguale		equal
	1369	*adj; il/la*
uh		uh
	536	*int*
ultimamente		lately
	1225	*adv*
ultimo		last, latest
	297	*adj*
umanità		humanity
	1769	*le*
umano		human
	668	*adj*
umore		mood, humor
	1777	*il*
umorismo		humor, sense of humor
	2430	*il*
un, uno, una		a, an; one
	5	*art; prn*
undici		eleven
	2254	*num*
unghia		nail
	2401	*le*
unico		alone, single, unique
	358	*adj*
uniforme		uniform
	1683	*adj*
unione		union
	1991	*le*
unire		unite
	610	*vb*
unità		unit
	1075	*le*
università		university
	1116	*le*
universo		universe
	1227	*lo*
uomo		man
	103	*lo*
uovo		egg
	1148	*lo*
urgente		urgent
	1698	*adj*
urlare		scream
	1655	*vb*
urlo		yell, cry, shout
	740	*gli*
usare		use
	472	*vb*
uscire		go out, leave
	264	*vb*
uscita		exit
	1205	*la*
uso		use, usage
	648	*lo*
utile		helpful, useful; profit
	979	*adj; il*

V

vacanza		holiday, vacation
	1129	*la*
vacca		cow
	2396	*la*
vaffanculo		fuck off
	682	*int*
valere		be worth
	583	*vb*
valigetta		briefcase
	2485	*la*
valigia		suitcase

1508 *la*

valle Valley

1920 *la*

valore value

988 *il*

vampiro vampire

2371 *il*

vantaggio advantage

1643 *il*

vario various, varied

2211 *adj*

varo launch, launching

2219 *il*

vasca tub

1824 *la*

ve you

489 *prn*

vecchio old; old (wo)man

262 *adj; il*

vedere see

94 *vb*

vedovo widower, widow

2099 *il*

veicolo vehicle

2065 *il*

veleno poison

1609 *il*

veloce fast, quick

500 *adj*

velocemente quickly

1335 *adv*

velocità speed

1246 *la*

vendere sell

991 *vb*

vendetta vengeance

1218 *la*

vendita sale, selling

1682 *la*

venerdì Friday

1489 *il*

venire come

118 *vb*

venti twenty

1186 *i*

vento wind

760 *il*

veramente really

246 *adv*

verde green

879 *adj; il*

vergine virgin

1566 *adj; la*

vergogna shame

1274 *la*

verità truth

345 *la*

verme worm, maggot

2074 *il*

vero true

71 *adj*

versione version

1606 *la*

verso to, towards; direction, way

275 *prp; il*

vestire dress

567 *vb*

vestito dress, dressed

517 *il; adj*

vetro glass

1595 *il*

vi you; there

76 *prn; adv*

via via, by; away; street

93 *prp; adv; la*

viaggiare travel

1867 *vb*

viaggio travel, trip, journey

408 *il*

vice vice, deputy

1960 *adj; il/la*

vicenda event

1703 *la*

vicino close, near

292 *adj; adv; il*

vicolo alley

2523 *il*

video video

957 *adj*

vietato forbidden

2357 *adj*

vigliacco coward

	2220	*il; adj*
villa		villa
	1927	*la*
villaggio		village
	816	*il*
vincere		win
	591	*vb*
vincitore		winner
	2040	*il; adj*
vino		wine
	734	*il*
violento		violent
	2316	*adj*
violenza		violence
	1194	*la*
virus		virus
	1461	*il*
visione		vision
	1651	*la*
visita		visit
	1943	*la*
visitare		visit, see
	315	*vb*
viso		face
	918	*il*
vissuto		lived
	1064	*adj*
vita		life, waist
	83	*la*
vite		screw, grapevine, vine
	951	*le*
vittima		victim
	885	*la*
vittoria		victory
	1072	*la*
vivere		live
	300	*vb*
vivo		alive, live
	351	*adj; lo*
voce		entry, voice, item
	375	*la*
voglia		desire
	388	*la*
voi		you
	82	*prn*
volante		steering wheel; flying
	1705	*il; adj*
volare		fly
	635	*vb*
volentieri		willingly
	1689	*adv*
volere		want
	54	*vb*
volgere		turn
	193	*vb*
volontà		will
	1361	*la*
volta		time, turn
	101	*la*
volume		volume
	2325	*il*
vomitare		throw up, puke
	2197	*vb*
vostro		your (pl)
	223	*adj*
votare		vote
	1564	*vb*
voto		vote, grade
	1664	*il*
vuoto		empty
	1083	*adj; il*

W

weekend		weekend
	1534	*il*

Z

zampa		paw
	2518	*la*
zero		zero
	1105	*lo*
zia		race, breed, stingray
	804	*la*
zio		uncle
	420	*lo*
zitto		silent, quiet
	424	*adj*
zona		area
	608	*la*
zucchero		sugar

	1587	*lo*
zuppa		soup
	1792	*la*

Contact, Further Reading and Resources

For more tools, tips & tricks visit our site www.mostusedwords.com. We publish various language learning resources.

If you have a great idea you want to pitch us, please send an e-mail to info@mostusedwords.com.

Frequency Dictionaries

Frequency Dictionaries in this series:

Italian Frequency Dictionary 1 – Essential Vocabulary – 2500 Most Common Italian Words
Italian Frequency Dictionary 2 - Intermediate Vocabulary – 2501-5000 Most Common Italian Words
Italian Frequency Dictionary 3 - Advanced Vocabulary – 5001-7500 Most Common Italian Words
Italian Frequency Dictionary 4 - Intermediate Vocabulary – 7500-10000 Most Common Italian Words

Please visit our website www.mostusedwords.com/frequency-dictionary/italian for more inforation.

Our goal is to provide language learnings with frequency dictionaries for every major and minor language there is to be found on this planet. You can view our selection on www.mostusedwords.com/frequency-dictionary

Bilingual books

We're creating a selection of parallel texts, and our selection is ever expanding.

To further help you in your language learning journey, all our bilingual books come with a dictionary included, created for that particular book.

Current bilingual books available are English, Spanish, Portuguese, Italian, French, and German

For more information, check www.mostusedwords.com/parallel-texts. Check back regularly for new books and languages.

Other language learning methods

You'll find reviews of other 3rd party language learning applications, software, audio courses, and apps. There are so many available, and some are (much) better than others.

Check out our reviews at www.mostusedwords.com/reviews.

Contact

If you have any questions, you can contact us through e-mail info@mostusedwords.com.

Printed in Great Britain
by Amazon

35093430R00194